The Pursuit of HAPPINESS

為幸福而生

在法律秩序中追求平等權利的歷程

劉宗坤

著

目次

結語 353

附錄 美國聯邦法院的司法審核權 371

推薦序

追求幸福：個人的與公共的

錢永祥　中央研究院人文社會科學研究中心兼任研究員

美國的《獨立宣言》提出「生命，自由，以及追求幸福」，視為人類「固有而不剝奪的權利」。拿「追求幸福」跟生命、自由等崇高的價值相提並論，似乎並無不可。若是跟不到一百年前英國哲學家洛克所提的生命、自由和財產三項「自然權利」對比，「追求幸福」的涵蓋範圍顯然要比「財產」更為寬闊，也更展現了人的能動性。但是「幸福」是不是有一點日常、平庸、瑣碎，甚至於俗氣呢？馬克思跟尼采都嘲笑過，「幸福」被效益主義高懸為道德的終極標準，不過反映了英國小雜貨店老闆的道德觀而已。「追求幸福」為什麼構成了建國宣言所必須強調的一種最高價值呢？

其實換個角度看，生命、自由，以及追求幸福，與其說是「最高價值」，不如說是最低度、最起碼的權利。任何人，無論身分、地位、能力、成就，都擁有這些權利，美國的開國者形容為「固有而不可剝奪」，意思應該在此。問題是生命權和自由權茲事體大，通常備受重視，歷來的思想家和建國者都會懸為鵠的。至於「追求幸福」，則往往被歸為個人的權利與責任，並不是政治所能夠——或者需要——過問的。

另一方面，也有漢娜．鄂蘭這種推崇公共生活的思想家，強調真正的幸福是「公共幸福」，也就是在政治領域與他人合作，從事社會集體的共同追求時所達成的創造感；至於私人的滿足、如意以及追求個人的目標，之所以顯得小器、脆弱，正是因為這種「確幸」只能寄身在現狀之下，寄希望於現狀的接納而已。但是人類的「幸福」無論如何應該具有更豐富的內容啊！她認為，這個關鍵的道理，正是美國的開國者所倡議的。①

在這裡，我無意討論「幸福」涉及的種種哲學問題。我認為劉宗坤先生寫《為幸福而生》這本書，用美國法院的多個判例，說明小人物如何經由法律途徑，克服社會、政治、法律，以及偏見所設下的無數障礙，追求一已在婚姻、就學、墮胎、使用母語等等屬於個人的平等選擇權利，已經形象地呈現了「幸福」其實寄身於日常、現實的小事。每個案件都生自現實的生活，都是普通人的切膚之痛所逼出來的訴訟。這些故事本身並不直接涉及所謂的公共幸福，但對當事人來說卻攸關重大。必須承認，一個社會，一套法律體制，如果對這些小事無動於衷，或者竟不留下當事人申訴抗告的管道，那才是公共性的失敗跟恥辱。

這也說明了幸福雖然寄身在個人的生活裡，但是「追求幸福」通常是一件不得不進入公共領域的事業。本書敘述的這些案件，或多或少都牽動了大量的公共爭論，甚至於在事前和事後引發了一波波的社會運動，經久不歇。畢竟即使是小人物的日常幸福，通常也具有龐大的公共能量。美國的法律體制把個人幸福跟公共幸福結合的方式當然也有它的問題。不過這是一種舉世無雙的體制，並且往往能取得歷史性的突破；指出這一點，正是劉宗坤先生這本書的貢獻。

最後我說一點自己的體驗。閱讀這本書的時候，我的情感跟著情節變化而起伏不定，有如在讀精采的歷史著作或者小說。書裡敘述多個具體案例，詳細追索涉案各方的各種細節。全書不僅沒有一般法律書的索然無趣，反而充滿了人性的悲歡離合。而在人性的悲劇和喜劇之間，就後果而言，這些訴訟好像總能帶來一些可以度量的社會進步。這本書給我——也會給其他讀者——帶來了一些希望和信心。

---

① 在本書第四章第六節，作者批評了鄂蘭在談小石城事件時的乖謬意見。

推薦序

追求幸福與法律正義

周保松　香港中文大學政治與行政學系副教授

劉宗坤先生這本著作在大陸面世時，作者贈我一冊，我一口氣讀完，覺得是不可多得的好書，於是向出版界朋友大力推薦。現在更為完整的繁體字版由八旗出版，我甚為欣喜，並在此向讀者鄭重推薦。

本書的主題，是每個人都有追求幸福的權利。這個權利，連同生存權和自由權，構成美國《獨立宣言》開宗明義所稱的三項不可讓渡的基本權利。政府的首要責任，是確保所有公民能夠平等地享有這些權利。如果政府有負此責，人民就有反抗的權利。宗坤先生認為，這是美國的立國精神所在，也是現代文明的核心，更是推動美國社會改革和道德進步的重要動力。

宗坤先生繼而指出，美國民主政治的重要特點，是三權分立和互相制衡，令得聯邦法院可以通過「司法審核」這個機制，監督立法機構通過的法律和行政部門推行的政策有否違反憲法。一旦被最高法院裁定違憲，原來的法律和政策即告失效。憲法的首要目的，是保障公民的平等權利，而法院是憲法的詮釋者和守護人。在這種制度下，要推動社會改革，除了大規模的政黨政治和社會運動，普通公民也可以通過司法審核，以憲法之名，修正甚至推翻各種不正義的制度實踐。

這本書之所以取名《為幸福而生》，是因為作者將「追求幸福的權利」作為全書的主線，然後通過美國司法史上一系列影響深遠的案例，讓我們彷如親臨現場般見到，在過去二百多年中，許多無權無勢、受盡制度壓迫的「小人物」，如何在有正義感的律師的協助下，通過司法抗爭挑戰各種不義之法，逐步實現這樣的目標：每位美國公民，不論其種族、膚色、信仰、性別和階級，都應有追求個人幸福的平等權利。

這些案例包括：廢除種族隔離政策、黑人和白人享有平等的教育權利、白人與有色人種的通婚權、平等的選舉投票權、女性墮胎權、非法移民同樣得到正當的法律程序保障權等。在這些司法爭議中，既有不少源於種族、性別和階級的歧視，也有許多來自深刻的信仰差異和道德分歧，因此導致法官之間、政黨之間、公民之間產生激烈爭論。例如公民應否有權擁有槍械，大學收學生應否繼續實行平權措施，以及最高法院應否推翻女性墮胎權等，均引起極大爭議。本書可貴之處，是沒有迴避這些爭議，而是將它們放回到具體的歷史語境，呈現時代的侷限和觀念的保守，揭示爭議背後不同的考量，從而讓我們明白制度演進的複雜和艱難，卻又不陷入相對主義和現實主義的泥淖，因為宗坤先生始終相信，自由和平等是美國立國的基本價值，正義和尊嚴是人們的普遍渴求，通過人們持續的爭取，改變總有可能發生。

我認為，宗坤先生相信的，是一種立足於啟蒙運動的漸進的司法進步主義。

讀者或會問，所謂追求幸福的權利，聽起來頗為平常，為什麼能在美國的司法抗爭史中，起到那麼大的作用？要回答這個問題，我們有必要對這種權利觀的政治意涵有更多認識。

首先，將追求幸福視為個人權利，並對國家的行為構成法律約束，意味著我們承認活得幸福是每個人的根本利益，具有重大的道德分量。人作為有反思意識和價值意識的存在，不僅只是希望活著，還希望活得好。活得好，不僅是活得快樂，也不僅是當下欲望的滿足，而是在一個合理的社會環境中，過上自己認可的生活，活出人的價值和尊嚴。

其次，《獨立宣言》強調的，是國家有責任保障每個人「追求」幸福的權利，而不是「實現」幸福的權利。是誰在追求呢？自然是獨立的個體。既然如此，個人就須對自己的選擇負責。這體現了這樣一種信念：我們生而自由和獨立，我們的幸福，不是靠別人賜予，而須靠自己去追求。最後能否實現幸福，個人的選擇和付出，起到重要作用。這也就意味著，國家不應實行家長制式管治，以人民幸福之名，強行要求所有人接受相同的幸福觀。道理很簡單：既然每個人都有自由意志和對美好人生的構想，國家應該尊重人們的選擇。

再其次，《獨立宣言》所說的生存權、自由權和追求幸福的權利，不是彼此分割和互不相干，實際上，前兩者為追求幸福的必要條件。生存權容易理解，自由權的重要，在於給予我們每個人選擇的機會。活得幸福的前提，是每個人都是自主的人，可以根據自己的意願去選擇信仰、職業、婚姻、朋友，以至生活方式和政治連結。沒有自由，人就只能活在屈從和奴役的狀態，無法成為自己生命的主人。

最後，要活得幸福，不僅需要生命和自由，還需要安全、食物、居所、教育、醫療和工作，也需要公平的機會和平等的尊重，更需要友善的社群關係和豐富的公共生活。欠缺這些條件，個體就難以通過各種活動去發展自己的能力，實現自己的目標，從而肯定自己的價值。追求幸福，既不抽象也不複雜，就是個體能在公平的制度環境中，發展必要的能力，並在尊重他人相同權利的前提下，自主地追求自己想過的生活。

以上所述，是「追求幸福」的應有之義。明乎此，我們就能夠理解，爭取政治平等和性別平等，反對種族隔離和膚色歧視，以及要求教育平權和社會福利，均可視之為一種「追求幸福的政治」（Politics of Pursuing Happiness）。既然追求幸福是人的基本權利，這種政治就有其普遍性和迫切性。它不僅對美國人重要，也對世界上每一個人重要。我們因此有理由，要求所有政府尊重和落實這項權利。

在這樣的視角下，我們當能理解宗坤先生花大力氣寫作本書的用心。他的讀者，不是美國人，而是我們。他希望美國的歷史經驗，能夠為我們的社會改革，提供重要參考。特別難得的是，面對浩瀚史料和枯燥典章，宗坤先生竟然能以舉重若輕之筆，配上清通洗練的文字，通過一個個生動的故事，讓我們明白，制度改革無論多麼困難，都值得我們努力，也值得我們堅持，因為法律正義關乎千千萬萬人的福祉。道理確實如此！

推薦序

行動者的磨難與追尋

陳禹仲　中央研究院人文社會科學研究中心助研究員

二〇一九年是英國預計脫歐的年份。當年五月，由ＢＢＣ電視台舉辦、英國的年度公開學術盛事之一「瑞斯講座」（The Reith Lectures），邀請來剛退下聯合王國最高法院法官職務的約翰森・桑普遜勳爵（Jonathan Sumption, Lord Sumption）主講。桑普遜勳爵就任最高法院資深法官的期間為二〇一二至二〇一八年間，並親身參與了二〇一七年堪稱英國憲政史上最重要的最高法院裁決案件：「R訴內閣大臣案」（R[Miller] v. Secretary of State for Exiting the European Union）。該案件的核心爭議，是英國脫歐程序，該由議會主權主導，抑或是由王室特權主導？最終，最高法院以八比三的多數決議，內閣大臣並無王室特許權得以逕行脫歐談判。換言之，脫歐談判當屬議會主權的管轄權。桑普頓勳爵在議案中，投下了最終獲得多數決的一票。然而，他在瑞斯講座的講題，卻隱隱透露了他對最高法院如此議決的不安。

桑普頓勳爵的講題是「法律與政治的衰頹」（Law and the Decline of Politics）。講座共計五場演講，其中最後一講的主題，點開了桑普頓勳爵在該場年度講座的要旨，也指出了他的顧慮。他的講題是「法律那不斷擴張的帝國」（Law's Expanding Empire）。概略說來，桑普頓勳爵所擔憂的是，最高法院判決「脫歐」這麼一件由公投議決的政治事件，在程序上應該如何進行，且很可能會潛在地影響英國的憲政秩序。儘管他因職務所需，必須對送到眼前的案件，依循法律解釋做出適當的判斷，並對此案件投下否定王室特權的決議。但在他看來，光是人們決定將這麼一樁事關公民決議的政治事件，訴諸憲法解釋的程序，並交由為數不多的幾位最高法官做出裁示，這彰顯的是群眾不信任政治制度能解決政治議題，並希冀能將政治議題的糾紛訴諸法律，以獲得一翻兩瞪眼的明確裁示。

在桑普頓勳爵看來，這象徵了兩件事情。第一、人們對政治的理解，不再如同過往市民社會對於民主政治的理解一般，認為政治的本質就是存在著諸多意見歧異與理念分歧，也因此政治必然是富含衝突的，而富含衝突正意味著政治必然是意見多元的。桑普頓勳爵擔憂，人們或許對於這種「多元性／衝突性」的政治本質感到厭倦，而這使人們尋求一勞永逸解決紛爭的定錨方案。第二、法律的明確仲裁結果，成為人們尋求規避政治的「多元性／衝突性」的解方，而這使得法律侵入了政治場域，使得政治場域逐漸衰頹，成為法律的帝國轄下疆域的一隅。

桑普頓勳爵的憂慮，有其歷史與文化的脈絡。人們或許聽聞，英國奉行所謂的「不成文憲法」。這並不代表英國並不存在具體的成文法條，來規範政府的職權分際與公民義務。這僅僅是代表英國並不像成文法體系的國家一般，有一部明文成書的憲法法典。但正因為「不成文憲法」的特質，使得英國在傳統上，面對涉及憲政層次的議案與問題時，往往訴諸英國政體下、存在於立法機關（下議會）中的政治辯論來解決。換言之，憲政議題涉及公民政治生活，因此應該屬於政治場域，也因此應該使得多元意見得到充分表述，爾後在辯論後透過政治程序處理。在學理上，這是所謂「政治憲政主義」（Political Constitutionalism）的傳統。在桑普頓勳爵看來，R訴內閣大臣案所標示的，是英國傳統「政治憲政主義」的消退，也是政治場域從屬於法律場域的開端。在演講的尾聲，桑普頓勳爵點名指出，政治場域從屬法律場域的結果，將促成法律統治政治的帝國，而這個帝國，最明確也最具體的樣態，正是大西洋彼岸、二百餘年前脫離英國獨立的美利堅合眾國。

自一八〇三年的「馬伯里訴麥迪遜案」賦予了聯邦最高法院違憲審查權以來，美國憲政秩序慣常被認為是由聯邦最高法院大法官享有最終司法裁判權的國度。最高法院的大法官得以依循其司法獨立性與違憲審查權，來定奪國會所通過的法案是否具備合法性，乃至於定義進而限縮總統行政權力的疆界。這也構成了美國政治生活的悖論。這是一個憲政民主的國度，但這個國家涉及根本公民權利的憲政課題，在面臨爭議時，卻往往仰賴九位非民選、且實務上往往是終身職的大法官決議。姑且不論設計司法獨立的美國憲法起草人，如此設計的意圖為何（他們之中確實有些人希望藉由菁英壟斷的最高法院，來制衡可能淪為民主暴政的政治體系），以現今的眼光看來，這或許正如某些批評者所言，美國的「政治」不過是在「法律」畫出場域內活動而已。借用桑普頓勳爵的術語來說，美國人引以為傲的民主政治，其實只是法律帝國中的一個省分。

但真是如此嗎？

在現代世界，政治活動的存在必然有其制度脈絡。登記參選總統必須要符合特定的法律條件，即便在奉行政治憲政主義的英國，屬於政治場域的下議會政治辯論，也必須符合議會議事的程序與法規規範。事實上，政治在法律的結構上運作，時而相輔相成，時而衝撞掙扎。這是因為政治行動的本質，終究是個人所採取的行動；而個人的行動，至少在現代世界裡，總難以避免地發生於其所身處的制度裡。這在英國的政治憲政主義如此，在美國的聯邦憲政秩序亦然。

《為幸福而生》正是一本描繪個人如何在制度裡掙扎，從而採取行動，進而重新形塑了制度的著作。本書描繪了一幅幅圖景，標示桑普頓勳爵所謂「法律的帝國」之下，政治如何成為可能的一種樣態。政治的可能，除了專業政治人物的辯論與行動之外，另一種更可能發生的途徑，是由個人在面對現行制度的問題與掙扎後，針對制度的問題採取行動，進而促成了制度重塑。在《為幸福而生》裡，我們所看見的，不僅只是一般對美國憲政的理解，不單單只是案件上訴至聯邦最高法院，爾後聯邦最高法院做出促進公民權利的裁決；這是某些批評者所說，聯邦最高法院的法官做出了決定憲政基本權利，從而實質上構成法律規範並定義政治範疇的結果。恰恰相反。《為幸福而生》所展現的，是在上升到聯邦最高法院的層級以前，個人在面對現行制度的問題中掙扎，採取政治行動，並一步步在各層級法院內外，試圖為自我政治權利申訴辯護，從而獲取憲政秩序保障的結果。法律所保障、定義並規範的政治範疇，在某些面向上，終歸來自政治活動的結果。

但《為幸福而生》也不僅只是一部歌頌美國憲政權利追求的著作。事實上，每一個個人行動的故事裡所蘊含的，正是各個層級上美國憲政與法律秩序所存在的對於個人權利的漠視與侵害。正是這樣的漠視與侵害，致使個人掙扎，促成個人行動。法律不會純然只有保障與良善的面向，《為幸福而生》所表現出來的正是當權利受法律漠視，而個人為此所困以致必須採取行動，其所耗費的生命磨難有多麼深刻。這是一本富含生命力的著作，體現著法律秩序與政治行動中所關乎的、所行動的活生生的個人，是如何構成我們所熟悉的美國憲政的樣貌。我很榮幸能推薦這麼一本動人又富含分析力道的著作，給每一位對美國憲政、公民權利、美國歷史，乃至傳記書寫感興趣的讀者。

自序

本書講述「小人物」在美國法律秩序中追求幸福的故事。或者可以說，這是一部依據美國法院案例書寫的「小人物」生活史，縱貫一個半世紀，無數細節碎片映照出時代變遷，有人稱之為進步，有人稱之為衰敗。「小人物」的幸福和不幸、苟且和反抗、安逸和掙扎就在「大人物」高談闊論的進步或衰敗中，一如既往地按生活世界的日常邏輯延伸、展開。

「追求幸福」的平等權利是美國的建國承諾，寫在《獨立宣言》中。奈波爾（V.S. Naipaul）稱之為「觀念之美」，認為它是現代文明價值的核心。在日常生活的意義上，美國歷史大致是迂迴曲折地實現這一建國承諾的進程，體現在法律和司法中，就是追求幸福必不可少的一些基本權利，從白人有產男性逐漸擴展到其他社會階層、女性、少數族裔等傳統上的弱勢群體。這些權利主要包括法律的平等保護、選舉投票、自由婚戀、女性墮胎、兒童入學、母語教育等。「追求幸福」的觀念無論多麼美好，必須「道成肉身」，具體化在可操作的法律中才有現實意義，體現在法院判決中才有生命力。

法院的判決和檔案為我們認知美國歷史提供了可靠的專業紀錄。每個案件都是真實人物演繹的活生生時代故事，像社會的一面面稜鏡，折射出當時的法律、政治、人心、習俗、衝突、潛規則、時代思潮、生活狀況等。判決書中表述的事實大都經過雙方律師的職業篩選和陪審團的常識過濾，雖然不是百分之百無誤，但一般要比學者書寫的歷史更可靠，更少理論家的個人喜好、宗教或政治偏見，也更接近普通人的生活現實。很多案件本身就是精采的故事，有些令人心酸，有些令人唏噓，有些令人憤怒——歲月靜好的成人童話到不了法院。

除了美國最高法院的幾個分水嶺式判例，本書也選取了近年基層法院轟動一時的幾起審判。美國的基層法院是個奇妙的世界，法官有著不同的背景和經歷，在審理和判決案件時，除了職業規範和利益考量，有時候還會服從自己的感性和良知，有時候則會扭曲自己的良知，並不完全按照法律的邏輯運轉。各種習俗和潛規則在最高法院的判決書中不易看到，讀者只能跟著好奇心，一點一滴去探索。所以，在了解案情的時候，讀者只看最高法院的判決書遠遠不夠，還要了解案子的來龍去脈，比如當事人的身世，衝突和糾紛的緣起，律師的背景，案子怎麼從基層法院一步步到了最高法院，法官的個人經歷等因素如何影響案件在基層法院的輸贏。讀者的好奇心往往能引領出意想不到的發現。

筆者無意論證抽象的法律理論，而是側重講述個案所涉及的具體權利、當事人的命運、律師和法官的互動等，其間穿插一些重要歷史事件、政客的起伏、國會立法和學者的論說，從中揭示歷史中緩慢展開的正義，同時也是不斷遲到的正義。儘管了解相關司法程序的細節有助於從專業角度閱讀判決書，但對於讀者理解這些案件並非必要條件。律師寫文書、打官司，技術細節至關重要。但讀者透過閱讀案例認知歷史，理解力和洞察力更重要。律師在辦案時需要聚焦事實細節，往往只見枝葉，不見樹木和森林。魔鬼和上帝都在細節中。水準高的法官在審理案件時除了把事實梳理清楚，還會把枝葉放在樹上，把樹放在森林中做出判決。

這些案例展現的歷史事件和人物命運一再顯示，政治烏托邦承諾的人人幸福固然是精神鴉片，但法律保障普通人追求幸福必不可少的那些基本權利卻是現代文明秩序的基礎。不管喜不喜歡，我們只生活在生活世界，普通人的幸福只存在於生活的世界對幸福的追求中。就像美國最高法院一九二三年在「梅耶訴內布拉斯加案」中講的那樣，法律保障的一些基本權利對自由人追求幸福必不可少。在現實世界，傳統上被社會忽略和遺忘的「小人物」要追求幸福，往往不得不打破一些成文法律和社會潛規則積累的陳規陋習。過去兩個世紀，人們習慣把這個進程稱為「啟蒙」或「覺醒」。但「啟蒙」也好，「覺醒」也罷，歸根究柢無非是芸芸眾生在平等的法律秩序中按自己理解的方式追求幸福，或按自己選擇的方式生活。

筆者在寫作和修訂過程中得到眾多師友的熱心鼓勵和無私幫助。二〇二三年春，拙作的簡體字版付印，筆者正在東亞騎行，環島途經台北時，承蒙師友厚愛，在中研院人文社科研究中心召集座談，以文會友。聆聽錢永祥、陳宜中、周保松、陳禹仲等學界前輩和師友對書中論題的真知灼見，受益匪淺，尤其讓我意識到此前昧於知識結構和個人經歷而未能顧及的視角。騎行結束後，筆者對書稿做出修訂，並增補了簡體字版未能出版的章節。出版家富察延賀先生的鼓勵和邱建智先生的辛勤編輯使本書的繁體字版得以問世。在此一併致謝！

第一章

紐奧良往事

在目前的文明狀況下，兩個不同源的種族，膚色、體徵、智力都有差異，它們在蓄奴州現有的關係，不是惡，而是善，一種積極的善。

——約翰・卡洪

最高法院的權力可以用來行善，也可以用來行惡，都不可低估……既能透過判決鞏固人民對我們體制的信心和愛戴，也比其他政府部門更容易破壞我們的政體。

——約翰・哈倫大法官

理解美國歷史和社會需要把握至少兩條線索：一條是輝煌的主線，一以貫之的是《獨立宣言》確立的建國理想和美國憲法搭建的憲政制度；另一條是晦暗的線索，在奴隸制中達到頂峰，儘管經常表現為種族問題，但本質上不只是種族問題，更是等級制問題，即在社會地位上把國民按種族、財富、出身、國家來源等分為三六九等。奴隸制是美國的原罪，廢除奴隸制開啟了一個坎坷的自我救贖歷程，至今仍然在起伏跌宕中。在歷史上，這兩條線索相互交織，共同定義了美國這個國家。從各級法院的判決中，我們可以看到這兩條線索在不同時代，以不同的方式表現出來。

一、一八五七年

二十多年前，沃爾特．約翰遜（Walter Johnson）從紐約來到路易斯安那州的紐奧良，尋找一段消失的南方歷史。當時，他是紐約大學歷史系年輕的助理教授。在美國內戰前後半個世紀中，紐奧良是南方最繁華的都市和最繁忙的港口，有「南方紐約」之稱，聲色犬馬，歌舞美食，成為南方有錢人尋歡作樂的首選之地。在名著《飄》中，紐奧良是「亂世佳人」郝思嘉跟白瑞德度蜜月的地方。在這座奇異驚豔的城市，她「像一名終身監禁的囚犯突然獲得赦免，沉醉在癲狂的快樂中。」[1]

內戰期間，很多南方城市遭戰火破壞，官方檔案被大量毀棄，遺失在廢墟中。紐奧良是第一座被聯邦軍隊占領的南方大都市。一八六二年四月，聯邦海軍的戰艦從墨西哥灣進入密西西比河入海口，發動突襲，摧毀了兩岸的砲台。因為紐奧良三面環水，內線防禦薄弱，聯邦軍隊長驅直入，占領了這座完好無損的城市。此後，內戰又持續了三年，紐奧良成為南方戰火中的和平孤島。跟城市建築和街道一起免於戰火毀壞的是法院檔案。

一九八〇年代，在紐奧良一棟舊建築的地下室，人們發現了大量保存完整的內戰前法院檔案，包括判決書、起訴書、答辯書、證人證詞、法庭證人作證紀錄、律師在法庭上的陳述和辯護紀錄等。在數千份路易斯安那最高法院卷宗中，有二百多起案件涉及奴隸市場交易。當年，約翰遜的紐奧良之行就是為了發掘這批檔案中被塵封了一個多世紀的歷史。紐奧良之行的成果是約翰遜學術生涯的第一本著作《一個個生靈：內戰前奴隸市場生活內幕》（*Soul by Soul: Life Inside the Antebellum Slave Market*）。[2]出版幾年後，約翰遜獲得哈佛大學的教職，如今已經成為首屈一指的研究美國南方和奴隸制的歷史學家。跟許多同行歷史學家不同的是，約翰遜注重依據法院檔案書寫小人物的「日常生活史」。[3]艾麗克希娜・莫里森（Alexina Morrison）就是這樣一位曾被塵封在法院檔案中近一個半世紀，被約翰遜重新發掘出來獲得生命的小人物。

一八五七年新年過後，阿肯色州人約翰・哈利伯頓（John Halliburton）帶著一位十幾歲的女孩從小石城來到紐奧良。在密西西比河南下的汽輪上，他們看上去像一對父女。法國區是紐奧良最繁華的地段，位於聖路易街和夏爾特街十字路口的聖路易酒店是法國區最熱鬧的場所，吸引著來自全國的商人、政客和社會名流。酒店的大廳有羅馬式穹頂，科林斯石柱環繞，是個咖啡、菸酒、古董、藝術品的拍賣場，也是全國最豪華的奴隸拍賣場。根據膚色深淺，展出拍賣的奴隸被分為六種成色：純黑（negro）、半黑（mulatto）、棕黑（griffe）、四分之一黑（quadroon）、八分之一黑（octoroon）和十六分之一黑（quintroon）。[4]

抵達紐奧良後，哈利伯頓把隨行的那位女孩子打扮起來，帶到聖路易酒店的奴隸拍賣場。她的賣契上寫的膚色是「黃」，名叫珍．莫里森（Jane Morrison），年齡十五歲。但她看上去沒有黃皮膚的跡象，既不像印第安人、華人，也不像印第安人或華人跟白人或黑人的混血兒。她是個膚色白皙、眼睛碧藍的女孩子，言行舉止跟其他白人女孩沒有兩樣。當時，買主對於淺色奴隸比較小心，流行的觀念是膚色愈淺，人愈聰明，可能還認字，不容易管教，一旦逃跑，難以找回來。珍的買主是詹姆斯．懷特（James White）。他本來是奴隸販子，曾在紐奧良擁有一家關押和販賣黑奴的「奴圈」（slave pen）。不久前，他賣掉了奴圈，在紐奧良西鄰的傑佛遜教區買下一座種植園。珍是懷特在傑佛遜教區置產後買的第一個奴隸。他請人把珍的亞麻色頭髮剪短，燙成捲髮，染成黑色，讓她看上去更像黑白混血兒。但被懷特買回家不久，珍逃跑了。[5]

奴隸制時代的南方，白人購買種植園和奴隸是進入上層社會的標誌。不過，當懷特從奴隸販子改行做莊園主的時候，奴隸種植園經濟正在接近尾聲。

一八五七年在美國歷史上是個不尋常的年份。三月四日，詹姆斯．布坎南（James Buchanan）總統就職。兩天後，最高法院宣判「史考特訴山福特案」（Dred Scott v. Sandford，以下簡稱史考特案）。[6]首席大法官羅傑．塔內（Roger Taney）在他親自撰寫的判決書中，判決奴隸是奴隸主的合法財產，憲法第五修正案保護奴隸主對奴隸的財產權，而且所有黑人，無論是奴隸身分還是自由人身分，都不是美國公民，沒有在聯邦法院起訴的權利。在此之前，按照北方自由州的法律和法院判例，奴隸一旦進入自由州居住即獲得自由人身分，即一朝獲得自由，終身為自由人，享有法律保護的公民權。史考特案的判決推翻了北方自由州的相關法律和法院判例，等於主張一朝為奴，終身不能成為公民。這意味著，北方各自由州將無力保護從南方逃去定居的黑奴。[7]

史考特案不但斷決了南方奴隸逃往自由州的道路，而且也把自由州的黑人公民地位下拉到準奴隸的水準，原本受各自由州憲法保護的黑人公民不能像其他公民一樣在全國自由旅行，也不能像其他公民一樣攜帶武器。自由州的黑人公民，甚至包括其他有色人種，既不是奴隸，也不享有自由人完整的公民權，成了生活在法律縫隙中的人群。

最高法院試圖透過史考特案的判決平息廢奴和蓄奴的爭執，緩解北方自由州和南方蓄奴州的衝突，但結果卻適得其反。北方各自由州官民普遍被最高法院的判決激怒，南方蓄奴州則歡慶司法勝利。美國在約翰·卡洪（John C. Calhoun）預言和詛咒的內戰道路上加速行進。[8]堪薩斯支持奴隸制和反對奴隸制的兩方不斷發生流血衝突，成了大規模內戰的預演。史考特案判決不到四年，布坎南總統在大選中輸給伊利諾州的平民律師亞伯拉罕·林肯（Abraham Lincoln），在他任期的最後三個月，南方各州紛紛宣布脫離聯邦。一八六一年三月四日，林肯就職總統時，美國已經是一個事實上南北分裂的國家。

珍·莫里森逃跑後，懷特報案，並懸賞捉拿，但沒有獲得任何線索。復活節過後，是悶熱的炎夏。如果珍逃出路易斯安那，找到的希望就渺茫了，如果她逃到北方，就可能永遠找不到了。她可以說自己是孤兒，就像其他孤苦伶仃的白人女孩子一樣，沒有人會相信她是黑奴，因為她的長相、膚色、頭髮、言談舉止都不像黑奴。如果人們不把她當成黑人，最高法院的史考特案判決在她身上就不適用。

一八五七年十月，懷特收到路易斯安那第三區法院的傳票，原告是艾麗克希娜．莫里森。原來珍並沒有逃出路易斯安那，甚至沒有離開紐奧良一帶。逃離懷特莊園後，她在路上遇到巡警，說自己是白人，被當奴隸拐賣，偷偷跑出來，無家可歸。在奴隸制時代，巡警的任務之一就是抓捕逃跑的黑奴，但眼前這位女孩皮膚白皙、眼睛碧藍，外表和言談舉止都不像黑奴，卻又說不清自己的身世和來歷。巡警依照規定，把她送到教區監獄，交給看守威廉．戴尼森（William Dennison）收容。珍告訴戴尼森，她的真名叫艾麗克希娜．莫里森，被人從阿肯色州綁架到紐奧良，當奴隸賣給詹姆斯．懷特。[9]奴隸販子綁架自由人當奴隸販賣，在奴隸制時代的南方並非聞所未聞。一八五三年，家住紐約的自由黑人所羅門．諾薩普（Solomon Northup）曾出版自傳《為奴十二年》，講述自己如何被綁架，運送到紐奧良奴隸市場販賣，在南方做了十二年奴隸的經歷。①路易斯安那最高法院的檔案中，也有類似案件。[10]

監獄看守戴尼森家裡沒有奴隸，他同情莫里森的遭遇，把她領回家，跟家人一起生活，並帶她參加朋友和鄰里的聚會。不過，懷特找到莫里森是早晚的事。戴尼森為莫里森請了律師，起訴懷特。她說自己是白人，不是奴隸，請求法院宣判她是自由人，並讓懷特賠償一萬美元損失。在律師建議下，她同時請求監獄收監自己，以免被懷特當逃跑的奴隸抓回去。案件在兩個地區法庭審判了三次，上訴到路易斯安那最高法院兩次，前後拖了五年。[11]

二、「必要的惡」與「積極的善」

路易斯安那的法院對奴隸交易案件並不陌生。內戰前，紐奧良是南方最大的奴隸市場。除了聖路易酒店的豪華奴隸拍賣場，在沿街開設的「奴圈」中，黑奴被打扮起來，男女分開，列成兩排待售，是這座城市生活的日常景觀。為買主貸款的銀行家、起草交易合約的律師、為文件公證的公證員、為奴隸檢查身體的醫生和做飯的廚師……形成一條完整的產業鏈。艾麗克希娜．莫里森是被輸送進紐奧良這條販奴產業鏈的十餘萬名奴隸之一。[12]

對奴隸制歷史，美國政界、學界和民間歷來存在三種敘事和評價模式：一是**「不可容忍的惡」**，視奴隸制為文明社會的恥辱和美國歷史的汙點；二是**「必要的惡」**，把奴隸制作為當時歷史條件下不得已而為之的制度安排；三是**「積極的善」**，把奴隸制本身當成一種符合人性的良善制度，甚至是上帝的安排。

內戰爆發前，北方自由州的廢奴運動發布了上萬件奴隸自述，揭示奴隸制的罪惡和奴隸主的殘暴。奴隸的口述經過廢奴人士的專業加工，被納入第一種敘事模式。因為沒有管道核實奴隸的口述內容，加上難以確定記錄者的加工程度，史學界往往對這類奴隸自述的真實性

① 編按：二〇一三年諾薩普的自傳被改編成電影《自由之心》，榮獲包括金球獎最佳劇情片、奧斯卡金像獎最佳影片等多項殊榮。

和準確度存疑。法院檔案往往能提供比奴隸口述更可信的資料。雖然原告和被告找證人作證都要服從打贏官司的目的，但證人在法庭上會被雙方的律師交叉質詢，從質詢紀錄中可以更好地判斷證詞的可靠性和可信度，看到比奴隸在法庭外的單方陳述更完整的事實。

把奴隸制作為歷史中「必要的惡」，在學界和政界由來已久。它承認奴隸制是一種罪惡，是當時社會條件下不得不付出的政治和道德代價：棉花種植是當時南方的經濟支柱，沒有高度組織化的大批黑奴勞動，棉花產業就會萎縮，經濟就會垮掉；而且，只有一國兩制，蓄奴州和自由州並存，聯邦才得以建立和維持。按照這種觀點，發展經濟和建立、維護聯邦都是透過奴隸制這種「必要的惡」才能實現的「更高的善」。這種歷史評價模式至今為很多人所接受。二〇二〇年七月，國會參議員湯姆．柯頓（Tom Cotton）對媒體說，美國就是建立在奴隸制這一「必要的惡」上面，讓奴隸制在歷史進程中發揮自己的作用，最後壽終正寢。[13]

「積極的善」是內戰前南方為奴隸制辯護的主導模式，也是對北方廢奴運動的一種進攻性回應。在這種主張看來，黑奴智力低下、生性懶惰，沒有自我管理的能力，無法融入文明社會，必須由文明人來管教，組織勞動，提供生活所需，讓他們少有所教、病有所醫、老有所養。職是之故，奴隸制是最符合人性的制度，對奴隸主和奴隸來講，都是善莫大焉。保守主義理論家羅素．柯克（Russell Kirk）十分推崇的南方政治家卡洪是「積極的善」最知名的鼓吹者。[14]

卡洪是南卡羅來納人，內戰前曾做過美國副總統、國務卿和國會參議員。他把南方的奴隸制跟西方文明輝煌時代古希臘和古羅馬的奴隸制相提並論，認為是文明社會不可或缺的等級安排。在批評自由州的廢奴運動時，卡洪辯稱，黑奴在蓄奴州的生活狀況比北方工廠的「工薪奴隸」要好得多：「在目前的文明狀況下，兩個不同源的種族，膚色、體徵、智力都有差異，它們在蓄奴州現有的關係，不是惡，而是善，一種積極的善。」[15]

「必要的惡」和「積極的善」兩種敘事模式有一個理論交集，就是「家長制」：奴隸主相當於家長，奴隸相當於孩子；主人和奴隸共同組成充滿慈愛和親情的大家庭。這種溫情家長制的歷史敘事一直存在於南方的政界與民間，一九六〇年代民權運動後開始在史學界流行。看過《飄》的讀者，對這種溫情色彩的家長制不會陌生：主人與奴隸各安其命，各就其位，共同組成和諧大家庭。一些史學家把這種溫情家長制歸因於奴隸主的基督教信仰。不過，紐奧良的大量法庭檔案和交易文件顯示，主人善待奴隸既有宗教和人性因素，也有利益考量，因為奴隸屬於貴重財產。很多奴隸主是貸款購買奴隸，奴隸一旦逃跑或死亡，投資立即歸零。在紐奧良的奴隸市場就流行一句老話：「活著的奴隸才是價格最好的奴隸。」[16]

對於不聽話的奴隸，主人有兩種處理方式，一是體罰，二是賣掉。不過，奴隸主在體罰奴隸時要考慮交易價格因素，如果奴隸身上留下鞭打的傷疤，身價會貶值。買家不願要身上有鞭痕的奴隸，因為那意味著不聽話。法院檔案包含的交易文書和證詞顯示，奴隸主家長制有很強的市場導向，也是種常用的管理奴隸的手段。比如說，主人會經常提醒奴隸：我對你們好，你們要好好表現，幹活要出力，平時要聽話。如果偷懶或不聽話，就把你們賣掉，落到殘暴的主人手中，後悔就晚了。主人對奴隸的「職責和責任」最終會服從市場原則。[17]

不過，奴隸的命運不只掌握在奴隸主手中，奴隸主和奴隸有個共同的強大主人——奴隸制。曾有遊客記下了他在紐奧良奴隸拍賣場見到的場景：一位中年女奴站在拍賣台前傷心地哭，說她三十五歲，從小跟主人長大，又能幹又忠誠，但主人欠債，被迫拍賣家產還債，她被列入拍賣品行列。表面上看，奴隸主掌握著奴隸的生殺大權，但從法院檔案看，奴隸主遇到財務困難，拖欠債務時，銀行往往會要求法院沒收奴隸主的財產，包括奴隸，拍賣後還債。奴隸制是奴隸和奴隸主的共同主人。[18]

奴隸的價格跟年齡、性別、健康狀況和膚色深淺有關。奴隸交易和拍賣廣告中會標明奴隸膚色的深淺，諸如純黑、半黑、棕黑、四分之一黑、八分之一黑。男奴隸膚色愈深愈值錢，膚色愈淺則價格愈低，這是因為當時人們相信，膚色愈深，體力愈好，膚色愈淺，人愈聰明。奴隸愈聰明，就愈不好使喚，如果識字，不但不好管，而且逃跑的機會大增。女奴隸的膚色定價跟男奴隸相反，膚色愈淺價格愈高，因為被奴隸主買去之後會做女傭，收拾家務，或兼做性伴侶。在紐奧良的奴隸市場，年輕的淺膚色女奴價格往往比同齡的其他奴隸高出數倍。從交易檔案看，內戰前這類奴隸的價格高達二千到五千二百美元。而一般奴隸的價格往往低於一千美元。[19]

奴隸主跟女奴的性關係成為奴隸制時代只能做不能說的潛規則，是南方生活方式的日常。一八五〇年，美國人口普查首次將「混血兒」作為有別於黑人和白人的種族選項，結果顯示全國約有四十萬混血人口，南方蓄奴州占了三十四萬八千名，大多是白人奴隸主跟女奴的後代。一八六〇年，林肯在總統競選中曾引述這一人口普查結果，指出維吉尼亞一個州就有近八萬混血兒，比所有自由州加起來還多二萬三千名。[20]

三、溫情家長制

詹姆斯·懷特把艾麗克希娜·莫里森買回家的時候，這種南方生活方式已經臨近巨變的前夜。在書面證據不完整的情況下，莫里森要在法庭上證明自己不是奴隸，只有一個辦法，就是說服陪審團相信她是白人，不是長得像白人的黑白混血兒。

第一次開庭審判時，莫里森十六歲。懷特提供了由證人、證詞和交易文件組成的證據鏈，把莫里森的身世從路易斯安那追溯到阿肯色，又從阿肯色追溯到德克薩斯，證明她有黑人血統，不屬於白人，屬於奴隸。莫里森說自己是自由人，唯一證據就是她本人的長相和言談舉止。法庭上，她的律師讓陪審團仔細端詳她的白皮膚、藍眼睛和亞麻色頭髮，問陪審團是相信自己的眼睛，還是相信被告的證詞。法庭陪審團全部由白人男性組成，按照當時的路易斯安那州法律，婦女和有色人種男性沒有擔任陪審員的資格。人口普查檔案顯示，「莫里森訴懷特案」初審中的陪審團成員都是平民，沒有奴隸主。

這起審判在傑佛遜教區引起廣泛關注，居民普遍同情莫里森，指責懷特，但不是指責他蓄奴，而是指責他把白人女孩當成奴隸買賣。判決前，懷特在法庭外被群情激憤的民眾攔住，有人威脅要吊死他。第一次審判，陪審團無法達成一致。法院宣布審判無效，擇日重審。懷特指控當地居民和陪審團對他的個人偏見太重，無法公正審判，要求法院異地審理。

法院把案件從傑佛遜教區轉到紐奧良的法庭重審。[21]

第二次審判時，莫里森十七歲。紐奧良法庭的陪審團一致認定她是白人，判決給她自由。懷特上訴。路易斯安那最高法院認為，紐奧良法庭處理被告證據不當，懷特提供了完整的證據鏈，顯示莫里森有奴隸血統。基於這一理由，州最高法院把案件打回紐奧良法院重審：「證據充分證明，原告是一位混血女奴的後代，生而為奴，透過正常財產權轉讓，由她最初的所有人，也是她母親的所有人，已經轉讓給被告所有。基於膚色的自由推定不是有效的法律推定，必須讓位給有奴隸血統的證據。立法者沒有宣布黑人和白人之間血統混合到什麼程度就讓奴隸的後代獲得自由，確定這類財產法則不屬於司法權限範圍。」[22]

第三次審判時，莫里森已經二十歲。案件被州最高法院打回重審後，紐奧良法庭的陪審團又出現無法達成一致的局面。懷特再次上訴到路易斯安那最高法院。不久，聯邦海軍的戰艦兵臨城下，路易斯安那最高法院五名法官中有四名棄城逃亡，所有上訴案件的審理被迫中止。[23]

莫里森從十五歲到二十歲，經歷了被作為奴隸買賣，三場審判，兩起上訴，進進出出監獄，生了一個孩子，染上肺結核。紐奧良被聯邦軍隊占領後，法院紀錄中斷，她也徹底消失在歷史中。從戰後路易斯安那人口普查紀錄，史學家已經找不到跟她在法庭的紀錄相匹配的個人資訊。她十五歲之前的身世是個謎，二十歲以後的下落也是個謎。甚至沒有人知道一八六三年一月一日林肯總統發布《解放奴隸宣言》時，她生活在哪裡。也沒有人知道，一八六五年十二月憲法第十三修正案正式終結奴隸制時，她是否還在人世。正義一遲到，一代人就蹉跎過去了。

奴隸制時代的南方曾生活過無數像莫里森這樣的小人物。在溫情家長制的敘事模式中，奴隸主把奴隸當成周邊家庭成員，但法院的奴隸交易檔案和法庭審判紀錄顯示，那是一種想像的家庭關係：奴隸主不會賣掉自己的妻小，但會賣掉奴隸，甚至把奴隸的家庭成員分開賣。內戰爆發時，南方大約有四百萬名奴隸，而在南方各州的奴隸交易市場，曾有過多達二百萬單的交易。

種植園經濟的日常運作形成了主人和奴隸的近距離生活紐帶，不乏有善待奴隸的主人，但奴隸交易檔案展示出，歷史上一些政治家、小說家和學者描繪的那種溫情奴隸制大家庭只是個南方神話。命運截然相反的主人和奴隸共同被一種反人性的制度毫無希望地捆綁在一起，擁有與被擁有、依附與被依附，雙雙陷入一個靠自身無法突破的閉環。經歷了一場慘烈的內戰，付出六十多萬國民和一位總統的生命，這種制度捆綁才被強行打破。

四、「隔離但平等」

二〇一九年五月，《今日美國》（*USA Today*）報評出美國最高法院歷史上二十一個里程碑式判決，其中包括一八九六年宣判的「普萊希訴佛格森案」（Plessy v. Ferguson，以下簡稱普萊希案）。[24]這項判決影響了美國社會百餘年，被法官和學者引用過二萬多次，改變了無數人的命運，所帶動的歷史慣性衝擊至今。

內戰結束後，美國憲法增加第十三、十四、十五修正案，奴隸制被廢除，南方黑人獲得公民權，黑人男性獲得選舉權，開始在憲法名義下享有法律的平等保護。為保障這些新憲法權利的實施和戰後重建，聯邦政府對南方各州實行軍管，歷時十年。南方的戰後重建並不成功。軍管結束後，南方各州開始在學校、醫院、交通、餐飲、旅店等場所推行種族隔離政策。紐奧良生活著大量的混血人群，他們成為種族隔離政策的主動挑戰者。

一八九二年六月七日，黑白混血兒荷馬・普萊希（Homer Plessy）在紐奧良買了張頭等車廂的火車票，堅持坐白人車廂，遭到拘捕並被起訴。普萊希的曾祖父是法國白人，在路易斯安那還是法國殖民地的時候看上了一位女黑奴，出錢為她贖身，兩人生了八個孩子，其中一個女兒嫁給白人，又生了好幾個孩子，包括普萊希的母親。作為南方最繁華的城市和最繁忙的港口，紐奧良居住著法國人、西班牙人、英國人、非洲人、印第安人、加勒比人、愛爾蘭人……經過幾代融合，形成龐大的非黑非白、亦黑亦白群體，膚色呈現出深淺不一的光譜，形成了美國最早的族群熔爐。普萊希的外婆和母親都嫁給了白人，到了他這一代，已經有八分之七的白人血統，只有八分之一曾祖母的黑人血統。[25]

種族隔離時期，南方各州對種族的界定五花八門。有的州寬鬆一些，四分之三白人血統就算白人；有的州比較嚴苛，只要有任何黑人血統，不管過了多少代，都歸入黑人，俗稱「一滴血」政策，即「一滴黑人的血會汙染白人的汪洋大海」。路易斯安那州屬於後者。雖然普萊希的膚色實際上比一些白人還白，但因為有八分之一黑人血統，仍然被視為黑人。按照路易斯安那州的隔離法律，他違規坐白人車廂，可以被判處二十天監禁並罰款。審判庭法官約翰・佛格森（John Ferguson）沒有判普萊希監禁，只判罰款二十五美元。[26]普萊希上訴，佛格森法官成了被告。官司一直打到美國最高法院，以普萊希敗訴告終。七位大法官形成多數意見，判決種族隔離政策符合憲法。只有一位大法官反對。

最高法院的判決書執筆人是亨利・布朗（Henry Brown）大法官。他把平等分成「政治的」和「社會的」兩種，認為法律只管得了「政治平等」，管不著「社會平等」：

> 憲法第十四修正案的目的無疑是實行兩個種族在法律前絕對平等。但在本質上它的目的不是取消種族間的差別，或實行不同於政治平等的社會平等……[27]

布朗大法官認為，政府不可能透過立法克服社會偏見，也不可能透過強制兩個種族融合來保障黑人的平等權利。他的以下論述今天仍然被很多人接受：

> 如果兩個種族要達到社會平等，必須是自然親和、相互欣賞對方優點、個人之間情投意合的結果。法律無力剷除種族本能，廢除身體差別，試圖這麼做只會加劇目前的困境。如果兩個種族在民權和政治權利方面是平等的，就不可能是一個種族在民權和政治上比另一個劣等。如果一個種族在社會方面比另一個種族劣等，美國憲法無法把他們拉平。[28]

在布朗大法官看來，法律規定黑人和白人不能坐同一車廂，黑白一視同仁，並沒有給黑人打上劣等種族的烙印。普萊希之所以覺得自己被當作劣等種族對待，不是因為法律不平等，而是因為他自我感覺劣等。所以，這不是法律的問題，而是普萊希自己的問題。

最高法院唯一的反對意見來自約翰．哈倫（John Harlan）大法官，後世因此稱他為「偉大的反對者」。哈倫大法官是肯塔基人，內戰前父親是奴隸主。在奴隸制時代，父母是奴隸主，兒女天生也是奴隸主；父母是奴隸，兒女天生也是奴隸。但世界總是比法規和原則複雜。哈倫有幾位兄長，包括他父親跟一位女黑奴生的混血兒羅伯特。到了上學年齡，他父親早上送羅伯特入學，因為孩子長得有點黑，下午被學校打發回家。羅伯特只能在家裡接受教育，長大後成了相當成功的商人。[29]內戰爆發時，哈倫反對廢奴，但為了維護聯邦，他組織義勇軍加入聯邦軍隊，跟南方叛軍作戰。這種經歷顯然影響了哈倫對法律的理解和對種族隔離的看法。在普萊希案中，他寫了措辭激昂的反對意見：

> 白人被視為這個國家的優勢種族。事實上，在聲望、成就、教育、財富和權力方面都是這樣。如果我們堅守偉大的傳統，堅持憲法的自由原則，我也不懷疑，將來會一直這樣。但是，從憲法看，在法律眼中，這個國家的公民沒有優等的統治階級。不存在高低貴賤的等級。我們的憲法不講膚色，不知道也不容忍把公民分成三六九等。在民權方面，所有公民在法律前人人平等。最卑微的和最有權力的都被一視同仁。在涉及國家最高大法保障的民權時，法律把人當成人，不看他的出身和膚色。[30]

哈倫大法官認為，他的同事肯定知道法律規定車廂黑白隔離，「目的不是把白人排除出黑人車廂，而是把黑人排除出白人車廂。」[31]所以，黑白「平等對待」只是一層法律上「薄薄的偽裝」。這事實上是在批評布朗大法官和其他同事「故意無知」或裝糊塗。歷史上，這種「故意無知」在法律界、政界和學界顯隱交錯，綿延不絕。在一百多年前的種族隔離時代，違逆潮流將這種批評寫在判決書的反對意見中需要非凡的道德勇氣。

普萊希案判決後的半個多世紀，哈倫大法官的反對意見在法律界和學界很少被提及，幾乎被世人遺忘。[32]直到五十八年後，他的反對意見才成為最高法院的主流意見。一九五四年，最高法院推翻了普萊希案的判決，宣判種族隔離違反憲法。[33]

五、過去還沒成為過去

法官的判決為法律注入生命，而法官也是時代之子。即便不乏有勇氣反對偏見的法官，但像哈倫大法官，也難免受時代、習俗、生活閱歷和知識結構等造成的偏見影響。在主張黑白種族平等的同時，哈倫大法官在判決書的反對意見中卻以充滿偏見的筆調描述華人：「有一個種族跟我們差異如此之大，以致於我們不允許那個種族的人成為美國公民。那個種族的人，除了不多的例外，被我國絕對排除在外。我指的是華人。但是，按照本案中有爭議的法規，即便是華佬也能跟美國的白人公民坐在一個車廂……」[34]

普萊希案判決兩年後，在舊金山出生的華人黃金德（Wong Kim Ark）回美國時被拒絕入境。按照憲法第十四修正案，所有在美國出生的人都是生而為公民，但行政當局不承認黃金德是美國公民，認為雖然憲法第十四修正案規定了出生公民權，但華人可以被排除在外。經過聯邦法院審理和逐級上訴，最高法院判決行政當局的做法違憲，即按照第十四修正案，只要是在美國出生的人就是公民，沒有任何附加條件。有兩名大法官反對這項判決，其中一位就是哈倫大法官。[35]

美國聯邦法院的法官由總統提名，參議院投票核准後，再由總統任命。一些有強烈黨派傾向的選民期望透過總統和國會選舉，讓符合自己政治、宗教和文化觀念的法官進入聯邦司法系統，尤其是最高法院。不過，聯邦法院的一些判決呈現的歷史細節讓人們看到，法官往往不是被黨派預裝了法律程序的司法機器。他們有政治傾向、宗教偏見和道德偏好，但他們不是僵化的政治單層人。參加普萊希案判決的八名大法官中，有六名是北方自由州人，大多在耶魯、哈佛等名校受教育。哈倫大法官是蓄奴州肯塔基人，只念過本地不知名的學校，父親還是奴隸主。如果刻板僵化地以身分取人，很可能以為維護種族隔離的應當是哈倫大法官，而反對種族隔離的應當是布朗等名校出身的來自北方自由州的大法官。但歷史呈現的事實卻完全相反。

代理普萊希的主打律師奧比昂．圖爾吉（Albion W. Tourgee）是個悲劇人物。內戰爆發後，他加入聯邦軍隊，被派往前線作戰，脊椎受傷，幾乎癱瘓。康復後又回到戰場，再次受傷，被南方叛軍俘虜。他和哈倫在同一場戰爭中跟共同的敵人作戰，但作戰的理由卻不同：哈倫是為了維護聯邦，圖爾吉是為了解放黑奴。在代理普萊希打官司期間，圖爾吉律師一直內心掙扎：對他來講，這是場難以抗拒的戰鬥，但如果官司輸了，一些南方州打擦邊球的種族隔離政策就會變成明目張膽的合憲法律，不但幫不了當事人，而且會讓無數有色人種國民喪失法律的迴旋空間，生存境況將更加艱難。律師打這種官司就像看到有人在水中掙扎，他跳下去救人，激流卻將溺水的人捲入更深的水域。「這是我們輸了官司將面對的終極後果，要竭盡全力避免。」[36]

一八九六年五月十八日，最高法院宣判普萊希案，圖爾吉律師沒能避免他要竭盡全力避免的結果。他輸了官司，噩夢成真，種族隔離成了最高法院明確授權的符合憲法的法律。圖爾吉從此放棄了律師職業，在抑鬱中度過餘生。幾年後，他客死法國，終年六十七歲，沒有留下財產，遺孀靠繼承他的傷殘軍人撫恤金生活。[37]

最高法院判決後，普萊希主動到紐奧良的法院交了二十五美元罰款，從此在法院檔案中消失。人口普查紀錄顯示，他的種族身分隨著法律的變化而幾經改變，先是從「混血」變成「黑人」；一九二〇年，他五十七歲，又從「黑人」變成「白人」。五年後，普萊希去世。一生幾十年，被人為歸入不同的種族類別。在那個流行「一滴黑人的血會汙染白人的汪洋大海」的時空，圖爾吉律師無法為他從最高法院討回公道。普萊希案之後，哈倫大法官曾在一次演講中感嘆：「最高法院的權力可以用來行善，也可以用來行惡，都不可低估……既能透過判決鞏固人民對我們體制的信心和愛戴，也比其他政府部門更容易破壞我們的政體。」[38]

雖然普萊希案的判決早已被推翻，哈倫大法官的反對意見成就了他的歷史英名，但布朗大法官在判決書中揭示的問題依然存在：社會習俗難以很快隨法律改變。最高法院從贊成種族隔離到廢除種族隔離，花了近六十年時間，各州在制度層面的種族隔離則前前後後持續了上百年。改變法律實屬不易，而消除社會偏見、移風易俗更難。普萊希案定義了此後一個世紀的美國，也仍然在以不同的方式塑造美國的下一個世紀。[39]

普萊希案判決後沒有受到像史考特案那麼廣泛的關注。那時候，內戰已經結束三十年，南方重建已經以失敗告終，種族隔離制度在南方逐漸建立起來，北方已經對黑人問題失去興趣。最高法院以「隔離但平等」的原則合法化種族隔離，打開了向社會生活各個方面延伸的大門。

哈倫大法官的反對意見沒沒無聞了五十多年，直到一九五四年最高法院判決「布朗訴托皮卡教育委員會案」，這個走在歷史前沿的雄辯激昂的反對意見才被挖掘出來，成為最高法院的主流意見。當初支持普萊希案判決的七位大法官，後來鮮少提及這個判決。首席大法官梅爾維爾．富勒（Melville Fuller），在自傳中講了很多在他任內最高法院判決的案例，但隻字不提普萊希案。也許那時候，他在內心深處知道這是他任內的一個汙點判決。後來的一百多年歷史表明，普萊希案成為最高法院歷史上幾個最大的汙點案例之一，被很多法官和律師評為與史考特案並列的兩大汙點判例。

一個多世紀後，人們也可以從普萊希案的判決中看到一些流行理論和思潮的機會主義特徵。州議會立法實行種族隔離，但鐵路公司並不情願為白人和有色人種分別設置車廂，這顯然增加營運成本，也不符合市場需求，因為同一列車中白人車廂可能人滿為患，黑人車廂卻可能旅客稀疏。十九世紀至今，自由市場導向理論對美國保守派的政治、經濟和法律思潮影響巨大，但在種族隔離問題上，保守派卻不講究自由市場導向。法律要求車廂、餐館、旅店、學校等為白人和有色人種分別建立設施，顯然增加成本，違反市場規律。路易斯安那州通過要求州內火車設立隔離車廂的法律後，鐵路公司並不贊同這種做法，反倒支持有色人種權利組織發起訴訟，希望透過法院判決降低營運成本。[40]

普萊希案揭示了自由市場理論在歷史上根據社會情境不斷伸縮的適用邊界。一方面，它是強者和優勢群體的理論，在財富和種族方面愈強勢的人群，享有的自由愈多。但另一方面，自由市場提供的自由大致根據人群擁有的財富和所屬的種族遞減，劣勢群體在自由市場上並沒有多少討價還價的自由，在很大程度上，弱者的自由是一種「被迫的自由」，或「無奈的自由」，是一種不得不接受的命運。在沒有天然障礙的前提下，弱者可能有機會透過努力變成強者，進入強勢群體，充分享有市場提供的自由，但如果法律把人按種族和膚色劃分等級，弱勢族裔便喪失了充分享有自由市場提供的自由的機會，因為種族是一道無法逾越的先天障礙。

如今，走在紐奧良古樸的法國區街頭，滿目亭榭樓閣，掛著餐館、酒吧、客棧和商鋪的招牌，舊事隨流水，已經沒有絲毫「奴圈」和種族隔離的痕跡。沿街隨處是地道的卡津和克里奧美食，昏暗的酒吧飄出不經意的爵士樂和藍調曲調。雖然這座城市往昔的輝煌不再，但餘韻纏綿，仍然是南方人出門放縱一把的首選之地。內戰前形成的這一習俗延續至今。早年在紐奧良寫作的南方作家威廉·福克納（William Faulkner）曾感慨：「過去永遠不會死。過去甚至還沒成為過去。」[41]傳統家長制養成的等級秩序、依附與被依附關係、種族潛規則和主人—奴隸心態以各種變異的方式頑強地延續下來，與後世和當下的生活糾纏在一起。歸根究柢，對歷史的理解是當代人的自我理解。

第二章

最南的南方

三K黨員的目標是弘揚愛上帝和愛國、保護我們國家的基督教理想和體制，維護白人至上，協助執行我們國家的法律。做三K黨員需要什麼樣的素質呢？「毫不利己，專門利人」——就是三K黨員的格言，如果做不到，就辜負了自己的信念。

——山姆．坎貝爾牧師

南方文明一直不允許種族融合，我們的人民一直認為，最好是所有種族各自保持自己的純潔性。

——一九二五年密西西比最高法院判決書

普萊希案宣判二十七年後，最高法院判決「梅耶訴內布拉斯加案」，把結婚成家、養育子女、學習母語等作為跟人身自由同等重要的權利，認為這些權利對自由人有秩序地追求幸福必不可少。[1]但是在南方，普萊希案的判決使幾乎所有領域和場所的種族隔離合法化，公立教育實行有色人種與白人學生分校。最高法院要求「隔離但平等」，而現實是「隔離但不平等」。一九二四年，一家居住在密西西比州的林姓華人在法院挑戰普萊希案判決。跟歷史上很多憲法第十四修正案訴訟的原告一樣，他們不是想做英雄；當兩個上小學的女兒因為華人身分被從公立學校趕出來，他們別無選擇。

一、林氏姊妹

密西西比河奔流南下，經過田納西州的孟菲斯，在密西西比州境內形成一片七千平方英里的三角形沖積平原，土地肥沃，氣候溫暖，是種植棉花的黃金地帶。密西西比三角地帶北鄰田納西、西面與阿肯色和路易斯安那隔河相望，被稱為「最南的南方」。那裡離密西西比河在墨西哥灣的入海口還有數百英里，顯然不是地理意義的最南方，而是文化意義上的指稱。[2]

八十二號公路橫貫密西西比三角平原的核心地帶，也是沿途村鎮的主街道。公路兩旁是低矮雜樹隔開的農田和魚塘，田野上有些高大的橡樹和棉白楊。昔日的棉花種植園生長著玉米、大豆和花生。十字路口有供應速食的簡易加油站，賣炸魚薯條和乳酪漢堡。每接近一個小鎮，公路兩旁就出現賣農機的生意，逐漸變成達樂店（Dollar General）、達樂樹（Dollar Tree）等廉價日用品連鎖店。

進入小鎮，公路變成主街道，兩旁坐落著速食店和汽車旅館，後面是住宅區，一片低矮破舊的木板獨立屋被狹窄的街道分開。當地人把這種木板屋戲稱為「獵槍屋」，意指其像獵槍筒一樣簡陋。穿過幾道有紅綠燈的十字路口，街道重新變成公路，兩旁又出現農機賣場。駕車沿八十二號公路西行，從雅洛布沙河畔的格林伍德到密西西比河畔的格林威爾，每隔二十幾分鐘就會路過這樣一個小鎮，如果沒有地圖上標示，難以看出這些小鎮之間的差異，猶如在同一個畫面中循環往復地穿梭。

一九八〇年代末，奈波爾遊歷本地的時候，還能看到一群群黑人在棉花地勞作，「如果遠處加上一些山嶺，猶如身處肯亞。」[3]而今，已經難以見到黑人在田間勞作的蹤跡，低廉的勞力已經被大馬力農機取代。他們或者像白人一樣搬離此地，或者在魚塘和鎮上的店家打零工，或者什麼也不做，靠政府發放的食物券為生。經過阿拉巴馬州時，奈波爾看到比喬治亞和南北卡來羅納更嚴重的貧窮和種族問題，但跟密西西比相比，阿拉巴馬還說得過去，「我發現，即使在阿拉巴馬，密西西比也是以貧窮和種族嚴苛著稱。」[4]在美國的社會語境中，南方跟種族歧視、保守、貧窮、落後分不開，密西西比三角平原一帶不僅被稱為美國「最南的南方」，甚至被稱為「地球上最南的地方」。[5]在那裡，城市的繁華喧囂、市郊的富足靜怡，都像是另外一個國度的景象。

內戰前，密西西比三角地帶是南方最富裕的地區之一，財富來源是土地、奴隸勞動和棉花貿易。內戰結束後，奴隸勞動不復存在，很多獲得自由的奴隸到北方謀生，勞動力匱乏。一些種植園主開始另想辦法，採取承包制，以收成分成的方式把土地承包給留下來的黑人和貧窮白人耕種。但因為大量人口外移，本地仍然需要補充農業勞動力。當時，加利福尼亞和加勒比海地區大量從大清國進口苦力。密西西比的棉花種植園主從中受到啟發，開始引進華人苦力和義大利民工。第一批引進的十六名華人苦力在種植園勞動一段時間後，紛紛離開或轉行。他們最常見的行業是掙錢開雜貨店。當時，密西西比三角地帶的黑人數量遠超過白人，但很少有黑人開的店鋪，白人開的店鋪不願接待黑人顧客，華人店主填補了這項空白。他們小本經營，顧客以黑人和貧窮白人為主。6

林恭（Gong Lum）就是這樣一位雜貨店主。他的太太凱薩琳是廣東人，十歲時成了孤兒，被一家姓王的大戶人家收養，身分既是養女，也是丫鬟。她隨王家來到美國。當時，美國實行排華法案，禁止華人勞工入境，但商人可以獲得商務簽證，合法進入美國經商。王家以商人身分來美，在密西西比三角地帶經商落戶。凱薩琳聰明伶俐，很快學會英語，上本地浸信會的教會做禮拜。十八歲時，她嫁給林恭。夫妻開了一家雜貨店，生了兩個女兒，一個兒子。雖然生活不易，未來卻充滿希望。他們盼望孩子長大後能像本地受尊敬的白人那樣過上體面生活。林恭夫婦給大女兒取名波爾達，那是鎮上一位富貴太太的名字，給二女兒取名瑪莎，那是鄰居家太太的名字，給兒子取名漢密爾頓，那是鎮長的名字。7

到了上學年紀，波爾達和瑪莎跟其他孩子一樣在羅斯蒂爾鎮的公立小學入學。那時候，密西西比已經實行義務公立教育，州法律規定，父親必須讓五至二十一歲的孩子完成基礎教育。姐姐波爾達在學校成績一般，但妹妹瑪莎成績突出，經常得到老師表揚。老師在教室牆上貼了一棵紙剪的蘋果樹，把紅紙剪成蘋果形狀，在每個紙蘋果上寫上學生的名字。每次考試後，把成績好的學生的蘋果往上移。瑪莎的蘋果常常接近樹梢。[8]

按照一八九〇年修訂的密西西比州憲法，政府必須為白人學生和有色人種學生分別建立學校。在執行中，白人學校和黑人學校嚴格分離，但華人既不屬於白人，也不屬於黑人，大部分學區的公立中小學允許華人學生在白人學校入學。[9]一九二四年，密西西比州開始嚴格執法，禁止華人學生與白人學生同校。當時，美國和歐洲盛行優生學，認為白人是優等種族，必須保持血統的純正。同年，美國國會通過了最嚴苛的移民法，不僅有效地禁止了亞洲移民，而且把東歐和南歐移民的數量也降到歷史低點。[10]美國南方各州，包括密西西比，紛紛效仿，從嚴執行公立學校的種族隔離法律和禁止跨種族婚姻的法律。

二、孤注一擲的過氣州長

一九二四年九月，新學年開學，波爾達十一歲，瑪莎九歲。她們像前一學年一樣去上學。午休時間，校長把姐妹倆和另外兩名華人學童叫到辦公室，告訴他們學區遵照州法律，有了新規定，他們不能再跟白人孩子一起上學了，她們可以去上黑人學校，或者上私立學校。擺在林恭夫婦面前的選擇不多，他們沒有錢供孩子上私立學校，但黑人學校的條件又太差，他們也不願把孩子送到那裡。當時，雖然密西西比法律在公立學校中禁止白人和有色人種同校，但並不是所有學區都執行這種政策。三角平原一帶的學區顯然走在各學區前面。當地一些華人家長決定搬走。但林恭夫婦剛剛蓋了新房子，搬到一個新地方開雜貨店也前景未卜。剩下只有一條路，告上法院。

林恭夫婦打算聯合其他華人家庭，共同起訴學區，經過一番聯絡，沒有得到其他華人家長的支持。他們決定自己去起訴，找到鎮上的律師厄爾．布魯爾（Earl Brewer）。布魯爾是鼎鼎大名的人物，曾做過密西西比州長和州檢察官。但林恭夫婦去找他辦案的時候，布魯爾已經是英雄暮年，在政治上屢受挫折，競選失敗，回到家鄉做律師，客戶多是鄉鎮貧民，往往付不起律師費，送他一些田裡種的糧食或蔬菜當律師費。林恭夫婦在鎮上找到布魯爾的事務所，訴說孩子的遭遇。布魯爾了解了他們的身世，知道不會在這起官司中賺到錢。但他覺得這是個挑戰密西西比種族歧視法律的機會，可以做成一個大案子。布魯爾答應做林恭夫婦的律師。[11]

跟密西西比很多出身世家的政客不同，布魯爾出身貧寒。他十二歲喪父，作為長子承擔起種地養家的重任。那時候，三K黨風行一時，支部建到村鎮，很多白人青年入黨。布魯爾也受同伴影響，去參加三K黨聚會。他母親知道後，說那些人用白布把臉蒙起來，不像好人，不准他再參加。布魯爾天性聰穎，一邊打工一邊自學，二十四歲時用七個月時間在密西西比大學修完了法律課程，畢業五天後開始接案子打官司，正式成為律師。當了三年律師後，布魯爾競選州議會參議員成功。一九〇二年，他被州長任命為州檢察官；一九一一年，布魯爾競選州長成功。在州長任上，他促成了一些幫助貧困家庭和增加兒童福利的政策。當時，南方流行癩皮病，死亡率高達百分之十幾，密西西比是重災區。醫學界無法確定病因，流行觀點認為是由病菌感染所致。[12]

美國衛生署醫生約瑟夫．古德伯格（Joseph Goldberger）發現，這種病主要在貧困人口、孤兒院、精神病院和監獄流行，但孤兒院和監獄的管理人員並不染病。基於這種觀察，他提出病因是飲食營養不良。古德伯格的理論不被當時的醫學界接受。布魯爾做州長時，密西西比有一萬多名居民染上癩皮病，其中每年有一千五百多名病人死亡。古德伯格在密西西比做研究，希望能用實驗方法證明病因。他設計了兩組實驗對象，第一組只吃玉米等澱粉食物，第二組吃包括肉類和蔬菜等營養豐富的食物。布魯爾幫助他在州監獄犯人中尋找志願者，承諾赦免志願參加這項實驗的犯人。分組實驗幾個月後，第一組犯人中大量出現癩皮病症狀，第二組犯人則沒有出現任何症狀。[13]

古德伯格依據實驗結果撰寫報告，指出癩皮病的病因是營養不良，建議政府從增加貧困人口和高危險人群的營養入手，來消除這場奪走無數生命的流行病。古德伯格在密西西比監獄的實驗結果不僅推翻了醫學界很多專家堅持的細菌感染說，而且影響到社會政策，因此遭到很多同行和政客的反對。他試圖找到致病的具體機理，但生前沒有實現願望。他去世後，醫學研究發現，是飲食中缺乏維生素B3和蛋白質導致癩皮病。[14]

林恭夫婦為女兒打官司的年代，癩皮病在密西西比已經得到有效控制。那時候，布魯爾的政治生命已告結束，律師生涯也不見起色。他仍然支持維護窮人利益的政策，但那些政策已經被政敵冠以「社會主義」之名，難以為繼。同時，隨著排外浪潮和種族狂熱的復興，三

K黨捲土重來，全國有五百多萬名黨員，在每個州都設立了黨部，密西西比是重要根據地。

布魯爾接了林恭夫婦的案子。當地法院十月起開始放假，直到新年過後才重開。布魯爾必須儘快行動。跟他以前打過的合約糾紛或刑事官司不同，在本案中，他要慎重考慮適用的法律。在權衡各種利弊後，他決定依照密西西比州憲法和聯邦憲法起訴，指控羅斯蒂爾學區從學校驅逐林家女兒，不僅違反了州憲法規定的義務教育規定，也違反了美國憲法第十四修正案的平等保護條款。律師打官司往往不只是考慮法律問題，還要考慮激發法官對當事人的同情心，讓法官覺得當事人受到的對待不公平。在訴狀中，布魯爾強調，瑪莎是個九歲的女孩子，在學校守紀律、講衛生、成績好，她被從學校趕出來，唯一原因是她的華裔身分。他指控學校當局把瑪莎歸入有色人種是錯誤的。[15]

布魯爾到法院呈遞訴狀，交了五美元遞送費，警長把訴狀遞送給被告學區負責人。五天後，當地報紙《波利瓦爾縣民主黨人報》（*Bolivar County Democrat*）登載標題新聞「羅斯蒂爾學校禁止華人」，指出這是起試探性訴訟，試圖透過司法程序確立在上學問題上華人到底是什麼身分。報導稱，在這起充滿爭議的訴訟中，前州長布魯爾站在華人一邊，一點都不奇怪，並譏諷說，一個過氣政客，競選參議員，一個選區都沒贏，現在又想迫使密西西比的白人學童跟華人同校，他在法院打贏官司的希望跟他贏得參議員選舉一樣渺茫。卸任州長後，布魯爾在從政道路上屢戰屢敗，競選參議員是他的最後一場慘敗。時移勢易，民情變了，政治風向跟著變，在密西西比推行他的政策主張無異於逆水行舟，選民不再給他機會，但他還沒有準備認輸。他要把戰場從政界轉到法庭。林恭案給了他發動一場戰役的機會。[16]

密西西比的選民拋棄了布魯爾，但他在選民中並非沒有同情者。當地另一家報紙《克拉克斯蒂爾紀事報》（*Clarksdale Register*）發表了兩位法學生的文章，批評《波利瓦爾縣民主黨人報》對布魯爾的「惡意攻擊」，指出那樣做既不道德，也缺少自律，「你們和其他所有美國公民一樣，都曾經宣誓堅守和維護憲法。但你們完全沒有這樣做，反而試圖剝奪華人，或任何種族，任何在上帝創造的太陽下生存的人，在這片土地的法庭上與生俱有的由稱職律師代理的平等權利。」兩位作者並不認為，華人孩子應當跟白人孩子同校，但他們認為即便華人孩子沒有跟白人孩子同校的權利，也應當享有被律師代理的權利，布魯爾代理林恭夫婦是履行他的律師職責，也是履行他維護憲法的律師誓言。這篇文章的作者之一是本案的被告格雷克．萊斯（Greek Rice）的兒子。[17]

作為學區的董事，萊斯和其他被告收到了起訴書。法庭安排在十一月五日開庭。那時候正值法庭放假期間，按照常理，不會有法官願意在假期出面審理這種棘手的案子。所以，如果遵從常規，要等到第二年才有機會開庭。不過，布魯爾並非等閒之輩。鄰縣一位名叫威廉．艾爾考恩（William Alcorn）的法官答應出面主持審理林恭案，他跟布魯爾熟識，都是長老會的信眾，在克拉克斯蒂爾鎮的同一家教會做禮拜。[18]

三、不同尋常的法官

艾爾考恩在密西西比是個響噹噹的姓氏。威廉．艾爾考恩的堂伯詹姆斯．艾爾考恩

（James Alcorn）早年帶著家眷和一名年邁女黑奴從肯塔基來到密西西比三角平原，開了一家律師事務所，經過十幾年經營，成為擁有萬畝棉花田和數百名黑奴的種植園主。內戰爆發前夕，威廉．艾爾考恩的父親從肯塔基搬到密西西比，加入堂兄的種植園經營。內戰爆發時，詹姆斯．艾爾考恩正在路易斯安那買奴隸，帶回來一位十四歲的淺膚色女奴。那名女奴住在艾爾考恩的莊園，生了六個混血孩子，其中三個兒子，長子取名詹姆斯，次子取名「州長」，三子取名「法官」。孩子的父親不明，但外界猜測是詹姆斯．艾爾考恩。[19]

內戰爆發前，詹姆斯．艾爾考恩反對密西西比脫離聯邦，跟後來南方推舉的邦聯總統傑佛遜．戴維斯（Jefferson Davis）產生矛盾。內戰爆發後，他徵召士兵，組織隊伍，被南方軍隊任命為准將。威廉．艾爾考恩的父親也加入南軍，成為中尉。戰爭中，詹姆斯．艾爾考恩准將失去了兩個兒子。雖然他是密西西比三角平原的大莊園主，但他尊敬林肯，厭惡發動內戰的南方上層政客，內心對奴隸制有負罪感。一八六五年四月九日，南軍司令羅伯特．李將軍向聯邦軍隊投降，內戰實際上結束。但戴維斯領導的南方政權仍然苟延殘喘。四月十五日，林肯遇刺。詹姆斯．艾爾考恩在日記中寫道：「聽到這個消息，內心如此悲傷。未來愈加黯淡，一幕幕流血的場景！何時何地這場爭鬥才會結束？」[20]

戰後，詹姆斯．艾爾考恩從政，他加入共和黨，獲得選舉權的密西西比前黑奴成了他的票倉。一八六五年，他當選國會參議員。因為他的政見和黨派，這位內戰時期的南軍將領成了密西西比維護奴隸制的白人的敵人。三K黨開始威脅他的家族，並把威脅付諸實施，放火燒了他的一個種植園。那時候，威廉．艾爾考恩剛剛出生，他父親的種植園離詹姆斯．艾爾考恩被焚毀的種植園相隔不遠。[21]

一八六九年，詹姆斯·艾爾考恩競選州長成功，成為密西西比州第二十八任州長。在任期間，他致力於州內現代化，最大政績是在密西西比建立了公立教育系統。內戰前，密西西比法律禁止黑人接受教育。艾爾考恩州長任內制定的密西西比新憲法規定，州政府向所有五到二十一歲的居民提供免費基礎教育，允許各縣自主決定是黑白同校，還是黑白分校；如果黑白分校，則必須在白人和黑人學校之間平等分配教育經費。艾爾考恩州長在密西西比建立了第一所黑人大學，以他的名字命名為「艾爾考恩州立大學」。但州政府的公立義務教育政策遭遇巨大反彈，受到來自民間和政敵的夾擊。反對的理由主要有兩個：一是州政府搞免費義務教育會導致加稅，二是公立義務教育會導致黑人跟白人混雜。

一八七一年，詹姆斯·艾爾考恩辭去州長職務，去首都華盛頓填補國會參議員的空缺。他在密西西比的政治生命結束了。但他留下的政治遺產卻保留下來，惠及民眾，尤其是底層民眾。他大力推行的普及公立教育的新憲法頒布五年後，密西西比已經有一半學齡兒童入學，大大改善內戰前州內居民的普遍文盲狀態。[22]

威廉·艾爾考恩十歲時，他父親染上黃熱病去世。幼年喪父，他跟堂伯詹姆斯·艾爾考恩生活。那時候，詹姆斯·艾爾考恩已經卸任國會參議員，回到密西西比三角平原的莊園。他把這位聰明上進的姪兒帶大，培養成律師，像他年輕時一樣。威廉·艾爾考恩一生以法律為業，做了多年律師後，競選法官成功，成為州巡迴法院法官。顯然，在法院放假期間，他主動接手審理一位華人學童失學的案子，在事業上要冒很大風險，下次競選法官時，肯定要因此失去一些選民的支持。法院本來已經放假，他完全可以像其他法官那樣，不受理任何案子，尤其是富有爭議的案子。他之所以挺身而出，固然出於跟布魯爾的交情，但也跟他的成長經歷和個人信念不無關係——他要繼續他堂伯未竟的事業，讓每個學童享有基礎教育。[23]

跟他的堂伯詹姆斯一樣，威廉·艾爾考恩法官或許並不主張政府強令白人跟黑人孩子同校，但他認為應當尊重黑人的憲法權利，讓黑人學童享有跟白人學童平等的教育機會，這是當時南方盛行的「隔離但平等」理論。一八九六年，最高法院判決普萊希案，確立「隔離但平等」的原則，把南方的種族隔離政策合法化，直到一九五四年才被最高法院推翻。當初最高法院在普萊希案中的判決並非空穴來風，而是反映了社會的主流認知和價值觀，也反映了南方的種族隔離現實——隔離是實實在在的日常，平等是法院設想的目標。不過，現實世界總是比法律複雜，人種並非只有黑白，而是在黑白之間有著深淺不一的光譜。布魯爾律師和艾爾考恩法官顯然不同意把華人歸入黑人。當時密西西比三角平原也有其他有色人種聚居，包括義大利人和猶太人，但公立學校並沒有把他們從白人學校趕走。

布魯爾很清楚，指控密西西比公立學校的隔離政策本身違反憲法，等於是挑戰最高法院的普萊希案判例，這在當時的社會、政治和司法氛圍中，沒有獲勝希望。種族隔離本身符合美國憲法，不違反第十四修正案的正當程序和平等保護條款，這是最高法院在普萊希案中的主張。即便同情華人學童的艾爾考恩法官，也不可能拋開最高法院的判例，宣判密西西比的學校隔離法違憲。在這種情況下，要打贏官司，唯一的現實選擇就是指控學校當局把華人學童歸入黑人的做法不合法。

在起訴書中，布魯爾律師強調，按照密西西比州憲法，公立學校的經費來源是州縣稅收，林恭作為小業主跟其他居民一樣交稅，他有義務遵照密西西比州憲法把孩子送到公立學校受教育。作為美國公民和密西西比公民，他的女兒瑪莎有權利跟白人學童同校接受教育：

> 上學是一項寶貴的權利。她不是有色人種的成員，也不屬於混血人種，而是純種的華人或華裔，而且是出生在美國的公民，也是密西西比州公民、羅斯蒂爾學區居民，符合年齡在五至二十一歲之間可以受教育的要求，所以，從任何方面講，她都有入學的能力和資格，她也有權利進入這所學校……學校剝奪了她入學的權利，唯一的理由是她是華裔，所以，她遭受到直接歧視，被剝奪了作為密西西比公民應有的寶貴權利……（被告）未經法律程序，憑她的種族和族裔，剝奪了她寶貴的權利、寶貴的機會，拒絕給予她法律的平等保護，既違反了美國憲法也違反了密西西比州憲法中的相關條款。[24]

布魯爾律師請求法庭責令學校讓林恭夫婦的女兒復學。在普通法中，這一類訴訟被稱為「履行職責令」（Writ of Mandamus）。按照密西西比州憲法，羅斯蒂爾學校當局的職責是教育本學區的適齡兒童，拒絕接受華人學童入學，相當於不履行自己的職責。在普通法傳統中，如果地方官員或下級法院不履行法律規定的職責，原告可以去法庭或上級法院申訴，要求法院責令地方官員或下級法院履行職責。在訴狀中，布魯爾特別強調，法律沒有給學校當局選擇學童的權利。

十一月一日，離預定開庭日期還有四天，校方律師遞交「訴求不充分抗辯書」，對布魯爾在訴狀中陳述的事實沒有異議，但指出即使事實正確，按照密西西比法律，瑪莎作為有色人種也沒有權利上白人學校。密西西比州憲法規定，各縣為白人和有色人種分別設立學校：「訴狀明明白白寫著原告是蒙古人種或黃種人，沒有權利上密西西比法律規定的白人或高加索人種的兒童上的學校……」[25]換言之，被告不允許瑪莎跟白人學童同校，正是按照密西西比法律履行作為學校董事的職責。基於這一辯護，校方律師指出，布魯爾在訴狀中對校方的指控沒有法律依據，要求法庭責令校方履行職責的起訴理由不充分。校方請求法庭駁回原告訴求。

艾爾考恩法官駁回了校方的訴求。在判決書中，他寫道：「本庭判決，被告的不充分抗辯及相關訴求予以駁回，密西西比州波利瓦爾縣一區巡迴法庭書記官依本庭指令……發出履行職責令，責令被告立即按照原告林瑪莎的訴求，允許她在羅斯蒂爾學校入學。」[26]

近百年後，一位在羅斯蒂爾調查這起訴訟的作者寫道：「如果另外一位法官被分配來審理這起案件，校方的不充分抗辯訴求十有八九會被准許，從而把這起訴訟拒之法庭門外。密西西比法律明顯站在學校董事會一邊。但艾爾考恩法官曾經是十歲喪父的小威廉・艾爾考恩，被堂伯拉拔長大，而他的堂伯恰恰相信所有孩子都應當有接受平等教育的機會。艾爾考恩法官一九二四年十一月五日的判決反映了那段經歷。」[27]

外界對法官往往有一種誤解，認為法官可以像司法機器一樣執行法律。但法官不是被預裝了司法程序的機器，而是有生活經歷和價值觀的人。法律條文是死的，要靠法官的解釋和判決獲得生命，而對法律的解釋和對案件的判決無不直接或間接地體現法官的生活經歷和價值觀。尤其是在普通法中，法律和傳統給了法官很大的解釋和判決空間，引用相同的法律條文和法院判例，不同的法官可以做出全然不同的解釋和結果相反的判決。除了個案的事實差異之外，法官對社會問題的理解、所堅持的價值觀、對當事人的同情心或偏見等，都會影響對法律的解釋、對案件當事人的態度，以及對判決結果是否公正的考量。

考量判決結果是否公正是普通法的悠久傳統。如果嚴格解釋法律，按照法律條文的字面意義判決，在一些案件中結果可能不公平，不正義，有悖於良知。在本案中，一位九歲的華人孩子，學業優秀，守紀律，父親是小業主，像其他居民一樣納稅，卻不能跟其他白人孩子一起接受公立教育。她和她的父母只是普通人，沒有力量抵禦政府權力和社會習俗共同編織的歧視網絡，但除了在權力和偏見的縫隙中掙扎，他們也會為自己的權益和孩子的未來抗爭，儘管他們的抗爭顯得無力。好在這個國家有一部憲法，內戰後增加了第十四修正案，向所有公民做出法律平等保護的承諾；還有獨立行使司法職能的法院和堅持專業操守的律師、法官，讓小人物在困境中看到求助的途徑，不至於走投無路。

四、法院與憲法的距離

布魯爾在巡迴法院為林恭夫婦和他們的女兒贏了訴訟，但他知道，這只是一個前奏，真正的戰役還沒有開始。為了孩子的安全，他建議林恭夫婦先不要把瑪莎和波爾達送回學校。

艾爾考恩法官的判決在一些本地人中引起的激憤可想而知。三K黨正如日中天，在密西西比三角平原活躍著不少激進的不良之徒。雖然他們不敢向法官和律師下手，但從他們對其他少數族裔的行為看，他們衝著華人的孩子下手，並非是匪夷所思的事。他們知道，把華人趕出他們地盤的最好辦法就是不讓華人孩子上學，讓這些家庭看不到下一代的未來。[28]

艾爾考恩法官做出判決時，瑪莎已經失學兩個月。如果校方上訴，判決被推翻，她將徹底失去在羅斯蒂爾上學的機會。官司前景未卜，孩子上學卻耽誤不起，林恭夫婦決定把兩個女兒送到北方底特律親戚家裡，那裡的學校沒有種族隔離。艾爾考恩法官判決三十天後，校方上訴。代理校方上訴的是密西西比州總檢察長拉什·諾克斯（Rush Knox），上訴通知書由助理檢察長埃爾莫·夏普（Elmer Sharp）簽署。布魯爾律師和林恭夫婦面臨一場更凶險的戰役。[29]

一九二五年四月六日，密西西比最高法院開庭審理「林恭訴萊斯案」。密西西比最高法院位於首府傑克遜州政府大樓的二樓。十年前，布魯爾任州長時，他的辦公室在大樓中的三樓。大樓中間是圓形大廳，罩著富麗堂皇的羅馬式穹頂，高處鑲嵌著正義女神的浮雕，兩側髮髻各插著一朵木蘭花，那是密西西比的州花。跟別處美國法庭的正義女神像一樣，她的眼睛被布蒙著，象徵著法律的公正，不看權勢、財富、膚色、社會地位和身分，只主持公道。

布魯爾進入法庭時，裡面已經擠滿旁聽的民眾和記者，在人群周邊的角落，零星有幾位穿著整齊的華人。密西西比最高法院有六位法官，全員聽審，其中喬治·埃斯里奇（George Ethridge）法官在布魯爾當州長時曾擔任州助理檢察長。埃斯里奇是教師出身，熟悉教育事務，但他主張學校實行種族隔離政策，認為只有隔離，不同種族才能和平共處。八年前，他判過一個公立學校驅逐學生的案子。[30]在「莫勒訴格蘭蒂奇案」中，四位學童在白人學校上學，從長相看跟其他白人孩子沒有明顯區別，但若仔細端詳，可能會發現他們的膚色不是純白。有人告發，說那四位學童的老奶奶是黑人。他們的老奶奶皮膚是棕色，像不同人種混血。但是，已經無從得知他們老奶奶的父母到底是黑人、白人，還是其他人種。證據確鑿的是，那四位學童的父母和爺爺奶奶都不是黑人。

那四位學童被人告發後，學校判斷他們有黑人血統，把他們從白人學校趕走，要求他們去上黑人學校。但他們的長相已經不像黑人，跟黑人學童在一起更加與眾不同。於是，他們的家長起訴學校當局。縣巡迴法院的法官認為，那四個孩子的黑人血統已經少於八分之一，按照密西西比州憲法，甚至可以跟白人合法結婚了，學校不應該把他們當成黑人對待，所以責令學校當局讓他們復學。密西西比最高法院推翻了縣巡迴法院的判決。埃斯里奇法官在他起草的判決書中主張，公立學校的種族隔離應該比禁止通婚的標準更嚴格：

> 這兩部分法律都反映了憲法立法者的目的，即在州內建立種族隔離。婚姻條款確立允許結婚的血統的程度和比重，確立一個具體標準，以避免出生的孩子遭受雜種的邪惡命運……但這並不必然讓少於八分之一黑人血統的孩子就成了白人種族的一員。在確立為白人和有色人種分校的部分，我們必須假定憲法的立法者是在本國固有的和廣為接受的意義上使用這兩個術語。「白人」這個詞的定義是白人種族或高加索種族，「有色人

種」不只是指黑人，而且包括混血人種。[31]

這等於說，不管經歷了多少代，只要血統中有過非白人祖先，都要歸入有色人種。密西西比州憲法規定，有色人種血統少於八分之一的混血兒可以跟白人合法結婚，但沒有明確規定有色人種血統少於八分之一是否可以跟白人學童同校。縣巡迴法院的法官根據婚姻法中的規定，將「八分之一」的種族標準用於公立教育的案子，不乏合理性，從具體案情看，判決讓那四名學童恢復學業，結果也比較人道。埃斯里奇法官卻是另一種思路。在法律不明確的地方，他朝著最嚴苛、最不人道的方向解釋：法律已經規定，婚姻法適用「八分之一」血統標準，法院必須照辦，但在法律沒有明確規定的學校種族隔離標準上，必須採用最嚴苛的一滴血標準——只要有一滴黑人的血，世世代代不得被歸入白人行列。

布魯爾律師熟悉埃斯里奇法官本人，也熟知他在莫勒案中的判決。自從在縣巡迴法院起訴開始，布魯爾就強調，瑪莎不是混血兒，而是純種華人孩子。在密西西比最高法院的上訴案中，他再度強調瑪莎不是混血兒，以避免埃斯里奇把他八年前的判決搬到這個案子上。

代理校方出庭辯論的是助理檢察長夏普。密西西比不是一個人口眾多的州，一九二〇年代的密西西比法律界更是一個不大的圈子。那天，夏普面對的六位州最高法院法官之一，曾是他大學橄欖球隊的隊長。他的陳述十分簡短，講了密西西比州憲法要求建立把白人和有色人種分開的學校，目的是為了保持白人血統的純正，指出瑪莎是華人孩子，屬於有色人種，不屬於白人，應當被排除在白人學校之外。站在州政府的立場，夏普認為，州議會制定的法律是這樣寫的，州法院按慣例也是這樣判的，本案涉及的法律問題無需爭辯。[32]

夏普助理檢察長結束陳述後，布魯爾律師做申辯。他正在做一項不可能完成的使命。法院判例、時代、社會、法官都不在他一邊，只有美國憲法在他一邊，但法院判例、時代、社會和法官像一堵牆把憲法跟他隔開。他必須拉近自己跟美國憲法之間的距離，雖然可能終歸是徒勞，但那是他最後的希望所寄。在法庭陳述中，布魯爾回顧了一八九〇年密西西比州憲法的立法經過，指出該憲法為白人和黑人分別建立學校的目的，是避免黑人孩子和白人孩子混雜。但瑪莎既不是黑人孩子，也不是白人孩子，她是美國憲法第十四修正案保護的孩子：「州政府取之於民，用之於民。林瑪莎是本州的孩子，享有進公立學校受教育的權利，跟她的種族無關。」[33]

布魯爾知道，聽他基於美國憲法第十四修正案的申辯，眼前的六位法官不會買帳。第十四修正案是內戰後國會在南方議員缺席的情況下制定的，雖然依據憲法第五條得到了至少四分之三的州批准，正式成為憲法修正案，但很多南方法官不認可它的合法性。南方重建時期，國會立法把承認第十四修正案作為南方各州重新加入聯邦、獲得州法律地位的條件。威廉·艾爾考恩法官的堂伯詹姆斯·艾爾考恩等共和黨人承認第十四修正案，恢復了密西西比在聯邦中的地位。但密西西比各界對第十四修正案的不滿卻延綿不絕，到了林恭案時代，已經積鬱了半個多世紀。布魯爾律師引用第十四修正案的平等保護條款，為瑪莎辯護，卻難以說服密西西比最高法院的法官。他必須回到更具體、更個人化的申辯，儘管這種申辯在今天聽起來不乏偏見：

對方律師認為，華人孩子應當去上黑人學校。但是我們引述的權威文獻清楚顯示，在法律的意義上，華人不屬於「有色人種」。所以，他們不應當作為黑人去上黑人學校。法庭將看到以下事實：我們的種族隔離法律並不把蒙古人種歸入黑人種族。日本人和華人被歸入同一人種。這兩個族群湧現出一些最聰明、最勤勉的人。他們當然更接近白人種族，而不是黑人種族。即便高加索人種不願承認典型的蒙古人種跟他是平等的，但至少會認同蒙古人種在高加索人種和黑色人種中線的這一側。[34]

布魯爾的這段申辯等於否定了他對憲法第十四修正案平等保護的訴求。這或許是，或許不是他的本意，但清楚的是，他不得不面對當時法律存在的一個巨大悖論：美國憲法向所有公民承諾了平等保護，但美國最高法院在普萊希案中說隔離也可以平等；他面對的六位法官都相信隔離是密西西比州憲法的鐵律，也是南方文化的初心。美國憲法給了他法律的理想標竿，但現實並沒有給他把憲法理想付諸實踐的空間。窘迫的境況迫使他做出捉襟見肘的申辯：美國憲法平等保護所有膚色的公民，但在黑白的光譜上，華人更接近白人。憲法的平等保護條款雖然可望不可即，但那是布魯爾的最終法律依據。在主張應該把華人劃入白人行列，不應該劃入黑人行列之後，他又回到平等保護條款，並以憲法第十四修正案結束了自己的申辯：「我們必須明白，把華裔公民的孩子從公立學校趕走……第十四修正案的最後一款禁止這種做法。」[35]

那天決定案子輸贏的不是美國憲法，不是第十四修正案，而是六位密西西比最高法院法官。在美國憲法眼中，瑪莎是美國公民，是個跟白人學童一樣有入學權利的學童，但是在密西西比最高法院法官眼中，她是個華人孩子，沒有跟白人學童同校上學的權利。四個星期後，密西西比最高法院推翻了艾爾考恩法官的判決，支持學校把華人孩子趕出白人學校的做法。在判決書中，埃斯里奇法官大段照搬他在莫勒案判決書中的內容，而且進一步發揮，不但認為混有一滴有色人種的血就會讓後代永遠成為有色人種，而且除了純正的高加索人種以外，任何其他人種在法律上都是有色人種，不得跟白人孩子同校。

為了論證華人不是白人，埃斯里奇法官引用英語大辭典中的白人定義。當時密西西比不是眾多華人聚居的區域，此前州法院也沒有判過涉及華人在法律上種族歸類的案子，所以在州法院此前的判決中無先例可循，必須從其他州的法院判決中尋找依據。當時法律上常用的種族術語包括「白人」、「黑人」、「有色人」等，外延經常相互重疊。法院在解釋法律時，往往需要做出澄清，例如華人屬於蒙古人種，膚色比白人深，但比黑人淺，而法律往往只把人分為兩類，白人和黑人，或者白人和有色人，只有在涉及婚姻等問題時，才會進一步細分。法院按照英語辭典的定義，將「白人」界定為高加索人種，華人屬於蒙古人種，顯然不屬於「白人」。路易斯安那州法院在一個判決中曾像繞口令一樣說明這一點：「黑人肯定是有色人種；但有色人種不一定是黑人。沒有不是有色人種的黑人；但有不是黑人的有色人種。」[36]一言以蔽之，除了白人，也就是高加索人種以外的所有人都是有色人種，華人自不例外。

埃斯里奇法官認為，既然加利福尼亞和其他兄弟州都不把華人當成白人，那麼，華人屬於有色人種無疑。而且，判斷一個人是不是白人，不能依據個人膚色，而是要看當事人的整體種族歸屬，例如說有些華人的皮膚比白人還白，但這不說明他們就是白人，因為他們的種族歸屬就是華人，皮膚再白也不是白人。基於這種界定，埃斯里奇法官指出，密西西比有些校區對華人網開一面，讓華人學童上白人學校，這是執法不嚴造成的現象，並不說明學校當局或州政府認可華人屬於白人。如今，法院既已在本案中正本清源，密西西比各學區就必須撥亂反正，堵上這個漏洞。

埃斯里奇法官堅持按照立法者的意圖解釋法律。密西西比州憲法明確規定，各學區要為白人和有色人種分別建立學校，立法意圖明確，就是防止白人跟其他種族融合：「南方文明一直不允許種族融合，我們的人民一直認為，最好是所有種族各自保持自己的純潔性。」[37]密西西比州憲法要求白人和有色人種分校，在公立教育中實行種族隔離，不僅反映了州議會的立法意圖，也反映了密西西比人民的意志和文化傳統。羅斯蒂爾學區把華人做為有色人種，禁止華人學童跟白人學童同校，忠實地執行了密西西比州憲法，維護了白人血統純正。判決書最後說，如果瑪莎不願上黑人學校，可以去上私立學校，但沒有權利上白人公立學校。[38]

林恭夫婦沒有錢供女兒上私立學校。布魯爾律師把案件上訴到美國最高法院。

五、晦暗年代

在一九二〇年代的密西西比，律師為少數族裔爭取平等權利不僅是逆水行舟，而且隨時面臨遭受挫折之後的打擊。不良法律的漏洞和縫隙是受害者的活路和希望。在密西西比最高法院判決之前，本來各地執法寬嚴不一，有些學區允許華人的孩子上白人學校，華人還能打擦邊球，在不良法律的縫隙中隱身輾轉。密西西比最高法院的判決堵上了法律的縫隙和漏洞，不良法律在執行中就成了鐵板一塊。

一九二五年十月末，布魯爾律師辦公室所在的克拉克斯蒂爾鎮法院有一個盛大集會。一位名叫山姆．坎貝爾（Sam Campbell）的亞特蘭大神學博士應邀前去演講，題目是「三K黨員是如何煉成的？」當地第一浸信會的牧師做開場禱告。坎貝爾在演講中盛讚三K黨的功績：促進國會通過了限制有色人種移民的法律，成功防止白人血統繼續被有色人種汙染，保證了美國繼續偉大。他強調：「沒有什麼熔爐，永遠不會有。黑人、墨西哥人、日本佬、華佬，土耳其佬等等，都不能跟純正血統的美國人融合。我們不允許外國人把基督踩在腳下，摧毀我們建國以來先輩一直堅守的基督教體制和理想。內戰一結束，三K黨力挽狂瀾，守住了我們的理想。我們國家的靈魂在禁受考驗，維護我們深愛的美國的靈魂是我們神聖的職責，過去是，今天仍然是。」[39]

三K黨員是如何煉成的呢？坎貝爾博士提出三K黨員的三大要素：目標、素質和時間，

「三K黨員的目標是弘揚愛上帝和愛國、保護我們國家的基督教理想和體制，維護白人至上，協助執行我們國家的法律。做三K黨員需要什麼樣的素質呢？**毫不利己，專門利人**就是三K黨員的格言，如果做不到，就辜負了自己的信念。三K黨什麼時候會消亡？永遠不會！在取得勝利之前不會，在每一位男黨員和女黨員貢獻出自己的力量之前，不會。」坎貝爾牧師演講完畢，會眾歡聲雷動，掌聲響徹法庭。[40]

一九二五年末，離布魯爾輸了林家女兒的官司已經半年，雖然上訴到美國最高法院，但前途未卜，能翻案的機會渺茫。艾爾考恩法官開庭審理一起凶殺案。一名白人遇害，警方抓了五名黑人嫌犯。一名嫌犯死於拘留所，三名嫌犯遭受酷刑後招供，一名嫌犯堅持自己無辜。陪審團判三名招供的嫌犯罪名成立，法庭將其中兩名判處死刑，一名判處終身監禁。最後受審判的是那名堅持自己無辜的黑人。他名叫林賽・寇爾曼（Lindsey Coleman），作為美軍士兵參加過第一次世界大戰，穿著一戰時的舊軍服出庭，那是他最好的衣服。陪審團經過一天審議，判他無罪。艾爾考恩法官宣讀了陪審團的判決，寇爾曼被當庭釋放。[41]

寇爾曼從法庭走出來，被幾名白人劫持進一輛汽車開走，警長就在旁邊，但沒有介入。不久，人們在街上發現寇爾曼的屍體，仍然穿著舊軍裝，法醫解剖後，說他身上有二十六個槍眼。布魯爾律師決定投入一場新的戰鬥，這是他更熟悉的戰場。他孤軍作戰，沒有精力同時打兩場戰役，就把林恭案的上訴工作交給了一位名叫詹姆斯・弗拉沃斯（James Flowers）的律師。弗拉沃斯的日常工作是為鐵路公司起草合約和處理法律業務，既沒有出庭辯論的經驗，也沒有打憲法第十四修正案官司的經驗。[42]

在寇爾曼案中，布魯爾決定協助縣檢察官把殺人凶手繩之以法。他知道，檢方要起訴犯罪嫌疑人，最大的障礙是找不到證人，但其實不是沒有目擊證人，包括警長在內的很多人目擊了幾名白人在法院門口綁架寇爾曼，只是沒有人願意為白人殺黑人出庭作證。布魯爾決定把警長作為突破口。在他的建議和協助下，檢察官指控警長犯了兩項瀆職罪：一是審判結束後沒有保護寇爾曼的安全，二是審判前有一名黑人嫌犯在關押期間死亡。按照法律，如果陪審團發現警長的罪名成立，他不僅會被解職，而且會永遠失去參選警長的資格。大陪審團決定起訴警長。布魯爾律師和艾爾考恩法官建議警長跟檢方達成認罪協定，交五百美元罰款，避免進入審判程序。條件是，警長必須作為證人指認幾位綁架寇爾曼的犯罪嫌疑人。警長接受了這筆交易。[43]

布魯爾在縣法院以本縣律師協會的名義召集會議，商討寇爾曼案件，有二十五位律師出席。警長同意接受律師們的詢問。在布魯爾的質詢下，警長寫下四名犯罪嫌疑人的名字。聖誕節前一天，大陪審團決定起訴四名犯罪嫌疑人。布魯爾義務做公訴方律師，出庭參加審判。這是本縣有史以來第一起白人因為涉嫌謀殺黑人而被審判。[44]

一九二六年一月九日，法院開庭審判第一位犯罪嫌疑人，檢方傳喚了幾十位證人，包括警長。證人的證詞和證據都對檢方有利。審判持續了一個星期，陪審團經過二十六個小時審議，最終判定被告無罪。繼續審判另外三名被告已經沒有意義，檢方放棄了所有起訴，案件結束。布魯爾律師的又一場戰鬥，又一場失敗。第二年，美國最高法院判決林恭案，他又經歷了一場失敗。九位大法官一致判決，管理教育屬於各州政府權限，密西西比州政府有權在公立學校實施種族隔離，也有權把華人歸入有色人種，禁止華人學童跟白人學童同校。最高法院依據普萊希案判例，認為密西西比州的相關法律和做法不違反憲法第十四修正案的平等保護條款。[45]

林恭案在美國最高法院敗訴十年後，布魯爾律師才獲得一場勝訴。那時候，他已經是六十七歲的老人。在「布朗訴密西西比案」中，他代理一名受酷刑折磨招供被判死刑的犯人，上訴到美國最高法院。最高法院推翻了密西西比法院的判決，責令下級法院不得使用酷刑招供作為證據。自此，美國執法當局對犯罪嫌疑人屈打成招的做法逐漸成為歷史。布朗案也已經成為教科書式案例。一九四二年三月十日，布魯爾去世，享年七十三歲。[46]

當年，林家輸了官司，變賣了羅斯蒂爾鎮的家當，搬到密西西比河西岸阿肯色州小鎮伊林（Elaine），把兩個女兒從底特律接回來上學。伊林的學區允許華人子女跟白人學生同校。林家兩個女兒高中畢業時，正值經濟大蕭條，瑪莎想當老師，考上了阿肯色州立大學，但因為沒錢支付學費，只上了一年，即輟學幫父母料理雜貨店。珍珠港事件爆發後，她跟姐姐波爾達去加州的道格拉斯飛機製造廠找到工作，在生產線上製造轟炸機。林家小兒子漢密爾頓應徵入伍，被派往中國雲南駐軍。林恭夫婦搬到德州的休士頓，繼續靠開雜貨店為生。瑪莎嫁給一位在店裡幫工的夥計，波爾達的丈夫是位華人設計師，畢業於萊斯學院，那是萊斯大學的前身，如今是德州最好的私立大學。林恭和凱薩琳先後於一九六五年和一九八八年在休士頓去世。[47]

布魯爾去世十二年後，美國最高法院宣判「布朗訴教育委員會案」，九名大法官一致判決學校種族隔離違反美國憲法。他當年依據憲法第十四修正案平等條款為林家女兒做的失敗的申辯，終於成為在全美國適用的法律。同一部憲法，同一條修正案，同一項條款，最高法院做出兩個截然相反的判決，雖然相隔只有二十七年，美國社會卻已經進入了不同的時代。

第三章

難題與信條

很多南方人仍然在「打」內戰。而在北方，內戰早已被遺忘。

——岡納・繆達爾

社會主義是他們用來攻擊過去二十年人們取得的所有進步的一個唬人名稱。他們把公共權力稱為社會主義，把社會保障稱為社會主義，把銀行保險金制度稱為社會主義……他們把幾乎所有能幫助大眾的東西都叫社會主義。

——杜魯門總統

一九七四年，兩位歐洲學者分享了諾貝爾經濟學獎，一位是近幾十年來在中文世界鼎鼎大名的弗里德里希．海耶克（Friedrich August von Hayek），另一位是對戰後西歐和美國的公共政策產生過重大影響，但在中文知識界反響有限的岡納．繆達爾（Gunnar Myrdal）。兩位學者都以研究經濟、社會和政治的相互關聯見長，論著涉及廣泛，對歐美社會和學術的影響遠遠超出經濟學領域。事實上，兩人在歐美經濟學圈子外廣為人知，主要不是因為他們的經濟理論，而是因為他們的社會學說。

一、岡納．繆達爾

一九三八年，總部位於紐約市的卡內基公司（The Carnegie Corporation）出資，邀請瑞典學者繆達爾來美國研究種族問題，在選題和選人方面都表現出超越時代的前瞻性。當時，雖然內戰已經結束七十多年，但美國南北在制度、習俗和經濟發展等方面差異巨大。南方實行種族隔離政策，隨著傳統農業社會不斷工業化，種族問題愈加尖銳，政界、學界和商界很多有識之士意識到，南方的種族隔離問題到了不得不解決的時候。但是，如何解決？如何透過學術研究和實地考察提出政策建議？如何避免因政治和文化偏見而阻礙研究成果被廣泛接受？處理這一系列相當敏感的問題需要很高的智慧。當時卡內基公司的決策者有這種智慧。

為什麼要找一位外國人主持這項研究？卡內基公司董事會主席弗萊德里克．凱培爾（Frederick Keppel）曾專門做出解釋：「美國並不缺少對這個課題深感興趣的稱職學者，他們已經潛心研究多年，但是，近百年來這個問題一直牽動人們的情緒，明智的做法似乎是找一個不被過往結論和傳統態度影響的新人。出於這種考慮，我們決定**引進**一位課題負責人……因為情緒因素既影響白人，也影響黑人，我們就把目標鎖定在那些知識和學術水準高，但又沒有帝國主義背景或傳統的國家，以免減損美國黑人對這項研究在完全中立性和結論合法性方面的信心。顯然，瑞士和斯堪的納維亞國家最符合這些限定條件，最終岡納·繆達爾博士入選……」[1]

繆達爾本人認為，美國一家民間機構請一位外國人來研究本國最棘手的問題，其他國家不可能做到。他在瑞典的工作跨越學界和政界，十分熟悉社會研究項目在選題和選人方面的政治考量：「在其他任何國家，這種計畫都會被認為不現實、政治上欠考慮。很多人相信這是個愚蠢的想法。但是，從根本上講，這種做法體現了美國的道德、理性和樂觀精神，體現了美國人對自己社會的穩健和自己實力的信心。」[2]任何國家都有心胸狹窄、諱疾忌醫的人，但繆達爾發現，那種人在美國不占主流，大部分美國人反倒熱心於找出自己國家的毛病，並公開講出來。就這一點，他拿美國跟德國比較：很難想像德國會請他去研究猶太人的問題。

卡內基公司最初制訂的預算為二十五萬美元，在當時是一筆鉅款，最終投入近三十萬美元。繆達爾自主聘請研究團隊成員，數十位知名學者和研究人員先後加入。團隊核心成員包括黑人政治學家拉夫·邦奇（**Ralph J. Bunche**）。繆達爾去南方考察，邦奇隨行。當時，南方各州禁止黑人光顧白人餐館和白人酒店。繆達爾堅持跟黑人同事一起在白人餐館用餐，引起當地人震驚。邦奇事後回憶，說那是他一生中最膽戰心驚的一次出行。一九五〇年，邦奇獲得了諾貝爾和平獎，比繆達爾獲諾貝爾經濟學獎還早二十四年。

繆達爾的外國人身分時常使他跟美國本土學者處在一種微妙的關係中。研究團隊的一些成員，包括邦奇，覺得他不了解美國黑人問題。邦奇甚至說，繆達爾是哲學家，對美國社會問題過於生疏。在邦奇看來，美國黑人問題本質上是貧窮問題，黑人可以聯合貧窮白人，共同提高經濟地位，而黑人的經濟地位提高了，種族問題就會迎刃而解。繆達爾在實地考察中發現，對黑人歧視最深的就是白人中的窮人，邦奇的設想從理論上講或從長遠看可能有道理，但在現實中行不通。事實證明，繆達爾的觀察和結論是正確的。當時最為緊迫的是在法律和制度上廢除種族隔離政策。

繆達爾在美國從事研究期間，二戰爆發。一九四〇年四月，德軍入侵挪威。瑞典雖然是中立國，但繆達爾擔心會成為希特勒入侵的下一個目標。他向卡內基公司告假，回國準備抗戰。全家乘一艘運武器的貨輪，經芬蘭返回瑞典。繆達爾回國後，瑞典繼續保持中立，希特勒沒有像他擔心的那樣入侵。第二年春，繆達爾隻身乘火車，途經莫斯科、西伯利亞、符拉迪沃斯托克（海參崴），再乘船途經日本、夏威夷、舊金山，轉乘火車穿越美國，抵達紐約，恢復了研究。不久，珍珠港事件爆發，美國參戰。一九四四年，《美國難題》（*An American Dilemma*）出版時，歐洲和太平洋戰場的硝煙正濃。

近二百年間，有關美國社會的書籍汗牛充棟，但有兩部出自歐洲人之手的著作格外突出，對塑造世界對美國的認知和美國人的自我認知均發揮了本土著作無可比擬的影響。一部是法國人托克維爾的《民主在美國》，另一部就是繆達爾的《美國難題》。兩部著作的出版相隔一百一十年，兩位作者都被譽為是對美國社會極富洞察力的觀察家和預言家。在這個意義上，可以說繆達爾是二十世紀的托克維爾。

二、南北鴻溝

繆達爾不是書齋理論家。他花了大量時間在美國各地考察，其中兩度深入南方各州做實地調查，訪談各種族、各階層的居民，甚至在密西西比租房子，住了幾個月。他的外來人身分和視角讓他看到許多本土學者不易察覺的現象。基於從考察獲得的豐富親知，他分析了南方和北方在政治、經濟、文化、傳統、制度和習俗方面存在的巨大鴻溝。

繆達爾觀察到，不僅南方整體上比北方貧窮，而且南方的窮人比北方的窮人更窮。南方普遍存在佃農承包莊園主土地，用收成交租的現象，這在北方十分罕見。北方更多的是擁有土地的傳統自耕農。南方有根深柢固的貴族傳統，上層流行「紳士」、「淑女」風習。但貴族傳統的另一面是社會階層固化和僵化的等級制度。因為南方工業不發達，城市化程度低，機會不多，教育落後，普通人難以靠聰明才智、發明創造或勤勞致富，要想致富必須固守家產，自上而下層層剝削弱勢群體，尤其是處於社會等級最底端的黑人。在這種相對封閉的等級社會，靠自身改變傳統難上加難，更別說改善種族關係了。在訪談中，繆達爾發現，南方人習慣於向後看，難以擺脫內戰的創傷，對解放黑奴充滿怨憤：「很多南方人仍然在**打**內戰。而在北方，內戰早已被遺忘。」[3]

跟南方相比，北方社會更富有活力，大量國外移民湧入，充滿機會，種族問題不像在南方那麼突出。另外，北方的媒體發達，輿論多樣，對社會問題的看法五花八門。而南方媒體落後，輿論單一，改革的聲音微弱。這樣一來，北方的社會問題能被媒體當成一個個具體問題對待，而南方的社會問題則被當成整個南方的問題。繆達爾提到，一位南方學生曾經抱怨，北方媒體在批評北方的陰暗面時，往往是批評陰暗面本身，但在批評南方的種族問題時，則是批評整個南方。繆達爾分析，媒體之所以如此，有兩個原因。第一個原因是，黑人問題在北方只是眾多社會問題之一，而在南方卻是頭號問題。第二個原因是，南方白人社會空前團結，一面倒地支持種族隔離，而在北方，在任何問題上，包括黑人問題上，都是眾聲喧譁，輿論從來不是鐵板一塊。[4]

在政治方面，繆達爾發現，當時美國南方是一黨獨大的局面，民主黨占絕對主導地位，選舉時無法形成兩黨競爭。在很多地方選舉中，民主黨初選的候選人往往在沒有競爭對手的情況下獲勝。年復一年，政治成了一種裙帶活動，事實上的家族世襲盛行。選民投票也不怎麼關注具體的政治和經濟議題，而是按照習慣支持或反對一位候選人。很多選民甚至不知道自己支持的候選人在具體政治和經濟議題上的主張。南方白人之間存在巨大貧富差距，但有一個共同的政治目標能把貧富不均的白人選民團結起來，形成統一的票倉。這個目標就是把黑人排斥在社會生活和選舉程序之外。只要候選人是白人，承諾排斥黑人，就能獲得穩固的選票，在這方面愈極端的候選人愈容易在競選中占上風。[5]

繆達爾認為，南方之所以形成這種局面，主要原因在於政治活動長久被世襲寡頭把持，民眾參與的積極性不高。而在北方，選民往往為實現某種政治理想或為維護某種經濟利益而組織起來，形成各種組織良好的民間團體，推動公共政策改革和社會變革。職是之故，美國的每一項改革幾乎都是從北方開始，艱難地向南方傳播。婦女投票權、最低工資制度、工會、公立教育、兒童福利、公務員改革、警察和法院改革、監獄改革等，無不如此。在南方，每一次重大社會變革都是受北方衝擊的結果，甚至需要聯邦政府派軍隊和執法人員強制推行。南方白人的這種反改革、反進步傳統被一些學者稱為「南方保守主義」。在繆達爾看來，這種保守主義跟南方的寡頭政治脫不了關係：政治寡頭自然反對改革，維護既得利益，在任何社會都是如此。[6]

不過，在政治組織粗陋的同時，南方人在道德和宗教信仰方面卻表現出異乎尋常的熱情，甚至有以道德、宗教覆蓋政治問題的傾向。繆達爾特別以禁酒運動和教會活動為例。禁酒運動在南方的群眾基礎遠遠大於北方，南方政客受選民的道德狂熱驅動，在州議會牽頭立法，最終透過國會成功把禁酒條款變成憲法修正案。在宗教方面，南方教會的主流是福音派和原教旨主義，重《舊約》而輕《新約》，很多會眾去教會是為獲得情感滿足，而不是理性地用教義指導生活。南方牧師講道則更注重對來生的盼望，但又特別強調要改變現世的政治權力。繆達爾甚至發現，一些南方牧師和教會為三K黨提供精神資源，而且有大量信徒加入三K黨。[7]

基於這種觀察以及跟同時代歐洲的比照，繆達爾提出一個問題：南方是不是存在法西斯化？這個問題並不突兀。南方因為種族歧視政策、一黨獨大局面和白人官民對黑人權利的壓制，有時被北方媒體稱為「法西斯」。但繆達爾認為，這一說法名不副實。他提出了一個簡單的理由：南方不存在一個法西斯國家必不可少的中央集權組織。相反地，南方的政治權力分散，甚至相當混亂。南方白人的各種政治勢力沒有共同的意識形態目標和統一的政治理想，只是因為排斥黑人和抗拒北方才結成一體。南方人在開拓邊疆的歷程中，養成了一種獨立不羈的個性，不信任任何組織，更不信任政府，難以形成那種組織嚴密的法西斯政權。[8]

繆達爾在考察中發現，二戰爆發前的幾十年，南方社會對黑人的歧視已經呈現出明顯鬆動趨勢：「南方的歧視有一個緩慢但可見的遞減軌跡。種族規矩逐漸鬆動。白人開始認識到，黑人內部在教育和階層方面存在差異，願意把不同的黑人區別對待。」[9]來自北方的影響、教育水準的提高、經濟地位的改善等因素，使得愈來愈多的南方白人不再把黑人作為一個整體歧視，而是開始自覺地把黑人作為個人對待。當時，雖然種族隔離制度在南方仍然穩固，歧視政策有深厚的群眾基礎，但民間和政府時常把不同的黑人區別對待，因人而異。比如說，一些白人和地方政府總體上排斥黑人投票，但同時又支持一些「好黑人」投票，以顯示其開明。繆達爾把類似現象作為南方種族隔離政策出現鬆動的跡象。[10]

三、蛙視角

表面上看，繆達爾研究的是美國黑人問題，但透過種族關係，他意在探討的最根本問題是「美國人的道德難題」，即崇高的價值理想和不堪的現實之間的衝突。這是書名「美國難題」的由來。

作為一位沒有在黑白有別的社會生活過的外來人，繆達爾無法像美國學者那樣，把事實和資料方便地納入自己熟悉的價值座標，按思維慣性做出評估或得出某種符合學界預期的結論。他必須綜合自己的閱讀、團隊的研究報告，還有實地考察獲得的親知，建立一個據以定位現實的新座標。在實地考察中，繆達爾發現，儘管現實中普遍存在種族歧視現象，但幾乎所有美國人都真誠地相信平等、自由、正義等價值，不但社會上層和富裕白人相信，而且底層白人和黑人也相信。他把美國人的這類核心價值信念稱為「美國信條」（American Creed），並將其作為定位現實的價值座標。[11]

在這個座標中，幽暗的現實跟崇高的價值理想形成鮮明反差，凸顯出美國社會的「道德滯後」現象。就此，繆達爾強調，學者必須始終如一地忠實於觀察到的事實和採用的方法：「對於學者來講，著作永遠是宿命。他個人的控制微不足道，必須把自己交到事實、專業標準和採取的基本方法手中。」[12]事實往往令人不快。繆達爾在《美國難題》的序言中給讀者打預防針，說心地良善的公民閱讀這本書，可能會感覺有些煎熬，而面對嚴酷的事實和資料，寫這本書對他來講就是一場煎熬。研究和寫作的過程讓繆達爾成為一名「認識美國諸多不完美之處的專家」，細察了很多美國人都了解不多的社會陰暗面，但繆達爾坦承，深入了解美國社會各個層面之後，他對這個國家的愛慕和崇敬並沒有減弱，反倒與日俱增。

繆達爾試圖透過自己的經歷和觀察，回答一個令無數人百思不得其解的問題：美國人來自不同國家、不同種族，有著不同語言、不同宗教、不同文化、不同經濟條件，社會存在著各種令人怵目驚心的缺陷，是什麼力量把他們凝聚成一個國家？繆達爾認為，答案在「美國信條」中。在這個意義上，他把美國信條稱為凝聚人心和社會的「黏合劑」。因為有了這一「黏合劑」，美國社會的凝聚力甚至超過領袖集權的法西斯和納粹國家：

令人驚嘆的是，這樣一個充滿眾多文化差異而又體量龐大的民主國家能達成一致的理想，並把理想上升到超越大眾認知的高度。全權的法西斯主義和納粹主義在它們自己的國家（至少在到目前為止的短期內），還沒有達成類似的結果，儘管那些政府極力打壓跟美國信條最接近的原則，試圖透過集中控制、精心設計的宣傳機關和暴力機關，殘暴地禁錮國民的頭腦。13

無疑地，美國信條是繆達爾在《美國難題》中提出的核心概念，也是他被後世引用最多的一個概念。這部長達一千五百頁的巨著旁徵博引，使用了大量從田野調查獲得的一手資料，展現出一幅美國社會的廣闊圖景。不過，繆達爾指出，《美國難題》無意提供一幅美國社會的全景圖，而只是一種有限視角的社會研究。他稱之為「蛙視角」。儘管這種「蛙視角」的研究能揭示美國社會的一些真實現狀，但它主要集中在梳理社會的缺陷和錯誤上面。繆達爾提醒讀者，這不是一個全面了解美國社會的恰當視角。為了避免讀者因視角錯置造成誤讀，繆達爾甚至在序言中提出明確警告：「任何人不加分辨地把這項美國黑人問題研究的觀點和發現擴而大之，得出關於美國和美國文明的寬泛結論，都是在誤用本研究。」[14]

社會研究的對象大都集中在一個社會有問題的地方，統計資料也主要是統計社會上出了問題的現象。比如說，每個國家都統計犯罪率，但沒有國家統計助人為樂率。繆達爾說，社會研究的性質決定了他是做「在眾目睽睽之下洗髒床單」的工作。所以，研究愈透徹的社會，看起來問題就愈多。他警告，這是一種假象。如果讀者從《美國難題》中得出繆達爾反覆警告的那種結論，說明不會讀書，也不了解學術研究的性質。

四、審慎的樂觀主義

《美國難題》初版於一九四四年，甫一問世，即被知名社會學家羅伯特・林德（Robert Lynd）稱為「書寫當代美國文明最精闢、最重要的著作。」甚至神學家萊茵霍爾德・尼布爾（Reinhold Niebuhr）也向學生推薦本書，說值得「每一位有頭腦的美國學生閱讀並收藏」。[15] 一直到二十一世紀初葉，薩繆爾・杭亭頓（Samuel Huntington）在生前最後一本著作《我們是誰？》中，還在反覆引述《美國難題》。[16] 繆達爾這部著作不僅影響了學術界和文化界，而且直接促進了美國公共政策改革和相關法律的變革。二戰後期，美國陸軍把《美國難題》縮編成三十多頁的小冊子，分發給官兵閱讀，為他們戰後在生活中恰當處理種族問題做準備。戰爭結束不久，聯邦政府宣布在軍隊中廢除種族隔離，開啟了繆達爾在書中展望的種族融合的新時代。

在這部巨著正文的結尾，繆達爾回顧了他在美國接觸和交往的無數陌生人，有租地耕種的佃農、種植園主、工人、企業主、商人、銀行家、知識分子、牧師、社區活動人士、政治領袖、街頭地痞……他看到，這些不同種族、不同階層、不同境遇的美國人，在相互矛盾的價值觀、相互衝突的利益和五顏六色的社會面具背後，大都希望自己做個理性和公正的人。即使事情搞砸了，他們也有意願訴諸良知，以求改進。[17]

當然，社會研究不是分辨好人與壞人，而是在事實的基礎上，「解釋為何所有這些有良善潛能和意願的人，一旦生活在一起——在同一個家庭，同一個社區，同一個國家，或同一個世界，往往把自己和他人的生活變成地獄。這當然不是錯在有組織的生活本身。我們看到，在正式的組織中，人們投入最高的理想。這些組織結構通常引導個人朝合作和公正的方向發展，遠超過一個人在孤立狀態中願意遵守的規則。毋寧說，錯誤在於我們的組織結構太不完善，單個組織不完善，組成社會整體的結構更不完善。」[18]

基於這種認知，繆達爾注重學以致用，運用社會研究的成果，提出積極的政策建議。《美國難題》透過大量事實和資料揭示，種族隔離造成了事實上的黑人賤民階層，改變這種有悖於美國信條的狀況，出路在於廢除種族隔離，讓黑人有秩序地逐漸融入主流社會。就像在歷史上，婦女逐步獲得投票權等男性所有的公民權一樣，黑人獲得白人所擁有的權利、不再被白人社會排斥，都屬於實現美國信條的總體進程的一部分。在這個意義上，繆達爾認為，種族問題一方面是美國社會的一大失敗，另一方面也為美國社會的進步提供了機會。

這裡顯然有理想化的成分。基於一種社會理想制訂的面向未來的公共政策都或多或少地包含理想化成分。跟海耶克一樣，繆達爾清醒地認識到人類知識的限度，但跟海耶克不同的是，他強調社會研究既需要知識框架，也需要道德目標，他對運用知識改善公共政策持更積極的態度。顯然，比之海耶克，繆達爾對維繫人類生存與發展的「偉大同情心和合作天性」表現出更大的信心。[19]在二戰史無前例的殘殺和動盪中，繆達爾預見到，美國信條激發的國民良知在戰後將促使美國發生社會巨變。

後世不斷有學者批評繆達爾過於樂觀。不過，歷史的發展並沒有證偽繆達爾的樂觀預言。一九五四年，美國最高法院引用繆達爾的研究廢除了學校種族隔離；一九五七年，聯邦政府動用軍隊在阿肯色州小石城執行最高法院判決；一九六五年，國會通過新移民法，取代了一九二四年的種族主義移民法；一九六七年，最高法院廢除了禁止跨種族婚戀的法律；一九五八年的統計顯示，只有百分之四的美國民眾支持跨種族婚戀，二〇一三年，支持跨種族婚戀的民眾增長到百分之八十七……繆達爾在《美國難題》中曾斷言，美國社會的「主流趨勢是不斷實現美國信條」。[20]戰後七十多年的美國歷史雖曲折迂迴，但大致沒有脫離這條發展軌道。

與此同時，繆達爾從未停止批評美國社會的「道德滯後」現象。他在獲得諾貝爾經濟學獎後對美國的批評廣為人知：「美國是最富有的國家，但有著最大的貧民區，最不民主和最落後的醫療保健體制，對本國的老人最吝嗇。」[21]當然，繆達爾是拿美國跟西歐國家相比較說這番話。他在美國國會眾議院作證時，批評聯邦政府的扶貧政策三心二意，投入不夠，管理不善。他呼籲行政當局和國會，要像戰後為重振歐洲經濟制訂「馬歇爾計畫」一樣，投入足夠的人力和財力，制訂振興美國經濟的馬歇爾計畫。他認為，那是美國消除種族問題和貧困問題不可替代的途徑，美國社會難以長期承受這兩大問題造成的惡性後果，愈往後拖，後果愈嚴重。近幾十年的歷史表明，美國制訂振興本國經濟的馬歇爾計畫，比制訂振興歐洲經濟的馬歇爾計畫難度大得多。

隨著時間流逝，繆達爾的樂觀主義變得更加審慎，他對美國政府的公共政策批評愈來愈多。針對美國保守主義回潮、市場放任主義盛行、政府為富人減稅、貧富差距擴大、階層固化日趨嚴重的狀況，他評論說，一個睿智的國家才會保持強大；寧肯刺激富人增加消費，不肯幫助窮人提高收入，這不是一種明智的政府行為，會導致一輪一輪的政策性失敗。他警告說：「每次失敗，喪失理智的瘋狂因素就會進入人們的思想，這太危險了。」[22]此後半個世紀，聯邦政府在公共政策方面得過且過，放任經濟不平等加劇，加之結構性種族問題沉痾難癒，造成社會空前撕裂。雖然繆達爾在《美國難題》中預言的美國信條不斷實現的進程沒有脫軌，但公共政策層面的改革長期處於停滯狀態。

近二百年前，托克維爾在《民主在美國》中也曾表達過跟繆達爾類似的憂慮：國家發展到一定程度，既得利益階層害怕革新，把任何新理論都當成危險因素，把每項社會改革當成革命的第一步，以至於完全拒絕進步。托克維爾之後，美國經歷了內戰、兩次世界大戰、經濟大蕭條、多次週期性經濟危機，在不同時段和不同地域，社會進步與停滯相互交替，但總體趨勢是在不斷實現價值理想的軌道上演進。跟托克維爾一樣，繆達爾把美國看作一個尚未完全定型的年輕國家，在價值理想和千瘡百孔的現實之間，「不斷為自己的靈魂掙扎」。[23]無疑地，實現價值理想的進程同時也是為靈魂掙扎的歷程。在可見的未來，這種掙扎還會持續下去。

一九八七年五月十八日，繆達爾去世的第二天，《紐約時報》刊發紀念文章，稱讚繆達爾為當代頂尖經濟學家和社會學家，「名副其實地為歷史留下了一個注腳」。[24]這個注腳支撐著美國最高法院在二十世紀做出的最重要判決之一——布朗訴托皮卡教育委員會案。一九五四年，最高法院在這項判決中廢除了公立學校的種族隔離政策，指出隔離傷害少數族裔學生的心理成長，在隔離的情況下不可能有平等。判決書在注腳十一中引用了繆達爾的《美國難題》支持以上結論。自此，繆達爾的名字在學界和媒體上常常跟「注腳十一」連結在一起。[25]

二十世紀初，史學家威廉・杜波依斯（William Edward Burghardt Du Bois）說：「二十世紀的問題是膚色界線問題。」到了二十世紀末，史學家約翰・富蘭克林仍然說：「二十一世紀的問題仍將是膚色界線問題。」他認為，「按任何衡量標準或評估標準，這個問題都沒有在二十世紀得到解決，從而變成了下個世紀的一部分遺產和負擔。」[26]在這個意義上，可以不誇張地講，不了解美國種族問題的過去和現狀，就不可能了解美國的歷史和當代美國社會，也不太可能為美國當代各種社會衝突探索出合理的緩解途徑。

繆達爾在中文知識界的影響遠不及同時代的海耶克和早一個世紀的托克維爾。他的《美國難題》至今沒有中文譯本，他對現代美國社會的研究和解讀在中文知識界長期被忽視。這種狀況跟他在歐美知識界得到的廣泛讚譽和產生的深遠影響形成鮮明反差。從近年中文知識界圍繞美國社會問題的一些爭論來看，不少學者對美國的認知存在明顯滯後和偏差，或者停留在一百八十年前托克維爾的觀察和論述上，或者侷限於用海耶克的抽象政治哲學原理來解讀當代美國的社會問題，得出諸多跟地上的現實相去甚遠的結論。在這種狀況下，要了解美國當代社會，繆達爾的美國研究是一段跳不過去的階梯。

五、政治標籤

二十世紀的馬克思主義者認為繆達爾是資產階級改革家，美國一些保守派人士，尤其是南方維護種族隔離的人士，則稱他是激進的社會主義者。尤其是在最高法院引述《美國難題》廢除南方學校的種族隔離政策後，很多保守派人士給他的著作貼上「共產主義」、「社會主義」的標籤。[27]繆達爾說，自己是十八世紀啟蒙運動理想的繼承人，不是十九世紀馬克思主義的繼承人。[28]

在美國學界和政界，保守派人士給主張社會改革的學者和政治對手貼共產主義或社會主義的標籤，由來已久。這一傳統可以追溯到內戰後的南方重建時期。美國的建國理想是「人人生而平等」，顯然奴隸制不符合這種平等理想。建國初期，只有麻薩諸塞、賓夕法尼亞、康乃狄克等五個州禁止奴隸制，紐約、馬里蘭、紐澤西、維吉尼亞、喬治亞、南北卡來羅納等八個州則允許奴隸制。到內戰前夕，北方各州已經先後立法廢除奴隸制，形成一國兩制的南北對立局面。南方白人以一種更具進攻性的等級理論為奴隸制辯護。比如，約翰·卡洪稱奴隸制是「積極的善」。在他看來，人群分高低貴賤賢愚，社會等級依此來劃分，低賤愚昧的群體付出勞動，高貴賢達的白人菁英收穫勞動成果；這種安排具體到制度和種族上，就是奴隸制。當時，南方最強有力的辯護是把奴隸制說成上帝的安排。比如，南卡羅來納州長詹姆斯・哈蒙（James Hammond）說：「美國奴隸制不但不是罪，而且是上帝透過摩西頒布的特別誡命，並得到基督恩准。」[29]

南方戰敗後，為奴隸制辯護的理論不再流行，但白人至上主義的傳統並沒有消亡，而是改頭換面，變異成一種維護內戰前南方傳統生活方式的保守主義。它強調南方各州自己決定種族關係，反對聯邦政府干預，並把這種理念說成是國父建國的「自由」理想。在這種語境中，「自由」意味著南方等級社會中，按種族和階層劃分的人群各安其命。

一八七一年，歐洲爆發「巴黎公社」，在美國引起恐慌，保守派找到了新的表達方式，也就是把白人至上主義跟反社會主義、反共產主義掛鉤。三K黨成立後，自稱主要使命之一是反共產主義，經常把猶太人和有色人種描述成共產主義分子。南方重建失敗後，實行種族隔離制度。白人維護種族隔離的藉口就是保守南方獨特的生活方式，而那種生活方式的獨特性就體現在種族、性別和階層不平等上。很多白人擔心，黑人參加投票選舉之後，會立法瓜分白人的財產。所以，他們把打壓黑人投票和反社會主義連結起來，把建立公立基礎教育、提高富人稅收、增加窮人福利、建立社會安全網等政府行為統統稱為「重新分配財富」的社會主義政策。按照這種世界觀，個人自由就成了稅收和福利的對立面，政府收稅被等同於剝奪私有財產，侵犯個人自由。

美國大蕭條期間，胡佛總統稱競選對手小羅斯福為社會主義者。小羅斯福總統上任後，著手刺激經濟，增加政府投資，保護勞工權益，實行每週四十小時工作制，推行最低工資規範，設立社會保險金，使退休人員和家屬老有所養。政治對手把這一系列「新政」措施統稱為「社會主義」，將其與蘇聯社會主義相提並論。紐約前州長艾爾·史密斯（Al Smith）指責羅斯福「新政」將把美國變成蘇聯式全權社會主義：「我們只能有一個首都，不是華盛頓就是莫斯科。我們只能有一種政府氛圍，不是自由美國純淨新鮮的空氣，就是共產俄國骯髒的空氣。我們只能有一面旗幟，不是星條旗，就是蘇聯不敬神的紅旗。」針對這種跟美國現實不符的煽動性政治修辭，羅斯福總統對他的勞工部長說：「我們聯邦政府所做的一切實際上都是艾爾·史密斯當紐約州長時做過的。他如果能當上美國總統，也會做同樣的事。」[30]

二戰結束後，世界形成資本主義和社會主義兩個相互敵對的陣營，美國和蘇聯兩個超級大國在意識形態、政治制度和經濟結構方面涇渭分明、勢不兩立。在美國政治中，「社會主義」不再只是一個髒字，而且變成一個令選民恐懼的名稱。冷戰期間，用「社會主義」攻擊對手在美國政治中有廣泛的民意基礎。一九四九年，蓋洛普曾做過一個民調，發現只有百分之十五的美國民眾對社會主義有好感。因為百分之八十五的民眾對社會主義沒有好感，甚至心存厭惡和恐懼，所以攻擊政治對手搞社會主義，自然是行之有效的競選策略。對此，杜魯門總統說：「社會主義是他們用來攻擊過去二十年人們取得的所有進步的一個唬人名稱。他們把公共權力稱為社會主義，把社會保障稱為社會主義，把銀行保險金制度稱為社會主義……他們把幾乎所有能幫助大眾的東西都叫社會主義。」[31]

冷戰初期，美國政治傾向不同的民眾有個共同的敵人——社會主義蘇聯。民主黨和共和黨主流在民主理念和經濟政策方面形成諸多共識，被稱為「自由派共識」（liberal consensus），以進步的自由主義對抗蘇聯式社會主義。與此同時，文化、宗教、經濟、政治領域的保守勢力加強集結，結合冷戰時期的內外環境，重塑保守主義話語：只要政府干預經濟就是社會主義，就會導致扼殺個人自由、走向極權社會、毀滅美國的繁榮。不過，當時大部分民眾受益於羅斯福「新政」，認同「新政」的政策遺產。一些保守派人士轉而訴諸民眾的宗教信仰和情感，借民眾對蘇聯社會主義、共產主義的恐懼獲得支持。[32]

一些保守派理論家用二分法，人為勾畫出兩種反差鮮明的政治臉譜：保守主義等於維護個人自由、保護私有財產、保守基督教信仰；進步主義意味著社會主義，等於激進變革、高稅收、重新分配財富、無神論。比如，一九五〇年代興起的「運動保守派」（Movement Conservatives），理念上強調個人自由，恢復基督教傳統，現實政治目標是廢止羅斯福「新政」的社會主義政策，包括政府規範經濟活動、最低工資制度、工人退休金等。

在文化界和宗教界，保守派領軍人物威廉．巴克雷（William Buckley）指責支持「自由派共識」的共和黨人和民主黨人，是社會主義者和無神論者的工具，正共同迫害有正統基督教信仰的美國人。他把支持男女平等、經濟平等、政教分離、政府福利的人統稱為「自由派」，把他們描繪成要把美國變成蘇聯那種國家的社會主義者和共產主義者。一些保守派人士甚至把最高法院廢除種族隔離的判決稱為共產主義，把所有跟他們意見相左的人，包括最高法院大法官、艾森豪總統，都稱為共產主義分子。甘迺迪任總統期間，跟他擔任司法部長的弟弟一起推動在南方大學中取消種族隔離，派聯邦執法人員護送黑人學生入校，遭到大量保守派白人圍攻。當時，很多支持種族隔離的白人汽車上貼著一句流行標語：「卡斯楚兄弟搬進了白宮」，把甘迺迪兄弟比作古巴的卡斯楚兄弟。[33]

美國政治中的這種極端保守主義不同於主張漸進改良、政府有限干預的古典保守主義，或進步的保守主義。他們試圖顛覆林肯以來的主流價值，把美國歷史描述成民眾從內戰開始道德墮落，推崇回到過去那種自由自在、小政府、各州自治、低稅收的時代。民權運動前後，他們為南方的種族隔離政策辯護，指責聯邦政府保護族裔平等是侵犯「州權」，摧毀美國的立國價值。巴克雷甚至反對婦女和少數族裔擁有投票權，稱之為譁眾取寵，暗示白人統治有色人種是天經地義。[34]

雷根總統有句格言：「政府不解決問題，政府本身就是問題。」[35]任何公共政策在實施過程中都會出現問題，產生違背政策目標的副產品，在極端狀況下，甚至失之毫釐，差之千里。如果單純從這方面講，雷根的話有道理。擔任總統前，雷根曾致力於反對退休人員醫療保健和低收入民眾醫療保健。擔任總統後，他反對政府干預，經常把政府為民眾提供社會保障和蘇聯式制度通稱為社會主義。政府過度干預會出問題，但政府無所作為，社會就會出更大的問題；沒有政府不斷解決問題，各種社會問題就會積累成堆，達到臨界點，最終爆發。基於歷史的經驗和教訓，負責任的政府會主動實施一些政策，避免社會問題演化成社會災難，出現不可收拾的局面。上世紀大蕭條期間，小羅斯福總統實施「新政」，擴大基礎建設投資，建立社會安全網，以防止經濟衰退導致大量人口流離失所，避免造成歐洲式社會主義革命和法西斯主義興起。在這個意義上，一些歷史學家講，羅斯福的「新政」拯救了美國的資本主義。但弔詭的是，美國的右翼保守勢力卻稱他為「社會主義者」。

自一九八〇年代以來，美國社會貧富分化不斷擴大，底層民眾，尤其是教育程度較低的藍領白人，成了主要受害階層。右翼保守勢力把底層民眾的不滿引向移民、少數族裔、社會主義，把有色人種和移民描述成不勞而獲的福利寄生蟲，把底層民眾的貧困化歸咎於稅收太高、移民太多和政府提供社會福利等。但事實上，美國底層白人跟其他族裔的低收入民眾一樣，都是社會福利的受益者。用簡單的政治承諾解決複雜的社會問題，只有頭腦簡單的人群才會相信。所以，右翼保守勢力把目標瞄準低教育水準的選民群體，讓他們相信這些積累多年的問題有簡單的解決辦法，諸如減稅、排外、削減福利、反移民、反科學、反職業化政治等。

一百年來的美國政治並不是一個蘇聯式社會主義化的進程，而是一個不斷提高社會保障，讓普通民眾生活得更安全、更有尊嚴的歷程。這是社會進步。民主黨和共和黨中的健康力量共同促成了這種進步。在兩大政黨中，沒有主流政客主張實行前蘇聯式的公有制和權力壟斷，但很多右翼政客樂於把政府規範市場和建立社會保障的做法跟前蘇聯式的社會主義綁在一起。在這種政治語境中，社會主義事實上是被用作攻擊政治對手的方便工具，失去了這個政治術語本有的具體內涵。就像杜魯門總統曾經指出的那樣：他們討伐的旗幟上寫著「打倒社會主義」，但真正的意思是「打倒進步」。[36] 如果沒有這種進步，美國社會的普通民眾，尤其是低收入階層和少數族裔，不會生活得比今天更有尊嚴，更有保障。

六、潛規則

跟極端保守主義者對政府功能的詆毀不同，無論在理論上，還是在現實世界中，政府型態不同，性質各異，良莠不齊，既可以侵犯個人自由，也可以保護個人自由。在現代文明國家，保護個人自由和公民權利仰賴的法律是由政府的立法分支所制定，是由政府的司法分支所解釋並對個案做出判決，法院的判決則要仰賴政府的行政分支來執行。從這個角度講，「政府不解決問題，政府本身就是問題」的口號不符合現代社會運轉的基本常識。

古典自由主義強調，自由就是防止政府侵犯個人權利。這種理論取向產生於社會從專制政府向民主過渡的歷史時段，有具體的原生語境和針對的實際問題。在民主制度建立之後，民選政府仍然可以蛻變成為侵犯個人權利的政治「利維坦」。對此，自由主義多有論述。但這種宏觀理論往往忽略一個具體的現實問題：政府和人民都不是單一的實體。就美國而言，政府分為聯邦政府和州政府，州政府下面又有縣、市政府。因為州政府和縣市各級行政首腦、檢察長、議員、治安官，甚至州內各級法院法官是民選產生，每級政府的政治取向和社會政策傾向都有所不同。州政府跟聯邦政府之間往往更是矛盾重重。一些州政府侵犯個人權利的立法和行為可能會遭到聯邦政府反對，相反地，一些聯邦政府侵犯個人權利的立法和行為也可能會受到州政府抵制。

這種政治架構中的政府不是鐵板一塊。歷史上不是，現在也不是。同時，人民也不是鐵板一塊，而是包括不同膚色、不同國家來源、不同經濟地位、不同教育水準、不同性別的群體。政府可以立法侵犯某個群體的權利，但擴大另一個群體的權利。比如說，種族隔離制度，顯然侵犯了有色人種的權利，但相對擴大了白人的權利。再比如說，禁止婦女投票，侵犯了婦女的權利，但相對擴大了男性的權利。歷史上和現實中，政府和人民之間這種盤根錯節的關係，使一些自由主義者對政府功能的籠統論述流於簡單化，無法反應現實的複雜性。事實上，當代美國普通人享有的所有在法律上可以操作的權利，比如平等保護、正當程序、婦女投票權、黑人投票權、有色人種公民權等，都是政府的各權力分支透過立法或司法判決賦予的，大自憲法修正案、最高法院判決，小到部門法、基層法院判決，都是這樣。

美國社會弱勢群體在爭取平等權利的進程中，往往需要求助於行政當局、法院和國會這些政府權力分支。在州政府侵犯公民權的時候，受害人往往要求助於聯邦政府。美國憲法的第十三、十四、十五、十九修正案在國會立法都是針對一些州政府侵犯公民權利。同樣地，最高法院判決一些州的法律違反憲法，保護了受害人的權利。這些都是政府行為，國會和法院是政府權力的不同分支。所以，那種簡單化的自由主義思路，單純把政府當作潛在的個人權利侵害方，忽視了問題的另一面：政府除了潛在的壓迫功能以外，還有保護的功能。而被忽視的這一面恰恰是社會弱勢人群爭取權利不可或缺的管道。

一九四七年，杜魯門總統曾經講，爭取民權不只是維護個人權利不受政府侵害那麼簡單，也意味著政府要保護人民的權利，不只是一部分人民的權利，而是所有人民的權利。具體而言，在維護基本權利平等方面，政府的力量不可或缺。如果社會弱勢處於不平等的地位，沒有行政當局、法院或國會的幫助，他們不可能靠自己的力量有秩序地獲得平等。[37]廢除法律明文規定的不平等是這樣，改變政治、法律和社會潛規則的道理也是這樣。

近幾十年，美國各界一直在爭論，成文法層面的歧視被廢除之後，法律是不是管得著不成文的歧視，就是俗稱的潛規則。大致存在兩種看法。第一種看法是不存在不成文的體制性或系統性歧視，成文法律的歧視在一九五〇至六〇年代已經透過法院判決和民權法案等立法廢除了，如果弱勢群體的生活狀況沒有改觀，就是自己不爭氣。第二種看法是存在不成文的歧視，但法律和政策管不著，因為那是民間的事，法律和政策不能強迫民眾改變自己的看法和習慣。但問題是，在一個多元群體組成的國家，各群體的人數有多寡，力量有強弱，占多數的群體或強勢群體的傳統習俗和社會偏見不會滿足於停留在私人領域，而是會影響到法律和政治。

美國最高法院曾經在一九五四年判決「赫南德斯訴德州政府案」，涉及法律程序中的潛規則問題。被告赫南德斯涉嫌殺人，被德州傑克遜縣法院陪審團判定有罪。辯護律師古斯塔沃·賈西亞（Gustavo Garcia）把判決上訴到最高法院，質疑的問題不是案情本身，而是審判庭挑選陪審團的潛規則。傑克遜縣人口中有百分之十四是墨西哥裔居民，在過去二十五年中，縣法院從居民中挑選出六千多名陪審團成員參加各類案件審判，但是沒有一位墨西哥裔居民入選。在赫南德斯案中，全體陪審團成員都是由非墨西哥裔的白人組成。賈西亞律師認為，傑克遜縣法院的做法不是個案現象，而是系統性地把一個族裔的居民排除在法律程序之外，違反了憲法第十四修正案的平等保護條款。[38]

賈西亞律師本身是墨西哥裔美國公民，出生在毗鄰墨西哥的德州邊城拉萊多（Laredo）。他於一九三八年在德州大學法學院畢業，雖然成績拔尖，但因為社會對墨西哥裔的傳統偏見，他找不到跟他的成績和才華相匹配的工作，開始酗酒。美國法律對待墨西哥裔公民，不像對待黑人那樣，有明文規定的歧視。即便在奴隸制時代，美國法律也是把墨西哥裔當成白人，人口普查把他們作為白人統計。德州人口中大約有四分之一是墨西哥裔，但各地的潛規則經常把他們排除在政治、經濟生活和司法程序之外。

二戰中，賈西亞跟很多墨西哥裔年輕人一樣參軍，戰後曾駐軍日本。他退伍後繼續在德州做律師，跟很多經歷過戰火的少數族裔軍人一樣，心態變化很大：為了維護民主和自由，他們跟其他白人一樣在太平洋戰場和歐洲戰場流血，回到家鄉卻仍然被排除在正常的政治、經濟生活和司法程序之外。作為律師，他感觸最深的是法庭上的陪審團：哪怕在大量墨西哥人聚居的縣，陪審團成員往往全是非墨西哥裔的白人，由他們決定他代理的墨西哥裔被告的命運。

德州並沒有成文法規定墨西哥裔公民不能進陪審團。但在七十多個縣，潛規則事實上成功地把所有墨西哥裔公民排除在陪審團之外。這種潛規則甚至比歧視黑人的成文法更難以捕捉，它是編織在系統機體上的無所不在的網絡，形成一個不成文但十分有效的機制。在赫南德斯案中，賈西亞律師一半憑才華，一半憑運氣，在德州法院跟聯邦法官屢敗屢戰，一直打到美國最高法院。他不是有錢的律師，代理這個案件全靠捐款。從事後披露的帳本看，很多墨西哥裔居民的捐助都是一元、兩元，甚至更碎的零錢。一九五四年一月，他到首都華盛頓準備法庭辯論，錢不夠用，同事帶著一筆捐款去接濟，也只有幾百美元。[39]

最高法院開庭前一晚，他為了緩解壓力，去酒吧喝一杯，但一喝而不可收。下半夜，他回到酒店時，同事覺得官司已經提前結束了。但第二天在法庭上，賈西亞竟然表現出色。首席大法官厄爾・華倫（Earl Warren）特別給他延長了十六分鐘申辯時間。出乎所有人意料，賈西亞贏了赫南德斯案。最高法院事實上承認了存在不成文的歧視潛規則，並據此判決：儘管第十四修正案並不要求按照族裔的人口比例分配陪審團名額，但禁止系統性地把一個族裔排除在司法程序之外。赫南德斯案已經成為美國法學教科書必不可少的判例，在德州各縣法院，墨西哥裔居民擔任法庭陪審員也早已成為地方司法的日常。賈西亞的後半生卻很不幸，抑鬱症加酗酒使他在精神病院度過了人生最後十年，一九六四年去世時還不到五十歲。[40]

在成文法的骨架中，我們每天接觸的是不成文的日常生活血肉。相比成文法的改變，不成文的潛規則改變起來更艱難，過程更漫長。但是，承認社會潛規則會在司法和政治領域造成不平等的後果，像最高法院在赫南德斯案中判決的那樣，是改變的第一步。在這方面，法律和政策並不是對不成文的潛規則造成的後果無能為力，而是可以建立一道有效的防火牆，把傳統偏見和社會潛規則嚴格限制在非公共領域，不允許它們突破憲法第十四修正案平等保護條款的屏障，穿越到司法和政治等公共領域。

第四章

教育平權

做你認為對的事，讓法律趕上來。

——瑟古德・馬歇爾大法官

在任何情況下，歧視都是一種不可或缺的社會權利，就像平等是一種政治權利一樣。

——漢娜・鄂蘭

一九二七年，美國最高法院把普萊希案的「隔離但平等」原則用於公立教育，在林恭案中，判決學校實行種族隔離符合憲法，不違反第十四修正案的平等保護條款。南方各州的公立教育土政策獲得了憲法依據。二十六年後，瑟古德．馬歇爾（Thurgood Marshall）率領他的律師團隊挑戰普萊希案和林恭案判決。從內戰後南方重建失敗算起，種族隔離在南方各州已經實施近八十年，加之此前歷史同樣悠久的奴隸制，幾代人過去，法律和政治制度已經固化成傳統秩序，白人與有色人種隔離已經變得天經地義。大衛．戴靈格（David Dellinger）曾對此評論說：「隔離是我的宇宙中的事實。對我來說，隔離就像太陽系中星球的位置一樣，無所謂對，也無所謂錯。天經地義。」[1]

一、瑟古德．馬歇爾

美國內戰後，各州興辦公立基礎教育，到二十世紀初，公立中小學已經發展成遍及各地、影響最廣的政府機構，不僅在普及文化課和提高教育水準方面，而且在傳播現代文明價值，培養良善公民德性方面，成為最重要的公共管道。在內戰結束後的近百年中，美國的公立學校大致有黑白隔離的界線。在北方，這種界線不是法律明文規定的，但在現實中普遍存在，被稱為事實上的（de facto）隔離，在南方，各州法律明文規定，學校黑白隔離，被稱為法定（de jure）隔離。一八九六年，最高法院在普萊希案中判決，路易斯安那州客運車廂黑白隔離不違反憲法第十四修正案的平等保護條款，確立了「隔離但平等」的原則，在法律上維持南方的種族隔離制度長達五十八年。

二戰前，繆達爾在美國考察時發現，南方社會的種族階層壁壘已有明顯鬆動跡象。歐洲人喜歡把美國稱為個人主義社會，更確切地講，它是個鼓勵普通人成為強者的個人主義社會，同時又不是一個強者完全壟斷的固化等級社會；它允許出身於各階層的人成為強者，但因為傳統習俗和文化偏見等因素，不同的人在不同的地方成為強者所遇到的障礙不同。在北方，這種障礙比在南方少得多，白人遇到的障礙比黑人少得多。馬歇爾律師對此深有體會。他出生於一九〇八年，在馬里蘭州的巴爾的摩市長大，母親是老師，父親在鐵路火車上做服務員。小時候，他從母親那裡得到良好的教育，父親有時帶他去旁聽法院審判。馬歇爾高中時成績並不突出，而且經常因違反紀律被懲罰，當時學校對違紀學生的懲罰之一是背誦憲法。那是馬歇爾的特長。

跟很多年輕人一樣，馬歇爾有理想，想念大學，但在他的理想和現實之間有那個時代難以逾越的障礙——他是黑人，可以選擇的大學不多。他被賓州的林肯大學錄取，那是一所傳統黑人學校。大學畢業時，他希望能回家鄉上馬里蘭大學法學院。馬里蘭大學是州立大學，當時馬里蘭州的公立學校實行種族隔離政策，馬里蘭大學不錄取黑人。馬歇爾被首都華盛頓的哈沃德大學（Howard University）法學院錄取。他母親把結婚戒指和訂婚戒指典當了，幫助兒子湊學費。一九三三年，馬歇爾在哈沃德大學法學院以全班第一名的成績畢業，考取律師執照。

哈沃德大學法學院的院長是著名黑人民權律師查理·休士頓（Charles Houston）。他是改變了馬歇爾人生的法律啟蒙老師。內戰前，休士頓的爺爺和馬歇爾的老爺爺都曾經是奴隸，但跟出身貧寒的馬歇爾不同，休士頓家境富裕，從年輕時代起即在麻州念黑白同校的私立大學。第一次世界大戰中，他參加陸軍，被派到歐洲戰場。退役後，他考入哈佛大學法學院，成為《哈佛法學評論》的第一位黑人學生編輯。當時，美國的黑人律師屈指可數，律師基本是一個白人男性從事的行業，由於全美律師協會拒絕黑人律師加入，休士頓跟幾名黑人律師帶頭成立了「全國律師協會」。在擔任哈沃德大學法學院院長期間，他教憲法學，班上三十多名學生都是黑人。休士頓激勵他們用功：「你只是跟白人律師一樣優秀沒有用，你必須比他們強，否則你根本沒有在同一個平台上競爭的機會。」[2]畢業時，三十多名學生只剩下六名，其餘已經輟學。休士頓偏愛馬歇爾這位身材高大、成績優異的學生，開車帶他去南方旅行，親歷南方底層黑人的生活。

法學院畢業後，馬歇爾在巴爾的摩做私人律師，他熱心於公益，開始參與「全國有色人種協進會」（簡稱ＮＡＡＣＰ）的維權訴訟。一九三六年，馬歇爾二十八歲，跟休士頓搭檔，代理一名叫唐納德．穆雷（Donald Murray）的黑人學生起訴馬里蘭大學。法律是公器，有既定的條文、判例、程序和技術性遊戲規則，但律師有自己的價值觀和愛憎，在訴訟過程中，不完全遵循冷冰冰的法律邏輯。馬歇爾大學畢業時，因為馬里蘭大學不錄取黑人學生，他被迫放棄自己的理想法學院，到首都求學。如今他成了律師，要改變這種不公平的狀況。

二、「我們國家的信條」

穆雷是位二十二歲的黑人青年，申請馬里蘭大學法學院被拒，不是因為他的成績達不到錄取資格，而是因為他是黑人。校方的回絕信稱：「馬里蘭大學不錄取黑人學生，閣下的申請因而被拒。」[3]自從一八九六年最高法院判決普萊希案，確立「隔離但平等」的法律原則，種族隔離合法化，南方各州在公立大學、中學和小學實施白人和有色人種分校，成為社會常態。當時，馬里蘭大學法學院是馬里蘭州唯一一所法學院。在拒絕錄取穆雷的信中，校方依據普萊希案，建議他去外州申請錄取黑人學生的法學院。如果穆雷放棄馬里蘭大學，只能走馬歇爾當年走過的路，去異鄉念黑人法學院。但他不願放棄。

在穆雷和馬里蘭大學法學院之間橫亙著一道法律的高牆，就是最高法院「隔離但平等」的原則。在普萊希案中，最高法院認為隔離狀態仍然可以平等，所以隔離本身並不必然違反憲法第十四修正案的平等保護條款。在林恭案中，最高法院重申了「隔離但平等」的原則，確認州政府有在本州公立學校實施種族隔離的自主權，法院不得干涉。馬歇爾代理穆雷起訴馬里蘭大學時，離林恭案判決不到八年，「隔離但平等」的法律原則穩如磐石，普萊希案和林恭案都是不可能被成功挑戰的判例。第十四修正案保證法律給所有人提供平等保護，如果要挑戰學校的種族隔離政策，只能從「隔離但平等」原則中的「平等」部分入手。這是馬歇爾律師採取的策略。在法庭上，他申辯，按照第十四修正案的平等保護條款，馬里蘭州必須向州內黑人學生提供平等的法學教育機會，州政府只設立一所法學院，又不錄取黑人，等於沒有提供平等機會，不符合「隔離但平等」的原則，因而違反了憲法第十四修正案的平等保護條款。[4]

校方和州政府認為，雖然馬里蘭州沒有黑人法學院，但黑人學生可以申請外州的法學院，州政府可以提供獎學金，給予一定資助。而且，即便馬里蘭大學法學院不錄取黑人學生，州政府可以專門為黑人開一所法學院，穆雷沒有權利要求白人法學院錄取黑人學生。州政府特別指出，申請法學院的黑人本來就不多，因為馬里蘭大學法學院不錄取黑人而失去法學教育機會的黑人學生寥寥無幾。州法院審判庭的法官沒有接受校方和州政府的辯護，責令馬里蘭大學法學院立即廢除拒收黑人學生的政策。

校方上訴。馬里蘭州上訴法院維持原判。在意見書中，上訴法院認為，馬里蘭州只開設一所法學院且只錄取白人學生，黑人學生被迫去申請外州的法學院，被錄取的機會跟白人學生被馬里蘭大學錄取的機會不平等；即便黑人學生有機會去外州念法學院，也無法學習馬里蘭的法律，教育水準也無法保障，而且到外州念法學院，學生會有額外的交通、住宿等開銷，違反了平等原則。至於州政府提議為黑人學生專門開設一所法學院，上訴法院認為，開設法學院非一朝一夕之事，現實中不可行，而且馬里蘭州的法律也沒有授權法院責令州政府為黑人專門開設法學院，「遵守憲法不能按照州政府的意志拖延下去。它現在實行什麼樣的法學教育體制，就必須現在符合平等對待的要求。」[5]

馬里蘭州上訴法院在判決書中也反駁了州政府有關受影響的黑人學生寥寥無幾的說法，

並且引述美國最高法院的判決，指出一項法律和政策是否違憲，跟受影響的人數多少沒有關係。州政府的那種說法等於是「讓憲法權利因受歧視的人數多少而異，但憲法權利的本質是每個人都擁有的。」[6]基於以上事實和最高法院確立的「隔離但平等」原則，馬里蘭州上訴法院認為，州政府承擔著法學教育的功能，卻把一個種族的學生排除在外，在全州只有一所法學院的情況下，要讓黑人學生跟白人學生有平等法學教育機會，必須責令馬里蘭大學法學院錄取符合條件的黑人學生，不能以種族原因把他們排除在外。[7]

自此，符合入學條件的黑人學生不再以種族原因被馬里蘭大學法學院排除在外，不再重複馬歇爾早年的命運和遺憾了。馬歇爾打贏了廢除馬里蘭大學法學院種族隔離政策的官司，在巴爾的摩引起轟動。一位黑人回憶：「瑟古德贏了，巴爾的摩的有色人群沸騰起來。我們不懂憲法。他為我們帶來憲法，就像摩西把十誡帶給他的人民一樣。」不過，並不是所有黑人和有色人種都贊同馬歇爾依據憲法挑戰種族歧視的司法進路。激進黑人領袖麥爾坎・X跟馬歇爾見面時，曾針鋒相對，甚至問候對方的母親。美國的一些穆斯林維權人士更說馬歇爾是「半黑半白的雜種」。從二戰結束到一九六〇年代，美國種族衝突表面化，從日常生活的潛流變成街頭暴力。馬歇爾參與了大部分種族暴力衝突的調查。他的結論是：「每次種族暴亂中，有罪的人都毫髮無損。無辜的人受到傷害。」[8]

馬歇爾在二十八歲時贏得他律師生涯的第一場標誌性勝利，但他的志向遠不止於在馬里蘭州法學教育中推翻隔離但不平等的政策。他期望挑戰最高法院在一八九六年確立的「隔離但平等」原則，最終使最高法院推翻普萊希案例，判決隔離本身就是不平等。在他看來，種族隔離不僅不公平，而且不道德，違背美國的建國信條和道德訴求。在穆雷案的法庭辯論中，馬歇爾說：「這裡的關鍵問題不只關乎我客戶的權利。而是我們國家的信條所做出的道德承諾。」[9]

穆雷案判決兩年後，瑞典社會學家繆達爾來美國主持卡內基公司的研究項目，把馬歇爾律師在法庭上講的「我們國家的信條」歸納為「美國信條」。人人生而平等，有生命、自由和追求幸福的權利。這既是價值信條，也是國家對公民做出的政治承諾。法律和制度的功能就是讓國家有秩序地實現這些價值「信條」，逐步兌現建國時的政治承諾，讓不平等的民眾變得更加平等，讓不自由的民眾獲得更多自由，讓傳統上的弱勢人群獲得跟強勢人群平等的追求幸福的機會。

三、巨變的前夜

三十二歲時，馬歇爾打贏了他律師生涯中第一起美國最高法院官司。此後二十年，他在最高法院辯論了三十一起案件，贏了其中的二十八起，其中包括著名的布朗訴教育委員會案和美蘭達訴亞利桑那案。

雖然馬歇爾接手不同種類的案件，包括民事案和刑事案，但學校種族隔離案一直在他經手的案件中占有相當大份量。一九五一年，馬歇爾手上有二十起中小學隔離案，十餘起大學隔離案。那時候，「隔離但平等」仍然是法院在判決學校種族隔離案時依據的法律原則。自普萊希案之後，隔離不違反憲法第十四修正案的平等保護條款的權威解釋。在林恭案中，布魯爾和弗拉沃斯律師試圖挑戰那個原則，以慘敗告終，他們的申辯被九名大法官一致否決。自普萊希案之後的半個世紀，律師挑戰「隔離但平等」原則時，只能在平等上做文章。那也是馬歇爾在律師生涯前二十年，包括在穆雷案中，挑戰學校種族隔離政策的唯一法律空間。

二戰期間，大量黑人士兵在英國駐軍，在歐洲戰場作戰。英國和歐洲都沒有種族隔離政策，在軍隊的各種服務設施，酒吧、餐館和醫院，當地人把美軍的黑人官兵跟白人官兵一樣對待。一些黑人連隊被派往前線，跟白人連隊一同作戰。二戰結束後，大量黑人官兵復員，在各行各業工作，戰爭經歷和戰爭期間為民主而戰的信念，使他們不再忍受各種隔離和歧視政策。一位黑人陸軍下士說：「我在陸軍服役四年，解放了不少荷蘭人和法國人，回到家再遇到阿拉巴馬版的德國人不把我當人看，我不會再忍氣吞聲。連門兒都沒有！我參軍的時候是個黑鬼，回來是個男人。」[10] 一九四八年七月，杜魯門總統發布九九八一號總統令，在軍隊中廢止種族隔離政策，實施六年後，於一九五四年在各軍事基地、軍校、醫院等全面完成黑白融合。

二戰的慘痛教訓使人們意識到，納粹的興起跟十九世紀末和二十世紀初的種族—優生學理念關係密切。納粹的種族滅絕政策是種族主義的極端形態，給人類造成史無前例的災難。戰後成立的「聯合國教科文組織」以反種族主義為己任：「剛剛結束的慘烈的世界大戰之所以能爆發，就是因為否認尊嚴、平等、人與人相互尊重的民主原則，透過無知和偏見傳播人與人、種族與種族的不平等信條。」各國學者痛定思痛，反思種族主義和支撐種族主義的偽科學的危害。一九五〇年七月，聯合國教科文組織發布「種族問題」聲明：「為了人的尊嚴，所有公民在法律面前必須平等，並平等地享有法律保證的權益，不能因為他們身體和智力的差異而不同。」[11]

在美國，合法爭取權利和平等不外乎幾種方式：透過向行政當局求助，透過遊說國會，透過法院判決，或透過街頭抗爭。在內戰後的南方重建時期，國會通過第十三修正案，廢除了奴隸制；通過第十四修正案，保證了有色人種的公民權、法律的平等保護和正當程序；通過了第十五修正案，確保有色人種的選舉權。南方重建失敗後的半個多世紀，國會在種族平等問題上無所作為，行政當局得過且過，種族隔離在南方白人中形成穩固的社會基礎，成為南方傳統的一部分。雖然最高法院在普萊希案判決中把隔離合法化，主張隔離也可以平等，但畢竟把平等作為一個明確的要求——只有平等的隔離才符合憲法。這給隔離中受到侵害的有色人種爭取權利提供了一定空間，儘管空間相當有限。

二戰後的社會變遷、民眾平等意識的覺醒、聯邦政府自上而下的政策轉變，以及國際社會對人的尊嚴和種族平等問題的關注，使全面挑戰「隔離但平等」原則的時機趨於成熟。馬歇爾律師和維護有色人種權益的法律組織決定抓住這個時機。

奧利佛·布朗是家住堪薩斯州托皮卡市的一名黑人，參加過二戰，退役後在鐵路公司做電焊工，同時也是當地衛理會的助理牧師。他八歲的女兒琳達·布朗上小學三年級，每天走六個街區，再乘坐校車去一英里外的黑人學校上課。他家附近有一所小學，但只收白人學童。當時，全國有色人種協進會正在幾個州籌劃針對公立學校種族隔離政策發起訴訟，奧利佛・布朗和另外十二名家長願意作為原告起訴托皮卡教育委員會。聯邦地區法院依照普萊希案的「隔離但平等」原則，判決布朗等家長敗訴。但判決書中附有九項「事實裁決」，其中第八項認定，學校種族隔離對有色人種學童的心理造成傷害：

公立學校隔離白人和有色人種學童對有色人種學童心理有不利影響。法律規定的隔離，對學童心理的影響尤其大，原因在於隔離不同種族的政策通常被認為意味著黑人群體劣等。低人一等的感覺影響兒童的學習動力。所以，法律規定的隔離傾向於妨礙黑人兒童的教育和心理成長，剝奪了他們在種族混合學校能獲得的一些益處。[12]

顯然，聯邦地區法院的法官同情原告和他們的孩子，但普萊希案是下級法院法官必須遵守的最高法院判例。法官的同情心不能代替法律，但可以透過這種「事實裁決」的方式向上級法院表明自己的意見和態度。原告的律師決定上訴。當時，南卡來羅納、維吉尼亞、德拉瓦和首都華盛頓的四起學校種族隔離案也上訴到美國最高法院。最高法院決定合併這五起上訴案，安排在一九五二年十二月開庭辯論。杜魯門總統任命的司法部長詹姆斯・麥克格萊內利（James McGranery）向最高法院提交了「法庭之友意見書」，支持布朗等原告的訴求。意見書特別指出：「美國存在的歧視少數族群現象對我們的國際關係有負面影響。種族歧視為共產黨的宣傳磨坊提供原料，甚至讓友好國家也懷疑我們對民主信念的堅守程度。」[13]

四、轉捩點

最高法院開庭第一天，四百名各界人士在走廊排起長隊，希望能進入旁聽，而庭內已經座無虛席。五方被告的首席律師是大名鼎鼎的約翰．戴維斯。他曾經擔任過國會眾議員、司法部副總檢察長、駐英國大使，在一九二四年大選中，曾被提名為民主黨總統候選人。作為律師，他經手過二百五十起最高法院上訴案，超過二十世紀美國任何一位律師。一九五二年十二月，最高法院開庭辯論布朗案的時候，戴維斯律師已經七十九歲高齡。他是受南卡來羅納州長的邀請，義務出庭，不收取費用。戴維斯和馬歇爾、雙方律師團、聽審的大法官、在座的旁聽者都知道，勝訴或敗訴對美國的未來意味著什麼。庭辯持續了三天。

當時的最高法院，首席大法官溫森被認為缺少領導能力，九位大法官四分五裂，各自為政。[14]作為全國有色人種協進會的首席律師，馬歇爾對勝訴並沒有把握。他估計，伯頓、敏頓、布萊克和道格拉斯四名大法官會支持廢除公立學校的隔離政策，但要勝訴，還需要獲得第五位大法官的支持。首席大法官溫森和大法官里德不太可能支持推翻普萊希案，法蘭克福特、傑克遜和克拉克三名大法官態度不明朗。①即便能得到五位大法官的支持，以五比四勝訴，明顯分裂的最高法院判決只會激發南方實行隔離政策的各州更猛烈的反抗。

布萊克大法官是南方人，出生於阿拉巴馬州，年輕時曾短暫加入三Ｋ黨，十分了解南方的民情。他反對南方的種族隔離政策，認為那是奴隸制的殘餘、南方社會抱殘守缺的產物，明顯違反憲法第十四修正案的平等保護條款。同時，他也很清楚，最高法院做出廢除學校隔離政策的判決無異於捅馬蜂窩，南方的白人會群起反抗，「將會發生暴亂，可能需要調動陸軍。」即便如此，布萊克大法官認為，普萊希案必須予以推翻，南方的種族隔離政策必須廢除。另一位南方出生的大法官是克拉克，他是德州人。跟布萊克大法官一樣，他預見到最高法院廢除種族隔離政策，將會導致南方白人的暴力反抗和社會動盪。不過，跟布萊克大法官不同，他認為最高法院應當儘量避免讓社會付出那種巨大代價。傑克遜和法蘭克福特大法官也對最高法院判決後如何在南方各州執行判決，充滿疑慮。[15]事實上，法庭辯論後，影響最高法院以絕對多數推翻普萊希案的不是大法官對憲法理解的分歧，而是對現實後果的考量。

在九名大法官中，法蘭克福特大法官對布朗案的態度最為矛盾。他出生於奧匈帝國時代的維也納，十二歲時隨父母移民到美國，在紐約定居。二十世紀初葉，美國反移民和反猶思潮興盛。作為猶太移民，法蘭克福特從少年時代起經歷了雙重的文化偏見和社會歧視。這種針對不同種族的偏見和歧視在南方尤其嚴重。一九一三年，喬治亞州亞特蘭大市一位名叫列奧・法蘭克的猶太人被控謀殺，在證據不足的情況下，陪審團將他定罪，法庭判他死刑。他

---

① 編按：此時含首席大法官一共有九位大法官，分別為弗萊德・溫森（Fred Vinson）、哈羅・伯頓（Harold Burton）、舍爾曼・敏頓（Sherman Minton）、雨果・布萊克（Hugo Black）、威廉・道格拉斯（William Douglas）、史坦利・里德（Stanley Reed）、菲利克斯・法蘭克福特（Felix Frankfurter）、羅伯特・傑克遜（Robert Jackson）和湯姆・克拉克（Tom Clark）。

的律師上訴兩年，以敗訴告終。因為審判和定罪過於荒謬，喬治亞州長動用赦免權，免其一死，改判終身監禁。一九一五年，一群三K黨分子武裝劫獄，掠走法蘭克，將其私刑處死。事後，歹徒無一被起訴。

一九一六年，威爾遜（Woodrow Wilson）總統提名猶太人律師路易士・布蘭迪斯（Louis Brandeis）為最高法院大法官，遭到美國律師協會、前總統塔夫特（William Taft）、一些聯邦法院法官、眾多參議員反對。反對的主要理由之一就是他的猶太人身分。前總統塔夫特甚至寫信給威爾遜總統，說布蘭迪斯不適合當法官。布蘭迪斯大法官上任後，另一位大法官詹姆斯・麥克雷諾（James McReynolds）拒絕跟他交談或出席公開活動，說不想身邊有個猶太佬。幾年後，塔夫特被哈定（Warren Harding）總統任命為最高法院首席大法官，成了布蘭迪斯大法官的上司。法律並沒有規定猶太人不能當聯邦法院法官，所以不存在專門針對猶太人的政府授權的或法律明文規定的制度性歧視，但當時系統性、職業性社會偏見或潛規則顯然無處不在。在那種社會氛圍和職業環境中，布蘭迪斯做了三十三年大法官，被後世公認為美國最高法院歷史上最優秀的法官之一。

作為移民和少數族裔，正如查理・休士頓教授後來在課堂上講的那樣，只是做到跟土生土長的主流族裔一樣優秀還不夠，必須出類拔萃，才有機會跟他們在同一個平台上競爭。布蘭迪斯年輕時是這樣，法蘭克福特年輕時也是這樣。他在哈佛法學院被選拔為《哈佛法學評論》編輯，不但以全班第一名的成績畢業，而且創造了哈佛法學院歷史上最高的成績。當時，哈佛法學院的最高成績是幾十年前由布蘭迪斯創造的。法學院畢業後，法蘭克福特在私人事務所和聯邦政府做律師，後轉入學術研究，回到哈佛法學院教授法律。同時，他熱心於公益事業，尤其是為少數族裔和弱勢群體維護法律權益。他曾擔任全國有色人種協進會的法律顧問，並協助創立了「美國公民自由聯盟」（ACLU）。法蘭克福特跟二戰前來美國研究種族問題的繆達爾也有交往，熟悉他在《美國難題》中的研究成果。

一九三九年，法蘭克福特被小羅斯福總統任命為最高法院大法官。在最高法院行使司法審核權時，他主張法官要有自我約束，尊重立法者的意圖，不干涉國會和州議會的權限。當時，美國有二十一個州在學校實行種族隔離，都是各州議會按既定程序制定的法律，如果最高法院貿然廢除那些法律，顯然有干涉各州權力和議會權限之嫌。雖然他不贊同普萊希案對第十四修正案的解釋，但他也不認為國會在通過第十四修正案時，有將「平等保護」條款適用於公立教育的意圖。單純站在法律角度，他無法說服自己依據第十四修正案廢除學校的種族隔離政策；而從個人經歷和社會公正角度講，他無法讓自己跟溫森、里德大法官，或許還有傑克遜、克拉克大法官站在一起，繼續維護南方的種族隔離政策。矛盾和審慎往往意味著拖延。[16]

面對四分五裂、猶疑不定的同僚和一系列懸而未決的問題，溫森首席大法官決定再開庭辯論一次。但在開庭前三個月，他心臟病發作去世。艾森豪總統提名加州州長厄爾·華倫繼任最高法院首席大法官。一九五三年十月五日，華倫宣誓就任臨時首席大法官，等待參議院正式核准。華倫出身貧寒，父母都是北歐移民，父親是挪威人，在鐵路公司當修理工。第一次大戰爆發時，他從加州柏克萊大學法學院畢業，開始做律師，美國參戰後，他參加陸軍。

退役後，他從縣助理檢察官做起，到二次大戰爆發前，成功競選加州總檢察長。一九四二年，他競選州長成功，後來又兩次成功競選連任，直到一九五三年被提名為最高法院首席大法官。一九四八年，華倫作為湯瑪斯．杜威（Thomas Dewey）的競選搭檔，參加總統大選，輸給現任總統杜魯門。一九五二年，他參加共和黨總統候選人初選，敗給艾森豪。

法蘭克福特大法官並不滿意艾森豪總統提名華倫當首席大法官，他認為華倫是位政客，不是法學家，沒有司法經驗。不過，當時的最高法院最需要的可能不是法學家或另一位資深法官，而是一位有領導能力的首席大法官。華倫就任臨時首席大法官後，首要工作是彌合四分五裂的最高法院，消除大法官們對他的疑慮。他平易近人，不自我中心，在法律問題上也不固執己見，很快獲得同事的信任。一九五三年十二月，當最高法院第二次開庭辯論布朗案時，九位大法官已經比一年前第一次辯論時更有信心形成壓倒性多數意見。

多年後，華倫首席大法官回憶，雙方律師那天法庭辯論的風格跟他預期的相反：「可能跟很多人一樣，我預期代理黑人學童的律師會訴諸情感，基於多年受壓迫的處境，以情打動法院，而代理各州的律師會嚴格訴諸法律。但那天的實際情況卻幾乎完全相反。馬歇爾不動感情，依照法律做理性申訴，像鋼鐵一樣冷峻。而代理各州的律師戴維斯卻抑制不住感情，他是位了不起的辯護師和演說家，曾被提名為民主黨的總統候選人，那天他數度哽咽，努力控制自己。」[17]如果輸掉這場官司，南方人引以為傲的生活方式就在法律上坍塌了，內戰後幾代南方人營造這種獨特的文化自豪感，來補償內戰投降的屈辱。對這場官司的結果，戴維斯律師可能已經有預感，辯論結束時，馬歇爾律師看到他滿臉淚水。辯論那天，他已經八十歲，是他在最高法院的最後一場辯論。次年，戴維斯律師去世。

三天後，九名大法官審議案情。華倫首席大法官的態度相當明確：學校的種族隔離政策違反憲法，下級法院裁定的事實和社會學家的研究結果，包括繆達爾的《美國難題》，都表明種族隔離是建立在有色人種劣等的觀念之上，所以，隔離不可能平等，確立了「隔離但平等」原則的普萊希案必須被推翻。雖然最高法院就廢除學校種族隔離達成多數已經沒有問題，但華倫首席大法官的目標不只是多數，就像第一次辯論後支持推翻普萊希案的幾位大法官所擔憂的那樣，一個分裂的最高法院判決會助長南方的反叛。華倫大法官的目標是達成絕對多數，甚至所有九名法官達成一致。

經過三個月的努力，華倫獲得七名大法官的支持，只有里德大法官仍然不確定。為了說服里德，他承諾分兩步走。第一步只在法律上推翻普萊希案的「隔離但平等」原則，宣判學校種族隔離違反憲法第十四修正案，但是不要求南方實行種族隔離的州立即改變種族隔離政策。新學年開始後再進入第二步，開庭辯論具體的實施問題。華倫大法官主動承擔了起草判決書的任務，給自己定下的標準是簡明扼要，讓普通人看懂，不使用激烈言辭，不指責任何一方。

這份判決書只有十一頁，在最高法院動輒幾十頁，甚至上百頁的判決書中，可謂相當簡短。撰寫完成後，他交給八位大法官徵求意見，並根據回饋做了修改。史坦利．里德大法官準備投反對票，並撰寫了反對意見。華倫做出最後努力，去里德大法官的辦公室，說：「史坦利，現在只有你一個人在反對。你得決定那樣做對國家來講是不是最好的選擇。」里德大法官知道，他的反對意見會激發南方抗拒最高法院的判決。最終，他放棄了提交反對意見，感嘆說：「一切都已經無法避免。」[18]

五、一致判決

一九五四年五月十七日，九名大法官全體出席，宣判布朗訴托皮卡教育委員會案。十二點五十二分，華倫首席大法官開始宣讀判決書。判決書首先辨析了第十四修正案的「平等保護條款」問題，指出對於立法者的意圖歷來有不同解釋，沒有定論；而且，第十四修正案立法時，公立教育在南方還處於萌芽狀態，遠未普及，立法者不可能超越時代預見到公立學校在當代社會生活中的重要地位。在回顧了普萊希案、林恭案等幾個最高法院在歷史上做出的判決後，判決書指出，在探討公立學校的種族隔離政策是否違反第十四修正案時，「我們無法把時鐘撥回到一八六八年增加修正案的時代，甚至無法撥回到一八九六年判決普萊希案的時代。我們必須根據公立教育發展的現狀和在當代全美國人生活中的地位來看這一問題。只有這樣，我們才能決定公立學校的隔離政策是否剝奪了原告的法律平等保護權利。」[19]

判決書完整地引用了堪薩斯聯邦地區法院的第八項「事實裁決」，發現學校種族隔離對有色人種學童的心靈造成難以彌補的傷害，並在注腳十一中引用繆達爾的《美國難題》等研究著作支持這一結論。最後，華倫大法官宣布推翻普萊希案的判決：「我們一致認為，在公立教育中，沒有『隔離但平等』的位置。隔離的教育設施本身就是不平等的。因此，我們判決，隔離剝奪了原告及所有跟本案原告有類似處境的當事人由第十四修正案保證的法律平等保護。」[20]在宣讀這段判決時，華倫大法官專門在判決書正式文本的「我們認為」中加上「一致」。判決書宣讀完畢，有人看到里德大法官在流淚。五十八年前，當最高法院判決普萊希案時，約翰．哈倫大法官是唯一的反對者。他的反對意見如今成了最高法院九名大法官的一致意見，雖然里德大法官心有不甘。

判決書的注腳十一引發了激烈爭論。在徵求八名大法官的意見時，來自南方的布萊克和克拉克大法官都曾對引用繆達爾的《美國難題》提出異議，認為南方人把繆達爾當作左派激進分子，注腳十一會刺激南方人抵制判決結果。[21]三年後，佛羅里達最高法院首席大法官甚至在判決書中稱：「最高法院拋棄了憲法、判例和常識，僅僅用斯堪的納維亞社會學家繆達爾的作品支持其判決。他所知道的憲法，我們既沒有教過，也沒有學過。」[22]

曾擔任聯邦上訴法院法官的法學家哈威．威爾金森（Harvey Wilkinson）認為：「布朗案可能是二十世紀美國歷史上最重要的政治、社會和法律事件。」[23]也許更確切地說，布朗案是二十世紀美國一系列重要政治、社會和法律事件發展的轉捩點。五十八年前，最高法院在普萊希案中建了一道法律壁壘，有效地把人群按膚色分隔成兩個社會等級。五十八年後，最高法院在布朗案中開始拆除這道壁壘，但這不是個一蹴可幾的工程。布朗案拆除了那道壁壘的法律根基，但社會現實的根基足夠深厚，在布朗案宣判後，又在南方支撐了學校種族隔離近二十年。這期間，最高法院和各級法院的每個判決，就像從那道壁壘上拆掉一根梁柱。

布朗案把少數族裔從令人絕望的冷漠中喚醒，看到了爭取權利的希望。哀莫大於心死，幾代人生活在明文法律規定的和事實上潛規則的隔離中，對制度和法律會喪失信心。布朗案重新燃起這個群體的公民對制度和法律的信心。馬歇爾在美國和歐洲被稱為「民權先生」，在民權運動中，他跟馬丁．路德．金恩齊名。一九六七年，詹森總統任命馬歇爾為最高法院大法官，他成為最高法院歷史上第一位黑人大法官。《新聞週刊》曾經對馬歇爾做出如下評價：「三十年間，他在改變黑人命運中所做的貢獻，可能超過任何今天仍然健在的黑人，包括諾貝爾獎獲得者馬丁．路德．金恩。」[24]

最高法院有不同風格的法官，不僅政治取向和價值取向不同，而且法律取向也不同。有的法官把法律當成理論和學術，傾向於像經典學者那樣解釋法律；有的法官試圖尋找憲法締造者的最初意圖。馬歇爾法官的哲學是遵循公平原則：「做你認為對的事，讓法律趕上來。」[25]也就是說，在他看來，法官要做法律的引領者，讓法律趕上時代，不能讓時代把法律拋在後面。這種積極有為的法律觀念，使他跟幾位最高法院的保守派法官經常發生衝突。

一九八七年，馬歇爾大法官在紀念美國憲法頒布二百週年的演講中稱，他「不相信憲法的含義永遠**固定**在費城制憲會議上」，國父立憲時並沒有設計出一個完美的政府，而是「從一開始就有缺陷，經過多次修正、一場內戰和重大社會變革才建立起憲政體制，以及對我們今天認為基本的個人自由和人權的尊重。」他認為，當代美國人援引憲法時所講的概念，跟兩個世紀前制憲者最初構建的概念已經大不一樣，法官試圖尋找立憲者的「原意」來解決業已發生過重大變化的當代問題，無異於刻舟求劍：

一七八七年，那些在費城集會的人不可能預見到這些變化。他們無法想像，也無法接受，他們起草的這份文件將來某一天將由包括一位女大法官和黑奴後裔大法官組成的最高法院來解釋。「我們人民」不再蓄奴，但這並不是制憲者的功勞，而是歸功於那些拒絕默認過時的「自由」、「正義」和「平等」觀念的人，還有那些努力完善這些觀念的人。所以，我們必須慎重，在重視兩個世紀前在費城發生的事件時，不忽略後續的重大事件，從而不喪失對恰當視角的感覺。否則，對很多美國人來說，二百週年紀念將可能變成一場對存放在國家檔案館櫃子中一份原始文件神龕的盲目朝聖而已。相反地，如果我們尋求敏銳地認知憲法的固有缺陷，以及它在二百年歷史中充滿希望的演進，慶祝「費城奇蹟」，在我看來，將會成為更有意義、更謙卑的經驗。我們將會看到，真正的奇蹟不是憲法的誕生，而是憲法的生命……26

在馬歇爾大法官看來，正是二百年間普通人為爭取個人自由和權利平等的抗爭和法官不斷完善的司法解釋，為憲法注入了生命，使憲法成為活的法律，而不是一件文物。立憲二百週年之際，從總統到最高法院首席法官、各界名流眾口一詞的讚美聲中，馬歇爾大法官的演講獨具一格，引起一些保守派人士的批評。不過，馬歇爾大法官對憲法的評論體現了一個悠久的普通法傳統：尊重法律原典，但要有所發展。英國法學家愛德華·科克（Edward Coke）曾引用喬叟的詩句「在舊田上種出新穀子」，來說明法官的職責。美國憲法是個偉大的文獻，在十八世紀末出現，堪稱人間奇蹟，但憲政不同於制憲，不是個一勞永逸的事件，而是需要每個時代的人不斷努力，在爭取權利、自由和平等的抗爭中，逐步趨於完善的過程。在這過程中，法官、律師要在舊田上種出新穀子，而不是像有些原典崇拜的法學家和法官那樣，一味尋找制憲者的原始意圖。

在布朗案中，最高法院廢除了公立學校的種族隔離，但法院判決是否能得到執行，卻要依靠各地行政當局和聯邦政府的行政部門。判決後，南方各州政府反應不一，有些州長激烈抵抗，有些州長表示服從最高法院判決。艾森豪總統並不贊同最高法院在布朗案中的判決。在最高法院審議布朗案時，他在日記中寫道：「有些事情，自下而上地變化才健康、可行，種族關係的改善就屬於這一種。」[27]最高法院宣判前，艾森豪總統邀請華倫大法官去白宮參加晚宴。赴宴後，他發現戴維斯律師也在。艾森豪總統跟兩人坐在一起，向華倫大法官介紹戴維斯律師，不斷稱讚他的成就和為人。餐後咖啡時間，艾森豪總統拉著華倫大法官的胳臂，說起南方種族隔離的案子：「他們不是壞人。他們關心的無非是不讓可愛的女兒在學校跟一些超大個頭的黑人坐在一起。」[28]華倫大法官不知道該如何回應。

最高法院宣判布朗案後，總統和首席大法官的關係變得客氣而冷淡。華倫仍然被禮貌性地邀請出席白宮晚宴，見到艾森豪總統，禮貌地打招呼：「晚安，總統。」艾森豪總統禮貌地回應：「晚安，首席大法官。」[29]當記者追問艾森豪總統對布朗案的看法時，他說：「最高法院已經發聲，我曾經宣誓，要維護他們，維護這個國家的憲政程序，我在盡力。我會遵守。」[30]作為總統，維護憲法，執行最高法院的判決是他的職責。但艾森豪總統對判決的冷淡令華倫首席大法官失望。在華倫的回憶錄中，華倫認為艾森豪總統在南方選民中享有很高聲望，如果他明確表示支持廢除種族隔離，布朗案的判決在南方遇到的阻力可能會小的多。但艾森豪總統顯然不贊同布朗案的判決。他對自己的發言撰稿人說：「這種事牽動情感，尤其是涉及孩子們……在道德問題上，我們不能要求完美。我們能做的無非是向著目標努力，持之以恆。有人告訴我，可以強逼硬來，真是瘋了。」[31]

一九五六年總統大選，布朗案判決已經過了兩年，南方一些州仍然拒不執行在公立學校取消種族隔離政策。艾森豪總統在競選中表示，難以想像他會派聯邦軍隊去執行判決。他當選連任後不到九個月，就不得不做出他難以想像的事。

布朗案判決後，阿肯色州跟其他南方州一樣逐步在公立學校廢除種族隔離，但進度緩慢。州長奧瓦爾．佛布斯（Orval Faubus）在種族問題上本來比較慎重，但政敵利用選民對布朗案判決的不滿蠶食他的票倉，攻擊他抵抗不力。一九五七年，他在選民中的支持率不斷下滑，第二年將面臨嚴峻的競選連任態勢。政客在面臨政治生涯危機時，會做出不同的選擇。對於現任的行政首長而言，選項之一是利用權力製造事端，在加劇的對抗中團結支持者，激發選民的熱情。佛布斯選擇走這條路。一九五七年秋季開學，阿肯色州首府小石城的中心學區開始實施黑白同校政策，九名黑人高中生入學白人高中。佛布斯宣稱，政府無法保證黑人學生的安全，並動用州長的指揮權，在開學那天調派阿肯色州國民兵包圍了學校。大批反對黑白同校的白人家長湧向學校，國民兵阻止黑人學生進入學校。一名黑人女生被憤怒的白人家長包圍，有人威脅要吊死她。兩名白人把她救出來，逃離現場。

兩個星期後，聯邦地區法院責令佛布斯停止阻擋入校的黑人學生。佛布斯命令國民兵撤離學校。但憤怒的白人家長並沒有撤離。九月二十三日，當九名黑人學生進入校區時，暴民開始攻擊在場的黑人和媒體記者，警察怠於執法，現場失控。小石城市長發電報向艾森豪總統求救，指出煽動暴民的是副州長，後台就是州長佛布斯。小石城暴民攻擊黑人和記者的畫面經媒體報導後，引發北方和東西兩岸美國人的憤怒。社會各界批評艾森豪總統猶疑不決，無所作為，導致事態進一步惡化。十月，艾森豪總統下令，調派陸軍一〇一空降師的一千一百名士兵進駐小石城，執行法院判決，保護九名黑人學生入校。南方政客紛紛譴責艾森豪總統。喬治亞州的國會參議員理查．拉塞爾（Richard Russell）甚至把進駐小石城的聯邦軍隊跟「希特勒的衝鋒隊」相提並論。[32]

六、漢娜．鄂蘭

反對最高法院判決和艾森豪總統派兵的不只是保守的南方白人，而且還有流亡美國的公共知識分子漢娜．鄂蘭（Hannah Arendt）。小石城事件平息後，鄂蘭著文〈反思小石城〉，一年後發表在《異議》雜誌上。[33]鄂蘭在文中指出，美國很多社會問題在其他發達國家也普遍存在，但「對黑人國民的態度植根於獨特的美國傳統……美國國內沒有解決的膚色問題可能會讓她失去本應享有的世界大國優勢，這是場悲劇。」[34]

顯然，在鄂蘭看來，美國的種族問題需要解決，但她認為，以廢止公立學校種族隔離的方式解決種族歧視問題是錯誤的，聯邦政府強制執行法院判決更是不可取。鄂蘭按照她的政治哲學概念，把人的活動分為私人的、社會的、政治的三個領域，認為只有在政治領域才能講平等，教育屬於社會領域，歧視是社會生活不可或缺的內容——選擇跟誰交往是個人自由，如果白人學生家長只願把孩子送到白人學校，政府強制廢除學校種族隔離，等於侵犯了社會領域的個人自由。「歧視之於社會，就像平等之於政治，都是各自領域最內在的原則。社會是政治和私人領域的奇特混合體……每次我們走出家中四壁，離開受保護的私人空間，穿越到公共世界，首先進入的不是平等的政治領域，而是社會領域。」而社會領域遵從物以類聚、鳥以群分的原則，「在美國社會，人們根據職業、收入、族裔等形成群體，相互歧視……從純粹的人的角度看，諸如此類的歧視行為沒有意義。但社會領域是否真的有這種純粹的人，值得懷疑。不管怎樣，如果沒有某些歧視，社會就會消亡，也不可能再有自由交往和結群。」[35]

換言之，沒有了社會領域的歧視，同質代替差異，全社會就面臨著所有人都被拉平的危險，千人一面，不同的人就難以保持各自的特點。所以，「在任何情況下，歧視都是一種不可或缺的社會權利，就像平等是一種政治權利一樣。」這意味著，社會領域的歧視不僅是正當的，而且是必要的。基於這一認知，鄂蘭認為，要消除歧視，真正的問題是如何把歧視限制在社會領域，「防止它跑到政治領域和私人領域」。[36]具體到種族隔離問題，「隔離是法律強制的歧視，廢除隔離無非是廢除強制歧視的法律而已，而不能廢除社會領域的歧視、把平等強加給社會；但是法律可以，而且必須，在政治領域實行平等……只有在政治領域，我們才人人平等。」[37]

鄂蘭把她的社會歧視和政治平等理論用於小石城事件，反對艾森豪總統派兵執行最高法院廢除公立學校種族隔離的判決，認為這種做法違反了社會領域的自由原則：「一旦用法律手段廢除社會歧視，就侵犯了社會的自由，聯邦政府對民權問題的草率處理有導致這種後果的危險。政府不可能合法地採取任何反對社會歧視的措施，因為政府只以平等的名義施政，但在社會領域沒有平等原則的位置。」[38]顯然，在鄂蘭看來，聯邦政府強制執行在公立學校廢除種族隔離政策，屬於濫用職權、侵犯自由。為了支持這種結論，她引述了南方各州為種族隔離辯護的「州權」理論，認為管理教育屬於各州政府權限，聯邦政府無權插手。

鄂蘭的評論給人似曾相識的感覺。她事實上是把最高法院在一八九六年的普萊希案和一九二七年的林恭案中的說法，用更抽象的哲學語言重述了一遍。在普萊希案中，最高法院把種族隔離當成南方社會習俗，即鄂蘭講的合法的社會歧視，認為法律解決不了社會習俗形成的偏見，比如白人不願跟黑人坐一個車廂，法律管不著這種社會成見；法律只能管白人車廂和黑人車廂的設施是不是平等。所以，在法律上和政治上，隔離也可以平等。在林恭案中，最高法院判決，各州有權在公立學校實行種族隔離，禁止華人學童上白人學校，不違反憲法第十四修正案的平等保護條款。在布朗案中，最高法院發現普萊希案和林恭案的判決是錯誤的，認為政府立法強制種族隔離不是社會問題，而是政治和法律問題；儘管各州有管理教育的主權，但那個主權不是絕對的，而是有一個界線，具體講就是憲法第十四修正案的「平等保護」，州政府的法律和法規如果僭越了這個界線，法院就可以判決違憲。

美國社會廢除不公道、不正義的法律主要靠兩個管道：國會和法院。理論上講，國會管立法，法院管司法，權力分立制衡，但現實中，法院的司法審核權沒有一條清晰明確的邊界。國會出於現實考慮，經常不作為，人們不得不求助於法院。不只種族隔離問題是這樣，婦女爭取投票權的問題也是這樣。從內戰前開始，大部分議員對婦女爭取投票權不感興趣，因為當時大部分州的選民都是男性，而大部分男性選民反對讓婦女投票，如果哪位議員開風氣之先，可能還沒有為婦女爭取到投票權，他已經被男性選民選下去了。這關乎議員的職業、事業，甚至生計。所以，在正常情況下，議員不會在國會貿然支持給婦女投票權。婦女求助於法院，法院認為那是國會的事，法院管不著，很多婦女走上街頭，故意違法，甚至女扮男裝投票，都是為了讓法院來管這件事，但法院反覆說管不著，蹉跎了半個多世紀，國會才立法。

最高法院在一九五〇年代廢除學校種族隔離，在一九六〇年代廢除禁止跨種族婚姻的法律，都遭到很多人批評，認為改法律是國會的事，法院不該管。但法院有司法審核權，審理具體案件中涉及的法律和政府行為是否違憲。這是美國建國後不久即確立的制度傳統。如果一些明顯違憲的法律等待國會和各州議會立法廢除，往往需要數十年甚至上百年時間。一九五四年，最高法院判決布朗案，廢除學校種族隔離的時候，大部分南方人支持種族隔離。管理教育屬於各州政府的權限，南方各州不可能立法廢除本州學校的種族隔離政策。一九六七年，最高法院在廢除各州禁止跨種族婚姻的法律時，九成以上的美國人反對跨種族婚姻，議員要看選民的眼色，不可能在國會或各州議會立法廢除那種法律。

鄂蘭發表〈反思小石城〉時，在文前加了幾段按語，在按語的最後，她提醒讀者：「我是作為局外人來寫這個話題。我從沒有在南方生活過，甚至避免偶爾去南方各州旅行，因為親歷那裡的情況可能讓我個人覺得無法忍受。就像大部分來自歐洲的人一樣，我難以理解南方美國人的普遍偏見，更別說贊同了。因為我的觀點可能會讓好人吃驚，被壞人濫用，我在此挑明，作為一名猶太人，我毫無疑問同情黑人的事業，跟同情所有被壓迫和被欺凌的群體的鬥爭一樣。如果讀者也有這種態度，我將感激不盡。」[39]但種族隔離是一個生活世界的現實問題，不只是個哲學問題，如果沒有關於南方的知識，尤其是對南方社會的親知，只是用哲學思辨，把人類生活分為個人的、社會的和政治的三個領域，再憑直覺和概念把公立教育放進社會領域和個人領域，跟政治領域截然分開，很容易得出跟現實脫節的結論。

哲學思辨跟生活世界往往是兩個平行的世界，各自遵從不同的運行規則。在這一點上，繆達爾顯然比鄂蘭高明。他知道，單純哲學思辨解決不了對現實的認知問題，所以，他來美國研究種族問題時，首先深入南方考察，寫出基於第一手觀察和現實親知的巨著《美國難題》。鄂蘭在紐約的公寓中借助自己熟悉的哲學概念玄想美國南方種族問題，而且加進了她早年在納粹德國的個人經驗。這是她構建〈反思小石城〉一文的基礎。這種哲學思辨主要是基於構建概念的方便，而不是基於對歷史的深入了解和對正在展開的現實的細緻觀察。

這種缺憾也反應在鄂蘭對跨種族婚姻問題的見解上。她主張，要廢除種族隔離，法院應當從廢除禁止跨種族婚姻的法律開始，因為把跨種族婚姻當刑事犯罪起訴不但令人憤怒，而且是干涉私人領域的個人自由：「婚姻自由權是基本人權，與之相比，去沒有種族隔離的學校上學的權利、在公共汽車上坐自己喜歡的座位的權利、住喜歡住的酒店，去喜歡去的休閒娛樂場所的權利，其實都是次要的。即使像投票權和憲法中羅列的幾乎所有政治權利，跟《獨立宣言》中宣示的**生命、自由和追求幸福**的人權相比，也是第二位的。結婚成家的權利無疑屬於後一個範疇。如果起訴到最高法院的是侵犯婚姻權利問題，會更有意義；如果最高法院判決禁止跨種族婚姻的法律違憲，人們不會覺得是鼓勵跨種族婚姻，更別說是強迫了。」[40]

鄂蘭的這一認知跟南方社會的現實正好相反，比起廢除學校種族隔離，允許跨種族婚戀是一個更敏感的話題。當時，全國有色人種協進會和美國公民自由聯盟等法律援助組織有意暫時擱置跨種族婚姻方面的訴訟，集中力量促進廢除公立學校的種族隔離政策，在很大程度上，是為了避免觸碰那個更敏感的問題、引發南方更激烈的抵抗。跟鄂蘭的理解不同，布朗案判決後，南方猛烈反對取消學校種族隔離，除了擔心黑白同校會拉低白人學校的教學水準外，更深層的原因是害怕導致跨種族婚戀。白人和黑人學生同班同校，青春萌動，免不了日久生情，年輕人禁忌不深，自然出現更多的跨種族婚戀和更多混血兒：「南方拒絕實行黑白同校，深層的根本原因在於他們相信黑白同校最終會導致種族混血，一個事實上的禁忌……現在，南方是防止跨種族婚配的堅固堡壘。全面實行黑白同校，只需幾年，就會培養出大量被灌輸了**沒有偏見**的年輕一代南方人，認同跨種族交配。」[41]

事實上，美國最高法院廢除南方各州禁止跨種族婚戀的法律，比在公立學校廢除種族隔離晚了十三年。

第五章 愛的權利

全能的上帝創造了種族：白人、黑人、黃人、馬來人、紅人，把他們放在不同的大陸上，如果不是人為干擾上帝的安排，根本不會有跨種族婚姻。上帝把種族分開，這個事實說明祂不想讓不同種族相互混雜。

——維吉尼亞州巡迴法院里昂．貝扎爾法官

婚姻自由長久以來被認為是自由人有秩序地追求幸福必不可少的個人權利……是基本人權，是我們存在和生存的根基……根據憲法，跟不同種族的人結婚或不結婚的自由屬於個人，政府無權干涉。

——美國最高法院「拉翁訴維吉尼亞案」判決書

一直到一九六七年，美國南方有十六個州禁止白人跟有色人種通婚。在一些傳統白人的意識中，只要白人婦女跟有色人種發生性關係，必定是被強姦無疑。內戰後，南方四百萬黑奴成為自由公民，男性黑人獲得選舉權。當時，美國大部分州的婦女，不論膚色黑白，沒有選舉權，在經濟上也不能自立，處於依附狀態。南方白人社會對獲得自由的「半文明化」前黑奴男性充滿恐懼，尤其是對「黑人男性非禮白人婦女」的想像逐漸形成一種獨特的文化心理。[1]國會第一位女參議員蕾貝卡・費爾頓（Rebecca Felton）是南方爭取婦女選舉權的關鍵人物之一，但她反對保護黑人選舉權，稱讓黑人男性選舉將導致他們「強姦白人婦女」。[2]費爾頓支持私刑處死涉嫌非禮白人婦女的黑人：「如果動用私刑才能保護婦女最寶貴的貞潔不受凶殘的人類野獸侵害，我支持私刑，如果有必要，就每週執行一千次。」[3]

歷史上，南方各州均立法禁止跨種族通婚或同居，涉案男女可以被判一至七年徒刑。一八八一年，阿拉巴馬黑人托尼・佩斯（Tony Pace）跟白人女子瑪麗・考克斯（Mary Cox）同居，被州法院雙雙判處兩年徒刑。按照阿拉巴馬法律，黑人與白人發生性關係最高可判七年徒刑，佩斯和考克斯各獲判兩年，屬於從輕判罰。兩人不服，一級一級上訴。阿拉巴馬最高法院維持原判，認為放任跨種族性關係會導致「雜種人口和文明退化」。[4]兩年後，美國最高法院宣判，支持阿拉巴馬州法院的判決和禁止跨種族婚姻的法律，認為涉案的白人、黑人男女都是各判兩年，同等懲罰，所以不違反第十四修正案平等保護條款。[5]今天看來，那種判決不是法律的平等保護，而是法律的平等不保護。

一、維吉尼亞

有一位十八歲的女孩子愛上家鄉一起長大的二十四歲小夥子，兩人去京城結了婚，婚後回到家鄉，雙雙被拘捕，唯一的罪名是相愛結婚，法庭給他們定罪，被分別判一年徒刑，為了避免坐牢，兩人選擇了流放，到異鄉討生活。這聽起來像發生在古代的故事，但這起案子發生在一九五〇年代末的維吉尼亞州卡羅林縣，那裡離首都華盛頓大約一百二十公里。

一九五八年，美國大約有一半的州仍然禁止白人跟有色人種婚戀，維吉尼亞是其中之一。維吉尼亞州禁止跨種族婚戀的法律可以追溯到一六九一年的殖民地時期。按照普通法認定婚姻合法性的原則，在結婚地合法的婚姻，在其他地方也合法。一八七八年，為了防止州內跨種族情侶去跨種族婚姻合法的州結婚，維吉尼亞州議會立法避開普通法的這一悠久傳統，並加重處罰力度：在允許跨種族結婚的州締結的跨種族婚姻，維吉尼亞不予承認，違者可以判最高五年徒刑。一九二四年，維吉尼亞再度立法，通過《種族純正法案》（*Racial Integrity Act*），填補漏洞，重新確認禁止跨種族婚姻和相關處罰，並增加實施細則。[6]

梅德莉・傑特（Mildred Jeter）十一歲時第一次遇到理查・拉翁（Richard Loving）。那年理查十七歲，到梅德莉家聽她哥演奏阿帕拉契民間小調。理查有一半英國血統，一半愛爾蘭血統，生性憨厚，是位泥瓦匠，幹活之餘，唯一的業餘愛好是賽車，經常跟梅德莉的哥哥一起參加比賽，有時候能贏錢。梅德莉有一半黑人血統，有一半切羅基印第安人血統。維吉尼亞法律禁止跨種族婚戀。不過，少男少女未必知曉那種陳舊的法律，情竇初開，只遵守相愛的自然法則。梅德莉沒念完高中，但天生聰明，性情溫柔，細膩耐心。她身材苗條，家人和朋友都叫她「芸豆」。理查叫她「豆子」。[7]

一九五八年六月二日，理查和梅德莉開車去首都華盛頓結婚。在市政府登記後，他們從電話簿中找到一位牧師，請他主持了簡單的儀式。梅德莉的父親和哥哥作為證婚人。婚後，他們回到家鄉，借住在梅德莉父母家樓下一間臥室，把結婚證書鑲在鏡框中，掛在床頭的牆上。理查用積蓄買了一畝地，準備蓋房子，跟梅德莉獨立生活。理查知道他們在維吉尼亞領不到結婚證書，但他不願讓新娘憂慮。梅德莉以為去首都結婚是因為那裡手續簡便。理查和梅德莉兩人都不知道的是，維吉尼亞不僅禁止他們結婚，而且可以給他們定罪、判刑。

拉翁夫婦結婚回鄉不久，縣檢察長伯納德・馬洪（Bernard Mahon）接到群眾舉報，說理查和梅德莉非法結婚。馬洪正式請求縣法院批准拘捕兩人，指他們的行為「破壞了維吉尼亞州的和平與尊嚴」。[8]跨種族婚戀在維吉尼亞屬於嚴重罪行。一九三八年，曾經有一位名叫薩繆爾・布拉納漢（Samuel Branahan）的維吉尼亞人，娶了格雷絲・莫勒（Grace Mohler）為妻，被群眾告發到州政府，說莫勒是白人，但布拉納漢看上去有黑人血統。南方各州在跨種族婚戀方面的限制標準並不統一。有的州寬鬆一些，規定少於八分之一有色人種血統就可以跟白人結婚，有些州則要求少於十六分之一有色人種血統，在當時政府文件和個人紀錄不完善的情況下，事實上很難確認混血新郎或新娘到底有幾分之幾的有色人種血統。案件到了法庭，法官和陪審團除了看被告的長相，往往要依據證人的證詞來判斷，可靠性難以確定。[9]

在限制跨種族婚戀方面最嚴格的是維吉尼亞等州，禁止任何曾有過非白人血統的人跟白人結婚。《種族純正法案》把人種一分為二：除了白人就是有色人，在判別是否白人時，遵循絕對純正的「一滴血」原則，即血統中只要曾有一滴有色人種的血，就會汙染所有後代，不能再算作白人。該法案只給了一個例外：白人跟印第安人的後代中，如果印第安人血統少於或等於十六分之一，可以算作白人。[10]布拉納漢和莫勒被人告發後，縣檢察官起訴兩人結婚時做偽證，隱瞞新郎血統。新娘莫勒說自己不知道新郎祖上是黑人，以為他是白人，雖然長得有點黑，但是比一些公認的白人還白一點。法庭採納了莫勒的證詞，把她作為騙婚受害者，沒有給她定罪。新郎布拉納漢說，自己是純正白人，沒有黑人血統，但檢察官傳證人作證，說他們知道布拉納漢祖上是黑人。最終，布拉納漢被定罪，婚姻被法院解除，法庭判處他一年徒刑，但緩刑三十年，條件是他承諾永遠不跟莫勒或任何其他白人女性同居。[11]

二戰後，聯邦政府開始在軍隊中廢除種族隔離政策，一些州對跨種族婚戀的限制也開始鬆動。但維吉尼亞沒有改變。一九四八年五月，一位名叫克拉克·漢密爾頓（Clark Hamilton）的海軍退役青年跟白人婦女弗洛倫絲·哈蒙德（Florence Hammond）結婚，婚後不久，兩人搬家到馬里蘭州生活。新娘的父母本來准許了女兒的婚事。但婚後，新娘母親說自己做了個夢，夢見女婿是黑人。她專程去阿拉巴馬州，找到女婿的父母，驗證了夢境。回到維吉尼亞後，她報案說女婿騙婚，隱瞞種族身分，要求法庭解除婚姻。新娘的父親提供證詞，說兩人談戀愛的時候，看著漢密爾頓挺白的，但婚後女婿眼看著一天比一天黑。漢密爾頓被從馬里蘭引渡到維吉尼亞受審。當時，拘留所和監獄都實行種族隔離政策，黑白嫌犯和犯人分別關押。因為漢密爾頓長相像白人，拘留所把他跟白人嫌犯關押在一起。[12]

檢察官認定，新娘是被騙婚，對新郎的種族身分不知情，所以決定不予起訴，但以重罪起訴新郎。法庭給漢密爾頓定罪，判處他三年徒刑。跟十年前的布拉納漢案一樣，維吉尼亞法庭決定給漢密爾頓緩刑，條件是他必須離開維吉尼亞。這對他來講不是問題，因為他和新娘本來就已經生活在馬里蘭。經此波折，他大概也不在乎將來是否能夠回到維吉尼亞看望岳父母了。[13]

二、判罪與放逐

理查和梅德莉去首都華盛頓結婚的時候，維吉尼亞仍然是布拉納漢和漢密爾頓被判刑時的法律。他們婚後一個月，凌晨兩點左右，兩人在睡夢中被強光手電筒照醒，床邊是卡羅林縣的三名警察。警長問理查：「你為何跟那女人睡一張床？」梅德莉說：「我們是夫妻。」理查沒搭話，指了指牆上的結婚證書。警長說：「那玩意兒在這裡沒用。」警長命令他們起床，穿上衣服，把他們帶到拘留所，送到男號和女號，分別關押。[14]

第二天，理查由親戚保釋回家。他想把妻子保釋出來，獄方警告他，膽敢那麼做，就再把他抓起來。梅德莉被關押五天，直到法庭正式安排聽審。那座拘留所建於一九〇〇年，只有一間女號。卡羅林縣犯罪率很低，主要罪案是販賣高濃度私釀酒。被拘捕的嫌犯一般會被保釋，即便關押期間，看管也不嚴格，有時候甚至會派嫌犯去郵局取信件。平時，縣裡的婦女犯罪更稀少，那幾天，女監房只住著梅德莉和幾隻老鼠。[15]

一九五八年七月十七日，法庭安排預審，檢察官宣讀起訴書：「嫌犯理查．佩里．拉翁係白人，夥同有色人梅德莉．朵羅絲．傑特，以結婚為目的，非法惡意離開維吉尼亞州，並圖謀返回，於一九五八年六月二日在州外，即哥倫比亞特區，締結婚姻，然後回到維吉尼亞州卡羅林縣，以夫妻名義同居，破壞了我州的和平與尊嚴。」[16]年輕的助理法官愛德華．史戴爾（Edward Stehl）安排大陪審團決定是否以重罪起訴。二十多年後，史戴爾法官的大女兒大學畢業，跟一名黑人青年相愛結婚。史戴爾不認女婿，拒絕出席婚禮，並禁止女兒跟她丈夫進家門。史戴爾法官去世後，他的遺孀說，大女兒的婚事「傷透了父親的心」，「把他徹底毀了」。生前，史戴爾法官在遺囑中徹底剝奪了大女兒的繼承權。[17]

理查和梅德莉的律師是卡羅林縣大名鼎鼎的法蘭克．比茲利（Frank Beazely）。他不僅是縣裡最有名的律師，而且是州巡迴法院法官里昂．貝扎爾（Leon Bazile）的朋友。貝扎爾法官負責審理拉翁案。在成為法官前，貝扎爾是州議會議員。在美國大部分州，各級州法院的法官由民選產生，但維吉尼亞不同，各級法院法官由州議會投票指定，最高法院法官任期十二年，上訴法院和巡迴法官任期八年。任期屆滿，州議會重新投票決定是否續任。

貝扎爾的法官生涯並非一帆風順。他以性格乖張和嚴苛的種族隔離觀著稱。一九四八年，維吉尼亞的公立基礎教育黑白分校，按照聯邦法院的判決，黑人學校和白人學校可以嚴格分開，但在教學條件等方面要大致平等。當地的黑人學校師資短缺，開不了科學和數學課。為了避免聯邦法院判決黑白學校不平等，他建議白人學校暫時取消科學和數學課程。當地學校接受了他的建議。因為貝扎爾法官的一些判決和觀點比較極端，在他巡迴法院法官第一任期屆滿時，州議會很多議員不願延續他的法官任期。在議會辯論時，不少議員明確表示反對，但他得到一位議員的全力支持。那位議員就是比茲利。最終，貝扎爾法官在比茲利議員的全力幫助下得以續任。比茲利拯救了他的法官生涯，貝扎爾自然對比茲利敬畏三分。[18]

按照維吉尼亞法律，拉翁夫婦有要求陪審團審判的權利，但他們放棄了行使那項權利。一般而言，在有事實爭議的情況下，陪審團可以確定事實。在本案中，檢方的證據確鑿：兩名被告一位是白人，一位是有色人種，專程去首都華盛頓結婚，婚後回到維吉尼亞，違反了《種族純正法案》。而且，當地的陪審團也不會同情他們。在沒有陪審團的情況下，審理和判決的職責都落到貝扎爾法官身上。比茲利律師建議兩人認罪，以換取從輕處罰。如果被判有罪，他們將面臨最高五年徒刑。[19]

一九五九年一月六日，理查和梅德莉當庭認罪。貝扎爾法官宣判：「本庭接受被告認罪，判處被告各監禁一年。本庭決定將這項判決緩期二十五年執行，條件是兩名被告立即離開卡羅林縣和維吉尼亞州，二十五年內不得一起或同時回到上述州縣。」這等於以流放二十五年為代價，換取免於坐牢。貝扎爾法官問理查和梅德莉，是否有話要說。兩人先後說沒有。考慮到貝扎爾法官嚴苛的判決風格和種族觀，他在拉翁案中可謂從輕判決。顯然，比茲利律師功不可沒。理查和梅德莉支付了三十六點二九美元的法庭費用，離開家鄉維吉尼亞卡羅林縣，去首都華盛頓投奔親戚。[20]

華盛頓與維吉尼亞只有一河之隔，理查每天開車穿過波多馬克河上的大橋，到河西的維吉尼亞打工。三年間，他們生了三個孩子。理查的母親是接生婆。當時，卡羅林縣的很多產婦靠鄉村接生婆接生，醫生太貴，而且經常比新生兒來得慢。理查的母親隨叫隨到。每次臨產前，梅德莉回到卡羅林縣，住在婆婆家裡，兩個女兒和一個兒子都是由婆婆接生。

按照貝扎爾法官的判決，理查不得跟妻子同時回到維吉尼亞。但長久不能跟親人在一起，尤其是有了孩子之後，對拉翁夫婦是一場煎熬。一九五九年復活節，他們終於熬不住了，鋌而走險，回到家鄉跟父母過節。警察聞訊趕到，拘捕了他們。比茲利律師趕到法庭，向貝扎爾法官求情，說都是他的錯，他理解錯了法院的判決，給了兩人錯誤的建議，致使他們違反禁令，一切都是他的錯。貝扎爾法官當庭釋放了拉翁夫婦，把他們趕出維吉尼亞。21

三、申訴

一九六三年，梅德莉在電視上看到民權運動和國會辯論民權法案的新聞。她給司法部長羅伯特・甘迺迪（Robert Kennedy）寫信，問這個法案是不是能讓她和丈夫合法回老家。不久，她收到司法部的回信，說正在討論的法案本身不會直接解決她合法婚姻的問題，但工作人員已經將她的信轉給法律援助組織「全美公民自由聯盟」，並向她提供了聯絡地址。梅德莉按地址給全美公民自由聯盟寫了一封求助信。

親愛的先生：

我給您寫信是講我們面臨的難處。五年前，我先生跟我在首都結婚。然後，我們回到維吉尼亞生活。我先生是白人，我是一半黑人、一半印第安人。當時，我們不知道維吉尼亞有法律禁止不同種族的人結婚。所以，我們被抓起來，在一個名叫鮑靈格林的小鎮受審。我們不得不背井離鄉討生活。

問題是，我們不被允許回去探親。法官說，如果我們在接下來的三十年內回家鄉，就要坐一年牢。我們知道，我們不能在那裡生活，但我們只想偶爾能回去探親訪友。我們有三個孩子，請不起律師。

我們給司法部長寫過信，他建議我們聯絡您。如果可能，請幫幫我們。希望儘快收到您的回信。

此致

理查．拉翁先生和夫人[22]

全美公民自由聯盟安排維吉尼亞律師伯納德．寇恩（Bernard Cohen）處理拉翁夫婦的案子。那年，寇恩從法學院畢業不久，不到三十歲，在波多馬克河西岸的亞歷山卓鎮做律師，沒有民權訴訟經驗。最初的猶疑過後，他決定幫助拉翁夫婦，打電話約兩人面談。因為拉翁夫婦被禁止同時進入維吉尼亞，不能一起到寇恩在亞歷山卓的辦公室，寇恩跟他們約在首都華盛頓見面。

理查和梅德莉兩人都比較內向，有陌生人在場，理查很少說話，幾乎都是由梅德莉講，雖然她的話也不多。寇恩給他們解釋案子的前景：一開始在維吉尼亞州法院，不可能贏，必須讓案件進入聯邦法院系統，一直上訴到美國最高法院，才有希望打贏。整個過程可能會拖好幾年時間。而且，還有一個技術性障礙要克服，因為他們的判決是在一九五九年一月做出，已經過了上訴期，不能直接上訴。克服這個障礙最簡單的辦法是，他們回到維吉尼亞，再次被捕，重新啟動審判和上訴程序。[23]

拉翁夫婦不願走那條路，他們有三個孩子，如果他們被捕，不但會斷了生活來源，三個孩子也不知道跟誰生活。法院申訴的複雜性遠超出理查的預期，他本以為律師會很快幫他們搞定。但延續了二百多年的法律和風俗，難以在一朝一夕改變。理查和梅德莉已經為相愛和結婚付出背井離鄉的代價，不想再把幾年前被拘捕、被審判的經歷重新經歷一遍。寇恩理解兩人的決定，答應他們會想其他辦法。他決定在緩刑問題上找突破口。因為貝扎爾法官給拉翁夫婦判了一年徒刑，以離開維吉尼亞二十五年為條件，延緩執行，相當於緩刑二十五年，兩人仍然在緩刑期間，所以從法律上講，仍然沒有結案。[24]

一九六三年十一月六日，在貝扎爾法官做出判決將近五年後，寇恩向法庭提交動議，請求取消當初的判決。他提出的兩大理由是：第一，把維吉尼亞公民放逐二十五年，這種懲罰過於殘酷，給當事人帶來難以言喻的艱辛；第二，因為結婚遭到懲罰，違反了美國憲法第十四修正案和維吉尼亞憲法的正當程序條款。法庭上，貝扎爾法官用怪異的眼光審視著寇恩，沒有當庭做出裁決，說要研究一下。當時，貝扎爾法官已經老態龍鍾，精神不濟，經常在審判時打瞌睡，法院的同事和下屬有時候看到他的領帶垂在午飯盤子裡。他的老朋友，法蘭克．比茲利律師仍然生龍活虎，在審判時遇到貝扎爾法官入睡，他會走到法官席前，用拳頭敲著桌子把他叫醒。當寇恩律師遞交動議的時候，離貝扎爾法官退休還有一年多。他一研究就是幾個月，寇恩打電話詢問了幾次，動議都沒有下文。[25]

第二年六月，梅德莉寫信給寇恩律師：「希望您還記得我們。您接了我們的案子。過了這麼久，沒有一點消息，我們已經不再抱希望。」寇恩同樣感到失望和沮喪。貝扎爾法官置之不理他的動議，一直拖下去，讓他束手無策。困擾中，他去母校喬治城大學法學院向一位憲法學教授請益。在教授辦公室，寇恩遇到另一位畢業不久的年輕律師菲利普．赫奇考普（Philip Hirschkop）。赫奇考普那年二十八歲，在紐約市做律師。他聽完寇恩的介紹，說這種情況下可以向聯邦法院提交動議，請求三名聯邦法官對程序進行審議。知識就是力量。赫奇考普有著寇恩沒有的聯邦法院訴訟知識。他主動提出要幫助寇恩。在回紐約的班機上，赫奇考普提筆在一個信封的背面起草聯邦法院動議，開始了兩位律師的合作。他們有很多共同點：都是在紐約出生長大，都是猶太人，都是喬治城大學法學院畢業，都熱心民權訴訟，而且都是初出茅廬，沒有經驗。[26]

一九六四年十一月，寇恩在赫奇考普的幫助下在聯邦法院遞交了動議。聯邦法院召集了兩名巡迴法院法官和一名地區法院法官審議。案子被貝扎爾法官拖了一年之後，終於柳暗花明。維吉尼亞州不得不正視這兩位名不見經傳的律師了。州總檢察長出面，跟法官和兩位律師召開電話會議。三方達成口頭協定，允許拉翁夫婦回到維吉尼亞，但不能回家鄉卡羅林縣，可以在鄰縣居住。州總檢察長答應，不會主動執法，去拘捕拉翁夫婦；如果當地有群眾舉報，輿論沸沸揚揚，他不得不執法時，會提前一週通知他們，讓他們有時間收拾家當離開維吉尼亞。拉翁夫婦從首都華盛頓搬到跟卡羅林縣相距不遠的鄰縣小鎮居住。當地群眾沒有舉報他們。[27]

聯邦法院審議後做出裁決，給維吉尼亞州法院九十天時間審理寇恩提交給貝扎爾法官的動議，如果九十天內不作為，聯邦法院將接手這起案件。美國有兩套法院系統，一是聯邦法院，對聯邦法事務有管轄權；二是州法院，對聯邦法院沒有管轄權的所有事務有管轄權。因為兩套法院系統相互獨立，各有自己的管轄權，一般而言，聯邦法院不願插手州法院的事務，除非案情涉及美國憲法問題。在拉翁案中，聯邦法院試圖做出某種平衡：案件已經被貝扎爾法官拖了一年，所以給州法院九十天時間審理，如果再過九十天還不審理，說明州法院無意審理本案，放棄了對本案的管轄權。這樣，聯邦法院就可以順理成章地接手案件。[28]

在聯邦法院做出裁決後的第八十九天，即九十天期限的倒數第二天，貝扎爾法官終於做出裁決。他堅持六年前的判決結果，重申拉翁夫婦非法結婚，犯下重罪，被驅逐出維吉尼亞是罪有應得。在裁決書中，貝扎爾法官除了引述法律和判例，還對他的種族觀做出宏觀的理論闡述：「全能的上帝創造了種族：白人、黑人、黃人、馬來人、紅人，把他們放在不同的大陸上，如果不是人為干擾上帝的安排，根本不會有跨種族婚姻。上帝把種族分開，這個事實說明祂不想讓不同種族相互混雜。」[29]

這個判決結果一點也不讓人意外。寇恩和赫奇考普把貝扎爾法官的判決上訴到維吉尼亞最高法院，這是必經的程序，他們並不期望能贏。他們的目標是最終回到聯邦法院系統，上訴到美國最高法院。一九六六年三月，維吉尼亞最高法院宣判，維持貝扎爾法官的有罪判決，但認為量刑過重，應允許理查和梅德莉在維吉尼亞生活，條件是兩人不能同居。

據一名當時擔任維吉尼亞最高法院法官的助理回憶，資深法官們不願碰這個敏感話題，一個方便的做法是把球踢給州議會，而他們知道州議會不會改變禁止跨種族婚戀的法律，因為支持跨種族婚戀合法化的議員在州議會中無法形成多數。不過，維吉尼亞最高法院不得不對本案做出判決。在那之前，加州最高法院已經廢除了禁止跨種族婚戀的法律，但維吉尼亞跟加利福尼亞是不同的政治和司法生態。[30]

四、「這太不公平了」

寇恩和赫奇考普迅速將維吉尼亞最高法院的判決上訴到美國最高法院。一九六六年十二月十二日，最高法院決定受理上訴。

在美國最高法院上訴案中，經常會有一些專業組織和專家向法院提供法律意見，有的支持原告，有的支持被告，這種法律意見被稱為「法庭之友意見書」（Amicus Curiae）。在拉翁案上訴到最高法院後，先後遞交「法庭之友意見書」支持拉翁夫婦的包括全國有色人種協進會及附屬的法律辯護基金會，還有日本裔美國公民聯盟、天主教全國跨種族正義協會、天主教全國社會行動協會等。這些組織在意見書中認為，維吉尼亞禁止跨種族婚戀的法律違反美國憲法，敦促最高法院推翻維吉尼亞法院的判決，廢除妨礙婚戀自由的法律。雖然美國當時仍然有十六個州禁止跨種族婚戀，但只有北卡來羅納州的總檢察長遞交了一份六頁的「法庭之友意見書」，支持維吉尼亞州政府。[31]

一九六七年四月十日，最高法院開庭辯論。作為原告，拉翁夫婦可以出席最高法院的律師辯論。但他們不願拋頭露面。理查和梅德莉都很內向，出身於普通農戶，不善言辭，文化水準不高，不懂法律，對政治也不感興趣，只想在家鄉作為合法夫妻平靜地生活，養兒育女，不像罪犯一樣被政府抓捕、審判、判刑。維吉尼亞法律把他們的孩子視為玷汙了白人純正血統的「雜種」；代表州政府的律師為禁止跨種族婚戀的法律辯護，主要理由就是為了防止生出心理不健康的「混血雜種」。寇恩律師理解拉翁夫婦的決定。他問理查，有什麼話想對大法官說，他可以在法庭上替他講。理查說：「寇恩先生，告訴法庭我愛我的妻子，只是我不能跟她在維吉尼亞生活，這太不公平了。」[32]

法庭上，赫奇考普首先做陳述。他主張維吉尼亞禁止跨種族婚戀的法律把人按種族劃分，是「種族隔離和奴隸制的最醜陋遺產」，違反了第十四修正案平等保護條款。有大法官問：有多少州實行禁止跨種族婚戀的法律？赫奇考普回答：十六個州，馬里蘭剛剛廢除這類法律，但奧克拉荷馬和密蘇里廢除這類法律的提案在州議會沒有通過。赫奇考普強調，禁止跨種族婚戀的初衷並不是像維吉尼亞所申辯的那樣，是為了保護兒童的身心健康，而是為保護白人種族的純正，尤其是白人婦女的種族純潔。

赫奇考普律師把維吉尼亞最早的跨種族婚戀禁令追溯到十七世紀的殖民地時期，最初這種法律並不禁止白人男性跟黑人女性生育後代，而是只禁止白人女性跟黑人男性婚戀。一九二四年，維吉尼亞議會修法，把禁止跨種族婚戀的提案稱為「維護白人種族純正提案」，最後形成法律時被稱為《種族純正法案》，只禁止白人跟有色人種結婚，但並不禁止有色人種間相互跨族結婚。赫奇考普律師總結說，這類法律的最大錯誤在於「剝奪了黑人的尊嚴」，不只是把跨種族婚戀入刑違反平等保護條款，而且整個禁止跨種族婚戀的法律都違反平等保護條款。他請求最高法院推翻維吉尼亞法院的判決，廢除維吉尼亞法律中禁止跨種族婚戀的全部條款。[33]

寇恩律師的申訴圍繞維吉尼亞法律違反第十四修正案的正當程序展開。他的陳述更注意細節，也更人性化，指出維吉尼亞不但給拉翁夫婦定刑事罪，判他們刑，驅逐出州境，而且給他們施加的民事懲罰也很不公道，事實上剝奪了他們一家人的財產繼承權：「拉翁夫婦有權利在晚上入睡時知道，如果隔天早上醒不過來，他們的孩子在沒有遺囑的情況下也可以繼承他們的遺產，他們有權利在晚上入睡時確保，如果一個人早上醒不過來，另一個可以繼承對方的社會保險金。」因為維吉尼亞法律剝奪了他們做合法夫妻的權利，他們不能像其他夫妻那樣相互繼承聯邦政府的社會保險金，他們的孩子也不能繼承他們的遺產。這相當於剝奪了他們受第十四修正案保護的正當程序權利。[34]

美國憲法第十四修正案第二款規定：「任何州都不得制定或實施限制合眾國公民權或豁免權的法律；不經正當法律程序，不得剝奪任何人的生命、自由或財產……」幾十年後，在最高法院辯論同性婚姻合法化時，代理同性伴侶的律師跟寇恩律師一樣，也是從同樣的民事傷害角度展開申辯。[35]

寇恩律師信守他對理查的承諾，替他講了他要對法庭講的話：「我們不管怎麼闡述這個問題，不管怎麼闡述正當程序的法理，或者強調其中哪一點，沒有人能比理查．拉翁講的更好，他跟我說：**寇恩先生，告訴法庭我愛我的妻子，只是我不能跟她在維吉尼亞生活，這太不公平了**。我想，這個樸實的普通人有著根本的公平和自由秩序的觀念，他作為一個泥瓦匠也能清楚講出來，我們希望法院能一如既往地把這點體現在正當程序條款的判決中。」[36]

不管是憲法的平等保護條款，還是正當程序條款，關鍵都在於保證每個公民被政府公平和公道地對待。一九六〇年代已經是衛星上太空的時代，但法律卻禁止一對相愛的人在一起生活，唯一原因是他們不屬於同一個種族。這種陳規是舊時代偏見的制度性遺傳，不但違背現代職業律師和法官對憲法的理解，而且衝擊著普通人的良知和公平感。

在赫奇考普和寇恩律師做申訴時，聽眾席前排坐著一位日本裔律師，他是日本裔美國公民聯盟的法律顧問威廉．丸谷（William Marutani）。丸谷生於華盛頓州，父母是日本移民，珍珠港事件爆發時，他正在西雅圖的華盛頓大學念書。羅斯福總統發布九〇六六號行政命令，他被迫中斷學業，跟家人一起被送到加州關押西岸日裔居民的集中營。釋放後，他應徵入伍，加入美軍情報機構，參與戰後對日本的占領。一九五〇年，丸谷考入芝加哥大學法學院，畢業後做律師。在拉翁案中，丸谷深度參與了案件的準備進程，他不但代表日本裔美國公民聯盟起草、遞交了支持拉翁夫婦的「法庭之友意見書」，而且請求法庭允許他做簡短陳述。法庭答應了他的請求。

丸谷既不是白人，也不是黑人，而是日本裔美國人。他引用聯合國教科文組織的文件，說從人種角度講，他可能是法庭上唯一一個確鑿無疑的純種族人，在對外隔絕的島國日本，他的祖先沒有跟其他人種混血的機會，但白人不同，經過歐洲歷史上無數次人種混雜，已經很難講有任何純粹的白種人。丸谷指出，維吉尼亞州聲稱，禁止跨種族婚戀是為了保持「公共道德純粹，維護種族純正和種族自豪感，防止出現雜種血統公民」，但法律只禁止白人跟其他種族通婚，其他種族之間可以隨意結婚，法律並不在乎其他種族的血統純正和自豪感。所以，維吉尼亞法律不是為了維護各種族的純正，而是為了維護白人至上。丸谷的陳述雖然簡短，卻激發了首席大法官厄爾·華倫和另外幾位大法官對其他少數族裔法律地位的興趣，不但向他提出問題，而且還引述他陳述的事實質詢維吉尼亞州政府的律師。八年後，丸谷成為賓州法院法官。[37]

代理維吉尼亞州政府出庭申辯的是助理檢察長羅伯特·麥克亞溫（Robert McIlwaine）。跟赫奇考普、寇恩和丸谷等代理或支持拉翁夫婦的新手律師不同，麥克亞溫此前已經數次代表維吉尼亞州在最高法院辯論。二戰和韓戰中，他在海軍服役，戰後在哈佛法學院和維吉尼亞大學法學院學習法律。一九五四年，他成為維吉尼亞州助理檢察官時，正值最高法院判決布朗訴托皮卡教育委員會案，廢除公立學校的種族隔離政策。在那之後十幾年，他幾度在最高法院為州政府的學校種族隔離政策辯護，但每次都輸了。

最高法院已經在布朗案中推翻了普萊希案確立的「隔離但平等」原則，要為維吉尼亞禁止跨種族婚戀的法律辯護，麥克亞溫的法律工具箱中能使用的工具並不多，其中一件是憲法第十修正案。第十修正案規定，憲法未授予聯邦政府、也未禁止各州行使的權力，由各州自主行使。這就是俗稱的「州權」，即各州政府在州內事務上的自主權，包括立法自主權。麥克亞溫申辯，根據第十修正案，婚姻屬於各州管轄的事務，所以，維吉尼亞有權立法禁止跨種族婚戀。不過，幾位大法官對這種結論有疑問，因為州權並不是絕對的，而是必須受到憲法的約束，即州議會的立法不能違憲。[38]按照憲法第十四修正案，各州不得拒絕給予其轄區內居民法律的平等保護，未經正當程序，不得剝奪任何人的生命、自由和財產。而且，最高法院有權對各州法律是否符合憲法做審核，這是最高法院自一八〇三年起在馬伯里訴麥迪遜案中確立的司法審核權。[39]

麥克亞溫助理檢察長申辯，跨種族家庭面臨比同種族家庭更大的社會壓力，州政府有權禁止這種婚戀，就像有權禁止一夫多妻、亂倫一樣。首席大法官華倫的小女兒嫁給了一位猶太教青年。他問麥克亞溫，跨宗教婚戀也比同宗教的家庭面臨更大社會壓力，州政府是不是可以禁止不同宗教的人結婚？麥克亞溫回答說，他認為州政府不能禁止跨宗教婚戀，但跨種族婚戀面臨的壓力比跨宗教婚戀大。為此，他引述了哈佛大學社會心理學家艾爾伯特·高頓（Albert Gordon）的著作《通婚：論跨宗教、跨種族、跨民族婚姻》，說跨種族婚姻的失敗率高。[40]一位大法官問，是否正是由於法律禁止才導致跨種族婚姻的失敗率高？麥克亞溫回答：不是因為法律禁止，而是因為社會的態度，尤其是社會對混血兒的態度。他再度引述高頓教授的著作，說混血兒是「跨種族婚姻的受害者，是跨種族父母的犧牲品。」[41]

麥克亞溫助理檢察長在申辯中反覆強調州政府保護兒童身心健康的義務。雖然維吉尼亞州禁止跨種族婚戀的法律叫《種族純正法案》，但麥克亞溫的辯護聽起來卻像是《兒童保護法案》。在一九二四年立法的時候，種族—優生學和白人至上主義大行其道，最高法院「隔離但平等」的判決仍然有效，立法保護白人血統純正屬於名正言順。但時至一九六七年，那種社會生態和法律土壤已經不存在了。幾位大法官先後對麥克亞溫的申辯提出疑問，他的回答捉襟見肘。在一九六七年，按立法者的原初意圖為一九二四年的《種族純正法案》辯護似乎已經成為不可能的任務。

五、追求幸福的自由

一九六七年六月十一日，最高法院判決前夜，拉翁夫婦在家忐忑不安。理查想喝醉，避免萬一輸了官司，也不至於太痛苦。他喝一瓶沒感覺，再喝一瓶，跟平時不一樣，不管怎麼喝，人都清醒著。理查曾跟一位朋友說，輸了官司也不會跟梅德莉分開，頂多是帶三個孩子再回首都華盛頓謀生，過五六年再去法院申訴一次。[42]

第二天，最高法院宣判，判決維吉尼亞州禁止跨種族婚戀的法律違反憲法第十四修正案的平等保護條款和正當程序條款，予以廢止，全國十六個州的類似法律同時失效。判決書明確指出，「婚姻自由長久以來被認為是自由人有秩序地追求幸福必不可少的個人權利」，「是基本人權，是我們存在和生存的根基……根據憲法，跟不同種族的人結婚或不結婚的自由屬於個人，政府無權干涉。」[43]

接到寇恩律師的電話，理查和梅德莉才安定下來。那時候，離他們去首都華盛頓結婚，回家鄉被抓捕、審判、判刑、驅逐出維吉尼亞已經九年了。寇恩和赫奇考普在華盛頓開記者招待會，請他們參加。理查不願見記者，在梅德莉的勸說下，才答應開車前往。理查穿著平日穿的白襯衣，敞著領口，挽著袖子；梅德莉換上一件藍花白底的短袖連衣裙。他們沿著熟悉的公路往華盛頓趕車，九年前他們被貝扎爾法官驅逐，沿著同一條公路逃離維吉尼亞。這是他們第一次見記者。理查很拘謹，說：「我只是想回維吉尼亞，蓋棟房子，生養孩子⋯⋯平生第一次，我能在維吉尼亞摟著愛人，叫她妻子了。」梅德莉比理查放鬆，平靜地說：「我覺得自由了。那曾經是個巨大的重負。」[44]短暫的記者會後，他們手挽著手離開，回到家鄉卡羅林縣，在九年前結婚時買的土地上蓋了一棟房子。

梅德莉的兩位律師對她評價很高。多年以後，赫奇考普回憶說，梅德莉相當聰明，講話不多，但寫信、言談和思考都遠超過她的教育水準；理查基本不講話，看上去像個紅脖子，如果不是愛上梅德莉，被判刑驅離家鄉，誰也不會想到，他能主動去爭取民權。[45]每個受欺凌的人在生命的某個節點，為了保護珍愛的人和追求基本的公道，都可能被迫做抗爭的英雄。檔案中保存的梅德莉寫給律師的求助信，字跡工整漂亮。他們流離失所時，偶爾偷偷回老家，三個孩子還小，有時候藏在奶奶家，有時候藏在外婆家、舅舅家。最高法院的判決卸去了維吉尼亞法律強加給梅德莉的人生重負，她對美國廣播公司（ＡＢＣ）電視網的記者說：「我想，跟相愛的人結婚是任何人不應當干涉的權利，是上帝給的權利。」[46]

最高法院宣判八年後的一個夜晚，理查開車跟梅德莉回家。一個醉鬼開車撞上他們的車子。理查不幸去世，終年四十一歲；那年，梅德莉三十六歲，一隻眼睛在事故中失明。她獨自在理查蓋的那棟房子裡把三個孩子養大。二〇〇七年，拉翁案判決四十週年，理查已去世三十二年，美聯社記者在那棟舊房子找到梅德莉。她說：「我沒做什麼。都是上帝的工作。」被問到亡夫，她說：「他一直對我好。」[47]次年五月二日，梅德莉去世，終年六十八歲。三個月後，父親是黑人、母親是白人的混血兒巴拉克・歐巴馬（Barak Obama）被民主黨正式提名為總統候選人，在當年十一月四日的大選中當選美國總統。一九六一年，歐巴馬出生時，美國還有二十多個州禁止跨種族婚戀。從一八八一年最高法院判決佩斯訴阿拉巴馬案，到一九六七年最高法院判決拉翁訴維吉尼亞案，跨種族婚戀在全國範圍內從非法到合法，在最高法院走過了八十四年的漫長歷程。

梅德莉生前一直跟寇恩律師夫婦保持往來，偶爾走訪見面，像朋友一樣。在一九六〇年代，不是每一位維吉尼亞律師都有勇氣打這個官司。在維吉尼亞州法院打官司和在美國最高法院上訴期間，寇恩不斷接到騷擾和威脅電話。某一天早上，寇恩太太發現有人往他們的汽車油箱裡灌了糖，那是傳說中可以破壞汽車引擎的民間配方。在梅德莉去世前一年，寇恩接受全國公共廣播電台（NPR）採訪，說：「他們都很純樸，對爭取民權的原則不感興趣……他們只是相愛，想有在維吉尼亞作為夫妻生活的權利，不受官府干涉。我告訴理查這個案子很可能要一直打到美國最高法院時，他目瞪口呆，不敢相信。」二〇二〇年十月十二日，寇恩去世，享年八十六歲。[48]

拉翁案是二十世紀美國最高法院判決的最重要案件之一，也是卡羅林縣法院的貝扎爾法官一生中判的最著名的案子。貝扎爾法官去世後不到三個月，最高法院推翻了他的判決，而且在判決書中完整地引用了他關於全能的上帝不想讓不同種族融合的闡述。那段文字已經跟最高法院的判決一起被廣為傳布，成了宗教偏執和人性晦暗的見證。當年在放逐中，拉翁夫婦命運的轉折始於梅德莉寫信給司法部長羅伯特・甘迺迪訴說冤屈。最高法院宣判拉翁案的第二年，一九六八年六月六日，羅伯特・甘迺迪在洛杉磯遇刺身亡。

最高法院宣判拉翁案後，十六個禁止跨種族婚戀的州先後開始修改法律。直到二〇〇〇年，阿拉巴馬州的憲法仍然保留著禁止白人跟有色人種結婚的條款。那年，在廢除這一條款的全州公投中，近六成的選民投下了贊成票。[49]

六、真相與和解

最高法院開庭辯論拉翁案時，旁聽席上有一位穿著整齊的六歲兒童，名叫大衛・辛格頓（David Singleton），他是維吉尼亞州助理檢察長麥克亞溫的教子。那天一早，小辛格頓的母親對他說：「我們今天要去看你鮑勃叔叔在最高法院辯論，你要穿好看一點。」鮑勃是麥克亞溫的小名。小辛格頓的父母跟麥克亞溫關係密切，在他受洗時，請麥克亞溫做他的教父。小辛格頓的母親找出最好的衣服，把他打扮整齊，帶他準時到了最高法院。在那之前，他聽鮑勃叔叔說，在法庭上他要工作，不能跟他打招呼，但會在心裡打招呼。多年後，辛格頓回憶說，不記得鮑勃叔叔那天在法庭上是怎麼辯論的了，只是覺得漫長枯燥。[50]

二〇一五年二月二十一日，羅伯特·麥克亞溫去世，只有當地的《里奇蒙時報》發布了簡短的訃告「羅伯特·麥克亞溫去世，他曾在法庭為種族案辯護，享年九十歲。」[51]辛格頓得知教父去世，上網查看訃告，訃告下面有篇介紹麥克亞溫的文章連結。打開後，辛格頓讀到了他此前不知道的鮑勃叔叔的一些事蹟，文中的一句評價令他感到困擾：「作為州政府律師，麥克亞溫先生經常站在歷史錯誤的一邊。」[52]

在辛格頓兒時和青少年時代的記憶中，鮑勃叔叔是位慈祥的長者，從未聽到過他講種族關係的事，也從未聽到過他用歧視性的用詞或口吻講黑人或其他少數族裔。他喜歡喝加冰的傑克·丹尼威士忌，穿格子夾克和坎肩，經常用濃重南方口音的渾厚嗓音問辛格頓：「小傢伙，給我說說學校功課怎麼樣？」麥克亞溫一生獨身，照料在事故中傷殘的父母，他姑姑晚年失去生活能力，他把她接到家裡居住，在經濟上無私幫助一位姪女和兩個姪子。雖然他多年擔任州政府助理檢察長，在維吉尼亞政界人脈廣泛，辭去公職後自己開業，是維吉尼亞的名律師，但行事低調，退休時不聲不響，像平日打烊一樣。[53]

無論是在情感上還是在理性上，辛格頓都難以把記憶中的鮑勃叔叔跟被指責為「站在歷史錯誤一邊的」種族主義檢察官，劃上等號。他前半生對拉翁案的唯一記憶是六歲時母親帶他去最高法院聽鮑勃叔叔辯論。但他當時並不知道那天鮑勃叔叔在法庭上講了些什麼。成年後，他從未聽過麥克亞溫說起拉翁案，他父母也從不提麥克亞溫跟拉翁案的關係。看到那篇文章後，辛格頓找出了最高法院辯論拉翁案的錄音，聽到麥克亞溫在法庭上說混血兒是「跨種族婚戀的受害者，是跨種族父母的犧牲品」時，他的心被刺痛，尤其聽到他尊重的鮑勃叔叔用他熟悉的渾厚嗓音說出來，比在紙上看文字，更令他痛苦，也更令他難以接受。唯一能減輕他痛苦的是，鮑勃叔叔輸了官司。辛格頓試圖理解麥克亞溫當時的精神世界：「我嘗試想像他的內心，可能覺得按上司的旨意做，讓那個案子像迷航的鐵達尼號，緩緩駛向冰山。」[54]

辛格頓是同性戀，他沒有把自己的性傾向告訴麥克亞溫。當爭取同性戀婚姻合法化的幾個案子上訴到最高法院時，辛格頓想問麥克亞溫的看法。那時，他已進入垂暮之年，沒有家人，住在養老院，健康狀況急劇惡化，不久病逝。兩個月後，最高法院開庭辯論奧伯格菲爾訴郝吉斯案，代理同性戀伴侶的律師在最高法院像四十八年前代理拉翁夫婦的寇恩和赫奇考普律師一樣，指控密西根等州禁止同性婚姻的法律違反憲法第十四修正案的平等保護條款和正當程序條款。跟當年寇恩和赫奇考普律師不同的是，代理同性戀伴侶的律師有了拉翁案做判例依據。跟當年的麥克亞溫助理檢察長一樣，代理密西根等州政府的檢察官為各州的法律辯護。他們重蹈了麥克亞溫助理檢察長當年的覆轍。二〇一五年六月二十六日，美國最高法院判決奧伯格菲爾案，主要依據拉翁案的前例，重申結婚是憲法保護的基本權利，判決各州禁止同性婚姻的法律違反第十四修正案的平等保護條款和正當程序條款，自此同性戀婚姻在全美國合法化。[55]

歷史又翻過了一頁。辛格頓一直在想，如果鮑勃叔叔能活到最高法院判決奧伯格菲爾案，會怎麼看待同性婚姻合法化，尤其是會怎麼看待他這位同性戀教子。當今的同性婚戀和過去的跨種族婚戀都經歷了從非法到合法的過程。有人站在歷史正確的一邊，有人站在歷史錯誤的一邊：「歷史按自己的節奏評判你，而不是按你自己的節奏評判你……世界旋轉前行，但有人向前轉，有人向後轉，也有很多人原地打轉。」[56]

辛格頓不相信麥克亞溫是向後轉或原地打轉的人。就當年鮑勃叔叔在拉翁案中的做法，他去問年邁的母親。母親告訴他：「鮑勃的工作是忠實地代表維吉尼亞。他不覺得應該把個人意見放入工作中。在當時，代理維吉尼亞意味著要反對跨種族婚戀。」辛格頓說：「有句古老諺語是怎麼說的來著？先是被挑戰，然後是激烈抵抗，最後是被當作自明的真理接受。」他母親說：「人們不願挑戰現狀。大部分人會避免在社會上被孤立。當時，人們不覺得那是錯的。過去是過去，現在是現在。事情會發展。上帝才知道再過五十年會怎樣。可能我們會生活在一個沒有種族差異的世界。可能我們都變成一個種族。」辛格頓的母親年輕時曾經為種族平等和性別平等奔走，兒子公開了自己的同性戀身分後，她支持同性婚戀的權利。雖然她已經八十八歲高齡，但不害怕改變。「她愛所有人，正是這種愛打破了壁壘。」[57]

最高法院判決拉翁案五十週年前夕，辛格頓在《沙龍》雜誌發表文章，回憶他小時候喜歡賽馬，鮑勃叔叔常帶他去查理斯鎮的馬會。比賽前，他會根據鮑勃叔叔的預判，用零花錢押兩美元賭注。有一次，鮑勃叔叔把他帶到馬廄，近距離看賽馬的雄姿。小辛格頓看到賽馬都戴著限制兩側視野的厚眼罩。他問，為什麼給馬戴這東西？旁邊的馴馬師說，牠們需要集中視野，否則會分散精力。鮑勃叔叔說：「戴眼罩是為牠們好，是為了牠們的安全。」辛格頓看著厚實的牛皮眼罩套在馬的眼睛兩側，有一匹馬看上去很不情願。他把兩美元賭注押給了那匹馬。鮑勃叔叔說，那可不是個好注，根據賽馬報告，那匹馬的勝率不高。比賽結束，那匹馬贏了。他們回到座位，鮑勃叔叔對辛格頓的父母說：「這孩子贏了。」講完故事，辛格頓感慨說，有人摘去了眼罩，有人不願摘下眼罩，還反對別人摘下眼罩。[58]

歷史、宗教、法律、傳統都可以成為遮擋人們視野的眼罩。麥克亞溫檢察官出於政府職責為過時的法律辯護，後人評價他站在歷史錯誤的一邊。但「歷史充滿站在錯誤一邊的人。像我們所有人一樣，他們都有朋友和家人，一生中都做過好事，也做過不被認可的事，遠比他們在公共領域冷冰冰的失敗所昭示的更複雜、更溫情。」每個人都跟國家的過去有著千絲萬縷的連結，過去發生的很多事並不令人愉快，甚至令人痛苦，刺激著人們的良知。在這個意義上，任何國家的歷史都是個人史。人們會以不同的方式跟過去的歷史和解，沒有一概而論的有效方式，也不會一勞永逸。但是，正如辛格頓所言：「第一步是面對歷史真相，既包括國家的歷史真相，也包括個人的歷史真相。」[59]

二〇〇四年，一位名叫肯．塔納比（Ken Tanabe）的設計師提議將每年六月十二日最高法院判決拉翁案的週年日，約定為「拉翁日」，即跨種族有情人的情人節。這一天既是慶祝和紀念的日子，也是和解與面對真相的日子。

第六章

公道矯正法律

如果這些已經處於劣勢的孩子被剝奪了教育機會，他們將會被永遠貶到職業階梯的最底層。如果州政府拒絕教育他們，即便將來國會立法大赦，也無法避免很多孩子將被他們過往的非法身分打上永遠無法翻身的烙印。考慮到這種無法挽回的後果，這是一種特別嚴酷的懲罰。也許甚至是殘忍的和不尋常的懲罰。

——聯邦地區法院威廉．賈斯提斯法官

如果我是立法者的話，我不會選擇拒絕向非法移民的孩子提供免費教育。除了同情心方面的考慮，從公立學校中趕走任何兒童造成的長遠代價可能遠超過教育他們的成本。但是，這不是本案的問題；從良善政策出發反對德州的立法選擇固然有道理，卻並不意味著德州的選擇違反了憲法……憲法並沒有為每種社會疾病提供藥方，也沒有賦予法官解決所有社會問題的使命。

——最高法院華倫．伯格大法官

從《獨立宣言》宣示人人平等，享有生命、自由和追求幸福的權利起，每一個政治宣言、每條憲法修正案，都可被視為政府對國民的承諾。一八六八年，國會通過憲法第十四修正案，聯邦政府承諾，為各州法律管轄範圍內的所有人提供平等的法律保護，保證他們享有法律的正當程序。在此後百餘年中，美國最高法院反覆判定，所有生活在美國的人，包括非法移民，均享有憲法第十四修正案提供的正當程序保護。但直到一九八二年，最高法院沒有明確判決，非法移民也受法律的平等保護。

一、日出前開庭

泰勒是德州東北部的一座小城，玫瑰花種植是那裡的傳統產業，有「玫瑰之城」的美稱。從一九四〇到七〇年代，美國鮮花市場上超過一半的玫瑰花是由泰勒的花農供應。

自一九六九年起，詹姆斯・普萊勒（James Plyler）先生做了十年泰勒學區總監。在那之前他做過中學老師和中學校長。一九七五年，德州政府通過法律，不再為非法移民孩子的基礎教育撥款，並授權各地學區向這類學生收取學費。法律生效的最初兩年，有些學區沒有執行。泰勒學區是其中之一。泰勒位於達拉斯以東不到一百英里，非法移民不多，享受公立學校免費教育的非法移民子女占比很小。據統計，當時全學區一萬六千名學生中，只有六十名非法移民的孩子。一九七七年，學區監事會決定執行新法，每學年向非法移民子女收取每人一千美元的學費。

一九七七年八月末，新學年開學。羅薩麗歐·勞布萊斯（Rosario Robles）領著她的五個孩子去鮑納小學上學。校長請她出示孩子的出生證明，按照德州兩年前通過的法律，有合法證件的孩子才能免費入學，否則必須交一千美元學費。羅薩麗歐拿不出孩子的出生證明，因為她跟孩子都出生在墨西哥。校長說，根據州法律和學區監事會的政策，她的孩子不能上學了。校長開車把她和孩子送回家。羅薩麗歐的丈夫名叫胡塞，在一家管道廠打工。他們沒有錢，交不起五個孩子的五千美元學費。胡塞找到當地的天主教私立學校，請求讓孩子在那裡上學，他週末義務為學校收拾院子，但學校只有能力免除他一個孩子的學費。[1]

那天，同樣被拒絕入學的還有麗迪亞（Lidia）和胡塞·羅佩茲（Jose Lopez）家的孩子。幾年前，胡塞·羅佩茲從墨西哥穿越邊境，進入德州，在泰勒找到種玫瑰花的工作，麗迪亞隨後帶孩子來團聚。四個孩子除了上學，也在苗圃做幫手。[2]

第一代墨西哥非法移民大多是天主教徒，他們在美國舉目無親，又沒有錢，政府和法律也不站在他們那一邊，遇到難處，天主教慈善機構往往是他們唯一可求助的地方。天主教會的一些下屬組織專門安排社工為他們提供幫助。麥克·麥克安德魯（Michael McAndrew）就是這樣一位社工。跟勞布萊斯家一樣，羅佩茲夫婦沒有錢給孩子交學費，找到麥克安德魯求助。麥克安德魯希望聯合更多家長提起集體訴訟，但大部分家長不願出頭，擔心會因此被遞解出境。最終，只有勞布萊斯和羅佩茲等四戶家庭願意加入訴訟。麥克安德魯為他們聯絡了在泰勒開業的律師萊利·戴維斯（Larry Daves）。戴維斯律師熱心公益，但缺少打這類官司的經驗。麥克安德魯等人又請到「墨西哥裔美國人法律辯護基金」的專職律師彼得·魯斯

（Peter Roos）。至此，戴維斯跟魯斯搭檔，開始了漫長的訴訟過程。[3]

在正式提起訴訟前，戴維斯律師對這四個家庭的父母說，這種官司要經過好幾級法院，即便最終打贏了，也會歷時好多年，而且在訴訟期間，他們會隨時面臨被遞解出境的風險。四對父母表示理解打官司可能會帶來的後果。多年以後，戴維斯律師回憶說：「他們腦袋中沒有要改變世界的想法。他們只是想讓孩子得到基礎教育，在人生中能有個公平機會。」但出頭當這種官司的原告並不是件輕鬆的事，要承受很大壓力，甚至做出重大犧牲：「你必須有非凡的意志，真心想站出來，面對體制，讓自己暴露在訴訟中能暴露的一切因素中。當然，除了這些，在本案中，他們還要擔心被遞解出境。」[4]

戴維斯和魯斯律師在位於泰勒的德州東區聯邦地區法院提起訴訟，把學區總監詹姆斯·普萊勒先生列為被告。負責審理這起案件的是威廉·賈斯提斯（William Justice）法官。賈斯提斯是土生土長的德州人，他出生的小鎮離泰勒只有幾十英里。賈斯提斯從德州大學法學院畢業那年，珍珠港事件爆發，他加入陸軍，服役四年。戰爭結束後，他回到家鄉做律師。一九六八年，他被詹森總統任命為聯邦地區法院法官。普萊勒案聽審在即，賈斯提斯法官告訴幾位原告家長，如果聯邦政府要把他們遞解出境，作為法官，他沒有權力禁止政府那麼做，但作為法官，他可以允許他們匿名起訴，在法庭文件中不披露他們的姓名。不過，如果聯邦執法部門要求法院交出他們的身分，法官無權拒絕。為了儘量降低媒體曝光機會，減少原告家長和孩子在開庭時被拘捕的風險，賈斯提斯法官把第一次開庭時間安排在日出前的六點鐘。[5]

九月九日黎明，羅佩茲夫婦把稍微值點錢的家當收拾到舊汽車裡，拉著四個孩子去法庭。如果在法庭被政府執法人員抓了，他們打算當場認罪，開車回墨西哥。另外三家原告也做了同樣的打算，拉著家當和孩子往法庭趕。在趕赴法院的四家人中，有位九歲的女孩子，名叫蘿拉．艾瓦雷茲（Laura Alvarez）。她父親在泰勒的一家肉品加工廠做工。那個九月的黎明，母親把她從睡夢中叫醒，穿上衣服，跟弟弟妹妹上了家裡的舊汽車，坐在後座。父親開車剛出門，就被警察攔住。蘿拉在半睡半醒中聽到，警察問他們去哪裡，他父親用生疏的英語說去法院。然後，車子重新啟動，警車為他們開道，開到法院大樓的時候，天還沒亮。蘿拉一家被人帶著，匆匆忙忙從後門進入法院。[6]

九歲的蘿拉是這起訴訟的原告之一。為了避免暴露身分，被遞解出境，法庭文件隱去了她的名字，以「L. Loe」代替。一群跟蘿拉年紀差不多的男孩子、女孩子陸續跟家長從後門進入法庭，安靜地坐在長椅上。四十年後，蘿拉看上去已經跟其他德州長大的婦女沒有區別，她講話像很多南方婦女一樣輕聲細語，有濃濃的德州口音。她對《美國公共媒體報導》（*APM Reports*）說：「我記得坐在那裡，什麼也聽不懂，只是呆坐在那裡。」戴維斯律師看著他代理的客戶，一群不到十歲的孩子，在法院的長椅上坐成一排。「他們真安靜，都是些讓人疼愛的孩子。」天還沒有亮，孩子們出奇的安靜，有的還在瞌睡，往常這個時間，他們仍然在睡夢中。[7]

德州政府指派一名女助理檢察長出庭。她穿著牛仔褲，請賈斯提斯法官原諒她穿便裝出庭，說昨晚從首府奧斯丁飛到泰勒，航空公司把行李弄丟了，出庭的制服都在行李箱中。戴維斯律師請求法院叫停泰勒學區驅逐學童的做法，在起訴過程中，允許失學的孩子回學校上課。賈斯提斯法官接受了戴維斯律師的請求，責令學區暫停執行州政府的法律，在案件候審期間，先讓孩子復學，並勒令州政府按實際學生人數給泰勒學區撥款。法庭長椅上的那十幾名孩子又回到了學校。那個黎明是他們唯一一次出庭。在那以後，這場官司持續了五年，但都是大人們的事情了。[8]

一九七七年十二月，法院開庭審理普萊勒案。作為學區總監，普萊勒被傳喚作證。他講述了泰勒學區監事會決策的來龍去脈：一開始，學區監事會沒打算執行州政府從公立學校驅逐非法移民子女的法律，但州內的學區開始陸續執行那項法律，一些非法移民會為了讓孩子上學，搬遷到沒有執行的學區。泰勒學區擔心成為吸引非法移民的磁石，學區監事會遂決定要求非法移民父母為每個孩子交一千美元學費，以遏阻非法移民湧入。普萊勒說：「我可能心腸比較軟，關心這些孩子，不願因為他們父母的行為懲罰他們……但我們不是個富裕學區，沒有能力供每個州政府不給撥款的孩子上學。」[9]

在普萊勒案中，戴維斯和魯斯律師主要依據第十四修正案的平等保護條款起訴。第十四修正案的平等保護條款和正當程序條款，是美國的傳統弱勢群體爭取權益的兩道法律護身符。在歷史上，少數族裔和婦女爭取平權的訴訟幾乎都是依據這兩個條款。在普萊勒案之前，聯邦法院曾經判決，非法移民享有憲法第十四修正案正當程序條款的保護。但非法移民是否也享有第十四修正案規定的法律的平等保護呢？聯邦法院此前還沒有對這問題做出明確判決。戴維斯和魯斯律師認為，根據第十四修正案的立法意圖和原文表述，非法移民享有平等保護條款的保護。州政府則認為，第十四修正案平等保護條款不適用於非法移民。[10]

二、無辜的孩子

一九七八年九月十四日，賈斯提斯法官宣判普萊勒案，判決德克薩斯從公立學校驅逐非法移民子女，或要求非法移民子女上公立中小學交學費的法律，違反憲法第十四修正案的平等保護條款。賈斯提斯法官認為，按照第十四修正案的敘述，一個人，不管移民身分如何，只要在一個州法律的管轄範圍內，就受法律的平等保護。

美國憲法並沒有把教育作為基本權利，但內戰結束時，美國已經有二十八個州的政府向居民提供免費公立基礎教育。當時，美國共有三十二個州，德州是其中之一。按照一八六九年的德州憲法，州政府向所有居民提供免費公立教育，並沒有提及居民身分是否合法問題。直到一百零六年後，一九七五年，德州議會修法，把非法移民排除在免費公立教育之外。[11]

按照最高法院確立的司法審核標準，如果政府侵犯了民眾的基本權利，法院對政府的行為和立法必須嚴加審核。但因為憲法沒有明確規定教育是基本權利，法院的審核標準相應降低，只需要看政府的行為和立法是否有合理基礎。賈斯提斯法官認為，德州政府把非法移民的孩子趕出學校，沒有合理基礎，因而判決違憲。判決後，賈斯提斯法官收到了一束鮮花，也收到了寫滿仇恨言論的信件，其中有人在信中建議賈斯提斯法官移民到墨西哥去。[12]

在判決書中，賈斯提斯法官引用最高法院在「韋伯訴艾特納案」中的判決，指出用懲罰孩子的辦法懲罰他們父母的過錯，或威嚇他們的父母，「既不合邏輯，也不合公道……既沒有效果，也無正義可言。」[13]賈斯提斯法官也引述了聯邦上訴法院的「聖安訴帕利斯案」。在那起案件中，一名學生家長跟助理校長發生爭執，一怒之下，朝助理校長臉上打了一拳。施暴家長被起訴後認罪。學校勒令她兩個上學的孩子無限期停學。路易斯安那州法律允許學校勒令家長有不良行為的學生停學。那名家長上告。聯邦上訴法院推翻了學校的決定，強調法律上的罪責只屬於個人，不能因為家長的犯罪而懲罰孩子。聯邦上訴法院判定路易斯安那州法律違反第十四修正案的正當程序條款。[14]

根據美國最高法院和聯邦上訴法院的判例，賈斯提斯法官認為，不可否認，非法移民的孩子沒有合法身分，可以被聯邦執法部門遞解出境，但父母把他們帶進美國，導致了他們的身分非法，他們在道德上對自己的非法身分沒有責任。「他們被帶進美國的時候很多還是嬰兒，他們也沒有參與父母的移民決定，職是之故，不能讓他們承擔額外的義務和懲罰。」[15]

在判決書中，賈斯提斯法官尤其指出德州這項法律將會造成的不良後果：「因為貧困、不懂英語、還有不可否認的種族偏見，這些孩子已經身陷逆境，如果不能接受教育，他們將永遠被鎖定在社會—經濟的最底層。」賈斯提斯法官批評德州撒手讓各地依賴房產稅辦基礎教育的政策，在富裕地區，稅源充足，學區有足夠資金辦學，但是在貧困地區，房產價值低，稅收不足，學區缺錢，基礎教育投入嚴重不足。即便在德州跟墨西哥毗鄰的邊境地區，非法移民的孩子只占學區學生總數的很小一部分，但因為那裡大都是貧困地區，學校投資本來捉襟見肘，依賴州政府撥款，州政府反倒以縮減投資的方式擠壓本來已經貧困的學區。他指出，兩個不幸的現實導致了州政府通過這種不解決問題卻雪上加霜的法律：「非法移民的孩子沒有明確的法律保護，拿他們開刀不會引起廣泛的政治輿論譁然。」[16]

德州政府上訴，聯邦上訴法院維持賈斯提斯法官的原判。州政府上訴到美國最高法院。與此同時，圍繞非法移民子女教育，德州各地發起了十幾起訴訟。一些雄心勃勃的年輕律師加入這場訴訟潮流，幾家知名的民權法律組織開始提供人力物力援助。一些法律援助機構要求戴維斯把普萊勒案合併到它們正在進行的訴訟中，被戴維斯拒絕。他認為，應當集中精力主攻普萊勒案的第十四修正案平等保護問題。在此後兩年中，位於休士頓的德州南區聯邦法院把十幾起相關案件合在一起審理，主持審判的是伍德羅·席爾斯（Woodrow Seals）法官。他跟賈斯提斯法官有些類似經歷，參加過二戰，在德州受法學教育，被詹森總統任命為聯邦地區法院法官。但他的審案風格跟賈斯提斯法官的審慎低調截然不同。他主持的那場熱鬧非凡的庭審持續了近六個星期，引起媒體高度關注。席爾斯法官允許原告和被告在法庭上出示五花八門的證據，法庭辯論的議題不僅包括德州從公立學校驅逐非法移民子女的法律，而且涉及移民史、學校課程設置、德州歷史，甚至英語詩歌。州政府的律師班子士氣低落。負責為州政府辯護的州助理檢察長蘇珊·戴舍爾（Susan Dasher）事後承認，她不得不為這項「糟糕透頂的法律辯護」。[17]

審判過程揭示出，德州從公立學校驅逐非法移民孩子的立法沒有經過州議會辯論，也沒有事先公布，徵求民眾意見，甚至沒有正式記名投票，而是在州議會閉會前以議員口頭表決的方式倉促通過，在州議會的檔案中找不到相關辯論的立法程序。多年以後，一些議員承認，在表決時他們並不清楚這項法律的具體內容，更不知道會帶來什麼後果。法案在議會口頭表決通過後，州長簽字，變成了法律，等引發大量訴訟時，球已經被議員們踢到了州總檢察長那裡。倉促立法的荒唐後果逐漸呈現出來，令出庭辯護的州檢察官頭痛不已。在南區訴訟的原告中，有一位跟普萊勒案中九歲的蘿拉年紀相仿的女童。席爾斯法官問她，失學以後怎麼學習？她說在家看弟弟的作業；她弟弟在美國出生，是美國公民，可以留在學校讀書；她自己出生在墨西哥，父母把她帶到美國，是非法移民，被學校趕回了家。[18]

一九八〇年七月二十一日，南區法院判決德州政府從學校驅逐非法移民子女的法律違憲，判決書長達八十七頁。席爾斯法官的辦公室開始收到大量憤怒的電話和信件，指責他破壞美國法治，放任非法移民，將把美國變成墨西哥。席爾斯法官不僅在法庭上高調，而且在庭外也高調。他跟律師和檢察官辯論，也跟媒體記者和慈善機構的人員辯論。他做出判決時，正值美國的大選年。加州州長雷根挑戰現任總統卡特。做出判決不久，席爾斯法官在一封信中說：「這些孩子還有很長的路要走……如果雷根州長贏了大選，新任命四名最高法院大法官，不敢想我的判決最終命運如何。果真如此的話，那些孩子就沒有機會了。」[19]州政府上訴到美國最高法院後，席爾斯法官的判決跟賈斯提斯法官的判決被合併到一起審理。

不久，雷根州長贏了大選，成了雷根總統，他任命了美國最高法院歷史上第一位女大法官桑德拉．奧康納（Sandra O'Connor）。一九八一年十二月一日，最高法院就普萊勒案開庭辯論時，奧康納是唯一一名由雷根總統任命的大法官。九名大法官輪番詢問代理非法移民學童的戴維斯、魯斯律師和代理德州政府的助理檢察長。其中，馬歇爾大法官的問題最尖銳。

馬歇爾大法官問約翰・哈代（John Hardy）助理檢察長：「德州能不能拒絕給非法移民消防保護？」

哈代被問倒了，想確認自己沒有聽錯：「拒絕消防保護？」

「是的，先生。火。」

「哦，如果他們家著了火，他們家會受當地消防的保護，只是……」

「德州能不能通過法律，規定非法移民不享受消防保護？」

「我想不能。」

「為什麼不能？既然能這麼幹，為什麼不能那麼幹？」

「因為……我覺得消防是應有的福利……馬歇爾法官，讓我想一想。你……這人……我也不知道。這問題太難了。」

「難道一個人的房子比他的孩子更重要？」哈代助理檢察長無從回答。

馬歇爾大法官繼續追問：「德州能不能通過法律，讓學校拒絕接受罪犯的孩子上學？」哈代說可以，但補充說，那樣做違反憲法。馬歇爾大法官說：「我們討論的是孩子問題。比如，有個孩子是殺人犯的兒子，他可以上學，但是一個不幸的移民的孩子卻不能上學？」[20]

三天後，在九名大法官的閉門討論中，馬歇爾大法官也鋒芒畢露。首席大法官華倫・伯格（Warren Burger）說：「（非法移民）也是人，所以適用第十四修正案，但違法分子不享有平等保護。」馬歇爾大法官說：「孩子不是違法分子……平等保護就是平等保護。」討論中，威廉・仁奎斯特（William Rehnquist）大法官稱非法移民的孩子為「濕背」，那是民間對來自墨西哥非法移民的蔑稱。因為墨西哥跟德州之間的邊境是一條界河，從墨西哥偷渡到德州要從河中游過來，非法移民由此而被稱為「濕背」。馬歇爾大法官表示不滿。仁奎斯特大法官說，他之所以用這個俚語是因為在南方這種說法仍然很流行。馬歇爾大法官反駁說，以前他這種人被稱為「黑鬼」，這種俚語也很流行。[21]

九名大法官集體討論的結果是，五名大法官表示應當維持地區法院的原判，四名大法官表示應當推翻。威廉·布雷南（William Brennan）大法官代表多數意見起草了判決書，他把非法移民的孩子作為歷史上備受歧視的弱勢群體，以便法院可以對德州的法律採取嚴加審核的標準。但路易斯·鮑威爾（Lewis Powell）大法官不願在意見書上簽字。如果他不簽字，就形不成維持原判所需要的多數。鮑威爾大法官不僅反對法院把基礎教育作為基本權利，而且也反對把非法移民作為憲法需要特殊保護的群體。他明確表示，他們一家三代都受益於良好的教育，知道教育在人生中的重要性，但不管多麼重要，法院不能增加一項憲法中本來沒有的基本權利。他主張判決書圍繞兒童的教育問題展開，不能變成第十四修正案對非法移民的平等保護問題。[22]

在普萊勒案之前十年，鮑威爾大法官曾判過一個涉及兒童的案子。在他代表最高法院多數起草的判決書中，對不幸兒童的關愛和同情溢於言表。為維護一對婚外出生的孩子的利益，他果斷推翻了路易斯安那州法院的判決，廢除了路易斯安那州歧視非婚生子女的法律。路易斯安那一名工人因工傷去世，他的未成年子女可以依法獲得工傷賠償。他的妻子常年住在精神病院，兩人有四個孩子。出事時，他跟女友同居，生有一個孩子，另一個孩子在他去世後出生。按照路易斯安那州法律，婚內出生的孩子、合法領養的孩子和經法律手續承認的非婚生孩子優先領取父母的工傷賠償，未經法律手續承認的非婚生孩子只能作為「其他家屬」，領取享有優先權的孩子剩餘的賠償。在那個案子中，四名婚內孩子的外婆代他們領取了所有賠償，兩名婚外出生的孩子沒有得到任何賠償，他們的母親告到法院，在路易斯安那州法院打輸了官司，上訴到美國最高法院。[23]

在判決書中，鮑威爾大法官強調，法律不能因為父母的過錯懲罰孩子：「把私生子女身分歸入另類，體現了社會貶斥婚外不負責任的性關係的悠久傳統。但用這種貶斥懲罰嬰兒，既不合邏輯，也不合公道。而且，剝奪婚外孩子的法律資格有悖於我們制度的基本理念：法律負擔要跟個人責任和過錯相關聯。顯然，沒有孩子能為自己的出生負責，用懲罰婚外出生的孩子來威嚇父母，既沒有效果，也無正義可言。法院無力保護這些不幸的孩子免受社會上的責難，但平等保護條款的確讓我們能夠廢止針對他們身分的歧視性法律⋯⋯」[24]那起判決獲得八名大法官贊同，唯一的反對意見來自仁奎斯特大法官。

為了獲得鮑威爾大法官的支持，布雷南大法官把普萊勒案的判決書修改了三遍，反覆強調不能讓孩子承擔父母的過錯，更不能用父母的過錯懲罰孩子。他一再縮小判決適用的範圍，在最後一稿中，明確講教育不是一項基本權利。但同時，他又表示，教育不同於普通的政府福利。顯然，這是妥協的結果。最高法院是一個司法判決部門，也是一個民主機構，九名大法官的簡單多數構成法院的判決，大法官中的少數在判決後面附上反對意見。鮑威爾大法官決定在判決書上簽字，稱讚布雷南大法官的最後一稿「十分精采，將進入每一本憲法教科書。」[25]

一九八二年六月十五日，最高法院宣判普萊勒案，判決德州從公立學校驅逐非法移民學童的法律違反美國憲法，予以廢除。五位大法官支持判決結果，四位大法官反對，其中包括雷根總統任命不久的奧康納大法官。宣判第二天，《紐約時報》發表社論，認為五比四的判決結果太懸了，如果再有一位大法官反對，這個判決就會成為「國家的恥辱」；德克薩斯是個富裕州，心安理得地使用非法移民的勞動，卻剝奪他們孩子的教育，放棄基本的責任，「令人無法容忍」。[26]最高法院的普萊勒案判決在此後的四十年中，保護了數以百萬計的非法移民的孩子，使他們能夠接受公立基礎教育，融入美國社會，很多人因此獲得進入大學的機會。二〇一一年五月，德州州長雷克·佩里簽署法案，允許非法移民子女被州立大學錄取後，像德州合法居民的子女一樣交州內的優惠學費。

三、平等保護

最高法院的判決書圍繞第十四修正案展開，闡述的第一個問題是，非法移民是否受到第十四修正案平等保護條款的保護。

第十四修正案第一款規定：「不經正當程序，任何州不得剝奪任何人的生命、自由或財產；不得拒絕給予其法律管轄範圍內任何人平等的法律保護。」[27]這就是法律界通稱的「正當程序條款」和「平等保護條款」。最高法院在此前的判決中認為，非法移民受正當程序條款的保護，但對非法移民是否受平等保護條款的保護語焉不詳。德州政府認為，非法移民在德州沒有合法身分，不屬於第十四修正案講的「其法律管轄範圍內的人」，所以不受德州法律的平等保護。最高法院依據有關「正當程序條款」的判例，否定了這種辯護：「我們拒絕這種論點。不管在移民法下是什麼身分，在『人』這個詞的通常意義上，一個外國人肯定是『人』。外國人，即使是沒有合法身分，在法律上早就被認定為『人』，受到憲法第五修正案和第十四修正案正當程序條款的保護。」[28]

最高法院引用的判例中包括近百年前三起華人發起的訴訟。第一起是一八八六年的「益和訴霍普金斯案」，第二起是一八九六年的「黃文訴美國案」，第三起是一八九八年的「黃金德訴美國案」。[29]在益和案中，最高法院引用第十四修正案第一款原文，認為「憲法第十四修正案並不侷限於保護公民……這些條款普遍適用於地域管轄範圍內的所有人，不以種族、膚色或國籍而有區別；而且，有了法律的平等保護，才能保障平等法律的保護。」[30]同樣，在黃文案中，最高法院認為，第五修正案和第十四修正案的「正當程序條款」都適用於所有人，不只適用於公民。在判決書的多數意見之外，史蒂芬·菲爾德（Stephen Field）大法官專門附上單獨意見，澄清正當程序條款中「人」的含義：「第五修正案中使用的『人』這個詞寬泛到包括了美國管轄範圍內的任何人、所有人。出生在國外的居民享有公民所享有的同樣的法律保護。他有義務服從居住國的法律，順理成章，他也受那些法律的平等保護。」[31]

在一八九八年判決的黃金德案中，最高法院分析了第十四修正案的第一句話：「所有在美國出生或歸化並受美國管轄的人都是美國公民。」在分析中，法院認為，「受美國管轄」和「在美國管轄範圍內」是同義：其他國家的公民或臣民居住在美國，即服從美國的法律並受美國法律的保護。[32]所以，按照最高法院的判例，「受美國的管轄」不侷限於美國公民，而是居住在美國的所有人，這裡的「管轄範圍」主要是地理意義上的，沒有跟是否有公民身分掛鉤。第十四修正案的立法目的就是限制各州的權力，不允許州政府利用「在其管轄範圍內」這種表述把人分成三六九等，把少數群體排除在「管轄範圍」以外，以便「合法」地拒絕給予他們法律保護。如果州政府這樣做，等於推卸對區域管轄範圍內的居民平等保護的責任。「平等保護條款恰恰是要廢除一切基於種姓和令人厭惡的基於社會等級的立法。」[33]

在普萊勒案中，最高法院回顧了第十四修正案的立法歷史，認為當時國會圍繞第十四修正案立法的辯論清楚地表明，在條文中加上「管轄範圍內」的語句，目的在於把各州邊界之內的所有人都納入法律平等保護的範圍，規定了各州法律做出相應保護的職責。國會用「管轄範圍內的人」，而不用「管轄範圍內的公民」，在用詞上明確界定了第十四修正案保護的對象不只是公民，而且包括居住在各州的外國人。對此，最高法院特別引述了約翰．賓漢（John Bingham）眾議員的辯論，當初他在國會的提案是第十四修正案的雛形。[34]

約翰．賓漢被史學家稱為「第十四修正案之父」，最高法院大法官雨果．布萊克（Hugo Black）則稱他為「第十四修正案的詹姆斯．麥迪遜」。麥迪遜是美國的國父之一，一七八九年向國會提交權利法案，兩年後權利法案變成美國憲法的第一到第十修正案，言論、結社、集會、信仰等自由以及正當程序等正式成為公民的憲法權利。在這個意義上講，麥迪遜可謂美國憲法修正案之父。同樣在這個意義上，布萊克法官稱賓漢為「第十四修正案的詹姆斯・麥迪遜」。第十四修正案跟第一到第十修正案一樣，對內戰後的美國歷史產生了舉足輕重的影響。[35]

美國憲法的前十條修正案被俗稱為「權利法案」，是美國建國時期的里程碑式立法。美國內戰被史學家稱為「第二次建國」，核心立法是第十四修正案。[36]內戰後，雖然南方戰敗，奴隸制度被憲法第十三修正案廢除，但憲法保護的公民權利是否得到保障，仍然面臨嚴峻挑戰。在法律上，奴隸成了自由人，但任何人都不可能生活在真空的法律條文世界，每個人的權利要得到保障，必須仰賴生活世界的具體法規、行政執法和法院司法。如果只是在憲法層面廢除了奴隸制，但在具體法規和執行方面沒有進展，憲法條文就會流於空談。這種情況在內戰結束後的南方各州普遍存在，奴隸制被憲法廢除了，但南方各州在政治、法律和社會生活的很多方面仍然沿襲奴隸時代的做法，奴隸制時代養成的執法習慣和地方法院的司法傳統更是根深柢固。在法律層面，南方各州認為，奴隸制時代流傳下來的習慣做法和規避第十三修正案的各種州議會立法，都在憲法保障的州政府權限內。

針對這種上有憲法、下有政策的情況，國會啟動了增加新的憲法修正案程序，為南方各州黑人提供平等的法律保障，禁止州政府未經正當程序就剝奪他們的生命、自由和財產。這就是第十四修正案的立法目的。一言以蔽之，第十四修正案是一條保障平等權利的法案，且不只是一部分公民有生命、自由和財產權利，而是所有公民都享有這些權利；不只是公民享有生命、自由和財產權利，而是所有受美國法律管轄的人，包括各州管轄範圍內的外國人，不論什麼移民身分，都享有這些權利。賓漢眾議員在國會的辯論清楚表明了這一點。他強調，所有人，無論是公民，還是異鄉人，只要在各州的地界之內，就應當在生命、自由和財產權方面享有法律的平等保護，只有這樣，統一的政府和統一的人民才有保障。[37]

對第十四修正案立法起了關鍵作用的參議員雅戈．霍華德（Jacob Howard）講的更清楚：「修正案第一段的最後兩條不只禁止各州不經正當程序剝奪公民的生命、自由和財產權，或拒絕給予法律的平等保護，而且禁止各州剝奪任何人（不管是誰）享有這些權利。這廢除了各州的所有等級制立法，避免了把人分成三六九等，按人的身分和地位執行法律的不正義做法。」在國會辯論中，霍華德參議員強調，第十四修正案將「讓任何州永遠沒有權力侵犯美國公民和碰巧在各州境內的所有人享有的權利和待遇。」[38]

基於以上對立法歷史的追溯，最高法院認為，第十四修正案的平等保護條款使用「管轄範圍內」這一短語，不是為了淡化，而是為了強調法律對所有人的保護。任何人無論他的身分、地位、種族、國家來源為何，只要在一個州的地界上，就要受到那個州法律的平等保護。所以，「即便一個人最初進入州內或進入美國時沒有合法身分，即便他可以因此被遞解出境，一個簡單的事實也無法否認：他在州的地界上。基於這個事實，他有完全遵守本州的民事和刑事法律的義務。直到他離開所在州，或自願離開，或依照美國憲法和法律被遞解出境，他就享有所在州法律的平等保護。」[39]

非法移民享有憲法第十四修正案中規定的法律的平等保護，但這只是法院解決非法移民子女入學面臨的法律問題的理論前奏。一個更具體，也是更難解決的問題是，州政府不為非法移民子女教育撥款是否違反了第十四修正案的平等保護條款。

美國內戰後的三個憲法修正案立法，從第十三到第十五修正案，都是針對奴隸制留下的後遺症，主要是種族問題，但對美國社會的影響很快超出奴隸制和種族問題範圍。尤其是第十四修正案。奴隸制是不平等的極端形態，種族只是不平等的原因和表現方式之一，階層、收入、出身、性別、宗教、國家來源等也可以成為不平等的原因和表現。第十四修正案保證所有在美國法律管轄範圍內的人享有法律的平等保護，這是國會擴大憲法權利適用範圍的結果，傳統上被歧視和受不平等對待的人群，至少在憲法條文上獲得了跟社會強勢階層同樣的權利。

第十四修正案既保護強者，也保護弱者，保障所有人受到法律的平等對待。在各個時代，不僅弱勢群體依據第十四修正案的平等保護條款打官司，保護自己的利益和權利，而且強勢群體也發起了無數起第十四修正案訴訟。比如，二〇〇〇年大選，小布希（George W. Bush）和艾爾伯特・高爾（Albert Gore）就選舉結果發生爭議，就是依據第十四修正案的平等保護條款起訴。[40]二〇二〇年大選，唐納德・川普（Donald Trump）指控選舉舞弊，發起了六十餘起訴訟，主要依據也是第十四修正案的平等保護條款。[41]

四、「文盲是終生殘疾」

第十四修正案的語言比較寬泛，給了最高法院廣闊的解釋空間。同樣的問題，在不同時代，可以有不同的解釋。比如，種族平等，在十九世紀末，最高法院認為種族隔離也可以是平等的，種族隔離本身並不違反第十四修正案的平等保護條款，但二戰以後，最高法院認為隔離不可能平等，種族隔離本身就違反了第十四修正案的平等保護條款。[42]同樣地，在十九世紀下半葉，最高法院認為各州禁止婦女投票，不違反第十四修正案的平等保護條款，但如今即使是最保守的大法官也不會支持那種判決。[43]第十四修正案的平等保護條款適用的邊界並非一成不變。

問題在於，立法可以籠統寬泛，但法院審理案件需要把法律運用到具體事實上，必須對法律做出具體解釋。在不同時代的不同案件中，法院根據不同事實往往做出不同解釋。比如，最高法院認為，平等保護要求把所有情況差不多的人同等對待，至於具體什麼情況，或者相差小到什麼程度才需要同等對待，法院仍然必須根據具體案情做出判斷。[44]但在法律實踐中，很多情況下，政府不可能做到把所有情況差不多的人絲毫不差地對待。所以，法院又主張，第十四修正案的平等保護條款並不要求政府把所有人都同樣對待。[45]而如何把握尺度，在立法和司法中都是個令人頭疼的問題。法院判決往往只是提供原則性的標準，比如，如果政府實行的法律和政策導致不平等結果，就要看政策目標和實現目標的手段是否合理，出現的不平等現象是不是用合理手段實現合理目標不可避免的副產品。

換言之，第十四修正案不是讓法官吹毛求疵，充當議會立法和行政執法的審查員，而是為了確保議會立法和行政執法不違反基本的憲法原則。不過，即使是某項法律導致了不平等，不平等的程度也會有所不同，立法者的目的和做法也不一樣，法院必須區別對待。因此，法院又把審理第十四修正案訴訟的司法標準進一步細分。如果屬於侵犯憲法基本權利的情況，比如某項法律妨礙公民的選舉權，法院要用「嚴格審核」的標準。按照「嚴格審核」標準，判決違憲的門檻很低。如果法律把人按照種族、性別等特徵分成三六九等，區別對待，法院稱這種做法是「可疑的分類」，也適用「嚴格審核」標準。對於不涉及侵犯基本憲法權利和可疑分類的案子，法院一般要看這種立法是否有合理的基礎。[46]

那麼，法院在審理涉及非法移民子女教育的案件中，應該具體採用哪種標準呢？這首先要看享受基礎教育是不是非法移民子女的基本權利，還要看在基礎教育領域把非法移民子女單列一類是不是涉及可疑的分類。在美國南部的邊境，移民法規執行鬆散，因為平均生活水準和工資比墨西哥高，很多墨西哥和拉丁美洲的居民未經許可穿越邊境進入美國。在普萊勒案時代，美國政府估計在境內居住的這類非法移民大約有三百萬到六百萬。因為他們沒有合法身分，從法律上講，可以隨時被遣返，但美國政府既沒有能力也沒有意願大量遣返非法移民，他們中的大部分注定會留下來，長期在美國生活，形成一個龐大的「影子人口」。因為他們長期處於法律的陰影中，形成美國人口中的一個事實上的「賤民階層」：沒有合法身分，只能從事低收入的簡單工作，子女教育水準低，下一代面臨重複父母輩的命運。法院認為，「對以堅持法律平等原則為驕傲的國家來說，這個底層人群呈現出一些最大的難題。」[47]

按最高法院此前的判決，公立教育不屬於憲法提供的基本權利。像言論自由、宗教自由等，在憲法中有明文規定，屬於憲法基本權利，但憲法沒有提到教育權。雖然美國內戰後，公立基礎教育在各州逐漸普及，但最高法院多數大法官並不認為這是一項基本權利。[48]在普萊勒案中，最高法院也不認為法律把非法移民單列一類，區別對待屬於「可疑分類」。外國人不經允許進入美國，本身就是一種非法行為。在法律上，把有這種非法行為的人歸入一類，區別對待，屬於合理的政府行為，跟把人按照種族或性別區別對待不屬於一種情況。所以，最高法院認為，非法移民子女入學案不適用「嚴格審核」的標準，法院只需要審核州政府的這項法律是不是有合理的基礎。[49]

不過，最高法院同時強調，非法移民的孩子是這個非法移民群體中的特殊成員。他們的父母非法進入美國，屬於自願行為，但嬰兒和孩童沒有成年人的意願和能力，被父母帶進美國，法律不能把他們的非法身分當成他們主動犯罪的結果。跟賈斯提斯法官在聯邦地區法院的判決一樣，布雷南大法官在最高法院的判決中也引用韋伯案的論述：孩子沒有能力為父母的行為負責，父母犯錯，法律懲罰孩子，既違反美國法律中責任與罪責相符的原則，也違反公道原則。德州政府的法律針對非法移民的孩子，這些孩子的非法身分不是他們自己能主動決定的，而是他們父母非法行為的結果。最高法院認為，德州政府懲罰孩子的做法不合理，在法律上沒有合理基礎。[50]

法律懲罰無辜，有違公道原則，既不符合憲法精神，也有悖於普通法的悠久傳統。除此之外，布雷南大法官在判決書中還強調讓兒童失學將導致難以挽回的後果，讓社會付出沉重代價。他引述一九二三年的梅耶案，指出：「美國人民一直把教育和獲取知識作為最重要的事務。」[51]從個人角度講，剝奪兒童的教育將給他們造成終生無法彌補的負面影響；從宏觀角度講，基礎教育對維護民主制度、承傳民主價值的重要性，不言而喻。基於這種認識，最高法院認為，雖然州政府有權立法限制非法移民享有的福利，比如低收入醫療保健等，但兒童教育不同於一般的福利，它不僅影響兒童的當下，而且影響兒童的一生；失學不僅讓兒童和家長付出人生代價，而且讓國家付出更大的社會代價。

早在一九七二年，最高法院在一項判決中認為，「如果我們要維護自由和獨立，一定程度的教育對培養公民有效、明智地參與我們開放的政治系統，必不可少。」[52]一個人受到良好的教育，收入會增加，個人生活品質會提高。但從中受益的不只是個人，還有整個社會。所以，儘管在最高法院看來，公立教育不是基本權利，但「對維護健康的社會機體發揮了基本的作用。如果法律把一個群體挑出來，剝奪他們吸收價值觀和獲得謀生技能的管道——這是我們的社會秩序的基礎，我們不能無視國家將為此付出的巨大代價。」[53]第十四修正案的立法目的之一就是廢除政府為個人發展設置的不合理障礙。教育培養人的自立、自主、自足能力，「剝奪一個不被社會待見的群體的孩子的教育，等於關閉了他們階層上升、向主流看齊的通道。」最高法院進一步把文盲定義為一種殘疾：「文盲是終生殘疾。」[54]

基於以上考慮，最高法院認為，在審核涉及兒童公立教育問題的案件時，除了要運用法院抽象的審核標準外，還要考慮剝奪基礎教育給兒童造成的終生傷害和國家要為此付出的代價。如前所述，公立教育不是一項基本權利，非法移民在法律上也不是一種可疑的分類，所以，法院不能採用嚴格審核標準，德州政府不需要提供壓倒性理由為公立學校拒收非法移民學童的法律辯護，只需要證明這項法律有合理的基礎就可以。但因為公立教育不同於一般福利，兒童失學會導致文盲這種終生殘疾，國家要為此付出巨大代價，所以，德州在申辯這項法律有合理基礎時，必須提供證據證明從這項法律得到的短期利益，將超過兒童失學造成的長期損失和國家為此付出的代價。

德州政府的律師辯護說，州政府的教育資源有限，需要把有限資源用在合法居民身上。最高法院認為，不給非法移民的孩子撥款，德州會節省一小筆開支，但跟國家為將來的文盲付出的代價和兒童長大後的損失相比，州政府節省的開支微不足道。而且，非法移民的子女跟合法居民一樣，長大後會流動，不會只待在德州，如果他們小時候失學，造成的問題也不會只限於德州，而是會影響其他州，進而影響整個美國。從這些角度考慮，最高法院認為，德州政府的這項法律對個人和國家造成的長期損害，遠大於州政府節省開支的短期利益，沒有合理基礎，因而違反第十四修正案的平等保護條款。[55]

五、製造「低端階層」

在布雷南大法官的多數意見之外，支持判決結果的另外四位大法官分別撰寫了贊同意見，各自強調不同的贊同理由。換言之，他們贊同判決結果，但贊同的理由跟布雷南大法官代表最高法院多數撰寫的判決書並不完全一致。

馬歇爾大法官堅持一向的主張，認為個人享有公立基礎教育是一種基本權利，這不同於最高法院多數大法官的觀點。在他看來，雖然憲法沒有明確規定教育權，但教育在美國社會中具有特殊地位，跟美國最重要的憲政價值不可分割。他反對把僵化的司法審核標準用在涉及兒童教育的平等保護條款案件上，認為必須考慮這類問題的重要程度和失學對兒童一生造成的不可挽回的損失，靈活運用司法審核標準。立基於這種理由，馬歇爾大法官主張，政府拒絕向某個群體提供公立教育本身就違反了第十四修正案的平等保護條款，不需要再去分析這種做法有沒有合理基礎。[56]

在贊同意見中。哈利．布萊克蒙（Harry Blackmun）大法官建議調整法院以是否涉及基本權利，來界定嚴格審核標準適用範圍的做法。他首先回顧了最高法院法官在解釋和適用第十四修正案平等保護條款時的不同意見。其中主流意見認為，一旦聯邦法律或州法律涉嫌侵犯一項基本權利，法院就採用嚴格審核標準，要求政府必須有「壓倒性利益」，才能把實施涉嫌侵權的法律正當化。布萊克蒙大法官警告，這種做法有讓法院變成立法機構之嫌。他引用約翰．哈倫（John Marshall Harlan）大法官在一九六九年做出的判決：「幾乎每項政府立法都會影響重要的權利……如果在這些權利受到影響的所有案件中都應用**壓倒性利益**的規則，將會把最高法院變成一個**超級立法機構**。」[57]另一種意見認為，政府的立法一旦侵犯基本的憲法權利，本身就是違憲，根本不需要再用第十四修正案平等保護條款去嚴格審核，跟這類法律的立法目的無關，也跟這類法律是否出於可疑的目的把人分為三六九等無關。[58]另一種更激進的意見是完全反對從是否侵犯基本權利這個角度分析平等保護條款，認為侵犯的不管是基本權利還是其他權利都是違反法律的平等原則。

為了避免最高法院變成「超級立法機構」，澄清基本權利的界線，一九七三年，最高法院試圖給「基本權利」下一個清晰的定義，主張基本權利就是「憲法明確保證或隱含的權利」。[59]根據這一定義，法院在適用審核標準的時候，不再考慮政府立法涉嫌侵犯的權利是否重要或重要的程度，只看這項權利是否是憲法明文保證的，或者憲法條文中隱含的。這種做法考慮的一個基本原則是憲法的權力制衡原則。法院的權力是司法，不是立法，增加基本權利屬於國會的權力範圍，不是法院的權力範圍。「以保證法律平等保護的名義創造新的具體憲法權利超出了法院的權限。」[60]

在比較了各種意見之後，布萊克蒙大法官認為，最高法院一九七三年在聖安東尼奧獨立學區訴勞德雷格斯案中提供的方法最優：明確界定基本權利，避免把基本權利泛化，同時，如果政府立法侵犯憲法明文保證的或隱含的具體權利，不需要嚴格審核就可以基於第十四修正案或其他憲法條款判定違憲。另外，在政府立法不涉嫌侵犯基本憲法權利的情況下，即便涉嫌可疑的分類，把人群分為三六九等，給予不同對待，法院也不要輕易適用嚴格審核標準干涉立法機構的權限。

布萊克蒙大法官主張，某些利益或權利雖然在憲法中沒有明確的保證，但在法院解釋平等保護條款時有特殊地位。他以投票權為例，指出在州內選舉中，「投票權本身並不是一項憲法保護的權利」。但對於涉嫌侵犯投票權的立法，最高法院應用嚴格審核標準，因為行使投票權是行使其他憲法保證的基本權利必不可少的。沒有投票權，其他憲法明文保證的個人權利和政治權利都是空談。[61]「換言之，投票權被給予特殊對待，用平等保護的術語講，是因為它是一種特殊權利：如果在政治進程中，有公民被賦予次等的參與權，他不可能有希望實現任何有意義的個人政治權利平等。如果有人被法律剝奪了投票權，等於從根本上被打入了二等社會地位。」[62]

布萊克蒙大法官把教育權和投票權相提並論：「剝奪教育權類似於剝奪投票權，在某種意義上可以說，前者把人打入二等社會地位，後者把人置於永久的政治劣勢。」[63]因此，他主張，處理剝奪兒童教育權的問題可以參照處理剝奪公民投票權的做法：教育權不是憲法明文保證的基本權利，但它是一種特殊權利，一旦被剝奪，不但違反任何意義上的平等理念，而且會造成極其嚴重的後果：造成失學兒童處於終生無法克服的競爭劣勢，等於剝奪了他們上進的機會，人為製造了一個「低端階層」。所以，兒童教育不同於其他政府福利，比如政府為低收入居民提供的免費醫療和廉價住房，政府有權就這些福利立法，只為公民和合法居民提供。但第十四修正案的平等保護條款不允許政府借助立法為國家製造劣等人口，把人為製造的身分和地位不平等合法化和永久化。從這個角度講，德州的法律既違反憲法，也不明智。[64]

除了第十四修正案和司法審核標準問題，布萊克蒙大法官也指出，憲法沒有賦予德州政府解釋和執行移民法的權力，只有聯邦政府有權解釋和執行移民法，而德州政府按移民身分把學童分類、剝奪非法移民子女教育的主要理由就是他們應該被遞解出境。這種法律實際上是授權州政府代替聯邦政府解釋和執行移民法。所以，從聯邦政府和州政府各自擁有的法律管轄權角度講，德州政府也沒有權力把非法移民的子女專門分出一類，拒絕向他們提供公立教育。[65]

在四位大法官分別寫的贊同意見中，最引人矚目的是鮑威爾大法官的意見。他試圖走一條溫和的中間路線，既反對法院擴展基本權利，也反對法院對政府製造不平等的法律採取放任態度。他強調，法院要重視個案的特殊性，重申他在韋伯案判決中的意見，認為普萊勒案跟其他涉及平等保護條款的案件不同之處在於，非法移民學童是無辜的，他們沒有主動違法，而是「各種處境相互作用的受害者」，但德州的法律卻讓他們承擔父母違法的後果。鮑威爾大法官分析了導致他們這種處境的現實原因：美國跟墨西哥有二千英里的邊境，執法鬆散，數百萬非法移民被美國的工作機會吸引，穿越邊境打工謀生。憲法賦予國會規範移民事務的權力，但國會沒能有效地行使這種權力，沒有盡到應盡的職責。他指出，一個不可否認的現實是，這些非法移民中的很多人會永遠留在美國，成為事實上的各州居民，政府不能讓他們的孩子成為文盲。[66]

無疑地，非法移民學童沒有合法身分，在這一點上，鮑威爾大法官把他們的處境跟他在一九七二年判的韋伯案中的非婚生孩子相比，認為州政府剝奪非法移民孩子的教育權跟剝奪非婚生子女的繼承權的性質一樣，都屬於因為父母親違法，所以懲罰孩子，既不合邏輯，也有失公道，更跟美國的制度和法律原則背道而馳。按照法律的正當性原則，有過錯才有懲罰，懲罰無辜是一種法律不正義。鮑威爾大法官認可州政府在限制福利方面的立法權，支持州政府合法地把非法移民排除在本州合法居民享有的一些福利之外：非法移民違反法律在先，是主動進入非法狀態，必須承擔自己違法行為的後果。但他們的孩子影響不了他們的決定，所以，在非法移民中，未成年兒童是個十分特殊的群體，不能把他們跟他們的父母一視同仁。在他們的教育問題上，更是如此：

在本案中，法律把這個兒童群體列為另類，專門剝奪其他兒童都享有的教育機會，只是因為他們的身分，而他們被賦予這種法律身分又是因為他們的父母違法。這等於是把這些孩子專門拉出來，施以終生的懲罰和羞辱。這種立法分類有在未來公民和居民中製造一個「低端階層」的危險，不符合第十四修正案的基本目標之一。在這類特殊情況下，法院可以適當地要求政府必須在立法中有實質性利益，而且政府採取的手段和這些利益之間必須有公平的和切實的連結。[67]

鮑威爾大法官並不否認，德州政府在規範教育撥款方面有實質性利益，但他認為，問題出在德州政府採取的手段上：剝奪非法移民兒童教育的手段跟維護州政府利益之間沒有切實性連結。在此，鮑威爾大法官贊同布雷南大法官的判決意見，認為德州剝奪非法移民孩子的教育既節省不了多少教育支出，也提高不了教育品質，而且在現實中，大部分非法移民的孩子將來會成為美國公民和德州的合法居民，剝奪他們的教育，製造一個文盲階層，不但損害德州的利益，而且損害美國的利益。教育水準愈低，失業率和犯罪率愈高，靠政府福利生活的情況也愈多，德州的法律實際上是在製造這種狀況，跟這種極為嚴重的後果相比，德州能節省下來的教育支出微不足道。[68]

六、「柏拉圖式的保護者」

有四名大法官反對普萊勒案的判決結果，華倫．伯格首席大法官寫了反對意見。他申明，德州這項法律無疑是不公平的，但糾正政府的不公平法律，不是法院的職責；法院的職責是審核政府的立法是否違憲，不是所有不公平的法律都違反憲法。「如果我們的工作是為國家制定社會政策，我會毫不猶豫地贊同，一個開化的社會剝奪任何兒童（包括非法移民的孩子）的基礎教育是荒謬的。我完全同意，容忍製造一個由語言不通的文盲組成的社會階層，不但是愚蠢的，而且是錯誤的。但是，憲法並沒有讓我們做**柏拉圖式的保護者**，也沒有授權我們因為一項法律不符合我們追求的社會政策標準，因為**不明智**或**缺少常識**，就廢除這項法律。」如果法院這麼做，等於為社會制定政策，顯然侵犯了立法機構的權限，違反了憲法的權力分配。[69]

按照美國憲法，政府權力分為立法、行政和司法。在移民問題上，憲法賦予國會立法權，賦予聯邦行政執法權，州政府沒有權力禁止非法移民入境，也沒有權力把在管轄範圍內的非法移民遞解出境。聯邦政府失職，控制非法移民不力，但非法移民子女教育的負擔卻由州政府承擔。按道理，聯邦政府失職造成的額外教育成本應當由聯邦政府承擔，但事實上卻變成各州政府和地方政府的財務負擔。雖然伯格大法官沒有明確講，把原告和他們的父母遞解出境是解決本案訴訟的最終辦法，但他的反對意見似乎假定，聯邦政府有能力確認非法移民的身分，並把他們遞解出境，之所以沒有這樣做，是聯邦政府的選擇性失職。[70]

伯格大法官並不否認，第十四修正案的平等保護條款適用於非法移民，但他不同意法院推翻德州政府的立法，認為德州政府有權在分配有限的教育資源時把非法移民和合法居民分開，予以不同對待。在他看來，這樣做屬於德州政府的權限，並不違反憲法第十四修正案的平等保護條款。因為最高法院已經明確判決，教育不屬於基本權利，把非法移民單列一類，區別對待，也不屬於「可疑分類」，但法院卻「把一些似乎是可疑類別，又似乎是基本權利的零碎拼湊在一起，編織出專門為這類案件中的事實量體裁衣的理論……如果要找一個法院毫無顧忌地以結果為導向的判決，本案是個典型。」[71]這無疑是在批評法院為了結果正義而放棄了司法判例、程序正義和憲法原則。

在長達十二頁的反對意見中，伯格大法官逐條批駁了法院的多數判決意見。首先，他批評法院過於強調非法移民學童是無辜的，他們的非法身分是由他們的父母違法造成的，在自己的控制之外，所以，德州政府立法懲罰他們，值得法院按照第十四修正案給予特別關切。他尤其抨擊鮑威爾大法官的意見：法律懲罰無辜兒童，本身就沒有合理基礎可言。在伯格大法官看來，從是否無辜的角度來分析第十四修正案問題沒有法律依據。相反地，第十四修正案的平等保護條款並不禁止立法把無法控制自己處境的人分類區別對待。他舉例說，兒童對自己的健康狀況、申請政府福利和在哪裡居住等，都沒有控制能力。但州政府可以立法把心理健康的兒童和有心理疾病的兒童區別對待，這種立法並不違反平等保護條款。「平等保護條款禁止武斷和非理性的分類，禁止出於偏見和敵意的明目張膽的歧視；但它不是一個無所不包的**等化器**，設計出來要剷除當事人無法**負責**的所有分類。」[72]

在本案中，伯格大法官主張，雖然非法移民的孩子對自己的非法身分沒有決定權，而是由他們父母的非法行為造成的，但德州的法律並不是基於這些孩子父母的非法身分不讓他們上學，而是基於他們自己的非法身分，不管他們無辜不無辜，他們的身分都是非法的。德州不讓他們上學並不是因為他們的墨西哥血統，相反地，按照第十四修正案，他們在美國出生的弟弟妹妹都是美國公民，都享有德州的免費公立教育。顯然，德州剝奪他們的教育不是因為他們的種族、血緣和國家來源，而是基於他們的非法身分。同樣地，有合法身分的孩子也決定不了自己住在哪個學區，但州政府有權立法禁止他們跨學區入學，事實上會禁止貧窮學區的孩子到富裕學區上學。在此前聖安東尼奧獨立學區案判決中，最高法院認為，州政府的這類按學區把學生區別對待的做法不違反憲法。[73]

伯格大法官強調，按照聯邦法律，非法移民的孩子並不因為他們的無辜就免於被遞解出境，或免於受到移民法的「懲罰」。法院也不認為聯邦政府把他們遞解出境不合理，或者違反第十四修正案的平等保護條款。他指出，非法移民孩子的非法身分並不取決於他們是「有罪還是無辜這種空洞的概念」，法院對他們的非法身分沒有爭議，州政府在立法對他們區別對待時也無需考慮他們是不是無辜。伯格大法官專門批駁布雷南和鮑威爾大法官把非法移民孩子跟私生子相提並論的做法，認為那種做法「極其誤導」。他認為，私生子是因為自己的出生而遭歧視，但德州並沒有因為非法移民孩子的出生而歧視他們，而是因為他們非法入境才把他們區別對待。換言之，在伯格大法官看來，私生子的無辜跟非法移民孩子的無辜在法律上不是同一種無辜。[74]

布雷南大法官代表最高法院撰寫的判決書認為，儘管教育不是一種憲法保證的基本權利，但它不同於政府提供的一般福利。伯格大法官稱這種說法「含糊其辭」，也跟政府立法不允許非法移民的孩子享受免費教育的做法是否違憲無關。「法院在這個問題上的意見到底是什麼意思，從未講清楚。」在他看來，教育固然重要，但法院在此前的判決中曾反覆申明，政府提供的一些服務不管有多重要，在運用第十四修正案時，都不能因為重要性本身而把享有這些政府服務變成基本權利。鮑威爾大法官在一九七三年判決的聖安東尼奧獨立學區案中，也是這種主張。[75]伯格大法官引用那個判決，強調法院既沒有權力，也沒有能力行使立法功能，「但法院今天恰恰是在做這種事。」[76]這無疑是暗示鮑威爾大法官在兩個案件判決中的意見自相矛盾。

在闡明教育不是基本權利以及把非法移民的孩子區別對待不屬於「可疑分類」之後，伯格大法官認為，法院只需要看德州法律採用的手段跟要達到的政策目標之間是不是有合理的關聯。不言而喻，州政府能支配的公立基礎教育資源有限，規範使用這種資源是完全合理的立法目標。布雷南及另外四位大法官也認為，德州政府的立法目標是合理的，但採用剝奪非法移民子女教育的手段不合理。這是伯格大法官跟最高法院多數意見分歧的焦點。他認為，德州要求非法移民的孩子交學費，支付自己的教育成本，有合理基礎。在他看來，州政府對合法居民和非法移民的責任有輕重先後之分。「按照定義，非法移民根本無權待在這裡，州政府當然可以合理地、符合憲法地選擇不向他們提供政府服務，以免讓合法居民買單。」[77]

伯格大法官列舉了聯邦政府在提供公共服務和福利方面把非法移民排除在外的做法，比如禁止向非法移民提供食物券、老年福利、兒童補貼、盲人補助、殘疾人補助和低收入補貼、低收入免費醫療等。既然聯邦政府可以合理地採取不向非法移民提供政府服務的做法，州政府同樣也可以採取這種做法。而且，伯格大法官認同州政府律師的申辯：教育非法移民的孩子比教育合法居民的孩子成本更高，因為他們英文不過關，需要把英語作為第二語言的特殊教育，州政府讓他們自己支付教育成本，可以把節省的教育支出用於提高學校的教育品質。在伯格大法官看來，這種做法沒有不合理之處，因而不違反憲法。[78]

伯格大法官批評普萊勒案的判決，相當於「法院毫不掩飾要補償國會空缺的**有效領導能力**」。他承認，在漫長邊境線上執法的難度，以及國會和行政當局的不作為等因素疊加，導致非法移民不斷流入，形成一種「社會經濟困境」。但法院沒有立法和執法功能，不能越俎代庖，承擔國會和行政當局放棄的權力職責。外界對法院這種逾越司法權限的做法已經有很多批評。伯格大法官認為，那些批評是正當的，法院在本案中的判決恰恰像外界批評的那樣，試圖為國會在立法上的失敗或滯後提供「一刀切的速效藥方」：「法院利用（在我看來是濫用）第十四修正案，試圖充當全能、至善的問題解決者。這樣做的動機是高貴的，充滿良知，但這改變不了一個事實：法院扭曲了憲法的功能，填補其他權力的不作為。」伯格大法官為法院的這種越權行為「深感不安」。[79]

不過，在結束了法律分析之後，伯格大法官坦承，他並不贊同德州從公立學校驅逐非法移民學童的做法：「如果我是立法者的話，我不會選擇拒絕向非法移民的孩子提供免費教育。除了同情心方面的考慮，從公立學校中趕走任何兒童造成的長遠代價可能遠超過教育他們的成本。但是，這不是本案的問題；從良善政策出發反對德州的立法選擇固然有道理，卻並不意味著德州選擇違反了憲法……憲法並沒有為每種社會疾病提供藥方，也沒有賦予法官解決所有社會問題的使命。」解決非法移民問題是立法和行政當局的責任，法官越權代行職能等於剝奪了國會和行政當局行使職權的機會。如果立法和行政不在壓力下行使憲法分配給它們的職權功能，長此以往，「那些權力就會像不使用的肌肉一樣，逐漸萎縮。」基於這種理解，伯格大法官認為，法院的判決其實是削弱了立法和行政的職能。[80]

顯然，伯格大法官意在表明，他並非沒有同情心或缺少公平感，而是強調同情心或公平感不能代替法律和制度規範。他也承認，非法移民學童被剝奪教育機會的確有製造一個永久賤民階層的危險，但他認為，這只是非法移民大問題中包含的問題之一，最終是否能夠得到解決不取決於法院，而是取決於立法和行政。伯格大法官對國會解決非法移民問題充滿信心：「很難相信，國會將長期容忍這種自我毀滅的結果——既不把這些非法移民家庭遞解出境，又不向他們的孩子提供教育。但是，法院卻不允許政治進程按自己的軌道運轉——儘管有所延遲，法院反倒試圖替國會做工作，補償國會的不作為。這等於鼓勵政治權力分支把球踢給司法分支，這樣想並非不合理吧。」他的結論是：「要解決這個似乎不可解的問題，出路在於交給政治進程，雖然這可能讓一些人覺得難以接受。」[81]

的確，普萊勒案的判決結果顯示，最高法院有五名大法官難以接受伯格首席大法官的主張，三位大法官則支持他撰寫的反對意見。

七、兩種正義

伯格首席大法官對國會和行政解決非法移民問題的信心沒有完全流於空想。普萊勒案判決四年後，國會通過《移民改革與控制法案》，雷根總統簽署，成為法律，在收緊移民控制的同時，大赦非法移民。美國境內的數百萬非法移民隨之獲得合法身分。非法移民問題暫時得到解決，但在那之後的幾十年間，更多非法移民陸續進入美國，居留下來，非法移民的數量逐漸上升到一千多萬。[82]國會仍然不作為，行政當局仍然沒有能力把大量非法移民遞解出境，非法移民的孩子仍然靠普萊勒案的判決得以享有公立基礎教育。如果沒有布雷南和另外四位大法官的多數判決意見，完全靠國會和行政當局，大量非法移民的孩子會喪失受教育機會，美國社會可能已經形成一個由文盲和半文盲組成的龐大賤民階層。就此而言，伯格大法官完全把問題交給立法和行政去解決的做法缺少前瞻性。

一九八六年，雷根總統簽署《移民改革與控制法案》，普萊勒案原告的孩子和無數跟他們有相同遭遇的孩子一樣，獲得了合法身分。第二年，蘿拉．艾瓦雷茲高中畢業，在泰勒的學校做教師助理。能讓她完成學業的，不是《移民改革與控制法案》，而是賈斯提斯法官在一九七七年九月九日黎明簽署的法庭令和一九七八年九月十四日做出的判決，還有一九八二年六月十五日美國最高法院的判決。如果坐等一九八六年國會立法大赦，她已經從九歲起失學九年了。賈斯提斯法官在審理普萊勒案時已經預見到這個問題：

> 在審判過程中，無可爭辯的證據顯示，如果這些已經處於劣勢的孩子被剝奪了教育機會，他們將會被永遠貶到職業階梯的最底層。如果州政府拒絕教育他們，即便將來國會立法大赦，也無法避免很多孩子將被他們過往的非法身分打上永遠無法翻身的烙印。考慮到這種無法挽回的後果，這是一種特別嚴酷的懲罰。也許甚至是殘忍的和不尋常的懲罰……[83]

一九九四年十月，蘿拉．艾瓦雷茲二十六歲。《洛杉磯時報》的記者找到她，講起普萊勒案，她才知道當年那個坐在法院長椅子上打瞌睡的黎明不但改變了她的命運，也改變了無數非法移民孩子的命運。記者之所以採訪她，是因為加州正在重複一九七五年德州的做法，要立法禁止公立學校接收非法移民的孩子。當時，加州經濟衰退，政府預算吃緊，州長皮特．威爾遜（Pete Wilson）政治生涯飄搖。為了贏得連任競選，他提出「拯救我們的學校」的口號，在選票上增加全民公投，決定是否讓非法移民的孩子享受公立基礎教育。選民投票，以壓倒性多數做出了否定回答。第二天，聯邦法院責令加州政府暫停執行公決結果。基於公決結果的那項法律因違反普萊勒案，最終被聯邦法院宣判違憲而遭到廢除。[84]

一九九六年，一些國會議員試圖立法推翻普萊勒案的判決，允許州政府決定是否接受非法移民的孩子進入公立學校。總統柯林頓明確反對，德州的兩名參議員也不支持，當時的德州州長喬治．布希（小布希）也表示反對。在兩黨和民間的反對聲中，那項國會提案不了了之。[85]

每過幾年，國會就辯論一次非法移民問題，每一次都不了了之。伯格大法官把希望完全寄託在國會，在普萊勒案中指責法院越俎代庖，行使立法職能。不過，被他指責的法官顯然清楚立法是國會的職能。事實上，賈斯提斯法官十分熟悉國會就非法移民兒童問題的辯論：「國會關注不講英語的貧窮孩子的教育問題，有兩大原因，一是相信如果給這些孩子機會，他們就能跟其他孩子一樣，長處得到體現，天分得到發展；二是現代社會中沒有受教育的成年人所遭受的巨大的劣勢。」[86]但是，在國會無休止的辯論中，如果法院也不作為，任由公立學校驅逐非法移民的孩子，導致大量學童失學，對他們個人和對美國社會造成的損失將無法挽回。賈斯提斯法官相信，法院有職責依照憲法避免讓那種情況發生。

在普萊勒案中，伯格首席大法官跟布雷南和鮑威爾等五名大法官的爭執，也反應了由來已久的對法律和公道問題的不同看法。這種爭執跟西方法律史一樣悠久。早在西元前四世紀，亞里斯多德就在《尼格馬可倫理學》中提出用公道矯正法律的觀點：「正義和公道是一回事，都很好，只是公道比單純正義更好。難點在於，儘管公道也是正義的，卻不是法律正義，而是對法律正義的矯正。」[87]亞里斯多德之所以在法律正義之外提出公道概念，原因在於他認識到，法律正義在兩種情況下會出問題。一是法律不完善，遇到一些新出現的情況，法官處理起來無法可依。二是法律設立了普遍性標準，但具體事實在每個案子中卻各不相同，同樣的法律標準運用在一個案子會出現公平的結果，運用在另一個案子卻會出現不公道的結果。這兩種情況下，法官都需要用公道原則補充或矯正法律。[88]

亞里斯多德指出，這種狀況不是法律的錯，也不是立法者的錯，而是由人類行為的性質決定的，因為人的行為五花八門，存在很多難以準確界定的事實，立法者也不可能預見到所有的具體情況。所以，歸根究柢，是人的行為的複雜性和不可預測性決定了公道原則的必要性。亞里斯多德並不是要用公道原則替代法律，而是用公道矯正法律的缺失。沒有法律，無所謂正義，但法律會有空白和缺陷，需要由公道矯正或補償。[89]

英美法在理念、程序和司法機構設置上都深受亞里斯多德用公道矯正法律原則的影響。十四世紀末起，英國王室在國王的普通法法院之外設置了「衡平法院」（Court of Chancery），十七世紀初，衡平法院的地位甚至超過普通法法院。美國在獨立前的殖民地時期，照搬英國司法的模式，獨立後的各州或者是普通法法院和衡平法院並行，或者是讓普通法法院代理衡平法院的職能。同時，國會明確授權新創立的聯邦法院依照衡平法院的原則和程序審理相關案件。自十九世紀中葉起，美國各州紛紛把衡平法院的功能合併到州上訴法院和州最高法院，衡平法院的傳統以新的形式流傳下來。同樣的情況也發生在聯邦法院系統。「在一九三八年《美國聯邦民事程序規則》中，法律與衡平的融合過程被描述為**衡平法戰勝了普通法**。」[90]

跟衡平法院或衡平程序並行的是以公道原則解釋法律的傳統。普通法和成文法要求法官嚴格按既定程序和判例解釋法律、審理案件，衡平法則要求法官從公道的角度權衡呆板司法可能造成的不公平後果。歷史上，法官和法學家試圖在普通法和衡平法之間達成某種平衡，一般是把公道原則的運用限定在亞里斯多德「矯正」法律缺陷的範圍內。比如，對十八世紀下半葉和十九世紀英美法都曾產生重大影響的威廉·布萊克斯通（William Blackstone）

認為：「從公道角度審理所有案件的做法不能走得太遠，以免我們毀掉所有法律，把每個問題完全交由法官隨心所欲地決定。對於公共福祉而言，沒有公道原則的法律，儘管生硬、讓人不舒服，也好於沒有法律的公道。後者會讓每個法官變成立法者……」[91]

從亞里斯多德到布萊克斯通圍繞法律和公道的探討，顯然體現在最高法院的普萊勒案判決中。簡言之，嚴格解釋法律是司法的基礎和出發點，同時，用公道原則矯正和補償法律正義是西方法律，尤其是英美法的古老傳統。繼承了這一傳統的賈斯提斯法官和最高法院的五位大法官拯救了蘿拉和她那一代非法移民的孩子。二〇一七年，蘿拉已經四十八歲，有了自己的孩子。在接受《美國公共媒體》採訪時，她說：「孩子覺得自己擁有的一切都是理所當然。但當我發現這個案子意味著什麼的時候，這是個多麼寶貴的禮物！這是任何人能給我的最寶貴的禮物，沒有教育，我不可能成為今天的我。」[92]

二〇〇七年，詹姆斯．普萊勒先生已經是八十二歲高齡的老人，退休在家，三代同堂，安度晚年，孫子輩有了墨西哥血統。他在接受《教育週刊》採訪時說，當時州政府停止了給非法移民學童撥款，學區沒有辦法，但輸了官司，他其實內心很高興：「我是個教育工作者，知道那些孩子需要教育。我本人高興看到學校接受他們，同時又能從州政府那裡獲得經費，他們能受教育，這正是我們的工作。」[93]普萊勒先生於二〇一六年去世，享年九十一歲。

威廉．賈斯提斯法官於二〇〇九年十月十三日在奧斯丁去世。德州前副州長比爾．郝貝（Bill Hobby）評價說：「賈斯提斯法官把德州拉進了二十世紀，上帝保佑他。他很不受歡迎，但他堅持做正確的事。」郝貝曾反對賈斯提斯法官的很多判決。晚年，賈斯提斯法官回首長達近四十年之久的司法生涯，說在一生判過的所有案子中，他最希望人們能記住的是普萊勒案。[94]

第七章
歷史與神話

沒有西班牙語的美國夢。只有盎格魯—新教社會創立的美國夢。墨西哥裔美國人只有用英語做夢，才能分享那個夢、那個社會。

——薩繆爾・杭亭頓

現代民主在歷史上的源頭植根於西方基督教，這毫無疑問是正確的。這不是新觀點；從托克維爾、黑格爾到尼采等思想家，都看到在很多方面現代民主事實上是基督教普世教義的世俗版本。但是，現代民主起源於特定的歷史語境並不意味著它不能在起源後具有普適性。民主之所以得到傳播，是因為它是一種讓統治者負責的有效方法，不只是因為它有高貴的文化源流。

——法蘭西斯・福山

一九五〇到六〇年代，經過最高法院的一系列第十四修正案判決、國會的民權法案等立法、民權運動有組織的街頭抗爭和媒體的不斷呼籲，美國社會對種族問題的認知和種族關係均發生了前所未有的變化，副產品之一是一九六五年國會修訂《移民法》，取消了自一九二四年以來實行的種族配額。無數東歐、南歐、亞洲和拉丁美洲的有色人種移民合法進入美國定居，成為美國公民。與此同時，美國境內非法移民的數量不斷增長。跟美國歷史上曾經出現的其他幾波移民潮一樣，大量來自不同國家、不同種族、不同文化的新移民湧入，刺激了美國本土反移民勢力的興起。政界、學界和民間的各種反移民理論和實踐此起彼伏，歷經半個多世紀，方興未艾，仍然是當今美國政治紛爭中一道突兀的風景線。

一、短語的奴隸

二〇一七年七月十八日，評論家卡洛斯．羅扎達（Carlos Lozada）在《華盛頓郵報》發文，稱美國總統川普是一位「已逝政治學家的奴隸」。他講的這位已逝政治學家就是薩繆爾．杭亭頓（Samuel Huntington）。羅扎達認為，當時川普治下的美國，「更貼切地說，是杭亭頓的美國。」[1]川普稱自己只講實用，不相信理論，也沒有跡象顯示他讀過杭亭頓的書。他何以成為杭亭頓的奴隸？這聽起來有些神祕，似乎流於牽強，但晚近歷史上曾反覆出現過這種「神祕」現象，也不止一位學者觀察到這種「神祕」現象。早在一九三六年，經濟學家約翰．凱因斯（John Keynes）觀察到：「一些務實的人相信自己不受理論影響，他們往往是過氣經濟學家的奴隸。大權在握的狂人自以為聽到上蒼呼喚，他們無非是從幾年前的三流學者那裡提煉出自己的狂熱而已。」[2]

杭亭頓晚年宣導的兩個具有共同內核的觀念：「文明的衝突」和「盎格魯—新教的美國」在十九世紀末和二十世紀初曾在西方學界、政界風靡一時，各種民間版本廣為流傳。二戰以後，美國學界不再盛行用文化解釋政治衝突，而是傾向於把政治跟文化分開，在分析國際和國內衝突時，讓政治的歸政治，讓文化的歸文化，用具體的國家利益相悖或意識形態對立解釋政治衝突。不過，一些有教會背景和政治神學色彩的右翼理論仍然繼續主張美國是「盎格魯—新教」國家，甚至稱美國是「基督教國家」，跟其他國家的矛盾是「文明的衝突」。在美國，這種理論的受眾主要是福音派會眾和右翼傾向的選民。杭亭頓晚年的主要工作是挖掘百年前的舊學，把各種民間版本的「盎格魯—新教」傳說和「文明的衝突」觀念重新學術化，並借助他在學界的地位和大眾媒體廣為傳播。這類觀念在川普擔任總統期間得到政治強化和部分實踐。

如果追溯「盎格魯—新教」觀念的歷史淵源，人們會發現美國歷史上並行的兩種政治、文化傳統：在全國範圍內，大部分時段占主流的是自由、民主、平等、開放、在憲政秩序中維新的傳統；與之並行的是等級制、種族主義、排外、宗教末世論色彩濃厚的守舊傳統。前者可稱之為「第一種傳統」，後者可稱為「第二種傳統」。

繆達爾曾把第一種傳統歸結為「美國信條」，認為它是美國歷史文化的正統：「美國人，不管國家來源、階級、地域、信仰、膚色，都有個共同點：一種社會精神和政治信條。

人們難免會做出這種評判：這一**美國信條**是這個內部截然不同的偉大國家結構的黏合劑。一旦察覺到這個美國信條，嘈雜的聲音就變成了旋律。由此，人們就會進一步看到另外一個現象：跟西方文明中任何其他大大小小的國家相比，美國有著最清晰地表達出來的人與人關係的普世理想體系。這個理想體系比任何地方的類似理想都得到更廣泛的理解和欣賞。美國信條並不像在其他一些國家那樣，只是政治和司法秩序運作隱含的背景。當然，美國的政治信條並沒有在現實社會生活中令人滿意地實現。但是，作為應當實現的原則，美國社會的所有人都感受到這個信條。」[3]

從托克維爾到繆達爾，學者對美國歷史文化的敘述大多以「第一種傳統」為主線。這種敘述把「第二種傳統」視為美國歷史和文化的插曲，社會和政治常規的例外。一九九〇年代起，一些學者開始反思這種單一傳統主導的敘述模式，認為第二種傳統同樣根深柢固：等級制、父權家長制、種族主義、宗教狂熱、排外等，在某些地域和歷史時段力量十分強大，甚至超過第一種傳統。[4]這兩種傳統都發源於「盎格魯—新教」，在各個歷史時段跟共同構成美國歷史文化的常態，甚至共存於同一個人的精神世界。在杭亭頓「文明的衝突」和「盎格魯—新教的美國」等觀念中，我們可以清晰地看到美國兩種傳統相互交錯、相互補充、相互爭鬥。

在人文、政治和社會領域，「我們是短語的奴隸。」[5]學者找出表達特定人群時代情緒的簡單易記短語，經媒體傳播，家喻戶曉，大眾並不細究這些觀念是否成立，在遇到現實問題時不再依據事實思考，而是做「短語的奴隸」，直接把諸如「文明的衝突」、「盎格魯—新教的美國」等現成短語套用到複雜的現實上去。這兩個短語承載的觀念深深植根於美國傳統中，體現了跟「自由、民主、平等」傳統相互對立、相互補充的「第二種傳統」。在這個意義上講，川普即便沒有讀過杭亭頓，卻不妨礙他做杭亭頓觀念的奴隸。不過，更確切地說，川普和晚年杭亭頓都是美國「第二種傳統」的奴隸。川普的很多支持者和杭亭頓的很多讀者，則成了體現美國第二種傳統的「文明的衝突」和「盎格魯—新教的美國」等短語的奴隸。

二、薩繆爾．杭亭頓

杭亭頓在學術生涯的最後十五年出版了三本著作：《第三波浪潮》、《文明的衝突及世界秩序的重建》和《我們是誰？》。他的學生法蘭西斯．福山（Francis Fukuyama）說這三本書其實是一本，都是「用文化解釋政治現象」，討論的核心問題都是「民主是否仰賴特定的文化—宗教傳統」。在《第三次浪潮》中，杭亭頓觀察到，自一九七〇年代起，世界範圍內的第三波民主化浪潮主要出現在南歐、東歐和拉丁美洲的天主教和東正教國家。基於這種觀察，杭亭頓流露出懷疑民主普世性的跡象，但並沒有提出明確的文化—宗教決定論。[6]

一九九三年，杭亭頓在《外交事務》發表〈文明的衝突？〉時，標題後面有個問號。他把「文明的衝突」稱為一種假說：「這是我的假說：在這個新世界，衝突的根本源頭主要不再是意識形態的或經濟的。人類的重大分化和衝突的主導源頭將是文化。在世界事務中，國家仍將是最強大的力量，但全球政治中的主要衝突將發生在不同文明的國家和群體之間。文明的衝突將主導全球政治。文明之間的斷層線將是未來的戰線。」[7]

三年後，他把那篇二十多頁的文章擴充成一部三百多頁的論著時，標題去掉了問號，增加了一個確定性短語：「世界秩序的重建」，文化—宗教決定論大致成形。二〇〇四年，杭亭頓出版《我們是誰？》，在文化—宗教決定論中又增加了移民、種族和語言因素。這兩本書就像同一本書的上下兩部：上部用文化—宗教差異解釋國際衝突，下部用文化—宗教—種族—語言差異解釋美國的國內衝突，核心問題都是後冷戰時代美國的國家認同，即美國是一個什麼樣的國家，應當成為一個什麼樣的國家，以及如何迎接國內外的挑戰。[8]

在接受印度電視台「對話」節目的訪談中，杭亭頓說「文明的衝突」是他發明的短語[9]，但他自己的文章和著作否定了這種說法。在〈文明的衝突？〉中，他引用柏納·路易斯（Bernard Lewis）論述伊斯蘭極端主義的文章：「這足以構成文明的衝突——一個古代對手針對我們的猶太—基督教傳統、我們的世俗化社會以及二者在世界範圍內的廣泛傳播，做出的可能是非理性的，但絕對是歷史性的反應。」[10]從杭亭頓的文章看，路易斯發表於一九九〇年九月號《大西洋》月刊的文章可能是杭亭頓「文明衝突」觀念的直接來源。

杭亭頓論題的國際語境是冷戰後的世界格局。他的基本判斷是，冷戰以意識形態劃界，敵我陣營大致一方是社會主義，另一方是資本主義。後冷戰時代，意識形態不再是劃分陣營的標準，而是以文明的「斷層線」劃分。如果把這種判斷放到晚近歷史中看，杭亭頓其實等於講，冷戰過後，世界各國的陣營劃分又回到了冷戰前的界線，因為意識形態只是二戰後幾十年劃分陣營的尺規。

《我們是誰？》是《文明的衝突及世界秩序的重建》的延續，把衝突的舞台從國際搬到美國國內，衝突的主角由「西方」或「基督教文明」變成「盎格魯—新教」傳統，相應地，衝突的配角和對立角色也由伊斯蘭教、儒教、日本等文明變成講西班牙語、信天主教的「拉丁裔移民」，尤其是墨西哥裔移民。如果把杭亭頓的這兩本書放到一起看，大致是一個文明圈不斷縮小的思想歷程。在發表〈文明的衝突？〉時，他認同的文明圈是「西方」，所關注的「衝突」是「西方」文明跟其他幾個文明圈，尤其是跟伊斯蘭文明圈、儒家文明圈的衝突。到出版《我們是誰？》的時候，他認同的文明圈已經縮小到「盎格魯—新教」，「只用英語做美國夢」的盎格魯—新教傳統的美國人：「沒有西班牙語的美國夢。只有盎格魯—新教社會創立的美國夢。墨西哥裔美國人只有用英語做夢，才能分享那個夢、那個社會。」[11]

晚年杭亭頓把世界構想成一個文明核心圈層層對外衝突的序列：在國際上，西方文明跟其他文明衝突，在美國國內，盎格魯—新教文化再跟其他族裔的文化衝突。在國際上，西方文明要排斥和遏制其他文明，尤其是伊斯蘭和儒家文明；在國內，盎格魯—新教文化要排斥和遏制其他文化，尤其是拉丁文化。這種構想假定了文明或文化是無法改變的：盎格魯—新教文化一成不變，伊斯蘭教文明和儒家文明都無法接受西方文明；美國的拉丁裔，尤其是墨西哥裔移民，經過兩代、三代都無法接受美國文化，若用杭亭頓的語言講，即「盎格魯—新教的歷史文化傳統」。這種文明圖景體現了一種黯淡的世界觀：人群是其歷史文化傳統的囚徒，注定不能接受普世的文明價值和相應秩序，而是各自畫地為牢，把文明的邊界變成政治衝突的戰線。

杭亭頓的文明衝突論和盎格魯—新教理論遭到來自學界、政界和民間的反駁。在社會科學領域，對一種理論最有力的反駁往往不是另一種理論，而是事實，尤其是歷史事實和現實世界正在展開的事實。美國歷史和晚近的世界歷史都不支持杭亭頓的假說。美國歷史上最慘烈的政治衝突是內戰，不是與其他文明的衝突。美國內戰是「盎格魯—新教」的內部衝突。歷史學家最保守估計，至少六十萬人死於那場戰禍，比美國任何一次跟其他「文明」或「文化」的衝突都慘烈。而且，引發內戰的很多問題，諸如種族、等級、南北矛盾等，仍然左右著今天美國的政治。在世界範圍內，近一百多年，最慘烈的衝突發生在西方文明內部，第一次和第二次世界大戰都不是西方文明跟其他文明的衝突。

從歷史上看，文明形態差異和政治衝突之間沒有因果關係。從現實情況看，也是這樣。文明形態差異跟政治衝突之間固然有某些事實相關性，但杭亭頓把前者當成後者的主導原因，過於籠統、武斷和草率。

三、由多歸一

杭亭頓在《我們是誰？》中所針對的是美國的多元文化和社會的多元化趨勢：「二十世紀的最後幾十年，美國的盎格魯—新教文化及其產生的信條遭到來自四面八方的攻擊，即學界和政界盛行的多元文化主義和多元化學說的攻擊。」杭亭頓列舉的多元主義現象包括：基於種族、族裔和性別的群體認同超越了國家認同；大量來自異國文化的移民堅持自己的傳統；雙重國籍和雙重國家效忠的移民不斷增加；美國學界、商界、政界菁英日益高漲的世界主義和跨國身分認同等。這是來自美國內部的威脅。同時，還有來自外部的威脅：「美國的國家認同，就像其他民族—國家的認同一樣，受到全球化的挑戰，也受到全球化促發的需要更小、更有意義的基於**血緣和信仰**的認同的挑戰。」[12]

杭亭頓借用繆達爾的術語「美國信條」描述美國傳統。繆達爾認為，自由、平等、人人有追求幸福的權利等「美國信條」像黏合劑一樣，把來自不同國家和種族的移民凝聚在一起，組成一個國家。不過，跟繆達爾的定義不同，杭亭頓認為「美國信條」不應當只是「政治原則」，而必須有「盎格魯—新教」的歷史文化內核：「大多數美國人把（美國）信條作為國家認同的關鍵要素。但是，這個信條是建國的殖民者獨特的盎格魯—新教文化產物。那種文化包括英語、基督教、宗教信仰、英格蘭的法治觀念，包括統治者的責任和個人權利、個人主義的新教異議價值觀、工作倫理、對建立人間天堂——山巔之城的能力和職責的信念。歷史上，數以百萬計的移民被這種信條及其創造的經濟機會和政治自由吸引到美國。」[13]

繆達爾雖然也認為「美國信條」的來源可以追溯到新教中為自由而戰和民主的精神，英格蘭法律中的正義、公道和平等原則，尊重憲法的美式保守主義，以及自然法與美國的清教傳統，但他同時強調，「美國信條」的核心價值來自啟蒙哲學中的人性解放。[14] 杭亭頓則強調「美國信條」的種族—宗教—文化起源：它是盎格魯—新教這一特定種族、特定宗教、特定文化的產物。在他看來，起源決定著當下，過去決定了現在，來自於其他國家、種族、文化、宗教的移民只有認同盎格魯—新教的歷史文化傳統才算認同美國。

基於這種認識，杭亭頓認為，美國正受到移民，尤其是拉丁裔移民的威脅，面臨國家分裂的危險：「美國是否將繼續是一個保持單一全國語言和盎格魯—新教核心文化的國家？忽視這個問題，美國人等於默許自己最終變成兩個擁有兩種文化（盎格魯和西班牙）、說兩種語言（英語和西班牙語）的兩個族群。」他就此斷言：「西班牙裔和盎格魯裔的分化可能取代黑人和白人的種族分化，成為美國社會最嚴重的分裂。」[15]

回顧歷史，我們會看到，杭亭頓的憂慮在美國曾經發生過多次。美國歷史上不斷有人警告，盎格魯—新教社會正受到黑人威脅、天主教威脅、愛爾蘭移民威脅、德國移民威脅、南歐移民威脅、東歐移民威脅、猶太移民威脅、中國移民威脅……除了英格蘭移民以外的幾乎所有大規模移民，都曾經被認為是對盎格魯—新教傳統的威脅。[16]而且，每次移民威脅論都會強調，威脅美國的新一波移民跟以前融入美國的老移民不一樣：以前的移民能夠融入，但新移民因為文化、宗教、習俗、人種等原因，無法融入美國。歷史上，人們把這種思潮和情緒稱為「本土主義」（nativism），它往往與種族主義糾纏不清。

為了避免種族主義之嫌，杭亭頓在《我們是誰？》中特別指出，他強調的是「盎格魯—新教文化的重要性，不是盎格魯—新教人群的重要性」。他也認為，美國的偉大之處在於國家認同不再建立在民族和種族基礎上，而是一以貫之地堅守盎格魯—新教文化和建國信條。[17]但是，與繆達爾頗具包容性的「美國信條」不同，杭亭頓的「盎格魯—新教」信條具有鮮明的種族—宗教—文化排他性。但在現實世界，其他種族、其他宗教、其他文化傳統的美國人可以認同「美國信條」，但不一定認同「盎格魯—新教」文化。這種現象在當代政治語境中尤為突出：大部分美國選民認同自由、平等、民主的「美國信條」，但並不認同福音派新教體現的不寬容、家長制、神學政治、反同性戀、反墮胎和反科學的文化。

在抽象的意義上，杭亭頓反對以民族和種族為基礎的國家認同，支持多民族、多種族的美國，但具體到現實世界，他卻把特定種族—宗教—文化作為國家認同的內核。無論在歷史上，還是在當代，美國的盎格魯—新教「種族—宗教」內核沒有足夠的包容性，往往被當作本土主義排外的理論依據，事實上已經成為美國第二種傳統的標誌。

在美國第二種傳統的排他性階梯上至少有三個等級：最高等級是「西方文明」，有比較強的包容性，在最廣泛意義上，甚至幾乎等同於現代文明：憲政制度、個人自由、權利平等、民主選舉等。第二個等級是基督教新教文明，已經有較強的排他性，把天主教和猶太教排除在外，更不論其他文明和其他宗教。第三個等級是盎格魯—新教文化，不但有宗教教派限定，而且有族裔限定，是排他性最強的一級。杭亭頓晚年經歷了這三個等級，逐級下降，在最後一本書《我們是誰？》中達到最低點——只有說英語的盎格魯—新教的美國夢，沒有其他文化、其他宗教、說其他語言的美國夢。

按照杭亭頓的限定，大量美國人只能有殘缺的美國夢，他們或者文化血統不符合要求，或者宗教不符合要求，或者英語達不到標準。杭亭頓表達的與其說是一種理論或學說，不如說是一種情緒。那種純粹的盎格魯—新教美國夢從殖民地時期起就從來沒有在美國完整存在過，二百多年的美國史一直都是各宗教教派並存、各族裔雜居、第一代移民講母語或雙語。是承載「美國信條」的共同的美國夢，而不是特定的種族—宗教—文化認同，把不同種族、不同宗教、不同文化和講不同母語的人群凝聚成一個國家。

正如繆達爾在美國考察時所觀察到的那樣，美國的價值觀和政治制度固然有著鮮明的英格蘭傳統，但湯瑪斯．傑佛遜在《獨立宣言》中表述的「美國信條」——人人平等，有生命、自由和追求幸福的權利，是跨宗教、跨種族、跨文化、跨語言的，是所有美國人的共同財富，具有極強的包容性。美國建國時確立的格言「e pluribus anum」——「由多歸一」，是這種包容性的寫照：在共同的「美國信條」之下，各州、各族、各教派組成統一的國家。而且，隨著不同族群移民的湧入，美國不斷吸收新鮮血液，形成了一個「盎格魯—新教—非洲裔—天主教—印第安—德國—愛爾蘭—猶太—義大利—斯拉夫—亞裔」社會。[18]不只是在種族和族裔的意義上是如此，在宗教—文化的意義上也是如此。

四、本土主義

回顧美國十九世紀中葉到二十世紀初葉，每一波移民潮都刺激本土主義興起，而所有本土主義都以盎格魯—新教為排外的旗幟。一八四〇年代，來自愛爾蘭的移民曾達到美國人口的百分之十。美國反愛爾蘭移民情緒高漲，因為愛爾蘭移民信奉天主教，反天主教隨之成為全國性運動。天主教徒在一些行業受到排斥。以美國最高法院為例，早在一八三六年，天主教徒羅傑．托尼（Roger Taney）就被安德魯．傑克遜總統任命為最高法院首席大法官，但愛爾蘭移民湧入刺激起反天主教潮流後的近六十年中，沒有一位天主教徒被任命為最高法院大法官。直到一九二〇年代，三K黨仍然能在全國範圍內掀起反天主教運動。

一八九〇年代，移民曾經占到美國人口的百分之十四．八，後來美國歷史上移民占人口的比重從來沒有打破那時的紀錄，包括杭亭頓提出拉丁裔移民威脅論的年代，移民也只占美國人口的百分之十一．二。一八九六年，法蘭西斯．沃爾克（Francis Walker）在《大西洋》月刊發文稱：「大量東歐和南歐的無知、粗蠻農民洶湧而來，降低了美國公民的品質。」更糟糕的是，移民中有成百上千的「聾啞、弱智、瞎子、傻瓜、瘋子、乞丐、罪犯」。在沃爾克看來，非盎格魯─撒克遜人口不適合美國的公民自治和民主選舉制度，如果他們人數愈來愈多，將會毀掉美國的價值觀和制度設計。[19]

愛爾蘭、東歐、南歐移民的遭遇也發生在猶太人身上。再以最高法院為例，一九一六年，當威爾遜總統提名猶太人路易士．布蘭迪斯為最高法院法官時，遭到美國律師協會、美國前總統塔夫特、眾多聯邦法院法官以及數十名參議員反對。反對的主要理由之一：他是猶太人。布蘭迪斯是哈佛大學法學院歷史上最優秀的學生之一，畢業成績保持了六十年才被打破。當時不講政治正確，即便在哈佛法學院的教授中，反猶都是公開的。在學校餐廳，有位教授曾對坐在他身邊的布蘭迪斯說：「你搞不懂，豬跟鳥不坐一起吃飯。」布蘭迪斯說：「那我飛走吧。」[20]布蘭迪斯大法官被任命後，因為他的猶太人身分，有最高法院大法官拒絕跟他出席公開活動。

經歷一個多世紀後，針對愛爾蘭移民、南歐移民、猶太移民和天主教徒的偏見已經不再被美國主流社會所接受。如今，美國最高法院九名法官中有六名是天主教徒、兩名是猶太人，只有一名勉強算是盎格魯—新教徒。川普政府中起用的很多官員是曾被沃爾克認定為沒有接受美國制度能力的東歐和南歐移民的後裔。歷史上，無論是愛爾蘭人、義大利人，還是猶太人，融入美國社會都經歷了漫長的過程，經過五十年左右才被美國社會實質性接受，一個世紀左右才完全融入，不再被視為非我族類。在融入美國社會的同時，這幾個移民群體也改變了美國社會。

二〇二一年四月，亞當．瑟沃爾（Adam Serwer）在《大西洋》月刊撰文，指盎格魯—撒克遜之說「是一種由來已久的偽科學的學術導向，在美國十九和二十世紀之交的反東歐、南歐移民潮中流行一時。本土主義者需要一種說法，解釋為什麼波蘭、俄國、希臘、義大利和猶太移民跟以前的移民不一樣，為什麼他們來了會構成威脅。」[21]跟當時民眾的集體心理和社會情緒相適應，理論家發明了美國文明的盎格魯—撒克遜起源論，把美國的價值觀和政治制度追溯到古代的北歐部落。

一九三八年四月號的《美國社會學評論》有篇題為〈美國的盎格魯—撒克遜神話〉的文章，概述了美國學界和政界這種說法的來龍去脈。文中引述幾位英國學者的看法，認為當時美國流行的盎格魯—撒克遜理論既不符合英國史，也不符合美國獨立前的殖民地歷史；之所以在美國流行，跟歷次反移民浪潮和十九世紀末、二十世紀初優生學在美國興起有關。美國版的優生學大致是說，盎格魯—撒克遜是最優越的種族，需要保住這個血統在美國人中的主體地位。這種思潮波及社會、文化、政治和法律的各個方面。一九二四年，美國訂立了歷史上種族主義色彩最濃厚的移民法，不但基本斷絕了亞洲移民，而且把南歐、東歐移民數量也降到了此前的零頭。[22]

英國歷史學家理查・陶尼（Richard Tawney）在美國訪問時曾發出感慨：短暫行程中聽到的「盎格魯—撒克遜」比他在英國生活了大半輩子聽到的還多。英國作家吉伯特・柴斯特頓（Gilbert Chesterton）也有同感：「我們英國人混雜了不列顛人、羅馬人、日耳曼人、丹麥人、諾曼人和畢卡爾人的血統，到底有多少盎格魯人和撒克遜人的血統在裡面，只有愛狂想的古玩家感興趣。而瑞典人、猶太人、日耳曼人、愛爾蘭人、義大利人像瀑布一樣不斷向美國傾瀉；至於在美國咆哮的人種漩渦中還殘留多少英國人就已稀釋的盎格魯—撒克遜血統，只有精神病才感興趣。」[23]

即便在一百年前，有跡可循的「盎格魯—撒克遜」人口也已經占美國人口的少數。根據一九二〇年的人口普查紀錄，白人，包括拉丁裔白人，占美國人口的百分之八十七・一，其中祖上來自不列顛和北愛爾蘭的人口全部加起來才占白人人口的百分之四十一・四。而不列顛的蘇格蘭人和威爾斯人不被認為是「盎格魯—撒克遜人」。這兩個族裔在一九二〇年人口普查中的占比已經不再單獨統計，而是統統把他們歸入英國人。在一七九〇年的美國第一次人口普查中，蘇格蘭人和威爾斯人約占英國裔人口的五分之一。一八二〇年後，這兩個族裔移民美國的人口在英國裔移民中的占比高於五分之一。換言之，一百年前，在美國人口中，祖上跟「盎格魯—撒克遜」能沾上邊的最高估計也不到百分三十六。如果排除蘇格蘭人和威爾斯人，盎格魯—撒克遜裔占美國人口的比重小於三分之一。[24]

一九二〇年至今的百年中，南歐裔、東歐裔、拉丁裔和亞裔移民遠遠超過來自英格蘭的移民，盎格魯—撒克遜裔人口占比進一步縮小，加上跟其他族裔通婚，純粹盎格魯—撒克遜人占美國人口比重已經無從可考。在一九二〇年代的優生學狂熱過後，也很少有嚴肅學者再關心這種問題。

五、盎格魯—撒克遜神話

當代史學家蘿拉·博耐特（Lora Burnett）搜索了國會圖書館各時代的報刊資料庫，發現美國獨立後半個多世紀中，很少有人講「盎格魯—撒克遜」。「盎格魯—撒克遜」在報刊中出現的頻率猛增是在一八三六年之後，跟當時蓄奴與廢奴之爭同步，成為南方維護奴隸制的主要理由：白人，尤其是盎格魯—撒克遜人，是能夠自治的優等種族，黑人沒有自治能力。[25]由此可見，與其說「盎格魯—撒克遜」優越論在美國的興起是歷史的產物，不如說是政治的產物。

第一次世界大戰結束後，法蘭克·漢肯斯（Frank Hankins）觀察到，歐洲和美國追求種族純潔的思潮和運動都跟在動盪時期國民追求團結的政治努力有關。其基本邏輯是：自己的種族優越，優越的種族創造優越的文化和宗教，所以要保持種族純潔，不能讓外族玷汙，不能讓其他宗教滲透：「我們在戰前和戰爭期間的德國清楚地看到這一點。我們在戰後美國的三K黨運動中也看到這一點。本質上，這是盎格魯—撒克遜美國確認自己天生優越，並以一種好鬥的方式告知各色人等：這是我們的國家，要由我們統治。」[26]

這種追求種族純潔性的情緒也反映在一些新教教派的種族主義狂熱運動中。一九二五年七月二日，一位名叫喬治．麥圭尼斯（George McGuinnis）的牧師在報紙上號召所有盎格魯—撒克遜人到科羅拉多集會，稱「盎格魯—撒克遜人是失蹤的以色列十支派後裔」，「被上帝揀選統治陸地和海洋的種族」。[27]

漢肯斯注意到，當時美國的盎格魯—撒克遜主義宣導者大都在德國接受高等教育，而德國學術界，費希特和黑格爾的日耳曼種族優越論盛行一時，把文明或文化的優越和特定種族掛鉤，其極端表現形式就是「單一民族國家」理念。當時美國學術界的重量級人物約翰．博爾蓋斯（John Burgess），從德國留學回到美國後出版了《政治學和比較憲法學》，傳播他在德國接受的種族和文化理論，但把德國教育中的日耳曼種族優越論置換成美國的盎格魯—撒克遜優越論。在他看來，國家就是「同一個種族棲居在同一個地理區域」。按照這個標準，他認為德國是個還沒有最後成形的國家，因為很多日耳曼人還居住在國境外，同時，很多斯拉夫人、瓦隆人、法蘭西人和立陶宛人卻居住在德國境內。至於美國，為了保持國家一致，必須限制和排除影響國家統一性的移民。[28]

漢肯斯批評博爾蓋斯的單一種族國家理論，認為「在種族方面，說德國是個條頓國家跟說英國是個盎格魯—撒克遜國家一樣，都違反事實。如果是在人類學意義上，而不是在詩化和浪漫的意義上講，美國現在不是，也從來不是個盎格魯—撒克遜種族的國家。」[29]

比漢肯斯稍晚的弗萊德里克．德特威勒（Frederick Detweiler）也指出，那種認為盎格魯—撒克遜人比其他種族和文化更熱愛自由民主的看法與歷史不符：「這個國家建立其上的地基固然有英格蘭人的土壤。可能五分之三是英格蘭人和威爾斯人。」但是，在美國獨立前，約翰・亞當斯（John Adams）估計，殖民地大約有三分之一的人反對獨立，擁戴英國國王，他們大多為英國移民和英國移民的後裔。而荷蘭裔、法國裔、北歐裔沒有這種保王情結。這種現象並不說明其他族裔更愛好沒有君主的憲政民主，但也不說明盎格魯—撒克遜裔比其他族裔更天然擁護沒有君主的自由民主。[30]

美國從內戰前到種族隔離時代一直有學者認為，南方白人在種族和文化上都比北方白人優秀。歷史學家漢密爾頓・艾肯羅德（Hamilton Eckenrode）在一九二三年出版的《傑佛遜・戴維斯：南方總統》一書中，稱奴隸制時代的南方白人為「熱帶的北歐人」，是正統的盎格魯—撒克遜後裔，並把南方比作「雅典」，把北方比作「斯巴達」。[31]詹姆斯・亞當斯（James Adams）在一九三四年出版的《美國的悲劇》中發現，南方人流行把農業生活浪漫田園化，在受到更多北方對奴隸制的批評後，則用盎格魯—撒克遜種族抬高自己，稱美國南方白人是更純粹的北歐人種，統治能力比北方白人更強。[32]

一九四〇年代，繆達爾在美國做研究時發現，所接觸的南方人中很多有這種懷舊心態，相信南方人是盎格魯—撒克遜貴族的後裔，北方人則是英國下等人的後裔。顯然，這種信念跟歷史不符。學者需要創造更符合歷史事實的理論支持南方種族優越論。到二戰前，流行的盎格魯—撒克遜理論認為，因為南方接受的移民遠遠少於北方，所以南方人的盎格魯—撒克遜血統更純正。當時，人們講的移民主要是指愛爾蘭人、義大利人、東歐人、猶太人等，一種普遍的心態是，這些來自天主教、東正教、猶太教的移民威脅著美國的盎格魯—新教制度和傳統，降低了美國人的品質，有把美國變成一個像愛爾蘭、義大利、波蘭、俄國那種國家的危險。[33]

盎格魯—撒克遜的種族—宗教神話是政治的產物，在歷史上也服從國際和國內政治的需要。按照這個神話，盎格魯—撒克遜種族起源於北歐部落，在血緣上跟德國北方的日耳曼人是近親。事實上，從美國獨立到第一次世界大戰前，德語是美國除了英語以外的第二大語言，各地不但開設了很多德語學校，而且有德語報紙、德語教會、各種講德語的公益組織等。一戰期間，美國和德國關係惡化，德國移民和德裔美國人隨之成為被排斥的對象，德語成為被打擊的語言。甚至有國會議員提案，要求接受聯邦教育撥款的州禁止教英語以外的語言，這顯然是針對德語。一戰前後，美國至少有十四個州立法，禁止公立和私立學校教授德語。

一九一九年，內布拉斯加州通過了《希曼法案》（*Siman Act*），禁止在公立學校、私立學校和教會教德語。有位路德宗教會學校的德語老師名叫羅伯特·梅耶（Robert Meyer），他教一名十歲的四年級學童讀德語版聖經，被巡視的縣檢察官發現，遭到起訴。縣法院判梅耶有罪，罰款二十五美元。梅耶上訴到美國最高法院。他的代理律師是位愛爾蘭移民後裔，在法庭上稱《希曼法案》是「世界大戰引發的仇恨、國家偏執和種族偏見」的產物。州政府辯護稱，這個法案是為了讓所有居民都變成「百分之百的美國人」。[34]

最高法院在判決中指出，自由人要追求幸福，有些基本權利必不可少；憲法不只是保護民眾不被政府隨意限制人身自由，也保護民眾自由締結契約、選擇謀生方式、學習知識、成家立業、養育子女和信仰宗教的權利和自由。這是普通法的偉大傳統。最高法院主張，老師教授移民母語、學童的家長讓孩子學習母語都屬於這種追求幸福不可或缺的權利和自由。「認為掌握德語本身有害，是不合理的。相反地，人們一般認為掌握德語是有益的。在學校教這種語言是原告的職業。他教德語的權利和家長請他教自己孩子的權利屬於（憲法第十四）修正案保護的自由。」[35]

最高法院的這個判決相當於說，憲法保護德裔美國人用德語做美國夢的權利。八十年後，杭亭頓稱，只有用英語做的盎格魯—新教創立的美國夢，沒有西班牙語的美國夢。顯然，一九二三年的最高法院堅守的是美國的「第一種傳統」，杭亭頓晚年返歸的是美國的「第二種傳統」。

六、保守主義與文化偏執

二〇二〇年大選，川普敗選後，共和黨眾議員馬喬麗．格林（Marjorie Greene）和幾名極右同僚要成立弘揚盎格魯—撒克遜政治傳統的決策團。媒體披露之後，眾議院共和黨領袖凱文．麥卡錫（Kevin McCarthy）稱之為「本土主義狗哨」。他明確表示：「美國是建立在人人平等和以誠實、勤勞獲得成功的理念上面，不是建立在身分、種族和宗教上面。共和黨是林肯的黨，是為所有美國人爭取更多機會的黨，不是本土主義的狗哨黨。」[36]

在遭到廣泛譴責之後，國會極右團體弘揚「盎格魯—撒克遜政治傳統」的計畫胎死腹中。這種失敗表明，杭亭頓晚年宣導的具有強烈排他性的種族—宗教—文化理論在實踐中難以獲得支持，甚至在共和黨右翼中都難以為繼，只能作為一種情緒表達。在這種社會和政治氛圍中，一些盎格魯—新教理論的宣導者更喜歡用「保守主義」這一更籠統的概念，來表明自己的文化傾向。

美國的「激進」與「保守」都是在「美國信條」之下才不脫離正軌。「美國信條」既是國民信守的理想，也是國家對國民的承諾。這個理想和承諾的核心就是《獨立宣言》中講的人人享有平等的生命、自由、追求幸福的權利。在共同的「美國信條」之下，所謂「激進」無非是要快點兌現那個承諾；所謂「保守」無非是說不能冒進，而是要根據現實條件有秩序地一步步實現那個承諾。歷史上，其他宗教、種族和文化移民的匯入並沒有毀掉那個理想和承諾，而是使之更加包容、更加強大。這是美國的第一種傳統。

按照這一傳統，《獨立宣言》中的建國理想就是「保守派」和「激進派」的共識。雖然現實跟理想之間有很大距離，是非善惡交錯，但這更加表明堅持「美國信條」中體現的建國理想的必要。繆達爾曾對此有細緻的觀察：「有時，人們甚至能感覺那種在對毫不妥協的崇高理想的堅守和參差不齊的現實之間的關係。人們體會到，也許正是在這個仍然有些組織無序的年輕國家讓現實變成理想的難度，也就是美國無處不在的**錯誤**，用國家信條的崇高標準衡量被認為的**錯誤**，讓理想更加突出。美國不斷地為靈魂而掙扎。這些社會倫理原則被錘煉成簡單易記的公式。所有心智交流方式都被用來在每個人精神打上這些信條的烙印。學校講課教它們，教會佈道講它們。法院判決用法律術語宣布它們。」[37]

同時，美國的第二種傳統也隨著時代起伏，它不是要一步步有秩序地實現《獨立宣言》中的建國理想，履行《獨立宣言》中的建國承諾，而是反對那個理想和承諾；不是追求人人平等，而是按照財富、種族、宗教和先來後到把人群分成三六九等；不是依照「美國信條」有秩序地改良不合理的現狀，而是把各種等級和不平等固化；不是以一種開放的心態對待不同種族、不同文化、不同宗教、不同文明的人群對良善政治秩序的追求，而是主張起源決定論。杭亭頓晚年宣導的是這種傳統。

福山對杭亭頓晚年返歸第二種傳統的趨向多有批評。他指出：「現代民主在歷史上的源頭植根於西方基督教，這毫無疑問是正確的。這不是新觀點；從托克維爾、黑格爾到尼采等思想家，都看到在很多方面現代民主事實上是基督教普世教義的世俗版本。但是，現代民主起源於特定的歷史語境並不意味著它不能在起源後具有普適性。民主之所以得到傳播，是因為它是一種讓統治者負責的有效方法，不只是因為它有高貴的文化源流。」[38]

福山也觀察到，美國的現實跟杭亭頓晚年的描述並不相符。比如，杭亭頓推崇盎格魯—新教徒的工作倫理，但事實上，當今美國工作最辛苦的並不是盎格魯—新教徒——至少不是只有他們，而是來自亞洲、拉美的第一代移民。在有機會的地方和有希望透過努力實現夢想的地方，人們就會努力工作。美國仍然不乏努力工作的盎格魯—新教徒，但這個群體中有很多人，工作並不努力，甚至沒有動力接受高等教育，成為排外的主力。他們代表的不是「美國信條」，而是用種族—宗教特色的本土主義阻擋「美國信條」的傳承。顯然，杭亭頓晚年成了這種本土主義情緒的學術代言人。但這種向後看的情緒不可能代表美國的未來，也不可能是美國人國家認同的未來。

書本提供知識，也提供偏見。杭亭頓的著述也是提供這兩者。他的理論對當今世界和美國的現象有一定解釋力，但包含不少基於宗教、種族和國家來源的偏見。從歷史角度看，杭亭頓晚年的論題是美國兩種傳統相互衝突的延續。每代人都覺得自己遇到的挑戰前所未有，但看一下歷史——好在美國歷史不太長，每代人的問題都不是前所未有，一些被問題刺激出來的反應也有與以往類同的模式，所謂穿新鞋走老路。借用羅扎達和凱因斯的語言講，川普時代，杭亭頓在美國政界的「奴隸」試圖實踐他的國內和國際政治願景，結果是世界空前的對抗，美國國內空前的分裂。

在可預見的未來，「盎格魯—新教」的歷史文化內核會繼續保持生命力，但美國只有內核遠遠不夠，不足以讓不同種族、不同文化傳統、不同宗教信仰的人群凝聚成一個強大的國家。繆達爾歸結的「美國信條」遠比杭亭頓推崇的產生「美國信條」的「盎格魯—新教」文化，更包容、更博大、更有凝聚力。

第八章

未竟的救贖

南方跟聯邦政府有太多糾葛。內戰後重建在南方留下的慘痛的傷疤，到現在還沒有癒合。對洋基佬的橫加干涉、居高臨下指手劃腳，南方人超級敏感。時間會擺平這些事，但改變需要時間。

——史壯・瑟蒙

我們不是生活在觀念世界：無論是好是壞，我們生活在生活世界。

——阿契鮑德・麥克雷施

說起美國南方，遠不只是個地理概念。對於很多土生土長的南方人來講，南方意味著一種生活方式、文化傳統和身分認同，夾雜著內戰投降的屈辱、對北方的世代積怨、反叛的衝動和悲情、歷史的原罪和艱難的自我救贖。對於很多北方人來講，南方意味著種族主義、福音派教徒、封閉落後，還有史壯・瑟蒙（Strom Thurmond）、奧瓦爾・佛布斯、喬治・華萊士、小布希等充滿爭議的政治人物。

一、史壯・瑟蒙

史壯・瑟蒙是南卡羅來納人，活了一百歲，擔任國會參議員四十八年，成為主張種族隔離、維護州權和南方生活方式的一面旗幟。他生前有過不少轟動美國的傳奇：五十五歲時，為阻撓民權法案通過，在參議院連續演講二十四小時十八分鐘；六十一歲時，跟德州參議員用摔角解決政治糾紛，把對手壓制在參議院地板上；六十六歲時娶了二十二歲的南卡羅來納選美小姐，兩人生了四個孩子……

二〇〇三年六月，瑟蒙參議員去世。不久，他生前不為外界所知的混血女兒艾茜・梅（Essie Mae Washington-Williams）公開了自己的身分。兩年後，艾茜・梅出版了回憶錄《親愛的參議員》，講述了她跟父親長達六十多年的祕密往來。父女兩代人的悲歡離合讓人體會到南方的溫情和曖昧、偏見和無奈、責任感和依賴感、不易破解的生活密碼、難以言傳的潛規則，還有一種當代人已經陌生的忠誠，也讓人看到歷史的冷酷印記。[1]

瑟蒙二十二歲時跟十六歲的黑人女孩凱麗·巴特勒（Carrie Butler）相好。當時，他在南卡羅來納的艾治菲爾德鎮做中學老師，巴特勒在他父親家做家務。一九二五年，巴特勒生下混血女兒，取名艾茜·梅，寄養在賓州的姐姐家。艾茜·梅上小學的時候，鎮上一名白人婦女被強姦。那時候，她還不知道強姦是什麼，但整個鎮上的黑人驚恐萬狀，像天要塌下來一樣。警察抓了個黑人嫌疑犯。鎮上的白人等不及審判，要私刑處死，上千人帶著槍去劫獄。鎮上的黑人也開始聚集，帶著槍去保護監獄。

艾茜·梅的姨父是個虔誠的基督徒，也要帶槍去，她的姨媽哭叫阻攔，說去了可能就回不來了，而且白人還會找上門把她們孤兒寡母也殺了。她姨父也開始哭泣，但還是帶槍去了。好在鎮上的警長威信較高，及時趕到現場，白人黑人武裝對壘，但都沒有開第一槍。警察悄悄把黑人嫌犯轉移到另一個縣的監獄看管。幾天後，警察抓到了真正的強姦犯，是個白人。任何傳統都包含野蠻的集體無意識衝動，在社會衝突中以各種偏執的方式表現出來。

少年時代，艾茜·梅一直把姨夫和姨媽當父母，十三歲時才見到生母凱麗·巴特勒，但仍不知道自己的父親是誰。十六歲時，艾茜·梅第一次跟生母回到出生地，參加親戚的葬禮。葬禮後的早晨，母親把她叫醒，說要帶她去找父親。兩人穿上最好的衣服，朝富裕的白人城區走。艾茜·梅心想，他父親可能是在白人富豪家裡當管家。來到一棟樓前，看到招牌上寫著「瑟蒙和瑟蒙律師事務所」。她想，父親可能是給律師當司機吧。一位黑人男僕出來給母女倆開門。艾茜·梅以為那就是他父親。但男僕並不說話，把他們帶到一間巨大的辦公室。幾分鐘後，一位英俊的白人進來，穿著淺藍色西裝，久久地盯著她看，然後對她母親說：「你女兒真可愛。」母親對艾茜・梅說：「快見你父親。」[2]

艾茜・梅一時無法把「父親」跟眼前這位白人律師連結起來，不知道該怎麼稱呼，想到在門口看到「瑟蒙和瑟蒙律師事務所」的牌匾，就說：「您好，瑟蒙先生。」瑟蒙問她喜不喜歡南卡羅來納。艾茜・梅說，跟她家那裡太不一樣了。瑟蒙說：「這裡才是你的家啊。」又問她知道不知道南卡羅來納州徽上的拉丁文「Quis Separabit」是什麼意思。艾茜・梅說她沒學過拉丁文，瑟蒙讓她猜。在一旁的母親說：「你父親以前是老師。」瑟蒙撫著艾茜・梅的肩膀說：「意思是，誰能把我們分開？」[3]

分手的時候，瑟蒙對巴特勒說，「你女兒真可愛。顴骨像我妹妹。」艾茜・梅回憶，她一直盼著父親說「我們的女兒真可愛」。回家路上，艾茜・梅問母親：「他愛你嗎？」母親說：「希望他愛我……我想他是愛我的。」「你愛他嗎？」「愛。」「他結婚了嗎？」「沒有。」「我們怎麼辦？」母親說：「有什麼辦法？這裡是南卡羅來納。」[4]

巴特勒告訴艾茜・梅，事務所門口匾牌上的第一個「瑟蒙」是她爺爺約翰，第二個「瑟蒙」就是她父親史壯。約翰・瑟蒙做過南卡羅來納的聯邦檢察官和州最高法院法官，曾計畫競選州長。有一天，他跟政敵在事務所門前的街上相遇，話不投機，開始以南方人的方式解決爭端，開槍打死了對手。儘管陪審團認定是自衛，判他無罪，但政治前途已變得渺茫。他後來給兒子史壯寫下手諭：「凡事三思而行，如有疑慮，就不要行動。」[5]

珍珠港事件爆發時，史壯・瑟蒙已經三十九歲，擔任州巡迴法院法官，不在徵兵的行列，但他主動要求入伍。戰爭改變了很多人的命運，也開始改變美國社會對黑人和其他種族的態度。珍珠港事件那天，一位黑人士兵成了擊落日本戰機的英雄。多利斯・米勒在西維吉尼亞號戰艦上當廚子，不屬於戰鬥人員，沒有受過防空武器訓練。日本軍機發動空襲後的混亂中，他跑到戰鬥位置，用高射機槍掃射長達十五分鐘，擊落至少一架敵機。西維吉尼亞號被魚雷擊中，沉沒前他幫助數名戰友逃生。米勒因戰功獲得海軍十字勳章，那是美國海軍的最高榮譽勳章。一九四三年，在對日作戰中，他所在的艦隻被日軍潛水艇擊沉，米勒犧牲。冷戰期間，美國海軍曾以他的名字命名一艘護衛艦。二〇二〇年，美國海軍宣布把即將建造的一艘核動力航母命名為「米勒號」。目前，美國海軍共有現役航母十一艘，其中八艘以總統名字命名，兩艘以國會議員名字命名，一艘以海軍上將名字命名，「米勒號」將是第一艘以普通士兵名字命名的航母。

瑟蒙被派往歐洲戰場，參加了諾曼第登陸，駕駛滑翔機降落時受傷，獲「紫心勳章」。當時儘管美國軍隊仍然實行種族隔離制度，但在歐洲戰場上作戰的美國陸軍和空軍都有大量黑人士兵。前線戰事緊迫時，陸軍經常把黑人士兵以排為單位分配到白人連隊作戰。黑白士兵並肩作戰會改變雙方的種族偏見。黑人士兵的犧牲和勇敢得到了白人官兵的肯定。當時對有黑人排的連隊做的調查顯示，百分之八十四的白人軍官和百分之八十一的白人士兵認為黑人作戰勇敢。[6]戰爭還沒結束，美國陸軍就把繆達爾研究種族關係的巨著《美國難題》縮寫成小冊子，分發給官兵，為他們戰後回到世俗生活適應新的種族關係做準備。戰後大量士兵復員，很多人的種族觀念已經有所改變，杜魯門總統以行政命令方式在軍隊中廢除種族隔離，也算水到渠成。[7]

瑟蒙退役後回到南卡羅來納，開始從政，競選州長成功。一九四八年，他競選總統，在南方四個州獲勝，但在全國敗給杜魯門。一九五四年，瑟蒙競選國會參議員成功，直到去世前一年辭職。自從父女第一次見面後，瑟蒙經常約見艾茜・梅，有時候在校園，有時候在酒店，有時候在參議院辦公室。瑟蒙鼓勵女兒上學，把她安排到南卡羅來納的一所黑人大學讀書，每次見面都給她錢，資助她的教育和生活。艾茜・梅對兩人的關係守口如瓶，直到瑟蒙安葬半年後。那時，她已經七十八歲高齡，在媒體上公開了跟瑟蒙的父女關係，說「移開了巨大的重負，徹底獲得了自由。」[8]

南卡羅來納首府哥倫比亞市州政府大樓前矗立著瑟蒙的紀念銅像。瑟蒙葬禮後一年，州議會通過決議，在銅像底座雕刻的瑟蒙子女名單中加上艾茜・梅的名字。至少，作為維護南方傳統的旗幟性人物，瑟蒙漫長人生的這一篇章不再曖昧。

二、南方生活方式

在南方的傳統敘事中，內戰是南方為維護自己的生活方式和州權而戰的高貴事業。戰敗後被軍管的屈辱和政治、經濟困境愈加激發了南方人的反抗意志和對南方身分的認同。他們相信，北方透過戰爭摧毀了南方的經濟和社會結構，聯邦政府用強權壓迫南方人，把北方的意志強加給南方。這種信念和悲情造就了一代又一代南方人。至今，很多南方人仍然為這場失敗的戰爭而驕傲，南方軍旗仍然是驕傲的象徵。

瑟蒙競選總統失敗後，艾茜．梅批評他的種族隔離言論傷害了黑人。瑟蒙說那是南方的文化、習俗和生活方式：「南方跟聯邦政府有太多糾葛。內戰後重建在南方留下的慘痛傷疤，到現在還沒有癒合。對洋基佬的橫加干涉、居高臨下指手劃腳，南方人超級敏感。時間會擺平這些事，但改變需要時間。好比說，你先生剛認識就強迫你親吻他。你會說不。你會拒絕。但如果他給你時間，讓你了解他……瞧，現在你們是一家人了。」[9]

南方人講鄰里和同事關係融洽，經常說「像一家人一樣」。這是一種南方人特有的親近和溫情，有別於大公司那種等級森嚴的工作關係，也不像大城市人與人之間那種近距離的陌生。在回顧奴隸制和隔離年代時，傳統南方人會有意無意表露這種溫情色彩：有壞奴隸主，但也有很多好奴隸主，而且多數不是家有千畝良田、數百奴隸的大莊園主，而是只擁有幾個、十幾個奴隸和上百畝地的小種植園主。一些奴隸主後代的回憶中充滿田園的溫情色彩：奴隸為我們家幹活，就像家庭成員一樣。

這種充滿溫情的家長制把黑奴當成未成熟的孩子，為他們提供生計、保護他們，但要他們服從、聽話，違者受到嚴厲處罰。在奴隸制時期，南方以家庭關係為奴隸制辯護：奴隸主如父，奴隸如子；黑奴心智不開化，無法自主自立，需要文明人管教。內戰前，南方批評北方的工業制度，說資本家對工人沒有責任感，說解雇就解雇，讓他們生活無依無靠。而南方黑奴的生活有保障，不管地裡收成好壞，都有飯吃，有房子住。

內戰前夕，南方理論家喬治．費茨尤（George Fitzhugh）著有《南方社會學：自由社會的失敗》一書，認為奴隸主養奴隸，就像父母養孩子一樣，只是因為上帝的安排，黑奴是永遠長不大的孩子。在他看來，奴隸制能夠減輕底層社會窮人的生活壓力，提高勞動效率，維護社會和諧，所以，南方不僅要把黑人當奴隸，也可以馴化底層白人當奴隸。費茨尤的理論盛行於內戰前的南方。戰後，奴隸制被廢除了，但家長制的遺風代代相傳。[10]

跟大部分南方人一樣，瑟蒙是這種習俗的產物。經歷了幾個時代的風雲變幻，他成為美國政壇的常青樹。要維持政治生命常青，他需要選票；要把得票率最大化，他需要迎合最大公約數的選民，用鮮明的性格征服他們，用激烈的言辭動員他們。而政治動員是溫情的反面。民權運動時期，南卡羅來納大部分白人選民支持種族隔離。瑟蒙選擇做他們的代言人，用高大上的政治語言表達他們的心聲：南方人有權維護傳統生活方式，各州有權決定自己的種族隔離法律，不需要聯邦政府橫加干預，告訴南方人怎麼生活。

艾茜．梅年輕時經常為父親的種族隔離言論所困擾。兩人見面時，瑟蒙努力淡化自己的競選言論，讓女兒看他為改善黑人處境做的好事，比如掃除文盲、增加黑人學校投資、為瀕臨倒閉的黑人醫學院募捐、為黑人大學建游泳館等。至於令女兒傷心的種族隔離言論，瑟蒙說：「那是政治。在激烈選戰中，他們會歪曲你說的話，斷章取義。看人要看他做什麼，別看他說什麼……南卡羅來納的未來取決於改善黑人的狀況。我愛這個州。但是要給我時間，給我機會。」[11]

艾茜．梅覺得父親是在用套話敷衍，就說：「希特勒說猶太人劣等。你說黑人劣等……你不想讓黑人跟白人在一起。」聽到女兒拿他跟希特勒比，瑟蒙似乎有些難過：「不是劣等。不一樣！不一樣！拿我跟希特勒相比，我在競選中不是沒聽到過。什麼話都聽到過。但聽到你說，不一樣……你改變不了南方。」「是你不想改變，先生。」艾茜．梅冷冷地說。父女關係曾一度跌入低谷。[12]

傳統南方人，包括反對種族隔離的南方人，普遍不願看到種族關係變化太快，更不接受聯邦政府的強制措施。在最高法院廢除種族隔離後，威廉．福克納投書《生活》雜誌，說：「等一等，現在要等一等，停下來，三思而行……美國其他地方對南方幾乎一無所知……假想南方的情況很簡單，一點也不複雜，僅僅用法令支持的多數國民意志就能在一夜之間改變。」[13]歷史進程或快或慢。強勢的一方往往覺得改變得太快，而弱勢一方往往覺得改變得太慢。瑟蒙一生為南方生活方式辯護，高調維護州權，反對激進的社會變革。從理論上籠統地看，這些都有道理。問題在於，內戰前南方生活方式的核心制度就是奴隸制，南方各州在行使州權方面跟聯邦政府最大的矛盾就是維護奴隸制；民權運動時期，南方生活方式的核心內容就是黑白有別，各州在行使州權方面跟聯邦政府的最大矛盾就是維護種族隔離。

南方人對傳統生活方式的溫情記憶和對州權政治話語的執著包裹著歷史的殘酷內核。一個半世紀中，南方經歷了戰敗投降，被聯邦政府軍管、經濟崩潰、一場場官司、屢敗屢訴，幾度風雨飄搖，無數生生死死，不變的是跟北方的世代恩怨、溫情和殘酷交織的曖昧。

三、「我永遠搞不懂他」

二〇〇三年六月二十六日，史壯．瑟蒙在家鄉去世。彌留之際，他囑託夫人南茜．瑟蒙，去請參議員喬．拜登（Joe Biden）在葬禮上致悼詞。瑟蒙生前的政見大多跟拜登針鋒相對，一個是共和黨，一個是民主黨。瑟蒙在人生盡頭做的最後安排仍然像他一生中做的很多事一樣，與眾不同，出人意表。七月一日，葬禮在南卡羅來納首府哥倫比亞的第一浸信會教堂舉行。第二天，美國各大報和南卡來羅納的地方報紙轉發了美聯社的報導：「經歷了百年漫長的人生，從隔離到和解，瑟蒙跟隨時代轉變，自我救贖，黑人和白人、民主黨人和共和黨人前來表達敬意。」[14]

拜登在悼詞中說：「這夥計太複雜了。南茜告訴我，他要請一個德拉瓦州名叫拜登的傢伙來致悼詞。除了複雜還能怎麼解釋？我永遠搞不懂他……」拜登總結瑟蒙一生經歷的三個不同時代：年輕時，南方的傳統習俗還天經地義；中年時，這些習俗開始受到挑戰；人生最後三十年，很多南方習俗已經被摧枯拉朽。他相信，瑟蒙深愛南方，在國會忠實地代表著南方。民權運動時，為了信念和南方的利益，他不惜背棄民主黨，轉向共和黨。[15]

觀念世界追求明晰，往往是非分明，黑白有別，但難以解釋瑟蒙豐富而曖昧的一生。他公開維護種族隔離，但在當州長時推行大量提升黑人地位的政策。一九四七年，《紐約時報》曾發表社論「史壯．瑟蒙，南方的希望」，讚揚他推行的政策，可謂羅斯福新政的樣板：普及基礎教育、政府干預消除貧困，加大黑人學校的投資等。「改變需要時間」，艾茜．梅年輕時覺得那是父親拒絕改變的套話。但從瑟蒙的作為看，那並不完全是套話。擔任州長期間，他任命一位黑人醫生擔任州政府醫院董事，引起軒然大波。當地報紙刊登了大標題：「瑟蒙任命了位黑人！」在他參議員生涯的後三十年，瑟蒙開始雇用黑人員工，並推薦不少黑人進入政府關鍵職位。[16]

艾茜．梅的第一位黑人男友馬修．佩里在民權運動中成為著名律師，擔任全國有色人種協進會在南卡羅來納的首席律師。一九六二年，黑人婦女格勞麗婭．布萊克威爾帶女兒看急診，坐在醫院的白人候診區，被逮捕後，佩里擔任她的辯護律師，打贏了官司。瑟蒙曾對艾茜．梅說：「你男朋友很優秀。將來有一天，他可能會擔任最高法院法官。」艾茜．梅問：「你怎麼知道我跟馬修約會過？」瑟蒙說：「艾茜，那是我的工作。知識就是力量。如果你喜歡他，我就知道那小夥子錯不了。」「但那是很久以前的事了。」「好的判斷力沒有失效期。」[17]

一九七六年，瑟蒙推薦馬修．佩里擔任美國軍事上訴法庭法官，經參議院核准，獲得福特總統任命，成為來自南方的第一位聯邦法院黑人法官。三年後，南卡羅來納聯邦地區法院法官位置出現空缺，瑟蒙再度推薦佩里，使他成為南卡聯邦法院第一位黑人法官。向總統推薦黑人擔任聯邦法院法官，在南方各州的參議員中，瑟蒙開風氣之先。他也是參議院中首位雇用黑人工作人員的南方參議員。雷根總統時期，他投票支持把馬丁．路德．金恩生日定為聯邦假日，跟一些南方州在參議院的同事分道揚鑣。不過，直到二〇〇〇年，南卡羅來納州議會才正式承認這個假日。

拜登在悼詞中對瑟蒙充滿溢美之詞：「跟我們每個人一樣，史壯是他那個時代的產物。但是，他理解民眾，關心民眾，真心真意想幫助他們。他知道如何了解民眾，如何打動他們，如何把事做成。」[18]這種讚譽並非空穴來風。二〇二〇年，南卡羅來納舉行國會參議員競選，民主黨候選人傑米．哈里森是位黑人，回憶他母親高中畢業時找不到工作。有人說，應該去找議員。她寫信向南卡來羅納的兩位國會參議員求助。不久，瑟蒙辦公室的人員回應，在當地為她牽線搭橋，找到一份不錯的工作。哈里森長大後聽母親講起這件事，跟他對瑟蒙的印象不太符合，就問：「媽媽，你有沒有記錯？那真是史壯．瑟蒙？」他母親說：「傑米，不會記錯，的確是他。他的人也沒問我是什麼種族，支持什麼黨，只了解我是當地居民，遇到難處，需要幫助。」[19]

在二戰後的美國政壇上，沒有其他政客比瑟蒙更早摸透了南方的民情，更早利用南方人對聯邦政府的積怨和對南方身分的強烈認同來達到政治目標。當民權運動和民權法案再度激發起南方白人的積怨和悲情，瑟蒙抓住機會，將其轉化成選票。在一九六八年的總統大選中，他成功地利用南方的民情，幫助尼克森贏得選舉。此後，共和黨的所有總統候選人無不因襲他引領打造的「南方策略」。

四、寬恕與和解

美聯社稱讚瑟蒙晚年的「自我救贖」。但無論對於瑟蒙本人而言，還是對於他所代表的南方而言，「自我救贖」是個遠未完成的過程。

曾經跟瑟蒙齊名的南方政治人物喬治．華萊士在政治生涯晚期也經歷了顯著轉變。一九六〇年代，他擔任阿拉巴馬州長期間，親自出馬阻擋被州立大學錄取的黑人學生入學，跟聯邦司法部的執法人員對峙。那種做法在南方是一種典型的吸引白人選民的政治姿態。華萊士第一次競選州長時，輸給了狂熱支持種族隔離的對手。第二次競選，他比對手更狂熱地支持種族隔離，贏了選舉。一九六三年一月十四日，在就職州長的演講中，華萊士稱「不但現在要隔離，明天要隔離，而且永遠隔離。」[20]不過，他不承認自己是種族主義者，辯解說：「我大談建好學校、修好公路，這些政績根本沒人聽。我就開始講黑鬼，他們一下就跳起來了。」[21]二戰前，繆達爾在美國考察時已經觀察到南方政治中這種以打種族牌決勝負的現象。

華萊士曾四度競選美國總統，每次都高調打種族牌，均以失敗告終，沒有機會像瑟蒙那樣登上全國政治舞台，但他在南方，尤其是阿拉巴馬影響深遠，被稱為「最有影響力的失敗者」。一九六五年三月，馬丁．路德．金恩、約翰．路易斯等民權活動人士帶領數千名黑人從阿拉巴馬的塞爾馬鎮步行到首府蒙哥馬利州政府前，向華萊士州長請願，成為民權運動的標誌性事件。華萊士調派警察沿途布防，下令採取一切必要措施阻擋請願隊伍進首府，造成「流血星期日」事件，不少黑人被打傷、拘捕。請願者抵達州政府大樓前，華萊士閉門不見，拒絕聽取他們的請願。

在一九七二年的總統競選中，華萊士被一名渴望出名的白人刺客擊中，下半身癱瘓，在輪椅上度過了餘生。他擔任了四屆阿拉巴馬州長，直到一九八七年卸任退休。

一九七九年的一個週日，華萊士州長在事先沒有知會的情況下，來到蒙哥馬利的黑人浸信會教堂，民權運動時期，馬丁．路德．金恩牧師曾經在那裡佈道，宣講寬恕與和解的道理：「寬恕並不意味著無視過去的行為或給惡行貼上個虛假標籤。寬恕意味著，過去的惡行不再是相互關係的障礙……我們憎恨種族隔離，但要愛那些隔離者。這是共建值得愛的社群的唯一道路。」

那個週日，華萊士坐在輪椅上，對滿堂黑人會眾說：「我學到了受苦的含義。這在以前是不可能的。我想，我現在多少能理解黑人民眾禁受的痛苦。我知道，那種痛苦也有我曾經製造的一份，我只能請求你們原諒。」幾年後，華萊士在電視上公開道歉，對自己過去的種族主義言行給黑人帶來的痛苦表示懺悔。在他最後一任州長期間，華萊士聘請一位黑人做他的發言人，在州政府中任命了一百六十多名黑人官員，把阿拉巴馬六十七個縣中黑人的選民登記人數提高了一倍。[22]

一九九五年三月十日，華萊士在聖彼得教堂紀念蒙哥馬利請願三十週年，身邊是二百多名當年參加過請願的民權活動人士和來自各地的牧師、官員、議員，有黑人，也有白人。華萊士七十五歲高齡，已經耳聾，疾病加上傷痛使他無法正常講話，只能含混地對跟他打招呼的人說：「我愛你們。」他的助理在現場宣讀了他的書面發言：「往昔的日子曾經充滿感情用事的信念、浮誇的使命感，讓我們所有人都覺得要以天下為己任，責無旁貸。時移世易，我們失去了很多，也得到了很多，一路上步履蹣跚。我今天想說的是：歡迎來到蒙哥馬利。」三十年前，他動用全州的警力阻擋民權請願人士和抗議者來蒙哥馬利。

在場的很多人為華萊士鼓掌，但不是每個人都能原諒他。拉夫斯・瓦納鮑（Rufus Vanable）曾在「流血的星期日」被警察打傷。他不願聽華萊士的發言，退出教堂，來到一棵高大的松樹下面，對記者說：「我對他說什麼不感興趣。如果你經歷過，你也不會感興趣。如果他以為這樣可以讓自己的靈魂平靜，就愛說什麼說什麼吧。我不願看到他那張臉，帶回太多記憶。」[23]

教堂內傳出《我們終將克服》的歌聲：「我們不害怕，我們今天不害怕，內心深處我相信，我們終將克服；我們不孤單，我們今天不孤單，內心深處我相信，我們終將不再孤單；真理讓我們得自由，真理有一天會讓我們得自由，內心深處我相信，我們終將克服；我們會手牽手並行，我們有一天將會手牽手並行，內心深處我相信，我們終將克服……我們將會有自由，我們有一天會獲得自由，內心深處我相信，我們終將克服。」這本來是一位牧師在二十世紀初譜寫的讚美詩，民權運動中成為請願和抗議者的街頭歌曲。教堂內，當年曾經被毆打的民權活動人士拉著華萊士的手合唱，瓦納鮑獨自在門外的松樹下跟著教堂傳出的曲調哼唱。三年後，喬治．華萊士去世。

二〇一五年七月，南卡羅來納州議會決定從政府建築中移除南軍戰旗。史壯．瑟蒙的兒子保羅．瑟蒙（Paul Thurmond）是州議會參議員，投票支持這項決議。投票前，他在州議會說：「我了解我們的傳統，敬仰前輩們為我們更美好的生活所成就的事業，但這並不意味著我必須相信他們所有的決定都是正確的。在有生之年，我永遠不能理解任何人會為了維護奴隸制打內戰……我不為那種傳統感到驕傲。」保羅．瑟蒙翻過了他父親遺留的「自我救贖」的一頁。[24]

在南方各州中，密西西比被稱為「最南的南方」。那裡也是內戰中南軍戰旗的最後堡壘。內戰結束後，南軍戰旗成為一個複雜的象徵：獨立不羈、蔑視勝利者、不屈服於北方、不在壓力下放棄傳統生活方式，儘管那種生活方式曾經包含奴隸制。一九五四年，最高法院廢除南方各州公立學校的種族隔離政策，很多南方人認為這是北方把自己的意志強加給南方。甚至一些反對種族隔離的南方人也對聯邦政府的強迫措施不滿，表示不會屈服於外來的壓迫。密西西比作家福克納在一封公開信中表達了這種心聲：「我反對強制隔離。我同樣強烈地反對強制融合。這首先是出於原則，其次，我不相信那樣做會成功。」[25]

福克納的公開信之後，帶有內戰遺留標記的密西西比州旗又飄揚了六十多年。進入二〇二〇年，在從州旗上移除內戰標記的問題上，密西西比州議會仍然猶疑不決。入夏，佛洛伊德事件引發了民權運動之後規模最大的全國性抗議，各界失去耐心，公開向密西西比政府施壓。「全國大學生體育協會」聲明，如果密西西比繼續沿用舊州旗，協會將停止在密西西比舉辦重要比賽。密西西比州立大學橄欖球校隊明星主力卡林・黑爾（Kylin Hill）表示將退出比賽，以示抗議。沃爾瑪超市採取行動，移除了密西西比州所有店面的州旗，甚至以保守著稱的南方浸信會也發表聲明，說這不是個保持傳統的問題，而是個道德問題。

二〇二〇年六月末，密西西比州議會表決，移除州旗上的南軍戰旗標誌。第二天，州長提特・里夫斯（Tate Reeves）簽字生效。州政府向民間徵集新州旗的設計方案，收到二千多個圖案，最後選中了蘇・安娜・卓依（Sue Anna Joe）的木蘭花圖案和另外一個方案的色彩設計。卓依是華裔美國人，出生在密西西比三角地帶的格林伍德鎮，離林恭一家曾經居住的羅斯蒂爾鎮只有一百公里。不到百年前，羅斯蒂爾的公立學校曾經把林恭的兩個女兒和其他華人學童從公立學校趕走。當時，密西西比最高法院支持學校的做法，說要保護白人血統的純正；美國最高法院判決，禁止華人學童上白人學校屬於密西西比的「州權」，符合憲法。如今，華人的後裔為密西西比設計新州旗，取代帶有種族主義印記的舊州旗。

二〇二〇年十一月三日，密西西比以全民公投的方式（七成三贊成）確立了卓依設計的新州旗方案。歷史又翻過了一頁。內戰後一個半世紀，北風南漸，終於吹到了「最南的南方」。內戰的南方遺跡不斷被抹去，有人歡慶，有人抗議，有人在沉默中失落或積鬱憤懣。美國以《獨立宣言》中「人人生而平等」信念和承諾立國，被繆達爾稱為「美國信條」，內戰後憲法增加第十四修正案，相當於把政治信念和承諾變成了憲法權利。有史學家把內戰稱為「第二次建國」，對於少數族裔和傳統弱勢群體來講，第二次建國的意義跟第一次同樣重要。[26]政治信念和承諾可以流於空洞，但變成憲法權利，就有了法律上的可操作性，開闢了跟普通人的日常生活發生關係的管道。

白人、黑人、華人、窮人、富人、強者、弱者、曾經的主人和奴隸……南方共同的歷史塑造了生活在這片土地上的人們，每個人卻有著不同的歷史記憶，只是不像觀念世界那麼經緯分明。誠如美國作家阿契鮑德．麥克雷施（Archibald MacLeish）所言：「我們不是生活在觀念世界：無論是好是壞，我們生活在生活世界。」[27]生活世界的曖昧往往比觀念世界的衝突更加強大而銳利，伴隨著各種理性辯護、非理性衝動、暴力與溫情、希望與絕望、積怨與和解，不斷地改變著社會和人群，使南方未竟的「自我救贖」之路雖迂迴曲折，卻終不至於斷絕。無數名不見經傳的小人物是這段歷史的見證者，也是這個歷史進程的參與者。

第九章

勇氣是最好的保護

在美國，婦女的獨立性無可挽回地喪失在婚姻關係中。那裡的未婚女性比在其他任何國家束縛都少，但一結婚就受制於更嚴格的家庭義務。父親家是未婚女兒自由快樂的安樂窩，但一嫁到丈夫家就像住在修道院。這兩種不同的生活狀態可能不像人們想像的那麼完全對立，相反地，美國婦女是從前者自然而然地過渡到後者。

——托克維爾

我們這一代婦女都會記得那場鬥爭的感受。就像年輕時的愛情。現在回憶起來感覺不會完全一樣，但不會忘記。

——莎拉·威丁頓

二〇二〇年是美國婦女在全國範圍內獲得選舉權一百週年。在十一月三日舉行的大選中，女性選民把川普總統趕出了白宮。選後民調顯示，拜登獲得百分之五十五的女性選票，比川普高十一個百分點。[1]而在男性選民中，拜登落後川普兩個百分點。女性公民是美國最後一個獲得選舉權的群體。一八七〇年，憲法增加第十五修正案，保障黑人男性的選舉權。整整半個世紀後，憲法增加第十九修正案，美國女性公民的選舉權首次獲得憲法保障，但婦女選民的投票率長期低於男性選民。一九八〇年大選，女性選民的投票率首次超過男性選民，此後一直領先。[2]

憲法第十四修正案保障所有人享有法律的平等保護。改變不平等的現狀有兩種方式，一是「向上平等」，二是「向下平等」。弱勢群體獲得了跟優勢群體平等的權利，比如婦女本來沒有投票權，後來有了投票權，屬於「向上平等」。反之，則是「向下平等」。問題在於，強勢群體往往把「向上平等」看成零和遊戲，認為弱勢群體是在搶奪他們的權利和特權，因此拒絕變革。這種強弱衝突發生在每一次弱勢群體爭取權利的進程中，把法院、國會、街頭變成沒有硝煙的戰場。歷史上，有些「向上平等」是透過國會立法實現的，有些則是透過法院判決達成的。前者如女性公民的選舉權，後者如婦女墮胎權。因為法院判決往往受現有法律和判例的束縛，平等權往往以十分曲折的方式體現在判決中。

一、另一半公民

一八六〇年總統大選，共和黨候選人林肯在競選期間收到一封信，發信人是個名叫格蕾斯·貝戴爾（Grace Bedell）的十一歲女孩子，說看到父親拿回家的林肯照片，臉太瘦了，建議他留鬍子：「我有四個哥哥，他們有的會投票給您，如果您能留鬍子，我會勸別的哥哥也投票給您。您臉太瘦了，留鬍子會看起來好得多。所有女士都喜歡大鬍子，她們會勸自己的先生投票給您，那樣您就能當總統了。我父親會投票給您。[3]如果我是男生，也會投票給您……」林肯聽從了貝戴爾的建議，留起鬍子，成了今天人們在照片上看到的形象。直到六十年後，美國的女性公民才在全國範圍內獲得選舉權，那時候，格蕾斯·貝戴爾已經七十一歲了。

根據美國憲法第二條第一款，規範和管理選舉事務屬於各州的權限。一七九七年，紐澤西州議會立法賦予女性公民選舉權，但十年後又立法廢除，只允許白人男性投票。一八七〇年二月，當憲法增加第十五修正案保障黑人男性的選舉權時，美國沒有任何一個州的女性公民有選舉權，只有懷俄明地區的法律允許婦女居民投票，但那時懷俄明還沒有成為美國的一個州。一八九〇年，懷俄明被美國接納為州。如果不計婦女選舉權曾經曇花一現的紐澤西州的話，懷俄明成為美國第一個保障婦女選舉權的州。此後二十多年間，西部各州的女性公民陸續獲得選舉權，東部、中西部和南方的大部分州則依然禁止女性公民投票。直到一九二〇年憲法增加第十九修正案，紐澤西女性公民的選舉權才在相隔一百一十三年後失而復得。

一八三一年，托克維爾訪問美國時觀察到：「在美國，婦女的獨立性無可挽回地喪失在婚姻關係中。那裡的未婚女性比在其他任何國家束縛都少，但一結婚就受制於更嚴格的家庭義務。父親家是未婚女兒自由快樂的安樂窩，但一嫁到丈夫家就像住在修道院。這兩種不同的生活狀態可能不像人們想像的那麼完全對立，相反地，美國婦女是從前者自然而然地過渡到後者。」[4]婦女不僅在家庭中處於丈夫的附屬地位，而且在社會生活和政治生活中也是如此：「美國婦女從來不管家庭外的事務、經營生意或參與政治生活；另一方面，她們也從來沒有被強迫下地幹粗活或從事需要重體力才能幹的工作……」[5]當時，美國是個農業社會，國土主要侷限於東部和東南部。此後半個世紀的西進、內戰和第二波工業革命使美國社會發生了巨變，很多婦女不再滿足於做丈夫的附庸，權利意識開始覺醒。

內戰後，聯邦政府向大量遷徙到西部邊疆的家庭贈送土地。大部分去邊疆闖蕩的是年輕家庭，地廣人稀，為了在嚴酷的環境中立足，很多婦女不得不走出家庭，像男性一樣下地勞動或經營生意。她們脫離了相對固化的傳統社會，在擴展權利方面，遇到的阻力小一些，政治地位隨之提高，有機會開風氣之先。在環境嚴酷的邊疆地區，地方政府的一個現實的考慮是，如果年輕女性不去，或者去了待不下去，年輕男性也不會去，去了也待不住。很多女性權利是因為這類現實考慮才變成法律。一旦有的州開風氣之先，相鄰的州會跟進：如果自然條件差不多，這個州的權利多一些，日子好過一些，就會吸引更多的人去居住。在缺少人口和勞動力的情況下，這種吸引力是發展經濟、增加稅收的方便法門。政府不需要付出什麼代價，吸引來了更多的人，更多土地得到開發，就有了競爭優勢。西部不僅成為國土擴張的地理邊疆，也成了擴展婦女權利的政治前哨。

在西部狂飆突進的同時，東部和南方社會繼續在傳統的軌道上運轉。大部分東部傳統州，像賓夕法尼亞、麻薩諸塞、紐澤西等，跟南方各州一樣，都是最後一批承認婦女選舉的權的州。傳統權力結構穩固，陳規舊俗根深葉茂，改變的動力不足，變革來得就慢。

一八六八年七月九日，憲法增加第十四修正案，承諾所有人受到法律的平等保護。一些女性公民認為，第十四修正案保護她們跟男性公民平等的選舉權。當年十一月總統大選，紐澤西州近二百名女性公民去投票，但她們的選票被當作廢票處理。婦女權益活動人士準備四年後再來一次。一八七二年十一月五日總統大選，紐約州十五名女性公民去投票站投票，兩星期後，她們被拘捕。法庭允許她們交五百美元保釋金回家候審，但一位名叫蘇珊・安東尼（Susan Anthony）的女性公民拒絕交保。一八七三年六月十七日，聯邦法院開庭審判蘇珊・安東尼非法投票案，去法院旁聽審判的包括美國前總統梅拉德・費爾莫（Millard Fillmore）。[6]

審判結束，沃爾德・亨特（Ward Hunt）法官宣判被告有罪。按法庭慣例，在判刑前，亨特法官問：「罪犯是不是有話要說？」蘇珊・安東尼說：「法官大人，我有很多話要說，因為在您的有罪判決中，您把我們政府所有的關鍵原則都踩在了腳下。我的自然權利、我的公民權利、我的政治權利、我的司法權利，統統都被無視了。奪走了我最基本的公民權，把我從公民貶低到臣僕的地位。不只是我個人，而是我這個性別的所有人，因為您法官大人的判決，都淪為這個所謂政府型態下的附庸。」[7]

亨特法官反覆打斷她的陳述，強調法院是按照現有法律判決她有罪。蘇珊・安東尼禮貌地回絕亨特法官，堅持講完。憲法第六修正案承諾，被告有權利得到「公正的陪審團及時和公開的審判」。這是普通法沿襲千年的傳統。十三世紀初誕生的《大憲章》中，即有「被同儕合法審判」的表述。[8]在美國的法律實踐中，「公正的陪審團」經常被稱為「同等人士組成的陪審團」，即跟被告社會地位差不多的普通公民組成的陪審團。

蘇珊・安東尼被審判時，法律只允許白人男性公民擔任法庭陪審團成員，而且亨特法官拒絕安排陪審團審理本案。蘇珊・安東尼說，這對她是不公平的：「自從去年十一月我被捕以來，這是我個人，也是我這個被剝奪了選舉權的群體中的任何人，第一次被允許面對法官或陪審團為自己辯護幾句……審判我的法律全部由男人制定、由男人解釋、由男人管理、重男輕女；一位美國公民行使了**公民投票的權利**，卻被法官大人定罪，只是因為那個公民是個女人，不是個男人。」[9]

直到一九三七年，紐約州才允許女性公民擔任州法院陪審團成員；直到一九五七年，國會通過民權法案，女性公民才獲得在聯邦法院擔任陪審團成員的權利；直到一九七五年，最高法院才判決婦女在法院擔任陪審團成員的權利受憲法保護。那時候，距離蘇珊・安東尼審判已經過了一百零二年。

亨特法官判處蘇珊・安東尼罰款一百美元。她當庭表示，不會交一分錢。按照法律，罪犯拒交罰款，法庭要判處監禁，直到交上罰款為止。蘇珊・安東尼期望以這種方式被亨特法官判監，由此可以向美國最高法院申請人身保護令，讓案子進入最高法院的程序。但亨特法官不給她上訴的機會，沒有判她監禁，只是指派執法官去收罰款。執法官到現場搜查之後，無功而返，報告說沒有找到現金，也沒有發現可以依法沒收的物品或不動產。[10]執行罰款的事不了了之。法院不再繼續追究蘇珊．安東尼的刑事責任，按當時聯邦法院的程序，也不存在上訴到最高法院的途徑。

女性透過法院爭取投票權，蘇珊．安東尼並不是孤例。維吉尼亞．馬奈爾（Virginia Minor）是密蘇里人，一八七二年她去做選民登記，準備在當年的總統大選中投票，因為她是女性而被拒絕。馬奈爾依據第十四修正案起訴負責選民登記的官員，在州法院輸了官司後，上訴到美國最高法院。一八七五年三月二十九日，最高法院九名大法官一致判決，憲法既沒有賦予女性公民選舉權，也沒有禁止女性公民投票，具體決定權在各州，所以，密蘇里州只允許男性公民投票的法律不違反憲法。在判決中，法院區分了公民權和選舉權，認為馬奈爾是公民，有公民權，但公民權並不必然包含選舉權，婦女跟兒童一樣，有公民權，但沒有選舉權。[11]

馬奈爾案的判決意味著婦女爭取選舉權的司法道路走不通。顯然，最高法院主張，賦予婦女選舉權是州議會和國會的工作，法院管不著。一八七八年，馬奈爾案宣判五年後，有國會議員提案增加憲法修正案，保護婦女選舉權，以失敗告終。十九世紀末，美國各州公立義務基礎教育普及，女性的識字率愈來愈高，印刷媒體遍及各地，西部各州婦女陸續有了選舉權，社會沒有像一些保守人士擔憂的那樣陰陽顛倒，乾坤大亂，家庭分崩離析。西部的榜樣帶動了中西部、東部和南方各州婦女為自己爭取公民權利而抗爭。爭取婦女選舉權的先驅伊莉莎白・史坦頓（Elizabeth Stanton）曾經說：「勇氣是婦女的最好保護。」這句話揭示的道理在此後的美國歷史進程中不斷得到驗證。

法院訴訟失敗和國會立法受挫之後，女性公民的抗爭轉向街頭。但街頭抗議和請願不像法院訴訟那樣和平，經歷了無數次絕食、監禁、毆打、判刑、罰款。一些婦女權益活動人士認為，要引起社會關注，需要激發普通人的良知。隨著示威活動升級，她們在街頭被警察毆打，被捕後絕食抗議，在監獄被強迫插管進食，甚至被監獄當局虐待。[12]各種抗爭和鎮壓事件被媒體頻繁報導，社會關注度愈來愈高，普通國民的良知開始禁受考驗。很多人意識到，把一半成年國民排除在政治進程之外，問題會愈來愈大。美國婦女的抗爭和社會良知都達到了臨界點，更多的州修憲賦予婦女選舉權。一九二〇年，美國憲法增加第十九修正案時，婦女已經在一多半的州獲得選舉權。

女性公民有了選舉權，才能有效地參與政治進程，改變托克維爾描述的「從來不參與政治生活」的狀況。如果沒有發言權，她們跟她們的孩子的命運都掌握在那些有發言權的人手裡。不過，獲得選舉權，在政治進程中發出自己的聲音，只是決定自己命運的第一步。對於女性來講，決定自己的命運也包括支配自己身體的自由。

二、珍・羅伊

二〇一七年一個冬日，諾瑪・麥考維（Norma McCorvey）在彌留之際，鼻孔插著輸氧管，有氣無力地對著鏡頭說：「這是我的臨終遺言……」她開始喘粗氣，尷尬地笑了兩聲，慢慢戴上老花眼鏡，讓氣息平靜下來。不久前，一個陽光燦爛的午後，她坐在輪椅上，被人推去公園放風，看著池塘邊悠閒的鴨子，她點上一支菸，興致高昂，開始無頭無尾地朗誦：「明天、明天，又一個明天，拖著微不足道的步履爬行，直到時間終結的一刻……登上舞台蹦躂一陣，毫無意義。」那是《馬克白》第五幕第二場中一段破碎的台詞。[13]

諾瑪・麥考維是美國社會的一個小人物，但她卻不是個沒沒無聞的小人物；她的另一個名字——珍・羅伊，因「羅伊訴韋德案」而家喻戶曉。[14]那是二十世紀美國最高法院判決的最具爭議性的一個案件，諾瑪・麥考維是那起案件的原告。律師為了保護她的隱私，在起訴書中給她用了化名「珍・羅伊」（Jane Roe）。那是一九七〇年一月，諾瑪二十二歲。她發現自己懷孕了，那是她第三次懷孕。第一次懷孕，她生下女兒梅麗莎，由她母親收養；第二次懷孕，她生下女兒珍妮佛，透過達拉斯律師亨利・麥克拉斯基（Henry McClusky）送給一對陌生夫婦收養。諾瑪第三次懷孕時，又找到麥克拉斯基律師。那時候，她做清潔工，收入微薄，對麥克拉斯基說，養不起孩子，想找管道墮胎。麥克拉斯基告訴諾瑪，他只辦理收養案子，不管墮胎的事。[15]

當時，德州法律禁止墮胎，只有在孕婦有生命危險的情況下，才允許醫生終止妊娠。孕婦要想墮胎有三個選擇。一是在德州找流產醫生開的地下診所，收費數百美元。這種診所因為非法經營，條件比較差，經常出醫療事故。二是去墨西哥的地下墮胎診所，費用大體跟在德州相仿。雖然墨西哥也禁止墮胎，但墮胎醫生能打點好當地政府，診所可以半公開地做墮胎手術，條件比德州的地下診所好一些。三是去允許合法流產的州，主要是加州或紐約州，醫生收費加上機票、住宿等費用，開銷比較高。當時，從德州各大城市到洛杉磯每週五的班機上有不少孕婦，在加州做完流產後，週日再搭飛機回來。

每一個選項都需要錢。但諾瑪沒有錢。麥克拉斯基是位熱心的律師，他把諾瑪介紹給女律師琳達．考菲（Linda Coffee）。他跟考菲曾是中學同學，又同在達拉斯做律師，相互熟識。麥克拉斯基知道，考菲準備在法院挑戰德州禁止墮胎的法律，正尋找一名合適的孕婦做訴訟的原告。考菲是德州人，從小是學霸，在休士頓上高中時被選拔進入美國學生代表團，去紐西蘭交流，她是代表團中唯一一名來自美國南方的學生。高中畢業時，她考上萊斯大學，那是德州最好的私立大學。她學德語文學專業，成績優異，獲得福特獎學金去德國訪學。一九六五年，她大學畢業，德州供婦女從事的工作並不多，只有像祕書、文員、中小學老師等不多的幾個職業。考菲打字慢，做不成祕書和文員，又不想當老師，最終跟一些高中輟學的學生一樣，在一家漢堡店打零工。[16]

考菲對法律感興趣，但當時很少有女生念法學，主要有兩個原因：一是老師和學生中傳說法學比其他學科難學，二是律師事務所不願聘用女生做律師，畢業後前景黯淡。考菲不怕專業難學，對職業前景也沒有太多顧慮，因為任何職業都比在漢堡店打零工要強。她參加了法學院入學考試，被德州大學法學院錄取。那是德州最好的法學院。因為她成績突出，被選拔為《德克薩斯法學評論》的編輯。當時，美國律師界是白人男性的天下，德州大學法學院錄取的女生屈指可數。考菲那屆同學有一百二十名男生，只有五名女生，其中也包括莎拉·

威丁頓（Sarah Weddington）。

畢業時節，全國各地的知名律師事務所紛紛來校園招聘畢業生，第一輪面談通過後，外地事務所會出機票和住宿費用，請男生去做第二輪面談，但不為女生提供同樣禮遇。女生要去外地做第二輪面談，不得不自己出機票和住宿費用。幾位畢業的女生把受到的不公平對待反映到校方，法學院通知來校園招聘的事務所，必須給予女生跟男生同樣的待遇，否則將禁止它們到校園來招聘。那年，威丁頓成為德州大學法學院歷史上，第一位獲得外地事務所招聘面談旅行補貼的女生，開了先例。第二輪面談時，那家事務所的高級合夥人問她：「律師經常工作到深夜，但女人要回家做晚飯。你怎麼兼顧兩者？……年輕律師要經常挨罵，才能訓練出來。你是個女人，我們又不能罵你。我們怎麼訓練你當律師？」結果可想而知。威丁頓找不到律師的工作，畢業後留在奧斯丁為法學院一位教授打零工。[17]

考菲畢業時面臨跟威丁頓相同的命運。她雖然成績優異，又擔任《德克薩斯法學評論》的編輯，但沒有律師事務所願意雇傭她。她在德州議會的立法委員會找到一份臨時工作，幫助議員起草議案。考菲的母親在達拉斯浸信會的會議中心做秘書。有一天，她遇到一位律師，說起女兒法學院畢業後找工作的事。那位律師告訴她，達拉斯聯邦地區法院法官莎拉・休斯（Sarah Hughes）正打算招一名助理。休斯在德州是大名鼎鼎的人物。早在一九三五年，她成為德州法院的第一名女法官。一九六一年，她被甘迺迪總統任命為達拉斯聯邦地區法院法官，又成為德州聯邦法院的第一名女法官。一九六三年十一月二十二日，甘迺迪總統在達拉斯遇刺。第二天，副總統詹森宣誓就職總統。按照慣例，美國最高法院首席法官引領總統宣讀憲法第二條第一款中的誓言。但情況危急，詹森決定就地找一名法官，他派人找到休斯，在空軍一號上由休斯法官引領宣誓就職。記錄詹森總統就職場景的照片在全國各報刊登，休斯成為最知名的聯邦法院法官之一。[18]

考菲的母親把休斯法官招聘助理的消息告訴女兒。考菲遞交申請後，接到休斯法官的電話，邀請她去法院面談。多年後，考菲回憶說，她當時覺得自己的聲音都在顫抖。面談的那天早上，正值德州公布律師資格考試結果，考菲的成績在全州名列第二。她得到了休斯法官助理的工作，法律業務水準突飛猛進。她很喜歡這項工作，但這種職位只有一年期限。第二年四月，她必須重新進入職場找工作。而律師界對女律師的看法並沒有改變，仍然沒有事務所願意聘用她。考菲把難找工作的煩惱告訴她中學同學亨利．麥克拉斯基。麥克拉斯基在達拉斯有些人脈，到處幫考菲找工作，沒有成功。不久，達拉斯縣檢察院招聘助理檢察官，考菲遞交了申請。麥克拉斯基安排晚宴，把父母請來，一起招待一位朋友。那位朋友認識達拉斯縣檢察長亨利．韋德（Henry Wade）。晚宴後，麥克拉斯基的朋友找到韋德，希望他能給考菲一個機會。韋德面談了考菲，印象很好，但他說能給女律師安排的唯一工作是收帳，追討本縣拖欠子女撫養費的父親。考菲放棄了這個機會。最終，她在一家辦破產案的小型事務所找到處理文件的工作。[19]

麥克拉斯基帶諾瑪去考菲工作的事務所面談。兩人第一次見面，各自都比較拘束。跟諾瑪印象中的律師不同，考菲性格內向，言談舉止並不平易近人，而且她不修邊幅。用諾瑪的話說，考菲看上去「像起床的時候忘了梳頭」。諾瑪挺著肚子，她身材瘦小，愈加顯出孕婦的體徵。考菲告訴諾瑪，她可以為她打官司，但法院處理起來很慢，即使贏了也來不及終止這次懷孕了，但可能會影響她以後的生活和其他需要墮胎的婦女。她問諾瑪是否還願意打這場官司。諾瑪問，打官司是不是需要錢。考菲說，她是義務為墮胎婦女提供法律援助，不需要諾瑪交錢。那是諾瑪關心的唯一問題。[20]

麥克拉斯基成功在考菲和諾瑪之間牽線搭橋。從各方面講，諾瑪都是個接近完美的原告：她收入低，沒有錢去加州合法墮胎；她文化水準低，靠做清潔工為生，對於擔任墮胎案的原告沒有顧慮。更重要的是，諾瑪住在達拉斯，所以達拉斯的聯邦地區法院對案件有管轄權。這意味著，案件有希望由休斯法官主審。考菲知道，休斯法官支持墮胎合法化。如果案件在德州其他城市的聯邦地區法院審理，結果可能凶多吉少。至此，一切都朝著對考菲有利的方向發展。

考菲為訴訟找到了原告，可以準備起訴了。出於律師的職責，考菲為諾瑪嚴格保密。事實上，在見到諾瑪之前，她已經為擬議中的墮胎案原告起好了化名「珍．羅伊」。在涉及敏感問題的訴訟中，美國法院允許原告使用化名，「羅伊」、「朵伊」等是法院常用的化名姓氏。「珍」則是英語世界常見的女性名字，當時芝加哥有個地下墮胎互助組織，就是化名「珍群」（The Jane Collective）。在正式準備起訴前，考菲想找一位搭檔。雖然她曾經為休斯法官工作一年，熟悉聯邦地區法院的程序，但她清楚自己的弱點和勢單力孤的處境。她找到法學院同學莎拉．威丁頓。威丁頓有些猶豫。她沒有聯邦法院訴訟經驗，到那時為止，她只為熟人辦過幾起協議離婚，為沒有多少財產的人寫過十來份遺囑，為親戚辦過一起收養手續。因為墮胎這類挑戰性訴訟需要動用大量資源做研究，她建議考菲找一位大事務所有專業助理的律師。但大事務所對這類案件不感興趣。最終，威丁頓答應跟考菲搭檔。[21]

諾瑪第二次見到考菲時，是在達拉斯北郊一家披薩餅店。她見到考菲就緊張，但那一次有威丁頓在場，氣氛就不同了。威丁頓只比她大三歲。多年後，諾瑪回憶對威丁頓的第一印象：「她陽光、開朗，有魄力。我第一眼就喜歡上莎拉。」兩位律師問她，是否認為婦女應該有墮胎權。諾瑪想墮胎，當然支持婦女墮胎權。不過，她對為婦女爭取權利不感興趣，只希望自己能墮胎，而這正是她想要，卻無法從兩位年輕律師那裡得到的。考菲和威丁頓需要一名原告，這是她們能從諾瑪那裡得到的，她們需要一位想墮胎而不得的珍．羅伊。[22]

對莎拉．威丁頓來講，作為原告的珍．羅伊身上也有她個人的影子，這不僅是一場代理諾瑪．麥考維的官司，也是她暗中為自己打的一場官司。法學院最後一年，威丁頓發現自己懷孕了。她跟男友都沒有固定收入，打幾份工維持學業，不想輟學養育孩子。但德州禁止墮胎。一位朋友建議去墨西哥，給他們介紹了一位曾在美國留學的墨西哥墮胎醫生，費用四百美元，只收現金。威丁頓和男友湊齊了醫生的收費和旅費，從一位父親是醫生的朋友那裡討了一包強力止痛藥，又打聽到當地一名外科醫生的電話，萬一墮胎出事故，用來聯絡急救。某個週五的早上，他們開車從奧斯丁出發，來到德州和墨西哥邊境的老鷹關（Eagle Pass），在一家汽車旅館登記入住後穿越邊境，來到墨西哥一側的皮德拉斯．尼哥拉斯鎮。兩人在約定的地點見到聯絡人。威丁頓在自傳中回憶，她跟著一名穿白襯衣、褐色褲子的男人進入一條沙土胡同，來到一所低矮的白房子前，裡面就是墮胎診所。幸運的是，一切順利。[23]

三、「你永遠不會贏」

一九七〇年三月三日，離諾瑪的預產期還有三個月，考菲去達拉斯聯邦地區法院遞交了訴狀。她用兩張個人支票付了三十美元起訴費。當時，她的月薪是四百五十美元。「羅伊訴韋德案」正式進入聯邦法院程序，達拉斯縣檢察長韋德成了被告。但真正應該列為被告的是德州總檢察長和州長。考菲和威丁頓沒有訴訟經驗，法院接到訴狀後也沒有要求她們改正。韋德是達拉斯的顯赫人物，以秉公執法著稱，在數十年檢察官生涯中，他公訴了無數起大案要案，光請求法院判被告死刑的案件就有三十起，只有一起沒有成功。他的哥哥曾因酒駕被拘捕，韋德依法公訴，判處哥哥監禁。甘迺迪在達拉斯遇刺後，他曾負責監督起訴犯罪嫌疑人。德州從州總檢察長到各縣檢察長都是民選產生，每次競選，韋德都高票當選。[24]

就個人觀點而言，韋德並不反對墮胎。他同情一些懷孕婦女的遭遇，覺得對於不想生孩子的孕婦來講，有合格的醫生幫他們墮胎總比由沒有醫生資格的人胡來要好。但作為檢察官，他要在其位，謀其政，在法律和同情心之間，儘量掌握某種平衡。德州法律沒有給合法墮胎留下空間，但在針對墮胎醫生執法時，檢察官抬高一下公訴的尺度，許多孕婦的命運，尤其是經濟狀況拮据的窮苦孕婦的命運，就少了一些艱辛。德州禁止墮胎的法律主要是針對做墮胎手術的醫生和協助孕婦墮胎的人員。作為檢察長，他從來沒有起訴過墮胎的婦女，對一些比較安全的地下墮胎診所也睜一隻眼閉一隻眼，但他會把無視孕婦生命的墮胎醫生繩之以法。

羅伊案進入司法程序後，珍．羅伊跟諾瑪．麥考維就分道揚鑣了。珍．羅伊由考菲和威丁頓駕馭著，作為原告在聯邦法院的軌道上行進，她的命運將由各級聯邦法院的法官決定。諾瑪回到生活日常，再過三個月就臨產了，無論如何，她已經錯過了在任何地方合法墮胎的時機，最緊迫是找到收養即將出生的孩子的人家。那是麥克拉斯基律師的工作。

法院安排在五月二十二日開庭，考菲和威丁頓緊鑼密鼓準備法庭辯論。被告韋德有兩名律師。一名是縣檢察院為本案專門聘請的律師約翰．托爾（John Tolle），他是虔誠的天主教徒，把信仰的激情傾注於律師職業，相信自己是在為未出生的「小羅伊」辯護，保護一個完全無助的個體生命，還有將來所有未出生的胎兒的生命。韋德的另一名律師是德州總檢察長指派的州助理檢察官傑伊．佛洛伊德（Jay Floyd）。開庭前，考菲和威丁頓需要諾瑪在一份證詞上簽字，但她居無定所，幾經周折才打聽到她的下落。那時候，諾瑪已經臨近預產期。多年後，考菲的祕書回憶，說看到諾瑪來辦公室簽字，已經是臨產的樣子，「一個瘦小的女人像懷裡揣著個大西瓜」。[25]

五月二十二日下午兩點鐘，法院開庭。三名聯邦地區法院法官坐堂聽審。諾瑪沒有出現。考菲首先陳述了程序事宜，再由威丁頓陳述實體法律問題。那是她們律師生涯中第一次在法庭做陳述。威丁頓十分緊張，她的聲音顫抖，抬頭看到休斯法官對著她微笑，才逐漸平靜下來。她向法庭申辯，珍．羅伊有權自己決定是否終止懷孕，這屬於她受憲法保護的隱私權，德州法律禁止墮胎，違反了她的憲法權利。[26]後世一些律師、法官和法學家主張，婦女墮胎權應當屬於憲法保護的平等權，歸入隱私權過於牽強。但觀念世界的法理學說是一回事，現實世界的法院訴訟是另一回事。籠統來說，美國法院遵循判例原則。憲法明確規定了少數幾項權利，最高法院稱之為「基本權利」，在解釋基本權利涵蓋和適用的範圍時，律師和基層法院不能隨意引申，必須看此前上級法院，尤其是最高法院的判決中是否有先例。

憲法中沒有規定墮胎權，所以，如果原告指控德州禁止墮胎的法律違憲，必須在憲法中找到一項基本權利，引用此前法院的判例，論證墮胎屬於那項基本權利。最高法院此前沒有支持墮胎權的判例，在這種情況下，律師在起訴時必須依據在事實上和法理上有可比性的判例。考菲和威丁頓發現，在最高法院的判例中，跟墮胎問題最具可比性的是一九六五年判決的「格雷斯沃德訴康乃狄克案」。在那個案子中，最高法院判決，康乃狄克州禁止避孕的法律違反了原告的隱私權。最高法院認為，雖然憲法中沒有明文規定個人隱私權，但憲法第一、第四、第九、第十四修正案隱含著對隱私權的保護。這是考菲和威丁頓依據的判例。[27]

在法庭上，威丁頓引述格雷斯沃德案，指控德州禁止墮胎的法律違反了珍・羅伊的隱私權，她請求法庭宣判那項法律違憲，並予以廢止。佛洛伊德助理檢察官做出抗辯，稱珍・羅伊沒有資格起訴，因為德州禁止墮胎的法律不是針對孕婦的，而是針對墮胎醫生的。事實上，被告從來沒有起訴過墮胎的孕婦。托爾律師則主張，即便珍・羅伊有墮胎的隱私權，未出生的「小羅伊」的生命權也重於孕婦的隱私權。法庭辯論結束後，考菲和威丁頓在忐忑不安中等待判決結果。[28]

六月十七日，法庭宣判，墮胎屬於憲法保護的公民隱私權，德州禁止墮胎的法律違憲。

兩週前的一個清晨，諾瑪生下了一個女嬰，在麥克拉斯基律師的撮合下，找到了收養的人家。孩子降生的第三天，被一對姓桑頓的夫婦從醫院抱走。[29]出生前的「小羅伊」是羅伊案爭論的焦點：她出生前算不算是一個人，州政府能不能把胎兒作為個體生命來保護？「小羅伊」降生，從胎兒變成嬰兒，脫離了諾瑪．麥考維的身體，開始了自己的人生軌跡，但圍繞她出生前生命的爭論卻隨著原告珍．羅伊在司法軌道上繼續行進。

美國有大致平行的兩套法院系統，一是各州法院，二是聯邦法院。雖然聯邦法院對各州法律涉及的憲法問題有管轄權，但一般不願過度干預州內事務。達拉斯的聯邦地區法院也不例外，在判決德州反墮胎法律違憲的同時，法院並沒有勒令州政府停止執法。所以，在現實世界，德州各級執法人員仍然可以執行那項違反憲法的法律。事實上，法院剛做出判決，被告韋德檢察長即向媒體表示，他不僅要上訴，而且會繼續查辦並起訴非法墮胎的醫生。[30]

第二天，《達拉斯晨報》刊登頭版標題：「德克薩斯墮胎法被廢止」。五天後，《休士頓郵報》發表了對考菲和威丁頓的專訪，並評論說：「如果她們在法庭上的成功能證明什麼的話，當然是證明了溫文爾雅的南方淑女完全能做優秀律師。」勝訴後，考菲和威丁頓收到的不只是讚譽，還有大量辱罵和恐嚇。威丁頓把她收到的恐嚇信都保存在一個箱子中，跟同事說，如果她有三長兩短，可以交給警察，從這些信中找線索破案。[31]

威丁頓在法學院念書時喜歡法理學，在課上得到最高分。不過，法理學教授是一位激進的反墮胎人士。他得知自己的學生打贏了墮胎官司，十分憤怒。聯邦法院宣判德州禁止墮胎的法律違憲，德州是否要考慮修改法律？州議會不能無動於衷，組織了墮胎問題聽證會。那位法理學教授是反墮胎的證人之一，他在台上做證時，對坐在台下的威丁頓說：「你應該感到羞恥。莎拉．威丁頓，你永遠不會贏。我早就知道了。」[32]

一九七〇年十月，考菲和威丁頓把案子上訴到最高法院時，「小羅伊」已經出生四個月，養父母桑頓夫婦給她取名雪麗，此後十八年，她不知道自己的生母是誰，也不知道在她降生之前，兩位年輕律師圍繞她的命運發起了一場二十世紀美國爭議最大的訴訟，更不知道托爾律師和佛洛伊德助理檢察官在法庭上慷慨陳詞，要保護她在母親子宮中的安全。當然，那時候她也不知道，她出生前和出生後，她的母親一直不想要她。

四、最年輕的律師

一九七一年五月三日，美國最高法院決定受理羅伊案的上訴。考菲和威丁頓從來沒有想到，她們律師生涯中打的第一場官司會走那麼遠。最高法院每年收到七千至八千起上訴，但只受理八十起左右的案件，機會只有百分之一。很多資深律師把在最高法院辯論作為終生的職業目標，但往往努力幾十年得不到機會。被最高法院受理後，考菲和威丁頓面臨的下一個問題是，由誰出庭辯論？考菲聰明好學，又有做聯邦法官助理的經驗，是羅伊案的大腦，但她性格內向，不喜歡拋頭露面，更不喜歡跟媒體打交道。威丁頓顯然是更合適的人選。像諾瑪說的那樣，她開朗自信，有魄力也有魅力，喜歡在聚光燈下演講。

考菲希望威丁頓出庭辯論，自己繼續做幕後工作。但想去最高法院辯論的律師不只是威丁頓。羅伊案被最高法院受理後，熱心於婦女墮胎權的紐約律師勞伊・盧卡斯（Roy Lucas）開始深度參與法庭辯論的準備工作。他寫信給最高法院，請求把自己列為本案出庭辯論的律師。威丁頓不想把機會拱手相讓。在訴訟中，只有當事人有權決定誰代理自己出庭。威丁頓好久沒有聯絡諾瑪了，但她現在需要諾瑪。諾瑪不認識盧卡斯，只信任威丁頓。[33]

一九七一年十二月十三日，在準備半年之後，威丁頓在最高法院出庭，為珍・羅伊的墮胎權辯護。那年，她二十六歲，是最高法院歷史上出庭辯論的最年輕律師。考菲穿著樸素，坐在旁聽席上。兩名大法官剛退休不久，總統和參議院還沒來得及完成任命程序，所以，法庭上只有七名大法官。那是個老年男性團體，當時離雷根總統任命第一位最高法院女大法官還有十年，離柯林頓總統任命第二位女大法官還有二十二年。來最高法院辯論的幾乎清一色是男律師，參加辯論的女律師屈指可數。那天，威丁頓提前一小時來到最高法院的律師休息室，發現那裡只有男廁，沒有女廁。直到一九九三年，最高法院有了兩名女大法官，也有愈來愈多的女律師獲得在最高法院出庭辯論的機會，律師休息室才開始設置女廁。[34]

開庭前半小時，法院已經座無虛席。十點鐘開庭，華倫・伯格首席大法官說：「威丁頓夫人，你準備好就可以開始了。」等待開庭時，威丁頓很緊張，被叫到名字後，她起身去大法官面前做陳述，反倒平靜下來。原告和被告的律師各有半小時的陳述時間。對於陳述內容，威丁頓已經瞭若指掌，反覆演練過無數次。她語調平靜，操著德州口音申辯珍・羅伊選擇墮胎的憲法權利。不過，跟平日演練時不同，幾位大法官不時打斷她的陳述，問她問題。她在回答時，似乎德州口音更重了一些。布萊克蒙大法官喜歡記下他對律師的印象，並給每位律師的辯論表現打分。他對威丁頓的印象是「金髮濃密，漂亮、豐滿」。對這位年輕女律師的辯論表現，布萊克蒙法官打了C＋，分數跟在最高法院辯論的另一名女律師露絲．金斯伯格相同。一九九三年，金斯伯格被柯林頓總統任命為最高法院大法官，成了布萊克蒙大法官的同事。[35]

德州助理檢察官佛洛伊德開始陳述。他由一個笑話開場：「有個老掉牙的笑話說，一位男士跟兩位漂亮女士辯論，女士總是贏。」旁聽席上沒有人笑，七位大法官面無表情。事後，一些評論家說，那可能是最高法院辯論中出現過的最糟糕的笑話了。[36]三天後，佛洛伊德助理檢察長講的笑話戲言成真。七位大法官討論案情，只有兩位支持德州政府，其餘五位支持珍．羅伊。首席大法官伯格分配布萊克蒙大法官起草判決書。伯格跟布萊克蒙大法官有兩個共同點：他們都是明尼蘇達人；他們都是由尼克森總統任命。但布萊克蒙大法官有伯格首席大法官沒有的特長，他有處理醫療案件的專業經驗。在一九六九年被任命為最高法院大法官之前，布萊克蒙曾長期擔任著名的梅約診所（Mayo Clinic）的律師。在跟家人的私下談話中，布萊克蒙大法官也希望自己能為本案撰寫判決書，除了專業興趣之外，還有當時不為外界所知的個人原因。五年前，他上大學二年級的女兒意外懷孕，倉促退學、結婚，婚後不幸流產，夫妻感情不合，不久離婚。一場意外的懷孕改變了他女兒的命運。[37]

威丁頓在最高法院辯論後不到一個月，尼克森總統任命了兩名新的大法官，其中一名是路易斯．鮑威爾。法院安排了第二次辯論。跟布萊克蒙大法官一樣，鮑威爾大法官對墮胎問題也有切身體會。在維吉尼亞做律師時，他的事務所雇有一名十九歲的信差。小夥子的女友懷孕了，但兩人還沒準備好要孩子。維吉尼亞州法律禁止墮胎，兩人在家裡嘗試用土法流產，導致女友大出血，送到醫院急救，但已經太晚了。那天半夜，鮑威爾接到小夥子的電話，他趕到現場，目睹了那場悲劇的結局。按州法律，政府能以殺人罪起訴那名信差。鮑威爾找到檢察官溝通，說服檢方放棄了起訴可憐的信差。[38]

在最高法院，鮑威爾大法官以保守和嚴格按照文本解釋憲法著稱，但他同時是一位極富同情心的人。當年，那位信差和女友的遭遇使他意識到，即便法律禁止墮胎，沒有準備好生養孩子的孕婦也會想方設法結束妊娠。家境好、有資源的人會選擇到墮胎合法的州做手術，窮苦人家的婦女或者選擇條件惡劣的地下墮胎診所，或者自己嘗試土法流產，難以避免發生傷殘和死亡的悲劇。基於那段經歷，他認為，禁止墮胎的法律傷害的是婦女，尤其是底層社會的婦女。鮑威爾大法官雖然價值觀保守，對憲法的理解中規中矩，但個人生活經歷和同情心使他支持珍．羅伊。

一九七三年一月二十二日是個星期一，最高法院宣判羅伊案，九名大法官以七比二判決德州禁止墮胎的法律違憲，確認墮胎屬於珍．羅伊的隱私權，是受憲法保護的基本權利。同時，最高法院承認政府在保護胎兒生命和孕婦健康方面的利益。為了平衡婦女的墮胎權和州政府的利益，法院把孕期分為三個階段。在第一階段，墮胎風險極低，政府不能對婦女墮胎的權利施加任何限制；在第二階段，墮胎風險增加，為了保護孕婦的健康，政府可以對墮胎採取合理的規範措施；在第三階段，按照當時的醫療技術，胎兒已經可以在子宮外生存，政府保護胎兒生命的利益超過孕婦墮胎的權利，可以禁止墮胎，除非繼續妊娠會危及孕婦的生命和健康。[39]

考菲在開車上班的路上從收音機中聽到宣判的消息。那天播報的重大新聞中還有一條：前總統詹森去世。抵達辦公室後，同事向她祝賀。她打電話給威丁頓，先說了詹森總統去世的消息，然後說她們的官司勝訴了。接到考菲的電話之前，威丁頓已經得到最高法院宣判的消息。在兩個月前的選舉中，她贏得了德州議會眾議員的席位，聲望和地位已經今非昔比。威丁頓在州議會大樓的辦公室迅即收到大量鮮花和賀電，《紐約時報》、美聯社和各家電視網的記者紛紛打來電話，要求採訪。幾乎所有媒體都把威丁頓作為羅伊案的律師，不再提及考菲的名字。考菲並不在意。[40]

五、離散的一家人

那個週一的早晨，諾瑪在公寓的廚房糊牆紙，聽到收音機播報羅伊案判決的新聞。諾瑪告訴同居的室友，她就是原告珍．羅伊。在那之前，她沒有把這個祕密告訴任何人，包括自己的父母。三天後，諾瑪接到考菲的電話，說有記者想採訪原告，問她願不願意公開自己的身分，接受採訪。當初，考菲在起訴時使用珍．羅伊的化名，是為了保護諾瑪的隱私。三年間，諾瑪經歷了人生最低谷。生下「小羅伊」送人後，她深陷抑鬱，兩度試圖自殺，手腕上留下割脈的傷疤。如今，諾瑪不再在乎那層保護。她開始接受採訪，講述自己的故事。考菲和威丁頓看到報紙刊登的諾瑪訪談後，不知道其中哪些是真，哪些是假。[41]

有些案子，在最高法院的勝訴標誌著陳規的終結，相應的成文規則和潛規則逐漸淡出社會生活；有些案子，最高法院的勝訴卻激發起更持久、更猛烈的抵抗。羅伊案屬於後者。最高法院判決後，圍繞墮胎的爭議不但沒有平息，反而繼續在社會各階層發酵，時而爆發出來。一九七〇年代以後，每逢選舉，支持和反對墮胎的兩個陣營對抗就趨於白熱化，福音派教會和它們支持的政客在輿論造勢中大打反墮胎牌，有效地把經濟社會問題棄置一邊，幾乎把選舉變成支持和反對墮胎的全民公投。在美國社會，墮胎問題成為激發選民政治熱情和宗教激情的最大興奮點。

媒體自然不會放過這個持續升溫的話題。一九八九年，國家廣播公司（NBC）電視網根據羅伊案拍攝了一部電影劇，五月十五日向全國播放，成為NBC收視率最高的節目之一，有超過一千五百萬家庭收看。[42]次年一月，在劇中扮演莎拉·威丁頓的女演員艾米·麥迪根（Amy Madigan）獲得金球獎。那時，威丁頓履歷中的頭銜已經包括德州議會眾議員、美國農業部法律顧問、卡特總統助理、威丁頓中心創始人、婦女權益活動家……與此同時，琳達·考菲在達拉斯正經歷人生和事業的掙扎。一九八九年春，她被達拉斯檢察官起訴詐欺，如果罪名成立，不僅律師執照不保，而且面臨監禁。檢方試圖迫使她達成認罪協定，以爭取從輕處罰，但考菲拒絕認罪。雖然法院最終因證據不足判她無罪，但被審判的屈辱無可挽回地擊垮了她人生和事業的防線。考菲變得抑鬱寡歡，更加內向。她的助理說：「她愈來愈沉默寡言，迴避別人。」此後的年月，她因拖欠律師協會的會費，兩度被暫停律師執照。

曾一度跟考菲同樣失落的是諾瑪，但跟考菲不同，諾瑪不甘寂寞。影劇《羅伊訴韋德案》熱播的同時，諾瑪接受電視訪談，說她後悔把第三個孩子送人，想知道她在哪裡。一家專門刊登名人八卦的媒體《國民問詢者報》（*National Enquirer*）答應幫諾瑪尋找「小羅伊」。當初辦理收養手續的律師麥克拉斯基沒有告訴諾瑪收養夫婦的名字，也沒有告訴那對夫婦他們收養的孩子生母是誰。最高法院宣判羅伊案之後不久，麥克拉斯基律師失蹤。幾天後，有人在一座水壩下的溝渠中發現了他的屍體，胸前有兩個彈孔。考菲參加了麥克拉斯基的葬禮，為失去曾經幫助過她的老同學和朋友黯然神傷。麥克拉斯基沒有留下「小羅伊」養父母的資訊，但《國民問詢者報》的尋親人員在達拉斯的嬰兒出生紀錄中發現了線索。[43]

一個陽光明媚的春日，雪麗走在西雅圖的街上，再過十幾天，就是她的十九歲生日了。她經過一輛小客車時，車門打開，出來一名穿皮夾克、牛仔褲的陌生婦女，問她：「你是雪麗？」那人說明了來意，告訴雪麗是受她生母之托來找她。雪麗感到一陣驚喜：失散多年的母親仍然惦念著她。她開始流淚。那位婦女並沒有告訴雪麗她的生母是誰。兩天後，雪麗在養母的陪伴下去見尋親人員，當她得知自己的生母是珍・羅伊時，全身顫抖，開始哭泣。雪麗答應跟諾瑪通話。電話上，雪麗問諾瑪自己的生父是誰，還有兩個姐姐的消息，但諾瑪並不關心那些話題。她只想讓雪麗接受媒體採訪，跟她一起上電視，做母女重逢的節目。雪麗不感興趣，而且決定不跟諾瑪見面。[44]

五年後，諾瑪打電話給雪麗，說要去西雅圖看她。那時候，雪麗已經有了一個三歲的兒子，她不想見諾瑪，也沒有興致讓兒子見這位外婆。諾瑪被雪麗的冷淡激怒，對她說：「你應該感謝我。」雪麗問：「感謝你什麼？」諾瑪說：「感謝我當初沒把你打掉。」那是母女最後一次通話。[45]

雪麗堅持不見諾瑪，但她希望找到兩個失散的姐姐。在《華爾街日報》調查記者約書亞．普萊格的安排下，三姐妹相互取得了聯繫。二〇一三年，雪麗跟兩個姐姐第一次見面。三姐妹出自同一個母親——既是小人物諾瑪．麥考維，又是大名鼎鼎的珍．羅伊，但有三個不同的父親，都經歷了從小被生母拋棄的命運，在各自的人生軌道上顛簸。[46]

大姐梅麗莎跟酗酒的外婆長大，只有她從小知道諾瑪是自己的生母。但兒時在外婆家，她偶爾見到諾瑪，卻不覺得她是媽媽，而是像姐姐。長大後，梅麗莎有了穩定的家庭，她的孩子不再經歷她小時候的命運。在二〇二一年哥倫比亞廣播公司（ＣＢＳ）電視網的採訪中，記者問她：在那種家庭環境長大，你是怎麼做到的？她說：「努力……你想要某種東西，就得努力。」一個普通母親掙脫了上兩代人無法擺脫的拋棄與被拋棄的閉環，不再重複與生俱來的宿命。記者問梅麗莎：「你生活中最感到驕傲的是什麼？」她流著淚說：「我的孩子。」記者說：「就是做你不曾有過的那種母親？」梅麗莎邊擦眼淚邊點頭。[47]

談到生母諾瑪，梅麗莎說，不是每個人都適合做母親，但「每個人內心都會保護自己的媽媽。」尤其是最高法院判決後，人們知道了諾瑪是珍．羅伊，叫她「殺嬰犯」、「魔鬼」，讓她覺得自己對無數胎兒的死亡負責，強化她的負罪感，然後利用她。梅麗莎為諾瑪擔憂，內心很難過，想保護她，又無能為力。記者說：「那可能是人性吧，即使自己的母親有缺陷，但畢竟是你的母親。你是怎麼做到的？」梅麗莎開始掩面哭泣：「那太難了……我不想讓任何人傷害她。我覺得，她儘管內心強大，但又很脆弱。」[48]

二〇一七年初冬，諾瑪在病床上對著錄影機錄下臨終遺言：「作為諾瑪．麥考維，我活得很快樂。但他們都知道我是珍．羅伊，或化名珍．羅伊。這讓他們對我另眼相看……我一點也不在乎別人怎麼想。這是我的頭腦。他們別想告訴我怎麼想，別想告訴我說什麼，更別想告訴我做什麼。這才是最重要的。」諾瑪病房的牆上掛著一面耶穌畫像，她對著鏡頭說：「這是耶穌像。他是我男友……女人會犯錯，跟男人犯錯，有些事發生了，躲不了，沒法說清楚。」[49]

記者問諾瑪：「你想念家人嗎？」她停頓了一下，說：「你知道，人不會想念從未有過的東西……」諾瑪小時候，母親酗酒，喝醉了就會打她出氣；她十歲離家，流浪到奧克拉荷馬，在少年管教學校待到十五歲；她十六歲時嫁給板材廠工人伍迪．麥考維，十八歲懷上梅麗莎，丈夫離家出走，一去不復返。她生了三個女兒，都送給別人收養。諾瑪沒有家人。在她彌留之際，梅麗莎帶著兩個女兒陪伴在病床邊。諾瑪用微弱的聲音說：「我要走了。」梅麗莎說：「我知道。」「我要走了。」諾瑪的聲音更加微弱。梅麗莎對她說：「我知道你在走，我非常愛你。我高興你做我的媽媽……能跟你在一起的時候，真的很快樂。」奄奄一息的諾瑪看著兩個外孫女說：「你倆真漂亮，長得真像姐妹。我愛你們。」那是她最後的話語。二〇一七年二月十八日，諾瑪在德州凱蒂鎮去世，終年六十九歲。[50]

雪麗是諾瑪唯一沒見到的女兒。二〇二一年，當年在聯邦法院審判前夕出生和被收養的「小羅伊」已經五十一歲。她第一次接受電視採訪，回憶十八歲得知自己的生母是諾瑪時的心理衝擊。在那之前，她從沒有想過墮胎問題。在她長大的環境中，小家庭之外有大家庭，如果哪位親戚生了孩子無力撫養，另一位親戚會收養，她那時覺得這一切都自然而然。在墮胎問題上，她不想站隊，避免讓自己成為輿論焦點，只希望過平靜的生活。三十多年過去了，她仍然不願公開講自己對墮胎的看法，不想被支持或反對墮胎的任何一方利用，像她的生母諾瑪一樣。諾瑪一生處於社會底層，掙扎在各種力量的夾縫中，無依無靠，面對生活的機緣和陰差陽錯，靠街頭智慧和狡黠，度過了利用和被利用的一生。雪麗不想重複那種生活。記者問她，是不是原諒了諾瑪。雪麗說：「沒有。」[51]

六、懺悔與迷茫

諾瑪一生講過無數自己的故事，在不同時間，不同場合，面對不同的人，故事也不同，虛虛實實，真真假假。幾十年下來，人們對她講的故事已經不再當真。但有一件事，一直困擾外界：一九九五年，她突然加入反墮胎陣營，並在激進反墮胎牧師弗利普．班能（Flip Benham）的安排下高調受洗，成為福音派教徒。在錄製的臨終遺言中，諾瑪說她喜歡表演，人生如戲，像《馬克白》中說的演員，「登上舞台蹦躂一陣，毫無意義。」談到反墮胎的牧師，她有些激動：「那是群王八蛋。他們都在表演，都裝成像上帝派他們來傳福音的樣子。」諾瑪說，婦女應該決定自己是不是能墮胎，不應該讓牧師決定。在生命的最後時段，她試圖向世人展示一個真實的諾瑪．麥考維。[52]

當年把諾瑪塑造成浪子回頭典型的福音派牧師羅伯特．申克說，幹他們這一行的職業本能就是發現人的弱點，因為弱點愈大的人愈容易皈依：「我們瞄準了諾瑪。她沒有親人保護，又很缺錢。這很容易看出來，尤其是對於我們牧師來講。我們很熟悉這種人格……我們看到，她最大的弱點可以供我們開發利用。」對於反墮胎牧師的意圖，諾瑪心知肚明。記者問她：「你是否認為他們把你當戰利品利用？」諾瑪回答：「當然，我是條大魚。」「你是否覺得他們會說你也利用了他們？」諾瑪說：「我想，我們是相互利用。你知道，我拿他們的錢，他們把我放在錄影機前，告訴我該說什麼。就是這麼回事。」[53]

反墮胎的宗教組織安排諾瑪演講，事先教給她怎麼說，嚴格控制她講話的長度，怕她說漏嘴，只是把她當成引子，讓她露個面，然後由主導牧師來講。每次講完了，牧師派人拿個盤子到會眾中收捐款。收來的款項大部歸組織，零頭分給諾瑪。申克牧師說：「(反墮胎)運動的很多股勢力都給諾瑪寫支票。我其實永遠也不會知道到底付給她多少錢。錢一直讓大家關係緊張。諾瑪會抱怨，分到的錢太少。她抱怨愈多，給她寫的支票愈多。每次，從幾百到幾千美元不等。我們稱之為慈善饋贈。有人擔心，如果分給諾瑪的錢不夠多，她會回到支持墮胎的陣營……我們會教她說什麼，擔心她在維護未出生胎兒的權利問題上不堅定。」[54]

曾經給諾瑪施洗的班能牧師堅持反墮胎事業至今，因為在墮胎診所聚眾騷擾，曾經多次被捕。在看過諾瑪的臨終遺言後，他否認給過她錢。記者問他是不是利用諾瑪。班能牧師說：「你可以那麼講，她選擇被利用。那叫做工。你做什麼工得什麼工錢。」他反問記者：「你不也是被利用嗎？是誰在利用你？是誰雇你幹這活？是他們利用你，還是你利用他們？到底是誰利用誰？」說完，班能牧師把打開的聖經貼到自己嘴上。[55]

晚年，申克牧師充滿懺悔，表示他後悔以前的做法，並引用《福音書》中耶穌的話：即便得到全世界，卻丟了靈魂，有什麼益處？「幹我們對諾瑪幹的那些事，人就丟了靈魂。」諾瑪去世後，申克牧師說：「她一生掙扎，試圖講出自己的真實故事。但從未真正做到。我希望她死後能如願。」他期望教會的反墮胎領袖能讓諾瑪平靜地離開，在葬禮上誠懇地悼念她並有所反省，但他們繼續把諾瑪臉譜化，不把她作為一個真實的人對待。諾瑪葬禮之後，申克牧師說，那是他們最後一次公開把她當成反墮胎運動的戰利品利用。[56]

諾瑪去世後的五年，美國反墮胎運動碩果纍纍，最高法院反墮胎的保守派法官占到多數，羅伊案被推翻似乎只是時間問題。早在二〇〇三年，莎拉．威丁頓在接受《德克薩斯月刊》採訪時說：「將來人們給我寫訃告，開篇肯定是講羅伊訴韋德案。有段時間，我曾想，隨著時間流逝，人們會接受婦女自己決定是否墮胎的權利……圍繞墮胎的爭議會像電影最後一幕逐漸淡出視野，我們可以去關注別的話題。我錯了。」[57]

二〇二一年八月，德州通過了「心跳法」，把禁止墮胎的時限事實上提前到懷孕第六週，而且發動群眾執法，最高法院拒絕緊急叫停這項違反羅伊案判例的立法。二〇二一年十二月一日，最高法院開庭辯論一起密西西比墮胎案。那起案件涉及的密西西比州法律把合法墮胎的期限提前到懷孕第十五週。申克牧師說：「不管還能活多久，在有生之年，我會盡力彌補我以前的行為和很多反墮胎運動領袖的行為造成的傷害。我曾經認為，羅伊訴韋德案不會被推翻。現在我認為，羅伊訴韋德案可能會被推翻。我想，那種後果將是混亂和痛苦。把那種危機強加到婦女頭上，思之極恐。」[58]

二〇二一年聖誕節的隔天，美國各大媒體報導，威丁頓在德州奧斯丁家中去世。那時候，離她和考菲在達拉斯那家披薩餅店跟諾瑪見面已經五十年了。正如她生前預言的那樣，她的訃告的第一句寫道：「莎拉．威丁頓是一名律師和婦女選擇權活動家，曾在里程碑式的羅伊訴韋德案中代理諾瑪．麥考維……」生前身後，她的名字都已經永遠跟羅伊案連結在一起。二十六歲時的那場訴訟改變了美國，也塑造了她的一生：「我們這一代婦女都會記得那場鬥爭的感受。就像年輕時的愛情。現在回憶起來感覺不會完全一樣，但不會忘記。」[59]

琳達．考菲仍然健在，已經七十九歲。五十年間，她沒沒無聞，保持低調，個人履歷上甚至從未提及羅伊案。二〇〇一年，她關閉了達拉斯的事務所，開始退休生活。很多打過著名官司的律師腰纏萬貫，但考菲沒有錢。她搬到位於達拉斯和泰勒之間的小鎮馬尼奧拉，住在一間沒有空調和暖氣的房子，靠微薄的退休金和政府發放的食物券為生。鎮上沒有人知道，這位手指變形、白髮凌亂的貧弱婦人是「珍．羅伊」的創造者，她在半個世紀前發起的那場訴訟改變了無數美國婦女的命運。[60]

二〇二一年十二月初，《達拉斯晨報》一名記者輾轉找到考菲的家。在談到風雨飄搖中的羅伊案和婦女墮胎權時，考菲說：「我感到很迷茫。」她跟年輕時一樣內向，停頓下來，尋找合適的言辭：「我相信，相信改變終將會發生，但可能需要很多年……」[61]

改變終將發生，但歷史的進程迂迴曲折，很多事情在變好之前，往往會變得更壞，人們已經擁有的權利得而復失。二〇二二年六月二十四日，美國最高法院宣判「多布斯訴傑克森案」，推翻了「羅伊訴韋德案」的判決，廢除了憲法對婦女墮胎權的保護。[62]

第十章 審判

你們實實在在地聽了證人席上四十五位證人的證詞，但還有第四十六位證人。這位證人在你們來法庭之前就已經在向你們作證……這也是在你們回到陪審員室審議證據時向你們說話的唯一證人。女士們，先生們，這位證人就是常識。常識。

——傑瑞·布萊克威爾律師

這個案件已經很政治化。你們能讀到各種政治光譜的案情評論，大多數是些什麼也不知道的人寫的……晚安，記住不要看新聞。

——布魯斯·施羅德法官

二〇二〇大選年堪稱美國歷史的一個結點，集中爆發的一系列事件，像一枚枚稜鏡，折射出這個國家制度和靈魂的斑斕光譜：陳舊而堅韌的程序設計、善惡混雜的強大歷史慣性、政黨和政客不斷試探和被試探的底線、民眾的非理性政治衝動、法院對司法職責的堅守和無奈、律師的職業操守和法律鍊金術、底層的生存狀態和命運、基督教原教旨主義激發的政治和宗教狂熱……國家就像組成國家的人民一樣，有良善、美好、光明的一面，也有邪惡、醜陋、晦暗的一面。一八六一年三月四日，林肯在內戰的前夜就職總統，面臨南北難以化解的分歧，他呼籲國民遵從「天性中的善良天使」。[1]經過四年慘烈的內戰，付出了六十多萬國民的生命，面臨即將到來的和平，林肯就職第二任總統，呼籲民眾和解，「不以惡意對待任何人，只以慈愛對待所有人。」[2]那時候，艱難的第二次建國剛剛開始。此後的一個半世紀，就像繆達爾曾經看到的那樣，美國「不斷為自己的靈魂掙扎」。[3]

一、喬治·佛洛伊德

二〇二〇年五月二十五日是美國的陣亡將士紀念日。那天傍晚，十七歲的高中生達妮拉·弗雷澤（Darnella Frazier）帶著表妹茱迪婭上街買零食。茱迪婭剛過九歲生日，穿著一件瘦小的長袖綠色T恤，胸前印著一個大寫的「LOVE」。[4]在離家不遠的芝加哥大道和三十八街路口有家店面，紫紅色的遮陽篷上面掛著同樣顏色的招牌「杯食」。這家便利店兼賣副食和各種風味的零食、小吃、冷熱餐飲。店主馬赫穆德·阿布馬亞利（Mahmoud Abumayyaleh）

是中東裔，人緣不錯，一些老主顧叫他「麥克」。店員大都是年輕人，跟達妮拉年紀相仿。「杯食」地處明尼阿波里斯市南郊，屬於治安問題較多的區域。馬赫穆德腰後挎著手槍，他既是店主，也是店裡的保全。[5]

達妮拉經常光顧「杯食」，十個月後，她在法庭上對陪審團說，她「去過幾百次，可能上千次」。「杯食」還有一位黑人常客，名叫喬治·佛洛伊德（George Floyd），長得高大粗壯。馬赫穆德和很多店員都認識他，給他起了個外號叫「大泰迪熊」。紀念日晚上，馬赫穆德提前離店。不久，佛洛伊德來店裡買菸。十九歲的店員克里斯多夫·馬丁（Christopher Martin）收款後，懷疑他用的是一張二十元假鈔，報告了值班經理，經理打電話報警。[6]

幾分鐘後，警察驅車趕到現場，在街邊一輛汽車中找到佛洛伊德，命令他下車，反銬後把他帶到停在「杯食」門口的警車邊。佛洛伊德不願進入警車，開始掙扎。兩名警官把他從司機一側塞進後車門。佛洛伊德在車中繼續掙扎。三名警官從乘客一側的後車門把他拖出來，肚皮朝下按倒在地上，用膝蓋頂住他的脖子和後背。這時是晚上八點二十一分。達妮拉和表妹正走到警車和「杯食」之間的人行道上。她把表妹送進店中，回到警車旁，掏出手機錄下警察制服佛洛伊德的場景。佛洛伊德被三名警官壓在地上，動彈不得，反覆說「我不能呼吸……我不能呼吸……」路人開始聚集圍觀。幾分鐘後，他們聽到佛洛伊德喊「媽媽、媽媽、媽媽……」他的媽媽兩年前在德州的休士頓市去世了。[7]

馬赫穆德在回家路上接到電話，一位女店員在電話中哭喊，說警察正在店門口殺人。他問是怎麼回事，女店員只是喊「他們在殺他，他們在殺他。」馬赫穆德讓店員報警，把現場錄下來。[8]佛洛伊德趴在地上，已經不再出聲，脖子被卡在堅硬的路面和警官的膝蓋之間。有人衝著警察喊，放開他吧，這樣會弄死他。一名站在路邊的女子對警察說自己是消防員，看樣子那人快不行了，要馬上放開他，給他測一下脈搏。據她後來在法庭證人席上回憶，一位警官對她說：「你要真是消防員，應該知道別亂管閒事。」[9]

救護車趕到現場後，救護員讓警察放開佛洛伊德。至此，他已經被壓制在地上九分二十九秒。警察把膝蓋從佛洛伊德脖子上移開，救護員發現他已經沒有脈搏，瞳孔也已經放大，失去了生命跡象。那天晚上，人們從新聞中得知那名用膝蓋壓住他脖子的警官名叫德里克・沙文（Derek Chauvin）。[10]

達妮拉收起手機，發現她表妹站在身後，目睹了剛剛發生的一幕。帶表妹回家後，達妮拉把錄製的影片放到臉書上。案發第二天，明尼阿波里斯市警察局發布聲明，稱一名四十多歲的男子涉嫌犯偽鈔罪，拒捕被制服，警官發現他有發病跡象，叫來救護車，被送往醫院後死亡。與此同時，達妮拉的現場影片已經傳遍社交媒體，無數憤怒的民眾走上街頭抗議。明尼阿波里斯市警察局發布更正聲明，稱正根據新發現的證據對事件展開調查。隨即，四名涉案警察被開除。同一天，美國司法部和聯邦調查局發表聯合聲明，介入對佛洛伊德案的調查。[11]

民眾的示威抗議迅速蔓延，遍及二千多個城鎮。據「皮尤研究中心」二〇二〇年六月十二日的報告估測，全國參加示威的人數超過一千五百萬，成為民權運動後最大規模的抗議活動。「凱瑟家庭基金會」估測參加示威的民眾高達二千六百萬。在一些城市，和平抗議演化成暴力騷亂。抗議蔓延到首都華盛頓，總統川普威脅動用《叛亂法》調遣軍隊維穩，遭到國防部高層文武官員公開反對。[12]

明尼蘇達檢方以三項罪名起訴沙文。**第一項是二級謀殺**。與一級謀殺不同，在二級謀殺案中，被告的動機並不是殺死受害人，而是在犯另一項重罪過程中致人死亡。所以，二級謀殺也稱為「非故意謀殺」或「重罪謀殺」。檢方要證明沙文犯了二級謀殺罪，不需要證明他有殺死佛洛伊德的動機，只需要證明他暴力傷害佛洛伊德；因為傷害罪是重罪，在犯傷害罪的過程中導致佛洛伊德死亡，二級謀殺罪就可以成立。**第二項罪名是三級謀殺**。跟二級謀殺一樣，三級謀殺也不需要證明殺人動機，但罪名成立的門檻比二級謀殺更低：檢方不需要證明沙文犯了其他重罪，只需要證明他知道長久用膝蓋頂壓脖子可以致命，卻不顧後果施暴，漠視佛洛伊德的生命。**第三項罪名是二級過失殺人**，即被告的行為嚴重過失，致人死命。

被正式起訴後，沙文試圖跟檢方達成認罪協議，承認三級謀殺罪，願意坐十年牢，條件之一是司法部將來不再依據聯邦法追訴他，條件之二是在聯邦監獄服刑。在美國的監獄系統中，聯邦監獄的條件比各州監獄好的多。當地政府期望能透過沙文主動認罪儘快結案，以平息街頭動盪。因為認罪條件涉及聯邦法，所以認罪協議必須經過司法部批准。上報到司法部後，協議被司法部長威廉·巴爾（William Barr）否決。當時，全國各地的示威風起雲湧，巴爾擔心州政府剛剛起訴，聯邦檢察官的調查還沒有完全展開，就跟沙文達成認罪協議輕判，不但無法平息民眾的憤怒，反倒會火上燒油。而且，案發地漢尼賓縣（Hennepin）的檢察官正把案件移交給州檢察官，巴爾想讓州檢察官做出是否達成認罪協議的決定。明尼蘇達州檢察官接手後，決定不再跟沙文談認罪協議，將依照起訴的三項罪名為審判做準備。司法部和聯邦調查局也繼續依據聯邦法律對案件進行調查。[13]

整個夏天，全國各地的抗議時斷時續，抗議者跟警察發生大量衝突。正值總統大選，競選活動與抗議活動相互交織，兩位候選人都試圖利用佛洛伊德事件獲得選民支持。離大選愈近，民眾愈被大選吸引。大選之後，川普總統不認輸，美國社會幾乎所有注意力都集中在總統權力交接上，對佛洛伊德事件逐漸淡忘了。

在民眾注意力集中於大選的半年多時間，明尼蘇達州檢察官緊鑼密鼓地為案件蒐集證據、尋找目擊證人和專家證人。同時，沙文的辯護律師也在全國範圍內尋找專家作證，以證明佛洛伊德不是死於沙文的傷害，而是死於心臟病發作和吸毒。

二、九分二十九秒

二〇二一年三月，法庭開始審判的準備工作。第一步是挑選陪審團。跟美國大部分州一樣，明尼蘇達州刑事案審判的陪審團由十二名成員組成。法庭從漢尼賓縣居民中隨機抽選了三百多名候選人。雙方律師從中挑選出正式陪審員和替補陪審員。十二名正式陪審員中包括三名黑人男子、一名黑人婦女、兩名多種族混血婦女、四名白人婦女和兩名白人男子，年齡從二十多歲到六十多歲不等。[14]

在刑事案中，十二名陪審員必須一致同意，才能給被告定罪。所以，選擇陪審團對檢察官和辯護律師而言至關重要。只要有一名陪審員反對，沙文就無法被定罪。所以，檢方要排除任何有明顯種族歧視或無條件支持警察的候選人；辯方則要排除任何痛恨警察和無條件支持「黑命也是命」的候選人。疫情期間，法庭不允許民眾到法院現場旁聽審判，主審法官彼得・卡黑爾（Peter Cahill）特許媒體全程現場轉播，但要求媒體在審判期間對陪審團員的身分保密，在轉播時不得顯示陪審員的畫面。[15]

彼得・卡黑爾已經在漢尼賓縣法院擔任了十四年法官。擔任法官前，他曾經做過刑事辯護律師和檢察官。三月二十九日，法庭開庭審判，卡黑爾法官向陪審團宣讀指示，強調陪審團的職責是判定事實，在法庭上認真聽取證人的證詞，要排除在法庭外得到的資訊，完全根據常識對控辯雙方在法庭上提出的證據做出判斷。每天庭審結束前，卡黑爾法官都對陪審團說：「晚安，記住不要看新聞。」[16]

檢方派出四名律師出庭，其中兩名是職業檢察官：州助理檢察長愛琳・艾爾德里奇（Erin Eldridge）和馬修・法蘭克（Matthew Frank）。他們負責在法庭上質詢一部分證人。在審判中挑大梁的兩名律師都不是現任職業檢察官，而是明尼蘇達州總檢察長為本案任命的特別檢察官。第一位特別檢察官是史蒂夫・施萊徹（Steve Schleicher），正式職業是私人律師，早年曾擔任過十三年聯邦檢察官。[17]

施萊徹除了負責質詢關鍵證人外，在法庭上的重頭戲是做結案陳述。他在長達一小時四十三分鐘的結案陳述中強調，這場審判的被告不是佛洛伊德，也不是警察隊伍，而是涉嫌犯罪的前警察沙文。沙文之所以被起訴和審判，「不是因為他的身分，而是因為他的行為。」

他用膝蓋把佛洛伊德的脖子頂在堅硬的地面上，導致他窒息而死，這種行為「不是執法，而是傷害。」施萊徹解釋刑事案定罪的法律標準——「排除合理懷疑」，說這是法律中最高的標準，但法律並不要求排除了「所有懷疑」或「不合理的懷疑」才能給沙文定罪。他向陪審團解釋說：「不合理的懷疑不是基於常識，而是基於胡思亂想。法律並不要求你們接受那種胡思亂想。」他請求陪審團運用常識做出判斷。[18]

第二名特別檢察官是黑人律師傑瑞．布萊克威爾（Jerry Blackwell）。他為本案義務工作，負責審判的開場陳述、對關鍵證人的質詢、對辯方律師結案陳述的反駁。換言之，控辯雙方在法庭上的較量是由他的發言開場，由他的結語告終。在開場陳述中，布萊克威爾為檢方的指控定下基調——「九分二十九秒」，那是沙文警官把膝蓋頂在佛洛伊德脖子上的時長。他對陪審團說：「你們將看到那九分二十九秒發生了什麼，在這場審判中，你們將聽到的最重要的數字是九二九。」在反駁辯方律師的最後陳述中，他對陪審團說：「有人告訴你們，佛洛伊德先生死了，佛洛伊德先生死了，是因為他的心臟太大……現在，你們看到了，也聽到了所有證據，你們知道了真相。事實真相就是喬治．佛洛伊德之所以死了，是因為沙文先生的心太渺小了。」[19]

相比檢方的強大陣容，沙文的律師團隊顯得單薄，只有埃里克．尼爾森（Eric Nelson）和他的助理艾米．沃斯（Amy Voss）兩位律師。尼爾森是刑事辯護律師，跟其他十幾位本地律師輪流擔任明尼蘇達警察協會法律辯護基金的法律顧問，為被指控違紀、違法的警察處理法律事務。沙文不是有錢人，不能像有錢人那樣花大錢請大牌律師。從三月八日在法庭挑選陪審團到四月二十日宣判，尼爾森在法庭上給人孤軍奮戰的感覺。他的助理律師並沒有參與質詢證人或做結案陳述。四月十九日庭審最後一天，尼爾森自己做了三個小時的結案陳述，告誡陪審團不要被影片等表面證據和檢方的專家所誤導，請求他們全面考量所有證據，裁斷佛洛伊德不是死於沙文的執法行為，而是死於心臟病發作和吸毒。[20]

檢方傳喚了三十八名證人，包括現場目擊證人、專家證人、急救員、消防員、警察等，還有佛洛伊德的弟弟和女朋友。年紀最小的目擊證人只有九歲，年紀最大的是六十一歲。被告傳喚了七名證人，包括前警察、驗屍官、醫學專家等。[21]

傳喚專家證人作證，檢方的目的是證明沙文長久用膝蓋頂住佛洛伊德的脖子是導致他死亡的重要原因。按照法律，要證明起訴的三條罪狀成立，檢方不需要證明沙文的行為是導致佛洛伊德死亡的唯一原因，只需要證明是重要原因。法庭上，檢方的專家向陪審團解釋，佛洛伊德死亡的原因是心臟缺氧，而導致他心臟缺氧的是沙文用膝蓋把他的脖子頂在地上，令他無法呼吸。相反地，沙文傳喚的專家要在法庭上證明佛洛伊德死於心臟病發作和吸毒。專家要說服陪審團，除了專業知識和口才以外，還要訴諸常識。在這方面，沙文傳喚的專家顯然比檢方的專家任務更為艱巨。[22]

這場審判給人留下深刻印象的不是雙方的專家證人，而是幾位普通的目擊證人。最令人難忘的是這些普通人面對陪審團作證時體現出的人性。任何法律和司法制度要正常運轉，必須仰賴參與者的正常人性和對事實真相的追求。

審判的第二天，出庭作證的幾位證人中有四位在案發時未成年，其中兩位作證時仍然不滿十八歲。法官不允許媒體在轉播時出現這四名證人的畫面，只允許播出他們的聲音；他指示檢察官和辯護律師，在質詢未成年證人時可以隱去他們的姓，不用稱呼「先生」或「女士」，而只叫他們的名字。

布萊克威爾負責質詢達妮拉。他播放事發當晚的監控錄影，畫面中三名警察把佛洛伊德制服在街面上，達妮拉把她表妹送進「杯食」，然後回到現場用手機錄影片。布萊克威爾問她為什麼這麼做。達妮拉說，覺得警察那樣不對勁，想記錄下來，但不想讓表妹看到這種暴力場景。她坦言，自己平時很內向，不願跟人交往，但看著被壓在地面上的那個人痛苦掙扎，忍不住要把場景錄下來。「我看到了自己的父親，看到了自己的兄弟，堂兄堂弟，他們都是黑人。被壓在下面掙扎的可能是他們。」布萊克威爾問，有沒有聽到佛洛伊德說什麼。達妮拉說，他在求救，說不能呼吸，喊媽媽……媽媽。她向陪審團訴說事後的掙扎：「（我）有很多夜晚睡不著，反覆請求佛洛伊德原諒，後悔沒有多做一點，去制止警察，或許能救他一命。」跟另外幾位現場目擊證人一樣，達妮拉講到此處泣不成聲。[23]

在幾位證人中，九歲的茱迪婭語氣最冷靜。事發當晚，達妮拉把她送進「杯食」，但她不想讓表姐自己在外面，就跟一些顧客出來，回到街上。她對陪審團說：「我覺得難過，很生氣，他們傷害他，讓他沒法呼吸。」布萊克威爾問，警察是什麼時候放開佛洛伊德的？茱迪婭說，救護車來了，急救員對警察說「放開他」，警察才放開他。[24]

審判的第三天，檢方傳喚查理．麥克米林（Charles McMillian）作證。負責質詢的是助理檢察長愛琳．艾爾德里奇。麥克米林六十一歲，是目擊證人中年紀最大的一位，跟九歲的茱迪婭一樣，小學三年級文化。在作證時，看到佛洛伊德痛苦中叫喊媽媽的影片畫面，老頭在證人席上失聲痛哭，說覺得「太無助了」，眼看一個人被弄死，什麼也做不了。他是社區的老居民，認識沙文警官，有時候見他開車巡邏路過，還打招呼。他回憶，救護車把佛洛伊德拉走後，他對沙文說：「五天前，我祝福你下班平安回家，碰到別人我也祝福人家平安回家。但今天，我看你就是個人渣。」[25]

案發時，收到二十元假鈔報警的十九歲店員克里斯多夫・馬丁做證時說，他跟母親就住在街邊的樓上，出事後他先給母親打電話，告訴她別下樓。看到佛洛伊德被窒息的場景，他雙手抱頭，不知所措。「不敢相信，覺得自己有罪。」助理檢察長馬修・法蘭克問：「為什麼？」馬丁說：「如果我當時拒收那張二十元鈔票，後來這些都可以避免。」當時他拿不準真假，只是懷疑。按照店裡的規矩，如果店員誤收了假鈔，要自己墊付。「但我還是收了，如果真是假鈔，就自己墊上。但收了以後，我又懷疑自己。」在證人席上，馬丁儘量少說話，可以看到他在努力控制情緒波動。從法庭出來，他面對記者不再掩飾，自責而泣，說因為自己的失誤，成了害死佛洛伊德那個多米諾骨牌上的一個環節。[26]

法律不只是法條和司法程序，也不只是專業理論，在法庭審判中，常識往往比理論更有說服力，而普通證人的證詞往往比專家的知識更能打動陪審團。在法庭的最後陳述中，布萊克威爾告訴陪審團，他們聽取了四十五位證人的證詞，但最重要的是常識——常識是沒有出場的「第四十六位證人」：「你們實實在在地聽了證人席上四十五位證人的證詞，但還有第四十六位證人。這位證人在你們來法庭之前就已經在向你們作證……這也是在你們回到陪審員室審議時向你們說話的唯一證人。女士們，先生們，這位證人就是常識。常識。」[27]

證人席上的幾乎每一位目擊證人都被負罪感所困擾。前聯邦檢察官格萊恩．克什納（Glenn Kirschner）評論說，佛洛伊德並不是沙文暴行的唯一受害人，暴行也傷害其他有良知的民眾，尤其是現場目擊者。目擊證人的恐懼、震驚和負罪感體現了這種傷害。[28]

審判期間，「杯食」再度成為民眾和媒體的關注點。審判進入第二週，有線電視新聞網（CNN）記者在店中遇到一位來修手機的明尼阿波里斯居民，名叫特蕾希．寇文（Tracie Cowan）。她要了份炸魚，邊吃邊等。電視上正播放證人作證的場景。看到佛洛伊德趴在「杯食」門口街上生命最後幾分鐘的影片，特蕾希說：「令人悲哀的是，一個人對另一個人幹這種事，真能下得了手……太悲哀了，太悲哀了。」一邊說，一邊流淚。[29]

普通人在言談中表露的人性是一個社會最終的希望。制度和傳統對維護良善的社會生活無比重要，但離開正常人性，什麼制度和傳統都玩不轉。在這場審判的證人席上和許多關注這場審判的民眾身上，人們看到的是被嘈雜的政治衝突掩蓋的寶貴人性。

四月十九日，控辯雙方做完結案陳述，法官給陪審團做出評議指示。下午四點，陪審團進入祕密評議時段。這類波及深遠的案件，三項罪名都事關重大。根據以往經驗，外界估計陪審團可能需要幾天時間審議證據，針對每一項指控的罪名，分別做出沙文是否有罪的裁斷。同時，明尼阿波里斯對宣判後可能出現的示威和騷亂嚴陣以待。市政府加強警力，州長調動國民兵上街巡邏，並授權在緊急情況下借調鄰州警力進駐執法。出乎很多人意料的是，第二天下午三點，媒體傳出消息，說陪審團已經做出裁斷。審議過程只花了十小時左右，比外界估計的快了很多。一小時後，法庭復庭。

離法庭不到十公里的「杯食」門前已經聚集了數百民眾。在場的《巴爾的摩太陽報》記者聽到有人喊：「安靜，要宣判了！」卡黑爾法官開始宣讀陪審團的裁斷：沙文被指控的三項罪名全部成立，被定二級謀殺罪、三級謀殺罪和二級過失殺人罪。每宣讀一項定罪，人群就爆發出一波歡呼，伴隨著哭泣。宣讀完判決後，法官問每位陪審員這是不是陪審團真實的裁斷。陪審員一一回答說是。法官感謝陪審團，稱讚他們不僅為明尼蘇達州履行了擔任陪審員的公民職責，而且是履行了「重量級的陪審員職責」。[30]

「杯食」門口的人群中有一位名叫珍妮佛．陶德的婦女對《巴爾的摩太陽報》記者說：「現在是癒合傷口的時候。悔改、問責、尊重。沒有悔改，傷口就難以癒合。」[31]一場公正的司法審判只是癒合創傷的開始。它提供了一個契機，但歷史上曾出現過的多次契機，都被有意或無意地錯過了。警察過度使用暴力和結構性歧視在美國由來已久。時至今日，在明文法律和政治層面容易解決的問題大多或者得到解決，或者正在著手解決，但是，不易解決的問題解決起來的難度一點也沒有減少。近七十年，法律和政治上的制度性歧視大多被廢除了，但滲透到社會生活方方面面的結構性歧視仍然根深柢固。一些只可意會不可言傳的習俗、偏見和潛規則影響著執法人員的行為。美國改變種族隔離的法律，經歷了近一個世紀，要在社會生活層面移風易俗，可能需要更長久的時間。

這場審判前，達妮拉剛過十八歲生日。宣判後，她在臉書牆寫道，等待判決結果的那一小時太緊張了，心跳加速；聽到有罪判決，她痛快地哭了一場，「正義終於得到伸張」。判決後，人們回顧案件的前後經過，禁不住問：如果沒有達妮拉錄下影片並公之於眾，結果會怎樣？沙文今天可能仍然是明尼阿波里斯的警官。[32]

刑事案審判在法律上會有輸贏，但暴行一旦發生，沒有贏家。對於受害者來說，法律正義永遠是遲到的正義。對於謀殺案的受害者來說，即便法院做出公證判決，只有生者才有機會歡呼正義得以伸張。判罪後的幾週內，法庭將給沙文量刑。儘管三項罪名全部成立，但因為都基於同一事實，所以在確定刑期時不會數罪並罰，而是根據刑期最高的二級謀殺罪量刑。明尼蘇達州的量刑標準建議二級謀殺罪判刑十二年半，但考慮案件的具體情況，最高可判四十年。

二〇二一年六月二十五日是法庭判刑的日子。按照法庭慣例，卡黑爾法官問沙文是否有話要說。沙文感謝法官，轉身朝旁聽席說，他想向佛洛伊德的家人表示哀悼，希望以後的進程能讓他們心裡有平安。沙文講完後，卡黑爾法官宣判，他被判處二十二年半徒刑。長達二十二頁的量刑書解釋了為何刑期比明尼蘇達量刑標準建議的十二年半多出十年。卡黑爾法官在法庭上強調了兩點，一是沙文作為警察執法犯法，本來的職責是保護民眾，卻利用職務殺人；二是沙文的行凶手段太殘忍，用膝蓋頂住佛洛伊德的脖子長達九分二十九秒。

宣判後，卡黑爾法官說，這是場令人痛苦的審判：「我想坦承，知道所有家庭，尤其是佛洛伊德有家人，遭受的深切、巨大的痛苦。請接受我們的同情，我知道，也能聽到你們禁受的痛苦。整個漢尼賓縣，明尼蘇達州，甚至整個國家，都禁受了這種痛苦。但最重要的是，我們要認識到佛洛伊德家人的痛苦。」[33]

三、生命的顏色

喬治・佛洛伊德之死，引發了曠日持久的全國性抗議。一些城市的抗議演化成暴力事件。進入夏天，新冠疫情和抗議活動隨時可以朝不同的方向發展，影響不同群體選民的選票投向。每天公布的感染人數、死亡人數、街頭的火光和槍聲、川普總統火上澆油的言行，相互疊加，不斷衝擊民眾的感受，激發民眾的情緒。大衛・休謨（David Hume）說，理性是激情的奴僕。在驅動人的政治行為方面，情感往往比理性更直接、更強烈。[34]

二〇二〇年八月二十三日，威斯康辛州克諾莎市（Kenosha）一名黑人拒捕，在街上掙脫警察，試圖進入自己的汽車。警察從背後連開七槍，他被擊中四槍，重傷送醫院。有關事件的具體細節，事後各方描述不同。事發當天，有人把槍擊的錄影貼到社交媒體，迅速傳播，引發大規模抗議。當時，正值佛洛伊德之死引發的全國性抗議逐漸平息之際，抗議的火焰突然重新燃燒起來。克諾莎成了抗議的新震源；示威抗議迅速演化成騷亂。

一位十七歲的少年成為克諾莎騷亂的焦點。卡勒・利頓豪斯（Kyle Rittenhouse）高中輟學，跟母親生活，住在伊利諾州北端的小鎮安提阿。從安提阿向北兩公里就是威斯康辛，跨過州界向東北方向走三十英里就是當地最大城市克諾莎，坐落在碧波浩渺的密西根湖畔。像很多小鎮上的少年一樣，利頓豪斯喜歡進城玩耍，在克諾莎街頭留下很多印記。騷亂發生前一個月，有路人看到幾個年輕人在街頭打架，其中就有利頓豪斯。他從背後用拳頭擊打一位不知名的女子。騷亂前一週，克諾莎政府控告利頓豪斯無照駕駛，超速二十英里。利頓豪斯從小想當警察，十四歲時參加了一個本地警察局的青少年學員項目，坐警車觀看警察執法，學習使用槍械。近幾年，民眾中流傳一個支持警察的口號「藍命也是命」（Blue Lives Matter）。利頓豪斯拿到臉書上反覆張貼這個口號。「藍」是代表警察的顏色。[35]

二〇一三年，美國興起「黑命也是命」（Black Lives Matter）運動，抗議針對黑人的執法暴力。二〇一四年十二月二十日，兩名紐約市警察在警車中被一名黑人歹徒槍殺，其中包括三十二歲的華人警察劉文健。十二歲時，劉文健隨父母從廣東移民到紐約，像那個年代中國出生的很多孩子一樣，是家中的獨生子。遇害時，劉文健新婚兩個月。兩位紐約警察被害引起全國執法人員的憤怒，有執法人員組織提出「藍命也是命」，要求聯邦政府立法，把針對執法人員的犯罪也列入仇恨犯罪。[36]

「黑命也是命」、「藍命也是命」，還有後來的「白命也是命」（White Lives Matter），像幾枚稜鏡，折射出美國社會相互交錯的種族、左右、階層矛盾。一些個人的病態和偶然的人生錯誤轉向被泛政治化。

殺害紐約兩名警察的凶手曾因順手牽羊、公車逃票等被多次拘捕，但平日並沒有政治追求。他中學輟學之後打零工，曾夢想當歌手和電影明星，但現實殘酷，不斷失敗，內心抑鬱不平。案發那天凌晨，他去前女友在巴爾的摩的家中，拿出手槍要自殺，被她規勸後放棄，卻調轉槍口向前女友開槍，驚慌中逃離現場，乘長途車去紐約，褲子和鞋上沾滿血跡。途中，他在社交媒體上發文：「我要給豬插上翅膀。他們殺我們一個，我要殺他們兩個。」抵達紐約布魯克林後，他在街上發現兩名警察坐在車中，貼近開槍，然後走到地鐵站自殺。事發前幾分鐘，紐約警局收到巴爾的摩警局的傳真，警告凶嫌正去紐約尋仇。[37]

極端事件醞釀極端政治。紐約警察被害引起全國執法人員憤怒，明尼阿波里斯和克諾莎黑人被害引發全國黑人的憤怒。憤怒的人群是極端政治的溫床。

雖然利頓豪斯高中輟學，加入警察隊伍的前景渺茫，但從不掩飾對警察工作的熱愛，喜歡告訴別人自己是民兵。但沒有民兵組織承認他是自己的成員。隨著年齡增長，利頓豪斯對政治表現出巨大的熱情。二〇二〇年一月三十日，利頓豪斯剛過十七歲生日，趕赴四百英里外愛荷華州的得梅因市（Des Moines）參加川普的集會，站在台下第一排。利頓豪斯有著川普堅定支持者的典型特徵：白人男性、教育程度低、收入低、愛好槍枝、相信「藍命也是命」跟「黑命也是命」勢不兩立。

利頓豪斯有個長他兩歲的姐姐，兩人隨母親生活。他母親單身，在一家老人院做護士助理，收入微薄，供養一子一女，生活不易，兩年前曾申請破產。他和姐姐上國中時遭到同學霸凌騷擾，被罵又蠢又傻。他母親求助警方，要求保護兩個孩子。利頓豪斯十五歲時從高中輟學。[38]

二〇二〇年三月，疫情蔓延，美國經濟遭受沉重打擊。三月二十七日，川普總統簽署二・二兆美元的經濟刺激法案，救濟陷入困境的公司和個人。四月初，財政部開始向年收入七萬五千美元以下的國民寄發支票，成年國民每人一千二百美元，十七歲以下的國民每人五百美元。聯邦政府同時向疫情中的失業人員增發每週六百美元補助。利頓豪斯生於二〇〇三年一月，剛滿十七歲，收到一千二百美元疫情補助。疫情前，他在「基督教青年會」（YMCA）做業餘救生員；疫情中失業，又從聯邦政府得到每週六百美元的失業補助。這比他在「基督教青年會」打零工的收入還高。

利頓豪斯有了餘錢，第一個想到的就是買槍。但在威斯康辛州，法律不允許十八歲以下的未成年人購買槍枝。當時，利頓豪斯的姐姐正跟克諾莎青年多明尼克．布萊克（Dominick Black）約會。布萊克比利頓豪斯大兩歲，可以合法買槍。利頓豪斯求他幫忙，把錢給他，請他代買。像利頓豪斯一樣，布萊克也是跟母親生活，母子住在克諾莎。布萊克為利頓豪斯買了一支史密斯．威森AR－15半自動步槍，存放在繼父家中。他告訴利頓豪斯，等到狩獵季節，可以一起帶著去北部打獵。按照威斯康辛法律，十八歲以下未成年人只有在打獵時可以帶槍。[39]

克諾莎騷亂中，一些沿街店鋪遭搶劫，一些汽車被燒毀。市政府宣布宵禁，州政府派遣執法人員協助本地警察維持秩序。同時，有民眾開始帶槍向發生騷亂的城區聚集。八月二十五日早晨，布萊克開車帶利頓豪斯到他繼父家取走AR－15步槍，趕赴城區。路上，布萊克給繼父打電話，說他要去城裡幫助清洗示威者留下的塗鴉，並替以前打工的車店保護財產。繼父告訴他，最好別去。布萊克沒有聽從繼父的勸告。他帶利頓豪斯去了一家汽車維修店，各自武裝起來，幫助看守生意。現場來了一些他們不認識的民間武裝人員，說是響應臉書上一個叫「克諾莎衛兵」組織的號召，來保護這家車店。前一天夜晚，離這家車店不遠的另一處停車場被縱火。布萊克和利頓豪斯都不是「克諾莎衛兵」的成員，對這個組織一無所知。

他們問前來響應號召的人，也不知道這個組織的底細。[40]

夜幕降臨，布萊克爬到房頂，持槍俯視街道，不遠處警察的裝甲車正驅散示威人群。利頓豪斯在地面一層，混亂中消失在布萊克的視線之外。街上響起槍聲，布萊克以為是警察在放催淚彈。旋即，他的電話鈴響了，傳來利頓豪斯驚慌的聲音：「我朝人開槍了。我朝人開槍了。」利頓豪斯再度出現在布萊克的視線中時，舉著雙手朝警察的裝甲車走，一位女警官抬手示意讓他離遠點。利頓豪斯跑回維修店，對布萊克說：「如果我不開槍，可能已經死了。」布萊克意識到兩人都闖了大禍，告訴利頓豪斯把槍放到他汽車後車箱，趕快離開。在開車去安提阿的路上，布萊克告訴利頓豪斯：「我想我的麻煩比你的還大，你是自衛。但不管怎麼樣，你都不該有那把槍。那把槍在我名下。」[41]

利頓豪斯到家後，告訴母親殺人的事。他母親說：「你有兩個選擇，或者快點跑，或者去自首。」利頓豪斯說要去自首。第二天，兩人去警局自首。布萊克追悔莫及，對審問他的執法人員說：「不知道為什麼，當時一直在想，他還不到十八歲。頭腦中也清楚，我可以叫停。但我知道，如果不把槍給他，他會發火。」布萊克以非法向未成年人提供致命武器導致死亡的指控被起訴。利頓豪斯則以兩項謀殺罪、一項謀殺未遂罪和非法持有武器罪被起訴。[42]

四、以法律的名義

經過電視報導和社交媒體傳播，利頓豪斯一夜之間成為家喻戶曉的人物。社會輿論迅速分化成對立的兩派：一些民眾把他作為維護法律與秩序的公民英雄，另一些民眾則把他作為非法持槍行凶的歹徒。

跟歐洲國家相比，美國有著源遠流長的草根正義傳統：「在歐洲，罪犯在逃時被官員擒獲，算他自己倒楣，居民在這場鬥爭中只是旁觀者；但在美國，罪犯都被視為人類公敵，人們會群起而攻之。」[43]這是托克維爾對比歐洲的官府正義和美國的草根正義，當時是一八三〇年代。近二百年間，托克維爾觀察到的一些現象已經消失，很多傳統發生了天翻地覆的變化，但有些傳統依然如故，比如草根正義，只是以不同的面目表現出來。當今美國社會對民間執法的草根正義仍然有較高的容忍度。在可預見的將來，這種傳統仍然會延續下去。問題在於，民間執法的法律邊界相當模糊，在見義勇為和非法行凶之間往往沒有明確的界線。

一位名叫林．伍德（Lin Wood）的喬治亞州律師透過自己掌握的基金會，以為利頓豪斯辯護的名義募捐，以利頓豪斯律師的身分接受媒體採訪。伍德並沒有刑事辯護經驗，也沒有威斯康辛或伊利諾州的律師執照，他只有喬治亞州的執照。不久，一名洛杉磯的民事訴訟律師約翰．皮爾斯（John Pierce）加入，跟利頓豪斯的母親一起在媒體上募捐。皮爾斯跟伍德一樣，沒有刑事辯護經驗。他本人和以前的事務所在加州是幾起民事訴訟的被告，被控欠債不還。皮爾斯試圖阻止伊利諾州把利頓豪斯引渡到威斯康辛州受審，被法院否決。他被引渡到威斯康辛法院受審，法庭駁回他律師的自衛申辯，將作為謀殺案和謀殺未遂案審判。法庭允許利頓豪斯以二百萬美元保釋。伍德和皮爾斯用募集的捐款支付了保釋金。[44]

二〇二〇年十一月大選過後，民眾對克諾莎事件的興趣不再，關注的焦點轉移到大選結果爭議上。伍德的基金會以利頓豪斯的名義募集了數百萬美元後，轉而以為川普總統訴訟的名義募捐。伍德在媒體上宣布，基金會的主要任務已經轉移到推翻總統選舉結果。他請公眾以後直接向皮爾斯捐款。[45]

威斯康辛檢察官請求法庭責令皮爾斯將募集的捐款作為律師費存入信託帳戶，以防被挪用，指出他債務纏身，可能把本應用到為被告辯護的捐款拿去還債。把客戶預支的律師費存入信託帳戶，這是各州律師行業的基本要求。伍德和皮爾斯以非營利基金方式募集的捐款缺少嚴格監管。如果皮爾斯想在威斯康辛做被告的辯護律師，必須把捐款作為預支的律師費按照行業規範存到客戶的信託帳戶中。皮爾斯不願遵守規定，退出了刑事案代理，但仍然稱自己是利頓豪斯母子的民事律師。[46]二〇二一年二月，利頓豪斯母子告知媒體，已經中止跟皮爾斯的客戶—律師關係，並指責皮爾斯挪用以他們母子名義募集的捐款。[47]

二〇二一年十一月一日，克諾莎縣巡迴法院開庭，由布魯斯．施羅德法官（Bruce Schroeder）審理卡勒．利頓豪斯案。在挑選陪審團的過程中，一位候選人說，因為他平時積極支持第二修正案，不相信自己能在本案中做出不偏不倚的判斷，所以請求退出。施羅德法官對他說：「我不在乎你對第二修正案是什麼意見……我想讓這個案子反應出克諾莎的偉大，克諾莎的公正，不想讓這個案子偏離到別的問題上去。」他指示陪審團排除政治和媒體的干擾，只看法庭上的證據：「這個案件已經很政治化。你們能讀到各種政治光譜的案情評論，大多數是些什麼也不知道的人寫的。」[48]

從挑選陪審團開始，一些專家和學者開始批評施羅德法官偏袒被告。在審判過程中，這種批評的聲音愈來愈多，尤其是當他跟檢察官當庭發生言語衝突之後。檢察官試圖出示已經被施羅德法官否決的證據，遭到當庭斥責。幾位關鍵證人的證詞對檢方不利。一位當時在現場的攝影記者作證說，他看到第一位被利頓豪斯開槍打死的人追打利頓豪斯。一位被利頓豪斯擊中後倖存下來的證人承認，他當時拿著槍追趕利頓豪斯。利頓豪斯自己作證，被他的律師和檢察官質詢了幾個小時，反覆講他害怕槍被奪走，害怕被追趕他的人打死。大部分時候，他表現得比較平靜，但說到一些細節，開始哭泣。他母親坐在旁聽席上不斷擦眼淚。49

審判持續了兩個星期。十一月十五日，庭審結束，陪審團經過三天審議，判定檢方對被告的所有六項指控不成立，法庭宣判利頓豪斯無罪。

五、法庭外的審判

審判結束後，各方的爭辯和爭論從法庭轉移到媒體上。法院用法律和證據審判被告，評論家用自己贊成的理念審判自己反對的理念，跟風群眾用自己喜歡的口號審判自己不喜歡的口號。每個備受關注的案子發生後都是這樣。但魔鬼在細節中，上帝也在細節中。對一個判決結果起決定作用的往往是評論家和公眾不感興趣的一些案情細節。50

施羅德法官顯然同情利頓豪斯，這可能會影響到陪審團的態度和判斷。但很難說這是導致判決結果的決定因素。檢方指控的三項嚴重罪行沒有被定罪，從關鍵證人的證詞和證據看，並不令人覺得意外；但三項輕一些的指控沒有被定罪，法官和陪審團的同情心顯然起了作用。可能在陪審團的眼中，利頓豪斯是一個出身不幸家庭的少年，從小喜歡當警察，在成年人的衝突中，把自己想像成警察幫手，要帶槍去保護私有財產。很多男孩會有這種幫助正義力量執法的想像，只是很多男孩比利頓豪斯幸運，有負責任的父母，家裡有像樣的收入，能念完高中。這是利頓豪斯跟很多男孩命運最不一樣的地方。

卡勒·利頓豪斯案審判結束了，但他姐姐的男朋友布萊克的案子還沒有了結。正像事發那天晚上布萊克對利頓豪斯說的那樣：「我的麻煩比你的還大，你是自衛……但那把槍在我名下。」布萊克以非法向未成年人提供槍枝罪被起訴，二〇二一年八月，他的律師和檢察官同意，等利頓豪斯的案子判決後，再安排開庭時間。媒體對布萊克的案子沒有多少興趣，年初時有報導說，他向民間募捐雇律師，只收到幾百美元捐款。利頓豪斯雖然被判無罪，但布萊克向未成年人非法提供槍枝的罪名仍然成立。二〇二二年一月八日，布萊克與檢方達成認罪協議，接受二千美元罰款，以避免坐牢。[51]

人們很容易按照道德理念和政治立場從利頓豪斯這類案件中做出政治引申。但法庭審判的是一個具體的人，依據的是有具體標準的法律、在有限時間和場合展開的具體事實。法庭不審判理念，也不依據抽象理念審判被告。被判無罪後，卡勒·利頓豪斯在福斯電視上講，他不是種族主義分子，而且贊同「黑命也是命」的訴求，支持和平示威，但不贊成以上街縱火的方式表達訴求。他表示，如果時間能逆轉，他不會再去做挎著槍上街那種事。在訪談中，利頓豪斯公開指責他的前任律師約翰·皮爾斯和林·伍德利用他，另有所圖。[52]

皮爾斯和伍德為爭奪利頓豪斯的法庭保釋金，矛盾公開化。二〇二一年九月二十二日，離開庭不到兩個月，當地報紙《密爾沃基前哨報》報導，皮爾斯要求法庭在審判結束後，把二百萬美元的保釋金轉到他控制的帳戶，伍德要求把保釋金退還到他控制的帳戶。[53]審判結束後，按照威斯康辛法律，法院會在三十天內退還保釋金。利頓豪斯被判無罪的第二天，他的辯護律師馬克．理查茲（Mark Richards）接受CNN採訪，指責伍德在等待審判期間讓利頓豪斯接受《華盛頓郵報》採訪，稱伍德是「蠢貨」，說皮爾斯和伍德心思都用在了「拿這孩子搞錢上」。[54]

伍德給理查茲發電郵，稱他的指控不實，說讓利頓豪斯接受《華盛頓郵報》採訪都是皮爾斯的主意，跟他沒關係：「你在CNN訪談中公開說我是蠢貨。不對，我不是……在此正式要求你立即收回並更正對我的不實指控。」伍德警告理查茲，如果對他的要求置之不理，「我會告你」。[55]

美國律師界龍蛇混雜。馬克．理查茲屬於靠法律技能做案子的職業律師，林．伍德、約翰．皮爾斯等屬於借政治事件和政治人物斂財的律師。在訪談中，理查茲律師透露，皮爾斯一邊以利頓豪斯的名義募捐，一邊每小時從募捐中扣一千二百美元「律師費」，包括吃飯時間。而皮爾斯沒有刑事辯護經驗，連威斯康辛州的律師執照都沒有。在被問到這個案子的社會影響時，理查茲律師說，他盡職做好他應該做的工作，就是為被告辯護，至於別人怎麼做政治引申，他管不著，也不關心；他只想從媒體的聚光燈下消失，這件事不再成為輿論漩渦，讓他和利頓豪斯恢復正常生活。[56]

利頓豪斯案從案發到判決，美國社會的兩股力量一直在爭鬥。一股力量把利頓豪斯塑造成維護法律、主持正義的英雄，認為判決結果彰顯了正義；另一股力量把利頓豪斯描繪成有暴力傾向的殺人犯，認為判決結果羞辱了法律和正義。審判已經結束，爭論仍在繼續。

傑瑞．布萊克威爾律師曾在佛洛伊德案的審判中呼籲常識，把常識稱為「不出庭的證人」。圍繞利頓豪斯案的爭論似乎缺少的正是常識——成熟公民的常識。

一些成年人以法律和正義的名義把一個帶槍的少年忽悠到街上，以殺人告終，不管什麼原因，這些成年人都負有不可推卸的罪責。在面對面的街頭衝突中，成年人尚且難以完全理性地處理複雜的情況，何況一個十七歲的少年？除了發生悲劇，還能有什麼結果？即便最終被判無罪，少年時代經歷了街頭殺人，被起訴、審判，會留下一生的陰影和創傷。這是一場不負責任的成年人製造出來的底層年輕人的悲劇。在這個事件中，最應當被審判的是那些把這孩子忽悠到街頭開槍的成年人。但他們在法律的邊界之外。

第十一章

法律槍戰

如果我們美國人已經在我們的絕望文化中到了謀殺孩子的地步，不管是什麼原因，不管是什麼膚色，我們不配生存下去，可能也生存不下去。

——威廉．福克納

沒人有權利為追求自己的幸福而傷害他人，為了保護他人，我們訂立了莊嚴的契約……這已經是老生常談：人在進入文明社會時放棄了一部分自然狀態的自由，作為獲得國家福祉的代價：老實講，無非是拿那種自由換取了來自法律和正義的好處。

——美國最高法院「格林訴貝德爾案」判決書

跟其他發達國家相比，槍是美國政治和社會生活中特有的主題。美國槍擊事件頻發，透過媒體報導和社交媒體傳播，經常在社會輿論中引發軒然大波。擁槍支持者和反對者各執一端。反對者要求政府嚴格控制槍械，以減少槍擊事件。支持者則擔心，嚴格控槍之後，不法分子依然有管道獲得槍枝，而普通民眾將失去自衛工具。政黨和政治人物自然不會錯過利用這個話題爭取選民的機會。

近半個多世紀，槍成為美國宗教、政治和文化保守派的圖騰，也是共和黨候選人團結選民的一面鮮明旗幟。反對政府控制槍枝的保守選民有效地把選舉變成對憲法第二修正案的公投，形成共和黨最穩固的基本盤。大部分民主黨候選人雖然支持控槍，但提出的具體措施和政策主張往往輕描淡寫，否則會失去很多中間選民的支持。在美國，畢竟槍不只被看作一件武器，更重要的是，槍被很多國民當作自我認同和國家認同的標誌性符號，甚至被當作個人自由的象徵。

一、第二修正案

在當代美國，擁槍權經常被稱為「第二修正案權利」。美國憲法第二修正案只有一句話：「一支管理良好的民兵為保障自由州的安全所必需，人民擁有和攜帶武器的權利不得侵犯。」近半個世紀，這句話成為美國法學界和政界論戰的焦點之一。在法學界，短短幾十年間發表的解讀第二修正案的論文比此前二百年的總和還多；在政界，第二修正案的熱度更高。

二〇一〇年，歐巴馬總統提名艾麗娜・卡根（Elena Kagan）做最高法院大法官，需要參議院核准。有八十多名民主黨和共和黨參議員找她問話，問得最多的問題就包括她怎麼看第二修正案，有沒有拿過槍，有沒有打過獵。卡根被任命為大法官後，請最高法院的打獵高手安東寧・史卡利亞（Antonin Scalia）大法官教她打獵。兩人的政治傾向和法律觀點相左，卡根被認為是自由派，史卡利亞是有名的保守派。二〇一六年二月去世前，史卡利亞大法官數次帶卡根大法官去獵鴨子。在懷俄明的山中，卡根大法官獵殺了平生第一頭鹿。她沒有因為學會打獵而改變對第二修正案的看法，更不會贊同史卡利亞大法官對第二修正案的解讀，但她顯然充分意識到了第二修正案和槍枝問題在美國政治和法律議題中的位置，以及對普通美國人無所不在的影響。[1]

第二修正案誕生於一七九一年十二月十五日。在歷史上，它曾經是一條被法學界和政界長期遺忘的憲法修正案。整個十九世紀和二十世紀上半葉，解讀這條修正案的法學論文屈指可數，聯邦法院涉及第二修正案的判決也寥寥無幾。憲法學家亞當・溫克勒（Adam Winkler）認為，第二修正案在當代美國法學界和政界火起來跟一九六〇年代興起的擁槍權運動有關：「當今美國人熟悉的擁槍權運動是一種相對新興的現象，儘管個人擁槍權是我們最悠久的憲法權利之一。」[2]在美國的制度框架中，一場政治和文化運動必須借助相應的憲法工具才能把訴求變成規範。第二修正案就是擁槍權運動借助的憲法工具。

二〇〇八年以前，聯邦法院一直將第二修正案解讀為禁止聯邦政府解除各州民兵的武裝；歷史上，法學界對這種解讀也鮮有爭議。變化起始於一九六〇年代。當時，「全國步槍協會」（The National Rifle Association）的發展目標開始從提高民眾使用槍枝的技能、推廣打獵等轉向反對政府控制槍枝，採取的主要策略之一是重新解讀第二修正案。一九六五年，美國律師協會徵文，題目是「如何解讀第二修正案講的人民擁有和攜帶槍枝的權利」。芝加哥律師羅伯特．斯布萊切（Robert Sprecher）提交的文章獲獎，他立論的主旨是找回第二修正案的原義，主張國父們起草第二修正案時不僅意在保護各州武裝民兵的權利，而且也保護個人擁有和攜帶槍枝自衛的權利。在當時，這是一種十分新穎的觀點。一九七一年，斯布萊切被尼克森總統任命為聯邦第七巡迴法院的法官。[3]

斯布萊切的文章在《美國律師協會學刊》（*ABA Journal*）發表後，幾位法學家和律師開始跟進，把第二修正案解讀為保護個人擁槍權，但整個一九六〇至七〇年代，主流法學界並沒有接受這種理論創新。轉捩點發生在二十世紀的最後二十年。那二十年間湧現出一百二十五篇討論第二修正案的法學論文，其中大部分主張第二修正案保護個人擁槍權。[4]一些名不見經傳的法學家成為這場理論創新運動的學術弄潮兒，格蘭．雷諾茲（Glenn Reynolds）是其中之一。一九九五年，雷諾茲回顧說：「過去五年左右發表的第二修正案文章無疑比此前的二百年還多。」[5]全國步槍協會從不避諱對第二修正案學術研究的資金支持，一些發表相關文章的律師則直接受雇於步槍協會。[6]

進入二十一世紀，對第二修正案流行了二百年的傳統解讀在法學界逐漸被「個人擁槍權」解讀所取代，反對這種理論創新的「保守」聲音愈來愈微弱。弔詭的是，在解讀第二修正案時做出這種激進理論創新的學者把自己稱為「保守主義者」，並以堅持憲法解讀的「原旨主義」為自己辯護。作為一種方法論，原旨主義主張，在解釋憲法時，要尋找立憲者的「原本意圖」。在一九七〇至八〇年代，原旨主義的理論旗手是橫跨學界、政界和法律界的安東寧・史卡利亞。一九八二年，雷根總統任命史卡利亞為聯邦上訴法院法官，四年後，又任命他為美國最高法院大法官。

需要指出的是，支持把第二修正案解讀為「個人擁槍權」的律師和學者並不全是保守主義者。唐・濟慈（Don Kates）是位民權律師，也是自由派一翼支持重新解讀第二修正案的主要人物。他從自己打民權官司的經歷了解到，對於一些受到暴力威脅的弱勢群體來講，只有擁有槍枝才能保護自己。一九六三年夏天，民權運動高漲，濟慈是耶魯大學法學院一年級學生，暑期去北卡來羅納幫助當地律師打民權官司。一位黑人女客戶收到三K黨的威脅，因為當地警察對三K黨違法睜一隻眼閉一隻眼，她不敢報警。濟慈自己有槍，夜晚帶著一支M1步槍和一把左輪手槍去那位女客戶家門口守衛。那段經歷使他相信，擁有槍枝自衛應當成為一種憲法權利，受憲法第二修正案保護。[7]

一九八三年，濟慈在《密西根法學評論》發表論文〈手槍禁令與第二修正案原義〉，追溯了美國獨立後各州保護擁槍權的歷史，並從個人擁槍權角度解讀第二修正案。他認為條文中講的「人民的權利」不只是各州組織民兵的集體權利，也是公民的個人權利。這一主張確立了重新解讀第二修正案的基本法理思路，成為此後很多第二修正案法學論文的立論藍本，也奠定了二十五年後最高法院判決「哥倫比亞特區訴海勒案」的法理基礎。[8]

不過，在論文發表後的幾年中，濟慈的觀點並沒有在主流法學界引起反響。一九八九年，《耶魯法學學刊》發表著名法學家森福德・萊文森（Sanford Levinson）的論文〈令人尷尬的第二修正案〉，批評菁英法學界無視濟慈對第二修正案的解釋，認為第二修正案跟第一修正案一樣，包含對個人權利的保護。在萊文森看來，承認第二修正案保護個人擁槍權並不等於給挺槍派提供一個憲法避難所，就像第一修正案保護個人言論自由，但並不意味著立法限制任何言論都違反憲法。他主張，法律必須在憲法保護的個人擁槍權和公共安全之間找到平衡點，法院在審理擁槍權案件時也必須做出這種平衡。[9]跟濟慈一樣，萊文森在法學界被認為是自由派。時至二十世紀末，在從個人擁槍權角度解釋第二修正案方面，一些左翼進步派跟很多右翼保守派殊途同歸。

二〇〇三年，在經過數十年的學術準備和輿論醞釀之後，擁槍權運動發起司法訴訟的時機成熟。挺槍組織籌集了足夠資金，找到合適的律師，在首都華盛頓特區挑選出六名原告，在聯邦法院起訴特區當局的控槍法律違反第二修正案。當時，華盛頓特區有著全國最嚴格的限槍措施，禁止民眾擁有和持有手槍。六名原告之一是位名叫迪克・海勒（Dick Heller）的法院保全警察，他上班時要佩戴手槍，但因法律限制，下班後在家裡卻不能擁有手槍。他向市政府提出在家裡存放手槍自衛的申請，被拒絕。顯然，挺槍派的律師在選擇原告和被告上下了大功夫。

如前所述，對第二修正案的傳統解讀是它保護各州民兵的擁槍權，這是一種集體權利，不是個人權利。二〇〇八年六月二十六日，美國最高法院判決「華盛頓哥倫比亞特區訴海勒案」，對第二修正案做出反傳統的解讀，主張第二修正案不僅保護民兵的集體擁槍權，也保護民眾的個人擁槍權。[10]

史卡利亞大法官撰寫的判決書主要從兩個方面追溯第二修正案的原義。一是從句法入手分析條文的字面意義，二是從歷史入手探討立法者的原始意圖。從字面上看，第二修正案的條文由兩個子句組成。「一支管理良好的民兵為保障自由州的安全所必需」是引導子句，「人民擁有和攜帶武器的權利不得侵犯」是操作子句。如果把引導子句理解成是對操作子句的限定，顯然整句話都是在講民兵。反之，如果認為引導子句並不限定操作子句，那麼前半句講民兵的集體權利，後半句則可以講個人權利。[11]

傳統上，法學家、法官和律師認為第二修正案的前半句和後半句是限定和被限定的關係，「人民擁有和攜帶武器的權利」講的是民兵，不是講個人。隨著擁槍權運動的興起，一些法學家和律師開始把第二修正案的兩個子句解讀為非限定關係，認為「一支管理良好的民兵」只是講了一個保護擁槍權的理由，而不是限制擁槍權的範圍，在語義上並不限定「人民擁有和攜帶武器的權利」這一核心內容。海勒案的判決採納了上述非限定關係解讀，主張「人民擁有和攜帶武器的權利」中的「人民」不只是指民兵，而是包括所有人。[12]這一解讀意味著，在第二修正案誕生二百一十七年後，最高法院第一次把民眾的擁槍權確認為受憲法保護的個人權利，而不只是民兵的集體權利。

在此，有必要對「權利」做粗略的辨析。現代漢語學習西方語言，講到「權利」至少有以下幾層語義：第一是作為政治理論或法理前設的「自然權利」，在西方傳統中源於自然理性或天啟；第二是宣言和公約中作為政治宣示的「政治權利」，屬於政治理性或政治想像的範疇；第三是法律法規中具有可操作性的「法定權利」，屬於法律技術，或用愛德華．科克（Edward Coke）的術語講，屬於「人工理性」的範疇。[13]海勒案事實上創造了一項新的憲法權利，即個人擁槍權。

二、扭曲的鏡子

海勒案的判決書洋洋灑灑四十多頁，不僅分析了第二修正案條文的句法和語義，而且列舉了大量歷史事實支持其反傳統的解讀。五名大法院支持判決，形成多數；四名大法官反對判決，其中約翰．史蒂文斯（John Stevens）大法官和史蒂芬．布萊耶（Stephen Breyer）大法官撰寫了比判決書篇幅更長的反對意見，幾乎是逐條反駁判決書的主張。[14]尤其值得注意的是，史蒂文斯大法官列舉了跟史卡利亞大法官列舉的歷史事實相反的歷史事實，當然也得出了相反的結論。美國歷史上，每一條重要立法都經過支持方和反對方的激烈辯論，雙方都會尋找對自己的主張有利的證據和理論，而且美國各州情況差異巨大，處理同樣的問題，各州做法也不盡相同。所以，從歷史中找依據，不論是支持還是反對一種現行的解讀或做法，往往都能找出一大堆史料。

更為複雜的是，在擁槍權問題上很多被大眾廣為接受的歷史觀念夾雜著各種傳奇，歷史事實和人們對歷史的想像糾纏不清。比如說，內戰後，大批聯邦軍隊和南方叛軍的退役軍人西進謀生。那也是槍枝技術突飛猛進的時代，薩繆爾．考爾特（Samuel Colt）改進了左輪手槍的設計和製造工藝，他不僅是槍枝發明家和製造商，也是行銷天才，把新式左輪手槍包裝成普通人主持正義的標配和獨立不羈的個人主義象徵——一把左輪手槍消除了人跟人的體力差別。「上帝創造了人，薩繆爾・考爾特讓他們平等」成為時代流行語。牛仔馳騁的狂野西部成為美國民眾國家想像不可或缺的畫面，也成為各種文學藝術作品長盛不衰的題材。[15]

據發明「美國夢」說法的史學家詹姆斯・亞當斯（James Adams）觀察，無法無天的自由是最具美國特色的民眾想像之一。在沒有法律的蠻荒西部，牛仔用左輪手槍立法，靠開槍主持正義，這種自主自立的英雄人格成為美國民眾文化認同的重要內容。[16]通俗文學、大眾媒體和後來興起的電影、廣播、電視在個人自由精神跟槍之間建立了緊密的文化紐帶。伴隨這種歷史想像產生的是民眾對西部自由擁槍的印象：擁槍不受限制，每個人都可以靠槍把正義掌握在自己手中。

不過，對歷史的想像是一回事，歷史本身往往是另一回事。大量歷史事實顯示，跟民眾的想像相反，西部一些城鎮有著當時美國最嚴格的控槍法律。以亞利桑那的墓碑鎮為例，那裡被稱為「西部最邪惡的地方」，在大眾文化中以無法無天著稱。但歷史事實是，墓碑鎮政府在管轄範圍內實施嚴厲的控槍法令，禁止民眾攜帶槍枝上街，違者罰款二十五美元，這在當時的西部不是筆小錢。像墓碑鎮一樣，一百多年前西部很多城鎮的控槍法比當今美國任何地方的控槍法都嚴厲。[17]狂野西部的槍枝暴力也不像大眾文化中渲染的那樣頻繁發生。牛仔是社會底層男性從事的行當，每天的工作是管牲口，大部分牛仔從未見過槍戰，更不用說自己開槍了。歷史學家理查・申克曼甚至說：「死在好萊塢西部電影中的人比死在真正西部邊疆的還多。」[18]

在西部邊疆開發時代，沒有律師和法學家批評各地的控槍措施違反第二修正案，也沒有嚴肅的出版物認為立憲的國父們反對控槍。事實上，控槍法律在北美殖民地時期已經存在，美國革命的直接導火線就是英國要沒收殖民地居民的槍枝，革命的結果是脫離英國統治，獨立建國。獨立後，各州紛紛立法加強對槍械的管理和對民眾持有槍枝的管控，要求民兵必須登記擁有的槍枝，並將火藥保存在安全的地方。[19]

國會專門針對民兵問題為憲法增加第二修正案，也反映了當時的社會氛圍和立法者的政治心態。各州對英國的高壓記憶猶新，擔心聯邦政府有了強大的軍隊會用來鎮壓人民，收繳各州民兵的武器。基於這種心態，國會只允許聯邦政府維持規模很小的正規軍隊，並確保各州武裝民兵的權利。歷史上，這被主流法學界認為是第二修正案立法的初衷。但形勢比人強。一八一二年，英國軍隊入侵美國，弱小的聯邦軍隊和各州缺少訓練的民兵不堪一擊，節節敗退，首都華盛頓被英軍焚毀。那場戰爭證明依賴民兵保衛國家是異想天開，國會改弦更張，立法讓聯邦政府建立高達萬人的正規軍。那時離憲法增加第二修正案不過二十來年。

由此看來，法律界和政界在歷史上長久忽略第二修正案並非出於偶然，因為它算不上一條成功的修正案。一八一二年的美英戰爭已經證明它達不到試圖達到的立法目標；它所反對的強大的聯邦軍隊早已成為事實，聯邦政府也獲得了各州國民兵的指揮權。在這一點上甚至可以說，歷史已經證明第二修正案有關民兵的立法意圖是失敗的，更不反映當代美國的現實。不過，塑造人們觀念的往往不是歷史事實，而是對歷史的想像。當代擁槍權運動借助民眾的歷史想像把幾乎被遺忘的第二修正案重新挖掘出來，借助法學家的理論創新賦予它新的生命，使它最終在海勒案的判決中形成新的憲法規範。

在萊文森和溫克勒等法學家看來，第二修正案保護個人擁槍權跟政府合理控制槍枝並非水火不容，而是可以在憲法框架內並存：「國父們把擁槍權銘刻在美國憲法的第二修正案中，但他們也支持嚴格控制槍枝的法律，那些法律的嚴格程度甚至很難在當今的美國人中獲得支持……在美國，控槍跟槍的歷史和第二修正案一樣悠久。」[20]

美國歷史上，控槍的立法和執法職責由各州行使。隨著自動武器小型化、汽車的普及和貫通全國的公路網開通，跨州犯罪興起。歹徒的火力有時比地方警察還強大，作案後可迅速駕車到另一個州，但警方跨州執法卻阻礙重重。在這種情況下，國會開始立法制訂全國統一的控槍規範，並授權聯邦政府執法。因為美國各州情況差異巨大，聯邦控槍法律必定是妥協的產物，頂多是為民眾擁槍設置一個底線標準。在底線之上，每個州仍然各自制訂和執行自己的控槍法律。

一般而言，大城市治安問題突出，尤其是涉槍犯罪比較多，所以人口密集的州對槍的控制趨於嚴格；而以農村和小城鎮居民為人口主體的州，治安問題不突出，控槍法律則比較鬆散。不過，挺槍和控槍的爭執並非只是出於治安的考慮。當代美國的控槍問題往往跟種族衝突、意識形態、黨派鬥爭、宗教狂熱等糾纏在一起，被政界、學界和宗教界一些人士非此即彼地極端化。這種極端化也反映在對海勒案的解讀中，挺槍派和控槍派雙方經常按照對立的意識形態從判決書中各取所需。

海勒案之前，美國民眾的擁槍權受各州法律保護，大致是一種源自普通法的個人權利。儘管海勒案借助第二修正案把這項普通法權利變成了憲法權利，但它並沒有完全否定控槍的合法性，只是要求控槍的法律必須尊重個人擁槍自衛的憲法權利。至於一些論者把海勒案當作司法原旨主義的勝利，並在司法原旨主義跟保守主義之間劃等號，則禁不起推敲。遵守歷史文本的原義並不必然意味著保守。相反地，歷史上和現實中的各種激進宗教運動和政治運動往往是以遵守原旨的面目出現，即所謂原教旨主義。在法律和司法中，追溯原旨往往導致推翻傳統判例的激進判決，有時候這種激進帶有進步主義色彩，有時候則帶有故步自封或走回頭路的色彩。

海勒案的判決說不上走回頭路，也跟史卡利亞大法官主張的原旨主義不符。著名保守派法學家和聯邦上訴法院法官理查．波斯納（Richard Posner）甚至稱海勒案是「偽原旨主義」。他在保守派刊物《新共和》（*The New Republic*）刊登評論，說這個判決「在方法和結果上都成問題，證明了最高法院在判決憲法案件時隨心所欲地行使裁量權，加進太多意識形態佐料。」他堅持法院對第二修正案的傳統解讀，認為立憲者意在保護各州民兵武裝的權利不受聯邦政府侵犯，跟保護個體公民擁槍自衛的權利沒有關係。[21]這意味著史卡利亞大法官的判決書對第二修正案的解讀，無非是假借原旨主義的名義往憲法中添了私貨，增加憲法條文原義中沒有的東西。

波斯納法官針對他所批評的「偽原旨主義」，提出一種比較包容和開放的原旨主義，他認為要解讀憲法，就必須理解開國先賢立憲的初衷，即把憲法作為一個活的文本，讓後世在變動的社會環境中對條文做出符合現實的解釋。他主張，法官維護立憲者的這一初衷才是真正的原旨主義。根據美國的制度設計，立憲者把司法權交給法院，就是期望法官能夠解讀憲法，而不是背誦條文。美國立憲時還是個人口稀少的農業社會，立憲者不可能預見當代美國面臨的所有問題，比如現代槍枝巨大的殺傷力、大城市的涉槍犯罪、大規模槍擊案等。如果期望用二百多年前立憲者對槍枝和社會管理的理解，來解決當今美國遇到的槍枝問題，顯然流於荒謬。[22]

在筆者看來，海勒案的判決既不是原旨主義的產物，也不像波斯納法官所批評的那樣「隨心所欲」。毋寧說，它表明了最高法院試圖挽救一條僵死的憲法修正案的捉襟見肘的努力。這種司法努力在當代美國有著深厚的社會文化土壤，近幾十年法學界的論爭為它做好了理論上和方法上的準備。第二修正案最初的立法意圖——確保各州民兵武裝以抗衡聯邦軍隊，早已完全脫離現實，但美國民眾對個人擁槍的熱情並沒有隨那個時代消失，而且時而升溫。海勒案試圖穿越時光隧道將第二修正案移植到當代美國的社會土壤中。

法律史家勞倫斯・弗里德曼（Lawrence Friedman）曾把法律比作社會的鏡子。美國四分之三的民眾相信，擁槍權是憲法保護的個人權利，只有不到五分之一的民眾認為擁槍是民兵的集體權利。[23]同時，多數民眾也支持政府對持有槍枝進行合理的控制，只是對於怎樣控制才算「合理」存在很大分歧。[24]海勒案無法消除這些分歧，只是把這半個世紀以來多數美國民眾對擁槍權的態度以司法判決的方式規範化，原則上在確認個人擁槍權受第二修正案保護的同時，肯定政府有權在憲法允許的界線內立法控制槍枝。

只要美國民眾的擁槍熱情不減，民間、政界和法學界圍繞擁槍權的爭論就會持續下去。對於海勒案的判決在法律上的對錯是非，仁者見仁，智者見智。但有一點十分清楚：這個判決把本已過時的第二修正案跟當代美國社會連結起來，使陳舊的憲法條文獲得了某種程度的新生。至少在這一點上，史卡利亞大法官是成功的，只不過這不是刻舟求劍式的司法原旨主義的勝利。恰恰相反，海勒案體現了一種以原旨主義為名的司法能動主義，它復活的不是第二修正案條文的原義或立憲者的原始意圖，而是透過重新解讀給它注入了反映當今美國社會現實的新的意義和意圖。借用弗里德曼的鏡子比喻，或許可以說，海勒案的判決是當代美國「社會的一面鏡子，儘管可能是一面扭曲的鏡子。」[25]

三、二〇二一歲末

伴隨持續半個多世紀的法律槍戰不斷白熱化，美國也進入校園槍擊案頻發時段。近二十年，各州已經有二百九十八所學校，共二十九．二萬名在校學生上課時經歷過校園槍擊案，一百五十七名學生和老師被槍殺，三百五十一名師生受傷。僅二〇二一年就發生了三十四起校園槍擊案，數量為歷年之最。[26]其中，年末發生在密西根州的牛津中學槍擊案再度震動了美國，案件激發的爭論也遠遠超出了有關擁槍和控槍的範圍。

每年十一月的最後一個星期四是美國的感恩節，第二天是全年最繁忙的購物日，商店熙熙攘攘，街道車水馬龍，被維持秩序的警察稱為「黑色星期五」。很多美國人在這一天舉家出動，購買聖誕禮物。很多商店打折拋售，吸引顧客。在所有賣家中，最具有美國特色的是賣槍的店鋪。黑色星期五也是槍店的暢銷日。

密西根州有個名叫牛津的小鎮，位在底特律市以北，離市中心不到一小時車程。二〇二一年的黑色星期五，鎮上一對姓克倫伯雷（Crumbley）的夫婦帶著十五歲的兒子伊森（Ethan）去槍店，買了一把手槍，給他做聖誕禮物。隨槍帶有三只彈匣，每只可以裝十五發子彈。這是只有美國孩子才能獲得的聖誕禮物。伊森．克倫伯雷異常興奮，在社交媒體上提前貼出聖誕禮物的照片——一把九毫米口徑的希格．紹爾（SIG SAUER）半自動手槍。他在照片下面留言：「今天剛得到我的新美人——希格．紹爾九毫米。有問必答。」[27]

第二天，母親珍妮佛．克倫伯雷帶兒子去靶場練習射擊。回家後，她在社交媒體上發文：「媽媽跟兒子去測試了他的新聖誕禮物。第一次打九毫米，擊中靶心。」[28]珍妮佛是位地產經紀人，二〇一六年十一月十一日，她寫了一封致當選總統川普的公開信。在信中，她說自己是一位十歲兒子的母親，稱讚川普先生「真誠、謙卑」，感謝他尊重憲法第二修正案，允許她擁有持槍的權利。[29]

作為女性，珍妮佛特別提到自己對川普先生一段羞辱女性言論的感受：「您曾說：抓她們的陰部，這一著名說法是不是冒犯了我？沒有。」在信中，她指責非法移民的孩子不學習，來混福利，同時指責學校老師不好好教守法公民的孩子：「我的兒子每天都在掙扎，老師跟我說他們討厭教學，但不得不上課。他們要靠他媽的愚蠢考試成績領工資。」信的落款是「一名勤勞守法的中產階級公民，受夠了被人X後面，寧肯被抓陰部。」[30]

珍妮佛寫那封公開信的時候，她兒子伊森還在上小學，二〇二一年感恩節已經是牛津高中的二年級學生。在致川普先生的信中，珍妮佛至少有一點說的對：她的兒子「每天都在掙扎」。

感恩節後的星期一，伊森在學校上課玩手機，老師發現他是在手機上查詢買子彈。老師上報學校，輔導員找伊森問話。伊森說，母親剛帶他去過靶場，他們家愛好射擊運動。輔導員給他母親打電話，沒有打通，在她的語音信箱留言，並且給她發了電郵，告知她兒子在學校的不當行為。珍妮佛對學校的通知置之不理，卻給她兒子發訊息：「哈哈，我一點不生氣。你要學會下次別讓人抓到。」當晚，伊森用手機錄製了影片，談論去學校殺同學的事。31

星期二，牛津高中的草地上覆蓋著一層薄薄的雪，操場上朝陽的一面積雪開始融化，露出暗紅色的跑道。從感恩節到聖誕節是美國的「節日季」，學校臨近期末，很多學生已經知道家長給他們準備了什麼聖誕禮物，開始有了節日氣氛。伊森像往常一樣來到學校。跟平日不同的是，他書包裡裝著父母給他的聖誕禮物——那把九毫米口徑的半自動手槍和三只裝滿子彈的彈匣。

上課不久，伊森在紙上畫了一幅畫，畫面是一把手槍、一顆子彈和一具中彈流血的屍體，並寫下「幫幫我吧，忍不住想這些。到處是血……我是個廢物。世界死了。」流血的屍體下面是一張笑臉的表情符號。老師看到伊森課桌上的這幅畫，感覺異樣，立即向校長和輔導員報告。輔導員讓伊森收拾好書包，把他帶到辦公室，詢問血腥畫面的事。伊森告訴輔導員，他的理想是當遊戲設計師，做那幅畫是在設計一個電腦遊戲。32

輔導員給克倫伯雷夫婦打電話，要求跟他們面談。在等待家長期間，輔導員繼續跟伊森談話。伊森說，他有些家庭作業沒做完，輔導員讓他在辦公室寫作業。一個半小時後，克倫伯雷夫婦來到學校。輔導員讓他們看了伊森畫的血腥畫面，要求他們必須在四十八小時內帶伊森去做心理健康諮詢，否則學校將請求兒童保護機構介入。同時，輔導員要求克倫伯雷夫婦帶兒子回家，被兩人拒絕。伊森在學校沒有違紀處分的前科，輔導員允許他回教室上課。那時候大約是上午十點半鐘。[33]

十二點五十分，伊森背書包進入廁所。一分鐘後，他持槍從廁所出來，在走廊向同學開槍。橄欖球校隊一名叫泰德．麥耶（Tate Myre）的學生試圖阻止他，中槍倒地。美國的學校有常規的防槍擊訓練，就像消防訓練一樣。牛津高中也不例外。在教室的學生聽到槍聲後，立即鎖上門，把桌椅疊起來擠在門口，躲藏在教室角落，一些男生準備好計算機和剪刀，以備凶手撞開門時搏鬥。走廊上的學生逃到廁所，反鎖上門，藏匿起來。

兩分鐘內，警方接到一百多通報案電話。牛津高中有一名警方指派的校園常駐保全。十二點五十七分，保全與趕到的警察在走廊上發現了伊森．克倫伯雷。那時候，他已經射出二十多發子彈，看到警察，他繳械投降，槍膛和彈匣中還有七發子彈。走廊上有多名學生和老師中彈。救護車還沒有到，警察發現奄奄一息的泰德．麥耶，把他放進警車，趕赴醫院。抵達醫院的時候，他已經沒了呼吸。[34]

牛津高中爆發槍擊案的消息迅速傳開。一點二十二分，珍妮佛．克倫伯雷給兒子發訊息：「伊森，別這麼幹。」那時候，伊森早已被警察控制。一點三十七分，詹姆斯．克倫伯雷打電話報警，稱家裡丟了把槍，在學校開槍的可能是他兒子。克倫伯雷夫婦趕到警局，阻止警方審訊伊森。按照法律，嫌犯有保持沉默的權利。當晚，警方向媒體通報案情，但沒有披露凶手的個人身分。[35]

根據密西根法律，嫌犯被捕後，檢方必須在二十四至四十八小時內將嫌犯帶到法庭，明確拘捕的緣由，正式提出指控的罪名。疫情期間，法庭普遍用網路視訊代替現場出庭。十二月一日，法庭透過視訊傳訊伊森，檢察官指控他犯下恐怖活動致人死亡、一級謀殺、謀殺未遂等二十四項罪名。儘管他只有十五歲，法律允許把他當作成年人起訴和審判，等待審判期間不得保釋。密西根州沒有死刑，如果罪名成立，他將面臨終身監禁。法庭傳訊時，克倫伯雷夫婦也在線上。顯然，他們不想花錢為兒子請律師。因為伊森自己負擔不起律師，法庭將為他指定免費的辯護律師。[36]

少年時代的最大不幸莫過於做有些父母的孩子。

四、不幸的孩子

十二月三日，檢察官以四項過失殺人罪起訴克倫伯雷夫婦，警方前往拘捕時，發現兩人已經從家中消失。銀行紀錄顯示，他們剛從帳戶取走四千美元。警方正式發出通緝令，公布了兩人的照片和駕駛的車輛，懸賞一萬美元捉拿。因為密西根北鄰加拿大，加拿大警方表示會在邊境一帶積極配合搜尋。但克倫伯雷夫婦並沒有往北逃到加拿大，而是一路往南。第二天凌晨，有人在底特律報警，說在一個倉庫外面看到通緝令上描述的汽車。警方在那座倉庫的一間畫室找到正在睡覺的克倫伯雷夫婦，將他們拘捕，移交給案發地的奧克蘭縣警方。[37]

當天下午四點，奧克蘭縣的地區法院透過網路視訊開庭，傳訊克倫伯雷夫婦，他們被分別關押在縣監獄的不同牢房。同一座監獄也關押著他們的兒子。開庭後，法官首先向珍妮佛逐一宣讀被起訴的四項過失殺人罪，問她是否明白每一項指控，她回答「明白」；法官問她是否認罪，她回答「不認罪」。法官向詹姆斯宣讀了同樣的指控，問了同樣問題，他做了同樣的回答「不認罪」。珍妮佛一直低著頭，答話帶著哭腔；詹姆斯則語氣冷酷，面色木然。[38]

克倫伯雷夫婦請了密西根名律師夏儂・史密斯（Shannon Smith）和她的搭檔。史密斯的專長是性犯罪案的刑事辯護，近年代理過幾位大名鼎鼎的被告，其中包括美國女子體操隊前隊醫萊瑞・納薩爾（Larry Nassar）。納薩爾被控猥褻多名未成年體操運動員，分別在不同案發地的法院受審，多項罪名成立，先後被幾家法院判刑累計三百六十年。在二〇一八年一次媒體訪談中，夏儂・史密斯說：「我喜歡玩大的，尤其喜歡幫客戶逃脫一個可能很霸道的體制。」這幾年，史密斯在密西根法律界十分高調，對外稱只接被告罪名一旦成立就能判終身監禁的案子。按照密西根法律，克倫伯雷夫婦被起訴的過失殺人罪的最高刑期是十五年。[39]

刑事案中，法庭傳訊要解決的主要問題之一是被告是否可以保釋。檢方不反對克倫伯雷夫婦保釋，但提出每位被告向法庭繳納五十萬美元保釋金。在檢察官陳述要求高額保釋金的理由時，詹姆斯・克倫伯雷不斷搖頭。史密斯律師反駁檢方，稱克倫伯雷夫婦根本沒打算逃跑，本來是計畫向警方自首：「毫無疑問，我們的客戶絕對會去自首。只是有些後勤問題要解決。」史密斯律師堅持，兩名被告沒有潛逃的危險，所以，她提議把保釋金定在五萬美元，最多不超過十萬美元。[40]

聽完控辯雙方的陳述後，法官認為，克倫伯雷夫婦被指控過失殺人，屬於嚴重罪行，考慮到他們是在被警方通緝之後，才被抓捕歸案，所以法庭必須嚴肅對待他們的潛逃危險和對公共安全的威脅。最終，法官採納了檢方提議的五十萬保釋金額度，而且被告在保釋候審期間必須佩戴電子追蹤設備。因為繳不起保釋金，法庭傳訊結束後，克倫伯雷夫婦繼續被分別關押在監獄。[41]

十二月十四日，法庭安排第一次預審。夫婦兩人從監獄被押解到法庭，都戴著手銬和腳鐐，詹姆斯穿著深藍色男囚服，珍妮佛穿著褐色女囚服，兩位辯護律師坐在他們中間。他們看起來比十天前出庭時平靜。法庭原本把下次聽審安排在聖誕節前，但檢察官和被告律師請求法官延期到節後，主要理由是受害者家人仍然在悲痛中，節日期間不便向他們取證。法官採納了雙方的建議，把下次聽審安排在第二年二月八日。聽審接近尾聲，辯護律師起身到法官席跟法官講話，詹姆斯側過身小聲對隔著兩個座位的妻子說：「我愛你。」[42]

在檢方起訴克倫伯雷夫婦的同時，學校公布了四名遇害學生的身分：

麥迪森．鮑德溫（Madisyn Baldwin）是名十七歲的女生，即將高中畢業，已經被幾所大學錄取，而且有錄取她的學校提供了全額獎學金。她喜歡繪畫、閱讀和寫作，在家中是老大，有兩個妹妹，一個弟弟。遇害後，她的外婆在臉書上說：「這個美麗、聰明、讓人疼愛的孩子一下就被從我們身邊奪走了，在我們的心中留下巨大的空洞。」[43]

查斯汀．謝靈（Justin Shilling）是名十七歲的男生，受傷後死在醫院，生前有遺願，向社會捐獻器官。跟麥迪森一樣，他已經被大學錄取，並獲得全額獎學金。他父母說，這孩子從小勤快，除了上學，還在校外打三份工。[44]

泰德．麥耶是名十六歲的男生，橄欖球校隊主力，死在趕往醫院的警車上。他的隊友請求校方以他的名字命名學校的橄欖球場，在他遇害的當晚已經徵集到二萬多個支持簽名。[45]

漢娜．朱利亞那（Hana Juliana）是遇害者中年紀最小的一名女生，只有十四歲，她是學校籃球隊的隊員。[46]

五、當自由被濫用

美國民間到底有多少槍枝，政府和民間組織都沒有準確的數字，但可以肯定的是槍枝比人口多。據位於日內瓦的「輕武器調查中心」估計，美國民間擁有各類槍械數量高達三．九三億支，而二〇二〇年美國人口普查顯示，全國人口為三．三億。[47]不過，美國的槍枝擁有量並不是在人口中平均分配。據「皮尤研究中心」調查，大約三成的美國成年人擁有槍枝，也就是說，在擁有槍枝的人口中，平均每人擁有四支。這個群體是美國反對控制槍枝、支持寬鬆解釋憲法第二修正案的最強大的力量。[48]

從少年兒童的槍枝犯罪，尤其是校園槍擊案的情況看，大部分凶手還沒到合法持槍的年齡，他們用來行凶的槍枝多來自父母。按照聯邦法律和各州法律，合法購買手槍的最低年齡是二十一歲。如果法律讓成年人負起責任，會避免大部分校園槍擊案發生。但是，在現有法律下，孩子拿父母的槍枝殺人，很難追究父母的刑事責任。近二十年發生的數百起校園槍擊案中，近八成的凶手是從父母或其他成年人那裡獲得作案槍枝，只有四起成年人被追究刑事責任的案例，而且處罰輕微，判刑最重的一名被告是監禁二十九個月。孩子拿家長的槍殺人，要給父母定過失殺人罪，必須證明家長預見到孩子會去殺人，但聽之任之。密西根的檢察官以四項過失殺人罪起訴伊森・克倫伯雷的父母，尚沒有先例。[49]

按照二〇〇八年美國最高法院在海勒案中的判決，擁槍是受憲法第二修正案保護的個人權利。但這種權利並非絕對，槍枝畢竟是致命武器，落到少年兒童手中異常危險，法律理應讓成年人對自己擁有的槍枝負責。不過，這種常識性認知在當前的政治格局中卻難以形成共識。二〇二一年四月，肯塔基州的共和黨國會眾議員湯瑪斯・麥希（Thomas Massie）曾在國會提案，把聯邦法律中合法購買手槍的年齡從二十一歲降至十八歲。密西根校園槍擊案發生後第四天，麥希眾議員在推特上貼出聖誕樹前的全家福照，令人嘆為觀止的是，照片上麥希夫婦和五個孩子每人抱著一把突擊步槍。[50]

在舉國哀悼密西根槍擊案死難者之際，麥希眾議員的舉動引起一片譴責。伊利諾州共和黨籍眾議員亞當・金森格（Adam Kinzinger）說：「我挺第二修正案，但這不是支持擁槍和持槍權，而是戀槍癖。」一位在二〇一八年佛羅里達校園槍擊案中失去女兒的父親貼出女兒生前的照片和墓碑的照片，說「既然我們分享家庭照，看看我的。密西根校園槍擊案的凶手和他的家長也曾經擺拍過你那樣的照片。」那位父親隨後對記者說，在全國討論父母在防止校園槍擊案中的責任之際，麥希的行為顯得尤其惡劣：「人們看到一位眾議員貼這種照片，等於是他告訴擁有槍枝的民眾，這很酷，沒問題，但最終會有人為此喪命。」一位密西根居民張貼了人群上街悼念被害學生的照片，說「看看這張照片。我的家鄉在哀悼。」[51]

曾經拍攝一九九九年克倫班校園槍擊案的導演麥克．摩爾（Michael Moore）在自己的網站寫道：「十五歲還是個孩子，不是嗎？我們這是給孩子創造了一個什麼樣的世界？出路在哪裡？這個問題我已經問了二十多個年頭……已經疲於再問。上星期二事發後，我一直沉默，如果對這種反覆發生的悲劇只是老調重彈，我的靈魂問：有啥意義？」[52]

密西根校園慘案發生當天，州長格雷琴．惠特默（Gretchen Whitmer）發表講話，說牛津校園槍擊案令人心碎，槍枝暴力是美國特有的問題，已經成為公共安全危機。談到遇害的學生和失去孩子的父母，她幾度哽咽。兩天後，她趕到學校，向遇害的學生獻花。密西根州總檢察長表示，將積極協助地方檢察官調查案情，並呼籲立法控制槍枝暴力。一位密西根州參議員說，面對校園槍擊暴力，她已經失語，不想再聽到「關愛和祈禱」之類的話，「我想讓體制內身居不同職位的每個人同意，允許孩子輕而易舉地獲得武器，去殺其他孩子，生活在這樣的世界是不可接受的，我們必須不惜一切改變這種狀況。」[53]

但是，改變談何容易？幾年前，英國政論家丹尼爾．郝吉斯（Daniel Hodges）曾經感慨：「回想一下，桑迪胡克（Sandy Hook）標誌著美國控槍爭論的終結。一旦美國決定槍殺孩子是可以忍受的，那個爭論就已經結束了。」桑迪胡克是二〇一二年發生在康乃狄克州的一起小學槍擊案。那次慘案也發生在聖誕節前，二十名小學生和六名老師在校園被槍殺，遇害學生年紀在六到十歲之間。[54]

密西根校園槍擊案發生後，媒體屢屢提到九年前的桑迪胡克校園槍擊案。犯罪學家約納森·麥茲爾（Jonathan Metzl）說，很多校園槍擊案跟父母有關，但克倫伯雷夫婦的行為極其出格，只有桑迪胡克小學槍擊案中的那位母親能與之相比，但那位母親沒能活到被起訴。在那起槍擊案中，凶手攜帶的槍枝都登記在他母親名下，其中就有一把希格·紹爾九毫米半自動手槍。他平日跟母親生活，從小有心理疾病，行為怪異，但母親放任他使用自己的槍枝，並親自帶他去靶場練習射擊。在去學校行凶之前，他先槍殺了自己的母親。[55]

桑迪胡克校園槍擊案曾震動一時，立法控制槍枝的呼聲前所未有地高漲。而反控槍的力量也在集結。案發不久，社交媒體開始流傳一種陰謀論，稱康乃狄克校園槍擊案是歐巴馬政府的陰謀，那些孩子沒有死，悲痛的家長都是表演，目的是為了立法控槍，破壞第二修正案。一些狂熱的右翼活動人士開始騷擾受害兒童的父母。一位失去兒子的父親被迫幾度搬家，另一位失去兒子的父親自殺。參與製造和傳播陰謀論的不僅有底層民眾，而且有大學教授和著名電台節目主持人。[56]

媒體在報導牛津中學槍擊案時，大多講這是自二〇一八年以來傷亡人數最多的校園槍擊案。二〇一八年五月，在德州休士頓市南郊的桑塔菲鎮（Santa Fe）高中，一名十七歲學生開槍，打死八名同學、兩名老師，另有十三名師生受傷。案發後，德州州長葛列格·亞伯特（Greg Abbott）上電視講話，表示要跟州議會合作立法，確保以後類似悲劇不再發生。那是他在不到九個月內第三次在德州大規模槍擊案發生後上電視講話。[57]

亞伯特州長講話後的第二年，德州邊境城市艾爾帕索（El Paso）又爆發大規模槍擊案，一位反移民的白人至上主義者在沃爾瑪超市開槍，打死二十三人，打傷二十三人。同一年，亞伯特州長簽署了一項法案，增加了公立學校的心理輔導和保全撥款。但在二〇二一年六月，他簽署了另一項法案，取消了對持有手槍的執照限制和訓練要求，年滿二十一歲的德州居民，如果沒有犯罪紀錄，不再需要訓練、不再需要執照，可以隨意持有手槍。州議會的一些議員和亞伯特州長稱這項法律恢復了德州人的憲法權利。[58]

二〇二二年五月二十四日下午，德州再度發生校園槍擊案，一名十八歲槍手衝進烏瓦爾迪鎮（Uvalde）的羅伯小學，開槍打死十九位小學生和兩位老師。一時民情洶湧，控槍呼聲高漲。民主黨在國會兩院提案立法加強對購槍者的背景審查、把購買半自動步槍的合法年齡從十八歲提高到二十一歲、禁止有過暴力犯罪紀錄的人獲得槍枝等。提案得到一些溫和共和黨議員有條件的支持。同時，一些反對控槍的議員稱，不能把大規模校園槍擊案作為侵犯第二修正案權利的藉口；跟以往的應對方式一樣，他們提議給學校老師配槍、增強學校的保全和警力。

六、最好的，也是最壞的搖籃

從克倫班中學到桑迪胡克小學，從烏瓦爾迪小學到牛津中學，頻發的校園槍擊案，數以百計失去生命的孩子，不禁讓人想起福克納半個多世紀前的激憤之語：「如果我們美國人已經在我們的絕望文化中到了謀殺孩子的地步，不管是什麼原因，不管是什麼膚色，我們不配生存下去，可能也生存不下去。」[59]

每次校園槍擊案發生後，人們悲憤之餘都升起一線讓國會或州議會立法控槍的希望，但每次也照舊失望，不久就淡忘在各種政治喧囂和日常冷漠中，直到下一起同樣的悲劇發生。有人把這種放棄政府法律責任的做法叫「維護自由」，甚至作為保守主義原則頌揚。但從基本歷史事實看，這既不是英國保守主義的傳統，也不是美國保守主義的傳統。英美法從理論到實踐，從來不把無邊界地放縱天性中的本能衝動，作為文明人的「自由」或「權利」。恰恰相反，英美法一以貫之的主題是在秩序中行使自由權和追求幸福。在脫離自然狀態後的文明社會，追求幸福既包含個人權利，也包含公共責任。在這個意義上，威廉．布萊克斯通把追求幸福稱為「倫理」和「自然法」的基礎，即運用理性尋求自然法秩序，讓維護和服從文明社會的法律和正義成為自由人的德性。[60]

早在一八二三年，美國最高法院就在「格林訴貝德爾案」中明確主張：「沒人有權利為追求自己的幸福而傷害他人，為了保護他人，我們訂立了莊嚴的契約……這已經是老生常談：人在進入文明社會時放棄了一部分自然狀態的自由，作為獲得國家福祉的代價：老實講，無非是拿那種自由換取了來自法律和正義的好處。」[61]在一九二三年宣判的「梅耶訴內布拉斯加案」中，最高法院在解釋憲法保障的自由和權利時，強調「自由人要有秩序地追求幸福」。[62]一九六七年，在「拉翁訴維吉尼亞案」中，最高法院再度強調，憲法保護的是「自由人有秩序地追求幸福必不可少的個人權利」。[63]這是美國最高法院的傳統。

烏瓦爾迪慘案發生後一個月，兩黨終於在國會達成共識，通過了美國近三十年來第一個控槍法案，嚴格限制有暴力前科的人獲得槍枝，加強對二十一歲以下購槍者的背景審查，允許法院授權執法人員沒收有暴力傾向者的槍枝等。顯然，這個法案是兩黨妥協的產物，也是國會試圖平衡民眾擁槍權和政府控槍權的產物。[64]

三十多年前，奈波爾曾讚賞「追求幸福」觀念包羅萬象的內涵和豐富的彈性，吸引著世界各地不同文化背景和宗教信仰的人們。啟蒙運動之後，人們不再讓神明、祖先和政治權威主宰自己的命運，而是自主地選擇以什麼方式生活；不再把個人幸福寄託於來世或空洞的理念，而是以自己的方式追求在生活世界可望實現的幸福。體現在美國法律中，「追求幸福」意味著個人自由和必不可少的權利，也意味著自律、公民責任和法律對每個人的平等保護。[65]

當過往時代的承諾和夢想成了當代的日常，愈來愈多的人把自由的生活方式作為理所當然，因為習以為常而無感，甚至濫用自由，放縱天性中不堪的本能。追求幸福的觀念隨之被曲解，喪失了豐富的內涵。「如果追求幸福在今天看起來空洞或太抽象，不是因為我們作為國民喪失了追求那些讓我們快樂的東西的欲望，而是因為當今對**幸福**最流行的理解，幾乎只等同於十八世紀哲學家講的轉瞬即逝的快樂，不再是**真正的**、**有內涵**的幸福。」[66]

經歷了二百多年制度的演進和靈魂的掙扎、在不斷遲到中來臨的正義、在反覆違背中實現的承諾，美國社會仍然是一個觀念和夢想的搖籃，最好的和最壞的、新的和舊的、創造和毀滅、幸福和不幸、追求和迷失、秩序和混沌的種子仍然在這個搖籃中交相孕育、萌發、生長。未來充滿未知，面對是非紛亂的世事，人們有很多理由悲觀，也有很多理由樂觀——畢竟，自由人對尊嚴和平等的渴望不會死滅，「有秩序地追求幸福」的信條跟自由一樣，仍然是能把這個世界上最富有多樣性的人群凝聚在同個政治共同體中的黏合劑。

第十二章

紛爭與共識

歧視也好，勵志也罷，甚或其他，都屬於人生經歷……以克服種族歧視為例，一個學生要從中受益，必須緊扣那個學生本人的勇氣和決心。

——美國最高法院「學生爭取公平錄取組織訴哈佛大學案」判決書

最高法院禁止基於種族的平權措施後，下一場圍繞大學錄取的重大民權戰役正在積蓄能量。

——《華爾街日報》

美國最高法院對有爭議的案件做出重大判決，就像從碉堡中扔出一顆炸彈，招致四面八方槍聲大作。往往需要讓子彈飛一會兒，才能看清楚哪些評論擊中了靶子，哪些打偏了，哪些瞄錯了目標，甚至朝天亂放槍。「學生公平錄取組織訴哈佛大學案」判決後，子彈亂飛的場景重現。[1]最高法院甫一宣判，大大小小媒體即時報導，說「法院推翻了平權措施」。[2]各種評論滿天飛，支持判決的人歡呼公平戰勝了歧視，反對判決的人哀嘆歧視踐踏了公平。幾個小時後，拜登總統在電視上說「這屆法院不正常」。[3]

槍聲逐漸平息，人們可以靜下心來，仔細讀一下判決書寫了些什麼，具體否定了哪些政策，又為哪些新政策創造了空間——最高法院的判決往往不是只有否定的一面。舊的政策被否定了，但現實中的問題還存在，必須由新政策取代。這起案件的判決書加上幾名大法官的贊同和反對意見，長達二百三十七頁。值得注意的是，跟此前最高法院有關「平權措施」（affirmative action）的判決不同，約翰·羅伯茨（John Roberts）首席大法官撰寫的判決書隻字不提平權措施，只是說哈佛的「種族意識錄取政策」違反憲法第十四修正案的平等保護條款，原因是它按種族身分區別對待考生。判決書也沒有明確推翻此前支持平權措施的判例，反倒強調最高法院一向不允許學校把考生按種族身分區別對待。

一、平權訴訟五十年

阿貝吉爾·費雪（Abigail Fisher）是個性格內向的白人女孩子。二〇〇八年，她高中畢業，理想是進入德州大學奧斯丁分校，那是德州最好的州立大學，也是她父親和姐姐的母校。費雪學業優秀，但說不上拔尖。當時，奧斯丁分校錄取新生實行「頂尖百分之十規則」，全州各所高中，不論教學品質高低，成績在班級排名前百分之十的畢業生自動入學。剩餘的少量名額再由學校從眾多申請的學生中擇優錄取。費雪在班級排名前百分之十二，要進入德州大學奧斯丁分校必須競爭剩餘的名額。跟很多申請的學生一樣，她收到了拒信；但跟很多收到拒信的學生不同，她不想放棄。[4]

費雪的父母有位朋友，名叫愛德華．布魯姆（Edward Blum），在德州大有名氣，致力於透過法院訴訟推翻各項平權措施。為了避免誤解和歧義，筆者在此對「平權措施」這個用語做簡單的說明。中文世界習慣於講「平權法案」，既不準確也容易誤導。事實上，美國法律中不存在「平權法案」這樣一個「法案」（Act）。一九六四年，國會通過民權法案，禁止對弱勢群體的歧視，尤其是種族歧視。整個一九六〇年代，聯邦政府陸續透過行政命令等方式，要求各部門、機構和承接政府專案的公司採取主動措施（affirmative action），在雇人方面平等對待各種族。此後幾十年間，人們逐漸習慣了把政府、大學和公司主動採取的一系列保障傳統弱勢群體公平機會的措施統稱為「affirmative action」（簡稱AA）。[5]中文世界將其表述為「平權法案」，以訛傳訛多年。本書在照顧讀者閱讀習慣的前提下，為避免誤導和歧義，在用詞上做一些折中，採用「平權措施」。

布魯姆也畢業於奧斯丁分校，他不是律師，但組織律師訴訟，自稱「業餘訴訟家」。他把平權措施跟歷史上的種族隔離政策相提並論，稱它們是「一對邪惡的孿生兄弟」。[6]打憲法官司，除了組織律師團隊，還要挑選理想的原告和被告。這類官司即便打贏了，也不會有金錢賠償，而且訴訟過程漫長，找到理想的原告並不容易。費雪收到德州大學奧斯丁分校的拒信後，覺得錄取不公平。布魯姆在身邊發現了原告候選人，雖然不是很理想，但畢竟費雪願意做起訴的原告。

費雪指控校方在錄取新生時採取的平權措施是種族歧視。她抱怨說：「班裡成績比我低，參加課外活動也比我少的人被錄取了，我們唯一的差別就是膚色。我從小就被教導，任何歧視都是錯的。一個高等教育機構有這種行為令人不解。」[7]在她看來，如果排除種族因素，學校就會錄取她。法庭上，校方的律師反駁了費雪的說法，指出她之所以沒有被錄取，不是因為她是白人，而是因為她的考試成績和其他指標綜合評估不過關。校方提交了新生錄取文件作為證據：那一學年有一百六十八名比費雪成績好的非裔和拉丁裔學生也沒被錄取；在學校錄取的考試成績不如她的新生中，有四十二名是白人，只有五名是非裔和拉丁裔。證據顯示，學校的錄取政策和實際做法均不構成歧視。法庭判費雪敗訴。[8]

訴訟是個漫長的過程。被德州大學奧斯丁分校拒收後，費雪去鄰州的路易斯安那州立大學讀書。當官司上訴到美國最高法院時，她已經臨近畢業。畢業後，她回到德州，在奧斯丁一家金融公司做分析師。同事不知道她的訴訟經歷。最高法院開庭辯論，媒體廣泛報導，她一夜之間成了名人，同事們才知道這個平日文靜謙遜的新同事是那起引起轟動的官司的原告。二〇一三年六月，最高法院判決下級法院採用的審理標準不當，打回重審。案件在下級法院又轉了兩年，重新回到最高法院。二〇一六年六月二十三日，最高法院終審判決費雪敗訴。[9]

費雪不是第一位起訴學校平權措施的學生。在美國，任何重大政策的實施都伴隨著訴訟，平權措施也不例外。早在一九七〇年，一位名叫馬克・德方尼斯（Marco DeFunis）的白人學生申請華盛頓大學法學院被拒後，把學校告上法庭。錄取文件表明，學校招收了比他成績差的少數族裔新生。州法院勒令學校錄取德方尼斯。在遵守法院判決的同時，學校決定上訴。曠日持久的上訴過程跟德方尼斯的學業同步，等一九七四年美國最高法院審理案件時，他已經念到最後一學期。學校的律師表示，即便最高法院判決學校贏了，他也可以繼續完成學業。但最高法院既沒有判學校贏，也沒有判學校輸，而是和了一次法律稀泥，表示既然原告都快畢業了，學校也允許他如期畢業，就沒必要再審理了。著名的自由派大法官威廉・布雷南在反對意見中抨擊這個判決故意迴避問題，預言同樣的問題將無可避免地再回到法院。[10]

布雷南大法官做出預言不到兩個月，另一起針對平權措施的訴訟就揭開帷幕。一九七四年六月，一位名叫艾倫・巴克（Allan Bakke）的白人學生兩度被加州大學戴維斯分校醫學院拒收。他起訴校方的平權措施違反憲法和民權法案。這家醫學院成立於一九六八年，第一屆錄取了五十名新生，全部是白人。學校決定採取平權措施，留出八個名額給少數族裔新生。巴克申請時，學院已經翻倍擴招，一百名新生中留出十六個名額給少數族裔學生。巴克在基層法院贏了官司，但校方拒絕在上訴期間讓他入學。兩年後，案件才上訴到美國最高法院。直到一九七八年六月，最高法院才宣判，判決校方為少數族裔學生預留名額的做法違憲，勒令學院錄取巴克。[11]

巴克案引發了廣泛關注，他被媒體戲稱為「最著名的新生」。[12]一九七八年九月二十五日，在媒體記者和抗議人群的簇擁下，巴克去學院報到，正式成為一名醫學生。那時候，離他第一次申請入學已經過了五年。他年屆三十八歲，欠下十八萬美元律師費。巴克要求校方補償律師費，被拒絕後再次起訴學校，一年後又打贏了賠償官司。一九八二年，巴克從醫學院畢業，成了一名麻醉醫生。一九九六年，加州通過全民公投，廢除了州立大學系統的平權措施，在新生錄取中不再考慮種族因素。[13]

在巴克案中，美國最高法院主張，學校可以把種族作為新生錄取的一個因素考慮，但學校為少數族裔預留名額的死板做法，違反憲法第十四修正案的平等保護條款，必須予以禁止。在此後近半個世紀中，這成為最高法院一以貫之的主張。二〇〇三年，最高法院在「格魯特訴柏林格案」中重申這一主張。[14]芭芭拉．格魯特（Barbara Grutter）是名白人學生，她申請密西根大學法學院被拒，起訴校方。最高法院在判決中再度肯定學校有權把種族作為一個因素考慮，但禁止給少數族裔預留名額或加分的做法。換言之，法院允許學校在錄取中有限度地照顧少數族裔，但必須視每個少數族裔學生的具體情況做綜合評估，不能只看種族身分。這也是最高法院判決費雪案所依據的標準。

二、理想的原告和被告

費雪經歷了八年訴訟，輸了官司，並沒有心灰意冷。她對英國廣播公司的記者表示：

「說實話，真的很失望，但這是場漫長的戰役，如果這個案子沒有終結平權措施，另外一個案子會。」[15]又過了七年，費雪的夢想成真。事實上，早在最高法院第一次判決費雪的案子時，布魯姆已經開始籌劃為下一起訴訟尋找理想的原告和被告。他吸取了費雪案的教訓，決定採用新的訴訟策略，不再以白人學生的名義起訴，而是要推出另一個少數族裔——亞裔做原告。同時，他瞄準了哈佛大學等新的被告，設立了新網站，名稱就叫「哈佛不公平」，吸引被哈佛拒收的亞裔學生，從中挑選原告。[16]

來自中國的第一代移民家長和學生成為被布魯姆吸引的目標亞裔群體。二〇一五年，成立不久的「休士頓華裔聯盟」邀請他講座。組織負責人是位擁有加州律師執照的中國移民，在介紹布魯姆時，他先背誦了一段喬治．歐威爾《動物農場》中的名言：「所有動物一律平等，但有些動物比另一些更平等。」然後，他轉入正題：「眾所周知，在美國名校錄取中，亞裔不如其他族裔平等。」布魯姆則直奔主題，對在座的中國移民家長說：「我需要原告，需要亞裔原告。」[17]

布魯姆開始了他尋找理想原告的歷程，借助中國移民中流行的微信群，把起訴哈佛大學的消息迅速傳播開來。微信是第一代中國移民家長交流孩子學習、考試和申請美國名校的熱門社交平台。在布魯姆徵召原告之前，微信上已經大量流傳美國名校錄取照顧黑人和拉丁裔學生、歧視華人學生的資訊。作為一個被中國政府嚴格審查的社交平台，微信流傳的很多消息跟美國的社交平台和媒體報導往往有不小出入。但那是很多第一代中國移民家長唯一的資訊來源。布魯姆徵召原告起訴哈佛大學的消息借助各種微信群，迅速星火燎原。[18]

布魯姆的最初計畫是起訴三所大學：哈佛大學、北卡羅來納大學和威斯康辛大學，最終只起訴了前兩所。跟此前的幾起平權措施案不同，布魯姆這次徵召的學生原告要求為自己的身分保密。所以，兩起案件都把布魯姆旗下的「學生爭取公平錄取組織」作為原告的代稱。上訴到美國最高法院後，兩起案件被合併審理。為了行文簡便，本書將兩起案件合稱為「學生爭取公平錄取組織訴哈佛案」（編按：以下簡稱哈佛案）。

布魯姆找到了理想的原告、理想的被告，在此後近十年的漫長訴訟中，美國最高法院大法官中保守派和進步派的比例也在發生變化。二〇二一年，最高法院受理哈佛案的上訴時，布魯姆也等到了理想的法院，最高法院九名大法官中已經有六名被認為是不贊同「平權措施」的保守派。

不過，對於這起訴訟，美國亞裔的意見並不一致。一些亞裔組織紛紛投書法院，有的支持原告，有的支持被告。包括哈佛大學在內的一些著名大學的亞裔學生組織公開支持學校的多元化錄取政策，反對廢除平權措施。有些亞裔組織認為，布魯姆是在利用亞裔學生和家長達到他在費雪案中無法實現的目標，亞裔跟其他族裔一樣在入學和就業中都曾受惠於平權措施，最終也不會從跟其他少數族裔的對抗中獲得更多益處。[19]

二〇二二年十月三十一日，最高法院安排庭辯。人們在門前排起長龍，期望能得到旁聽的機會。一位國會參議院實習生凌晨三點半就來排隊，發現很多人比他來得更早。麻省理工學院的一名學生頭天晚上八點半就來排隊了。開庭前，最高法院高高的台階下面擠滿了數百名請願者，他們來自全國各地，大多為青年學生，舉著各種自製的標語，請求法院不要廢除平權措施，以維護校園學生群體的種族多元化。[20]

上午十點，庭辯開始，雙方律師做完陳述，接受大法官們的質詢。質詢涉及諸多具體事實問題，比如哈佛的錄取標準等，但最終落腳在兩大法律問題上：一是除了直接考慮種族因素外，有沒有實現學生群體多元化的更優錄取方案；二是現行「種族意識的錄取方案」是不是要無限期實行下去。關於第一個問題，幾位大法官問及一些種族中立的錄取措施，比如向貧窮家庭學生提供更多助學金，主動幫助成績優秀的高中貧困生申請大學，尤其是那些父母都沒上過大學的家庭，往往需要外界主動出手幫助，才有動力和資源去上大學。哈佛大學的律師說，這些哈佛都在做，但就實現學生群體多元化的效果而言，都沒有直接考慮種族因素效果好。[21]

從提問方式和提出的問題看，幾位保守派大法官顯然傾向於認為，把種族作為錄取的一個因素考慮本身就是歧視，違反憲法和民權法案。校方的律師辯護說，哈佛不是只看種族身分，而是採用綜合評估的方式，種族只是多種因素中的一個。尼爾·高薩奇（Neil Gorsuch）大法官對此不以為然，他畢業於哈佛大學法學院，翻出哈佛的舊帳，說一百年前哈佛也用這種綜合評估的方式把猶太學生拒之門外。高薩奇大法官由此懷疑，綜合評估可能只是個好聽的托詞罷了。哈佛的律師回應說，排斥猶太學生是哈佛歷史上可恥的一頁，但如今的哈佛錄取標準跟那時的做法沒有可比性，哈佛並沒有排斥任何一個種族的學生，尤其沒有排斥亞裔學生。事實上，哈佛錄取的新生亞裔占百分之二十一，而亞裔只占美國人口的百分之六。[22]

關於第二個問題，二〇〇三年的「格魯特案」成為爭論的焦點。在那個案件中，桑德拉．奧康納大法官在允許學校有限度地考慮種族因素的同時，認為把學生按種族分類「潛藏著危險」，主張「種族意識的錄取政策必須有時間限制。」奧康納大法官在判決書中寫道，自從巴克案「首度贊同在公立高校錄取中，利用種族因素來促進學生群體多元化的利益，至今已有二十五年了。在這期間，成績優秀的少數族裔新生不斷增加……我們期待，再過二十五年，用照顧少數族裔來促進多元化的做法將變得沒有必要。」[23]

庭辯中，艾米．巴雷特（Amy Barrett）大法官引述奧康納大法官的說法，強調「種族意識的錄取政策」蘊含危險，必須有一個邏輯終點。她問，將近五十年過去了，「終點在哪裡？什麼時候是個頭？」校方律師回應說，學校需要繼續實行「種族意識的錄取政策」，因為學生群體多元化的目標還沒有實現，仍然任重道遠。巴雷特大法官反問：「如果再過二十五年，仍然實現不了目標怎麼辦？」羅伯茨首席大法官也主張，不能無限期地實行「種族意識的錄取」政策，他把奧康納大法官講的二十五年當成一個「要求」，而不只是一個期待。換言之，種族意識的錄取標準必須有個結束的期限。顯然，羅伯茨大法官傾向於認為，期限已至。[24]

三、時代結點

二〇二三年六月二十九日，最高法院宣判哈佛案，正式終結了實行半個世紀之久的「種族意識的錄取政策」。羅伯茨首席大法官在判決書中寫道：「廢除種族歧視意味著廢除所有種族歧視」，大學在錄取新生時必須做到種族中立。但這並不意味著在大學錄取中完全不考慮學生的種族因素，而是說不能把種族身分單獨作為一項脫離學生個人經歷的指標。[25]

為了避免理解偏差，判決書專門指出：「絕不應把本判決解讀為禁止大學考慮申請人講的種族如何影響他／她的人生，歧視也好，勵志也罷，甚或其他，都屬於人生經歷……以克服種族歧視為例，一個學生要從中受益，必須緊扣**那個學生本人的**勇氣和決心。」（粗體字為判決書原文所有。）[26]由此可見，這個判決並沒有禁止大學在錄取中考慮種族因素對學生的影響，而是反對把種族身分跟學生的個人努力分開。換言之，這個判決要求大學必須透過每個學生的個人經歷看種族身分，要因個體而異，而不是簡單粗暴地按種族身分決定是否錄取。一些媒體把這個判決解讀為「終結了平權措施」，顯然有流於簡單化之嫌。

哈佛案宣判後，輿論沸沸揚揚。在各種反對和支持的聲浪中，很少聽到原告的聲音。在此前的多起平權措施訴訟中，人們都知道原告的名字，他們的經歷、追求、人生際遇、喜怒哀樂，像費雪、格魯特、巴克、德方尼斯……最高法院判決後，大眾也能聽到他們的聲音。在哈佛案中，原告像影子一樣隱匿在幕後，在法庭檔案和媒體報導中，人們讀到的是「學生爭取公平錄取組織」；在媒體上，人們看到的是愛德華·布魯姆。人們只知道原告是一群沒有被哈佛錄取的亞裔學生。他們沒有聲音，沒有面孔，只是一個群體名稱。

像歷史上最高法院做出的各項重大判決一樣，哈佛案的判決不是一個突然發生的孤立事件，而是長期社會紛爭醞釀形成的一個時代結點。圍繞基於種族的平權措施是否公平，幾十年來一直爭論不斷。廢除種族隔離之初，少數族裔仍然生活在歷史投射的巨大陰影中，基於種族的偏見和歧視並不隨著法律的改變而煙消雲散，作為一種實現學生種族群體多元化的補償政策，平權措施發揮了不可替代的作用。

平權措施的精神內核是追求社會公平，避免讓歷史遺留的問題成為弱勢群體改變命運不可逾越的障礙。傳統弱勢群體在上學就業等方面處於社經窪地，如果不拉他們一把，他們作為一個群體難以在同一道起跑線上跟強勢群體競爭。長此以往，社會就形成事實上的永久賤民階層。要避免大量國民一生出生就注定淪為賤民的黯淡未來，政府、大學和公司主動採取平權措施，向上拉弱勢群體一把。美國最高法院在解釋如何矯正不平等時，也一度採取這種原則，有「向上拉平」（leveling up）的說法。之所以要「向上拉平」，是因為弱勢群體社經地位低，屈居強勢群體之下。[27]

但問題在於，弱勢群體並不是一個固定不變的人群，而是可以隨時代變化。舊時代的弱勢可能已經變成新時代的強勢，至少不像舊時代那麼弱了。在一九六〇年代，美國南方的種族隔離政策雖然在法律上被廢除，但在現實中根深柢固。直到一九六二年，密西西比大學錄取黑人學生，仍然引發當地民眾暴亂，造成人員傷亡，聯邦政府派軍隊才得以平息。直到一九六三年，阿拉巴馬州長喬治·華萊士仍然親自出馬阻止黑人學生進入阿拉巴馬大學，跟聯邦執法人員對峙。那個年代，黑人在招生和招工中受到歧視可想而知，毫無疑問是美國社會的最弱勢群體。當時採取的平權措施主要目標自然是在招生和招工中往上拉這個群體一把。半個世紀後，如果用收入和教育水準衡量，黑人仍然是美國社會的弱勢群體，但整體社經地位已今非昔比。與此同時，隨著美國社會貧富差距拉大，大量教育水準低的白人家庭被「向下拉平」，墜入社經窪地。他們不是傳統弱勢群體，不在現有平權措施補償的範圍之內，成為一個被社會遺忘和遺棄的群體。在這種狀況下，讓平權措施與時俱進的呼聲日益高漲。[28]

早在二〇一三年，公共政策學者理查．卡倫伯格（Richard Kahlenberg）就警告，美國大學校長們無視正在到來的一場大學招生變局。卡倫伯格以宣導廢除基於種族身分的平權措施著稱於美國教育界。但他並不是一位保守主義者，而是一位進步主義者。他主張廢除基於種族身分的平權措施，但宣導用基於社經地位的平權措施取而代之。簡言之，他宣導在大學招生中照顧窮人家的孩子，尤其是父母沒有機會念大學的孩子，不分種族。他認為，這樣做更公平，也更符合憲法。[29]最高法院宣判哈佛案後，卡倫伯格發表書面聲明，說這是「所有種族的低收入學生和勞工家庭學生的勝利」。[30]

四、更大的不公平

哈佛案的判決是美國社會變遷和各界反思平權措施的產物，最高法院大法官中的保守派變成絕對多數，只是為此提供了一個司法契機。很多第一代中國移民家長希望，這個判決將會讓名校按考試成績錄取他們的孩子。這種希望可能會落空。從判決書和法庭辯論中大法官們提出的問題看，最高法院仍然肯定大學追求學生群體的多元化目標，只是否定了透過「種族意識的錄取政策」達到多元化目標的做法。

《紐約時報》採訪了一些大學負責錄取的人員，他們表示將按照最高法院的判決對錄取政策做出調整。「一些校方預測，對考試成績和班級排名等標準化指標的重視將會減少，而更多強調透過推薦信和申請文書來體現的個人素質。」這個判決將會讓「學校愈發傾向於錄取來自低收入家庭的學生，或是初代申請者，也就是家庭中的第一個大學生。」[31]由此可見，這個判決不是那些擅長標準化考試的華人中產家庭學生的福音。在近期的訪談中，布魯姆也表示，樂見大學錄取更多的貧困家庭學生。亞裔學生是他訴訟的理想原告，但他的最終訴求顯然不是替他們向名校討回「公道」。[32]

可以預見，大學錄取將會向貧窮家庭、農村家庭和父母沒上過大學的家庭傾斜。每個種族都有窮人富人，但孩子決定不了自己出生在什麼家庭，決定不了自己的父母是誰，更決定不了家裡有沒有錢，能不能住在好學區。在現實世界，大學錄取時把種族作為一個因素考慮，最受益的是少數族裔中富人和中上家庭的孩子。不管什麼族裔，窮人家孩子在差學區得八十分，要付出比富人和中上家庭子弟在富學區得九十分更多的努力，也需要更高的天分。就此而言，大學錄取時考慮學生家庭的社經因素，比直接把膚色作為錄取因素更公平一些。

幾年前，有百年歷史的「國家經濟研究所」曾發布一份長達七十一頁的研究報告，指出哈佛大學每年錄取的白人新生中有四成三不是靠成績，而是靠家裡的大額捐款、父母是哈佛校友、花大錢培養的體育特長等。跟這個數目字相比，哈佛因為種族多元化考慮而錄取的非裔和拉丁裔學生數量微不足道。至少就哈佛大學的情況看，對亞裔學生數量限制最大的不是因平權措施而被錄取的非裔或拉丁裔，而是大量靠金錢和裙帶關係被錄取的白人學生。同一份研究報告指出，如果哈佛取消這一部分優惠生，錄取新生中比例下降最大的將是白人學生，而其他族裔的學生占比將會上升，至少是保持不變。這是哈佛大學錄取中最不公平的地方。不過，法律往往對這類不公平保持沉默。[33]

布魯姆不想沉默。最高法院判決的當天，他在記者招待會上把矛頭指向哈佛等名校基於金錢和裙帶關係的錄取政策，指出那是導致學生群體缺少多元化的罪魁禍首。他批評校方找各種理由為這類不公平的政策辯護，並聲色嚴厲地呼籲：「早該取消那些優惠了！」布魯姆期待，最高法院的判決將迫使那些實行這類政策的大學改弦更張。[34]卡倫伯格在書面聲明中也向校方發出同樣的呼籲：取消照顧金主和校友的不公平做法，把更多錄取機會留給低收入家庭的優秀學生。他意味深長地寫道：「倘能如此，一個保守派最高法院的判決反而迫使哈佛採取一系列早就該實行的自由派政策，真是弔詭。」[35]

實施平權措施的初衷是追求平等和公平。這起案子自始至終表現出比種族平權更廣泛的社會、政治和經濟訴求。儘管訴訟的直接源頭是哈佛大學在錄取中照顧非裔考生，但原告提交的證據顯示，哈佛在錄取中最大的不公平還不是在種族身分方面，而是大量優惠富二代和本校學二代。這類優惠生只占哈佛考生總數的百分之五，卻占到被錄取新生的三成以上。如果考生父母是哈佛的金主，被錄取的機會比普通考生高出七倍；如果父母是哈佛校友，被錄取的機會是普通考生的六倍。而且，透過這類優惠政策錄取的新生中，百分之七十是白人，占所有白人新生的四成三。顯然，這一政策不僅大幅降低了少數族裔考生的錄取機會，也大幅降低了白人普通家庭和貧困家庭子女的錄取機會。[36]

最高法院庭辯時，原告律師在開場白中就把矛頭對準哈佛的優惠生政策，說最高法院在二十年前就要求大學採取種族中立的公平錄取方案，但哈佛對此置若罔聞，直到二〇一四年被起訴後，才開始做出一些照顧貧窮家庭考生的姿態，但具體措施不痛不癢，象徵意義大於實際效果：「百分之八十二的哈佛學生是富家子女，富學生跟窮學生的比例是二十三比一。根本談不上多元化。」哈佛的律師辯解說，接受捐獻符合學校的正當利益。被認為是保守派的高薩奇大法官當庭反問：難道哈佛花捐款建一棟美術館的利益，高於憲法對所有人平等保護的利益？哈佛大學的律師被問得吞吞吐吐，語無倫次。[37]

在憲法平等保護的語境中，律師要為哈佛大學按金錢和裙帶關係錄取的政策辯護，顯然是項難以完成的使命。在單獨起草的贊同判決意見中，高薩奇大法官用鋒芒畢露的文字寫道：「優惠金主、校友和教職員工孩子的政策對那些沒法拿父母的財富吹噓，也沒條件進校友會帳篷的考生毫無幫助。雖然表面上看，這類優惠政策也是種族中立的，但最受益的無疑是白人富二代考生。」[38]

媒體和社會輿論則更進一步，把批評的對象從名校優惠富二代和學二代延伸到官二代，重提小布希總統當年成績平平但靠父母被耶魯錄取的舊事，連帶也對甘迺迪總統當年是否靠家族關係進哈佛提出質疑。有好事的作者甚至翻出甘迺迪的申請信，他在信中專門寫上申請哈佛的一大理由：「我想跟我爸上同一所大學。」[39]

二〇二二年的皮尤民調顯示，七成五的民眾不支持名校錄取中優惠富二代和本校學二代的政策，七成四的民眾不支持優惠少數族裔的政策。[40]顯然，廢除這兩項政策在美國社會有廣泛的民意基礎。最高法院在哈佛案中只廢除了後者，並未觸及前者。如果這個判決只是在法律上終結了基於種族身分的平權措施，那麼它的社會意義有限。這個判決更深遠的意義在於，它激發了民眾對大學錄取中更大的不公平的廣泛關注和改變現狀的熱情。

在很多法律問題上，美國最高法院能發揮消防隊的功能，一旦做出判決，紛爭會逐漸平息。但在一些牽動社會、經濟、人心等方方面面的棘手問題上，最高法院的判決卻往往像火上澆油，讓固有的紛爭蔓延開來。這兩種現象都貫穿最高法院的歷史，關於平權措施的判決顯然屬於後者。子彈仍然在飛，愈來愈多的槍口從種族歧視轉向了社經地位導致的不平等和不公平，在種族問題上相互射擊的保守派和自由派，暫時找到了共同的開火目標。這起訴訟台前幕後的推手布魯姆被認為是保守派，但這起訴訟的理論大腦之一卡倫伯格，卻是具有濃厚進步色彩的自由派。他們在判決前後反覆抨擊哈佛優惠富二代和本校學二代的政策。自由派與保守派在大部分社會議題上針鋒相對，但在取消富二代和本校學二代優惠生問題上卻取得了難得的共識。[41]

五、現實與願景

美國社會的不公平在不同時代會集中體現在不同社會問題中，對各個社會群體產生程度不同的影響。哈佛案的判決終止了大學錄取中簡單粗暴地以種族身分論英雄的做法，同時，它也有望讓平權措施惠及所有種族的社經弱勢階層。不過，禁止在錄取中照顧少數族裔已經成為現實，但取消錄取中優惠金主和裙帶關係的政策總體上還只是個願景。在現行法律下，學校按金錢錄取、按關係錄取，跟不按考試成績錄取一樣，只要不直接跟學生的種族身分掛鉤，都不違法。迄今為止，只有麻省理工、約翰・霍普金斯等少數私立大學取消了優惠富二代和本校學二代的政策，全國範圍內只有科羅拉多一個州立法禁止了州立大學實行類似政策。[42]

如果聯邦政府有意願，也有決心改變名校錄取中的不公平現狀，手中有足夠的胡蘿蔔和大棒，在現有法律框架內可以有所作為。美國的私立和州立大學每年都從聯邦政府得到大筆經費，名校得到的份額最大。以哈佛大學為例，二〇二二財政年度收到的科研經費高達九・七六億美元，其中百分之六十六來自聯邦政府。[43]按照美國法律，聯邦政府可以為使用聯邦經費的學校設置附加條件，比如要求學校在錄取中對社經弱勢家庭的學生採取平權措施，就像一九六〇年代聯邦政府所做的那樣。當時的要求是不得歧視少數族裔，在最高法院做出上述判決後，聯邦政府有充分理由要求大學在錄取中不得歧視普通家庭和貧困家庭的考生。

這起訴訟的隱形原告「亞裔學生」被迅速淡忘，美國大小媒體、民間組織和國會議員紛紛集中砲火，抨擊哈佛等大學優惠金主和校友子女的錄取政策。判決後的第三天，幾個非裔和拉丁裔民間組織引用判決書中「廢除種族歧視意味著廢除所有種族歧視」的表述，向聯邦教育部申訴，控告哈佛大學優惠金主和校友子女的錄取政策構成對少數族裔的歧視，違反民權法案，要求教育部人權辦公室展開調查。[44]顯然，最高法院的判決不但沒有終結弱勢群體的平權進程，反而激發起新一波追求公平的民權浪潮。正如有濃厚保守傾向的《華爾街日報》觀察到的那樣：「上週最高法院禁止基於種族的平權措施後，下一場圍繞大學錄取的重大民權戰役正在積蓄能量。」[45]

第一代中國移民家長把母國經驗帶到美國，期望透過讀書改變下一代的命運，無可厚非。不過，平權措施不只侷限於大學錄取，也適用於職場聘用和升遷。大學只是人生的起步階段，學生畢業後終歸要進入社會，在美國職場上真正限制亞裔發展的往往不是大學錄取平權措施照顧的非裔和拉丁裔，而是白人社會根深柢固的裙帶關係。一些第一代中國移民家長有強烈的名校情結，把孩子塑造成擅長考試但缺少領導能力的做題家，長遠看並不一定有利於下一代的事業發展和社會地位的提升。

六年前，也就是最高法院判決費雪案的第二年，羅伯茨大法官曾在他兒子的中學畢業典禮上致辭。他給孩子們的祝福不同尋常：「我希望你們偶爾遇到不公平對待，這樣你們才知道公平正義的價值……我希望你們偶爾不走運，這樣你們才能意識到機會在人生中扮演的角色，才能明白你們的成功不全是理所當然，別人的失敗也不全是活該。人生免不了失敗，當你輸了一場，我希望你的對手偶爾會幸災樂禍，這樣你能理解競爭風範的可貴。我希望你們被人忽視，這樣才知道傾聽別人有多重要，我希望你們遭受適當的痛苦，從中學會同情。不管我希望與否，這些都會發生。至於你們是否能從中受益，取決於從自己的不幸中獲得啟發的能力。」[46]

追求平等和公正固然離不開法律，需要社會各族群、各階層永不止息的努力，但畢竟法律有邊界，時代有侷限。面對無比豐富的生活世界和極其多樣化的個人遭遇，法院在試圖解決棘手問題時往往捉襟見肘，力不從心，為社會中的每個人留下選擇的空間和空白。這或許是為何羅伯茨大法官在判決書中強調「學生本人的勇氣和決心」，在致辭中強調從個人不幸中獲得啟發的能力。哈佛案終結了大學錄取中基於種族身分的平權措施，但憲法和民權法案保障平權的公平和正義原則並沒有終結。它為過去半個世紀的種族平權運動劃上了一個句號，令很多人失望；但同時，它也讓很多人看到未來基於社經地位和個人努力的平權願景。

結語

這種文明之所以對遠近無數人充滿吸引力，核心在於追求幸福的觀念……它的內涵如此豐富：個人、責任、選擇、睿智的生活、職業精神、追求完善和成就。這是個包羅萬象的觀念。它無法被削減成一個固化的體制。它不會促發盲從狂熱。但我們都知道它存在，因為它的存在，那些僵化的體制終將灰飛煙滅。

——奈波爾

毫無疑問，〔自由〕不僅意味著免於人身束縛，而且意味著享有個人締結契約、求職謀生、獲取知識、結婚成家、養育子女、按自己良知的律令敬拜上帝等權益，普通法歷來承認，自由人要有秩序地追求幸福，這些權利必不可少。

——美國最高法院「梅耶訴內布拉斯加案」判決書

「追求幸福」跟自由、平等一樣，是啟蒙時代的核心理念。

近半個多世紀，一些基督教原教旨主義者借創世—墮落的宗教範式虛構美國歷史，把過去的美國想像成黃金時代，把當今的美國描寫成被自由派、少數族裔、移民敗壞的時代。這種神學化的歷史觀不符合美國法律和司法的歷史事實。美國是啟蒙運動的產物。[1]

一、常識理性

說起啟蒙運動，人們自然會聯想到康德（Immanuel Kant）的著名啟蒙格言「Sapere aude」，即「敢於運用自己的理性」。一七九四年，湯瑪斯·潘恩（Thomas Paine）甚至把自己的自然神學著作取名《理性時代》，這可能是英語世界中「理性時代」這一短語的由來。不過，潘恩講「理性時代」，主要是用常識理性闡述他的自然神論主張，跟後世用「理性時代」指稱啟蒙運動沒有直接關係。[2]事實上，直到一九一〇年美國哲學史家約翰·希本（John Hibben）出版《啟蒙運動哲學》，英語世界才開始用「啟蒙運動」指稱康德和潘恩生活的那個歷史時代。[3]西方學界現有的對十八世紀啟蒙運動的歷史概念，直到二戰後才逐漸成形，標誌性的著作是德裔美國史學家彼得·蓋伊（Peter Gay）分別於一九六六年和一九六九年出版的兩卷本《啟蒙運動解讀》。[4]

二十世紀下半葉，西方學界對啟蒙運動的闡釋大致由哲學家主導，法蘭克福學派、自由主義、後現代主義等流派先後登場，批判啟蒙運動，尤其是批判啟蒙理性，在學術界和大眾文化界風行一時。同一時期的史學家則相形見絀。這種狀況在近二十年發生逆轉，對啟蒙運動的哲學批判逐漸退潮，還原啟蒙運動歷史面目的史學研究則是碩果纍纍。其中史學家約納森·伊茲瑞爾（Jonathan Israel）的啟蒙運動三部曲和丹·艾德爾斯頓（Dan Edelstein）的啟蒙譜系學著作等，已經成為啟蒙運動研究的當代經典。[5]

跟二十世紀下半葉哲學家對啟蒙運動的批判不同，當代史學家大都站在為啟蒙運動辯護的立場，對美國革命中的激進與保守等問題也有不同於二十世紀很多哲學家的認知。比如，里奇·羅伯岑（Ritchie Robertson）在其著作《啟蒙運動：追求幸福，一六八〇至一七九〇年》中，強調啟蒙運動感性的一面，即在生活世界追求幸福。這種追求成為美國革命的理想，反應在《獨立宣言》中，「追求幸福」被明確作為跟生命和自由並列的人們與生俱來的權利。[6]

二十世紀下半葉，各流派的哲學家喜歡使用「現代性」、「歐洲中心論」、「東方主義」等概念。羅伯岑等史學家指出，這些概念包含沉重的歷史包袱和想當然的假設，如果糾纏進去，史學家難免要跟一些大名鼎鼎的哲學家進行思想論戰，無助於呈現啟蒙運動本來的歷史面目。二十世紀的「反啟蒙」哲學家長於透過當下問題思辨歷史，短於對史料的鑽研，往往把自己對啟蒙運動的思想重構當成歷史上的啟蒙運動本身，把後世和當今發明的理念硬套到十八世紀的啟蒙思想家頭上。比如，二十世紀各種思想流派紛紛把二百年來西方社會出現的問題都放到「現代性」這個籮筐中，幾乎所有現代世界的問題都被歸結為現代性問題，而所有現代性問題都被歸咎於啟蒙運動：帝國主義、殖民主義、法西斯主義、納粹主義、烏托邦主義、共產主義、資本主義的罪惡源頭，都被追溯到十八世紀「理性時代」。[7]

這種對「啟蒙理性」和「現代性」的認知至少在兩方面跟歷史不符。首先，十八世紀的主流啟蒙思想家使用「理性」一詞含義寬泛，更接近於日常語言中的「常識」、「常理常情」、「講理」等。大致可以說，啟蒙思想家講的理性是一種「常識理性」，他們用這種「常識理性」反對盲從教會權威：教會不能再以神啟的名義，用恐嚇和酷刑的手段證明自己正確，而是要透過「講理」來說服別人。從伏爾泰到潘恩都是在這個意義上使用理性這個詞。康德固然講啟蒙是敢於運用理性，但運用理性認知只是啟蒙的使命之一，是人脫離不成熟狀態，進入心智成年的必要條件，而不是充分條件。況且，「敢於運用理性」的「敢於」或「有勇氣運用理性」的「勇氣」，本身就涉及人的意志和道德信念，不是純粹理性活動。

其次，理性無疑是啟蒙運動的一個關鍵字，但不是唯一的關鍵字。十八世紀各國的啟蒙者往往把人文、幸福、敬畏、希望等跟理性並舉，不僅強調運用理性消除認知蒙昧，避免盲從權威，也同時強調感性、情感、同情心在人性和社會生活中的地位。啟蒙運動不僅是理性時代，也是感性時代。比如，亞當·斯密（Adam Smith）在寫《國富論》前，先寫了《道德情感論》，分析人這種複雜的社會動物，說明人群是靠同情心、道德感等紐帶組成社會，在這種前提下各自追求利益，並不是只會利益算計的經濟動物。亞當·斯密出版《道德情感論》是在一七五九年，比出《國富論》早十七年，而且他一生中不斷修改《道德情感論》，直到去世前一年還在修改，去世那年出了第六版。[8]這些修改主要集中在擴充論述人的同情心、同理心、公民德性、道德責任等方面。跟亞當·斯密同時代的大衛·休謨講「理性是激情的奴僕」，更是廣為人知。[9]

二、反啟蒙

法蘭克福學派的霍克海默（Max Horkheimer）和阿多諾（Theodor Adorno）把二十世紀出現的社會和政治問題歸咎於「啟蒙理性」。在一九四七年出版的《啟蒙辯證法》中，這兩位法蘭克福學派哲學家認為，啟蒙有無法克服的自我毀滅邏輯，把理性作為絕對權威，試圖借助科學和邏輯控制自然，最終導致法西斯和納粹極權主義、資本主義生產方式和現代工業社會的同質文化。[10]同為法蘭克福學派的哈伯瑪斯（Jürgen Habermas）曾經批評這種對啟蒙的概括過分簡單化。波蘭史學家萊賽克·克拉考斯基（Leszek Kolakowski）評論說，霍克海默和阿多諾發明了自己的啟蒙概念，把他們不喜歡的東西都裝到裡面：「實證主義、邏輯、演繹和經驗科學、資本主義、金錢萬能、大眾文化、自由主義、法西斯主義。」一言以蔽之，都是啟蒙運動的錯。但是，啟蒙運動和啟蒙理性何以既導致法西斯極權主義，又導致跟法西斯極權主義截然不同的個人自由主義？霍克海默和阿多諾則對此語焉不詳。[11]

《啟蒙辯證法》在一九七二年被譯成英文。[12]二十世紀下半葉，在英語世界「反啟蒙」最具有影響力的是自由主義哲學家以撒·柏林（Isaiah Berlin）。羅伯岑認為，「在霍克海默、阿多諾刻畫的啟蒙形象跟以撒·柏林搬運到英語世界的啟蒙形象之間，存在著驚人的相似。」[13]他把柏林對啟蒙運動的理解，或者更確切地講，對啟蒙運動的誤解，一直追溯到一九三〇年代柏林早年的著作。當時，柏林接受出版社約稿，寫一本卡爾・馬克思傳記。在寫作過程中，柏林主要參照俄國馬克思主義理論家普列漢諾夫的名著《論一元論史觀的發展》。普列漢諾夫認為，馬克思從法國啟蒙主義思想中發展出了唯物史觀。雖然柏林沒有全盤接受普列漢諾夫的觀點，但對馬克思主義和啟蒙運動淵源關係的看法卻深受那本書影響。在《卡爾・馬克思》中，柏林認為，啟蒙運動的訴求就是透過運用理性，把人從貧窮、專制和神權中解放出來，建立美好的社會烏托邦。柏林在概述法國啟蒙運動時，把伏爾泰、狄德羅、盧梭等最重要的啟蒙思想家放到一邊，反而突出霍爾巴赫（Baron d'Holbach）、愛爾維休（Claude Helvétius）等二流啟蒙哲學家的觀點，跟普列漢諾夫的做法如出一轍。[14]

柏林對啟蒙運動的「烏托邦」成見貫穿他的學術生涯。一九五六年，他為自己編纂的《啟蒙時代：十八世紀哲學家彙編》寫導言，重申他早年的觀點，把啟蒙運動描述成理性烏托邦。在他編選的啟蒙哲學家文獻中，法國哲學家只占七頁，包括伏爾泰《哲學書簡》中的一個段落，而英國哲學家則占到二百三十五頁，相對完整地選取了洛克、休謨、柏克萊等人的著述。值得注意的是，他選取的這些材料並不支持他在導言中的結論，無論是伏爾泰，還是洛克、休謨、柏克萊，都沒有他批評的那種建立理性烏托邦或社會烏托邦、一勞永逸地解決人類社會問題的訴求。[15]

柏林的政治取向和學術志趣跟霍克海默、阿多諾不同，對啟蒙運動卻有著「驚人相似」的偏見。二戰以後，他借助自己的社會聲譽和學術名望，把「反啟蒙」（Counter-Enlightenment）變成文化界和思想界的流行術語，並採用二元對立的方法，把啟蒙和反啟蒙描述成十八世紀思想家兩種互不相容的訴求：啟蒙意味著理性至上、普世文明、人類進步、烏托邦等，反啟蒙則意味著情感追求、文化獨特性、原始創造力、回歸自然等。為了跟法國和英國的啟蒙哲學家陣容相對抗，柏林推舉出維科（Giambattista Vico）、哈曼（Johann Hamann），赫爾德（Johann Herder）等「反啟蒙」思想家陣容。[16]

柏林把啟蒙運動分割成「啟蒙」和「反啟蒙」兩個對立陣營，是否有足夠的歷史依據呢？史學家蓋伊和伊茲瑞爾都認為，儘管各國啟蒙運動呈現出多樣性，但啟蒙運動是一個有大致共同訴求的知識和文化運動。羅伯岑贊同這兩位歷史學家的看法，指出柏林對維科、哈曼和赫爾德的思想描述充滿了誤讀和誇張，缺少歷史依據；跟柏林的結論相反，他推舉的這幾位「反啟蒙」人物的訴求跟啟蒙運動的根本訴求——追求幸福，是一致的。他們是啟蒙運動的一部分，而不是獨立於啟蒙運動之外的反啟蒙者。追求幸福可以在理性和感性方面各有所側重，但啟蒙者有著不同於此前任何時代的共同訴求：「要追求幸福，我們不能預先規定好了，人怎麼才能幸福。」[17]換言之，啟蒙不是要建立一個永恆的社會烏托邦，把人訓練成像機器一樣按照理性設計的規則運轉。與其說啟蒙是追求被別人設計好的幸福，毋寧說啟蒙就是每個人運用自己的理性和感性，不斷探尋什麼是幸福。

在分析柏林「反啟蒙」理念的由來時，羅伯岑尤其指出德國史學家梅耐克（Friedrich Meinecke）對他的影響。在梅耐克看來，英法啟蒙運動崇尚抽象、普世和永恆的理性權威，追求絕對真理；而德國啟蒙運動則強調感性和人性的豐富性。在為梅耐克著作《歷史主義的起源》英文版寫的序言中，柏林重複了梅耐克的二分法，並將其通俗化為啟蒙與反啟蒙的對立。這意味著，柏林事實上是把十九世紀以降德國學界對英法啟蒙運動的「敵視」，搬運到二十世紀下半葉的英語世界。[18]

柏林對啟蒙運動的解讀——啟蒙就是把人從蒙昧和迷信中解放出來，在世俗世界追求幸福，顯然是正確的。他推崇長久被英語世界忽視的維科、哈曼、赫爾德等思想家對感性啟蒙的貢獻，極大地豐富了後世，包括羅伯岑等當代學者，對啟蒙運動的理解。作為哲學家，柏林擅長使用二分法，把同一個對象一分為二，在對比中闡述各自的特性，條理十分清晰。比如，他曾經把自由分為「消極自由」和「積極自由」，為學界所熟知，為大眾廣為接受。不過，柏林用同樣的方法把啟蒙運動分為啟蒙和反啟蒙則流於牽強。二分法固然有助於把觀點講得清晰明瞭，但也容易把複雜的問題簡單化，人為地把本來相輔相成的歷史現象對立起來。另外，柏林把啟蒙運動崇尚的追求幸福等同於建立社會烏托邦的政治訴求，顯然流於草率。

人生的意義在於在此世追求智慧、德性和感性生活的幸福，政府的目的在於保護民眾平等地追求幸福的權利和自由，這是啟蒙運動的觀念；承諾人人幸福的烏托邦理論是政治—宗教鴉片；按照統一的幸福標準建立強制所有人服從的制度烏托邦，則是跟啟蒙訴求相反的政治壓迫。柏林顯然沒有在三者之間做充分的辨析。

三、啟蒙與革命

奈波爾把追求幸福稱為「觀念之美」，認為這是現代文明中最具有普世意義的價值，跨越了宗教、種族和文化界線。追求幸福是人們「習以為常的說法，覺得理所當然，也容易被曲解。」但它卻是現代文明的核心價值：「這種文明之所以對遠近無數人充滿吸引力，核心在於追求幸福的觀念……這是個富有彈性的觀念，適合所有人。它意味著某種特定的社會、某種覺醒的精神……它的內涵如此豐富：個人、責任、選擇、睿智的生活、職業精神、追求完善和成就。這是個包羅萬象的觀念。它無法被削減成一個固化的體制。它不會促發盲從狂熱。但我們都知道它存在，因為它的存在，那些僵化的體制終將灰飛煙滅。」[19]

傳統社會中，制度和習俗把人分成三六九等，追求幸福是一種按高低貴賤、遠近親疏分配的特權，自上而下層層打折扣。十八世紀下半葉，追求幸福跟平等、自由的啟蒙運動觀念一起，成為革命時代的理想。在美國革命中，一七七六年簽署的《獨立宣言》把追求幸福作為人人與生俱來的權利；在法國革命中，一七九三年頒布的憲法把「公共幸福」當作社會的目標。

不過，任何觀念和政治事件之間都存在著極其複雜的關係。美國革命和法國革命都不是簡單的革命者把啟蒙理想付諸革命行動的結果。觀念很少直接變成政治行動，在解釋政治事件的時候，需要著眼於具體的社會環境和歷史事實。換言之，要把政治事件作為政治事件去解釋，而不是單純從政治理念的角度去解釋。近二百年，思想界存在誇大觀念在政治事件中作用的傾向。尤其是在描述啟蒙運動跟法國革命的關係時，「觀念在法國革命中的重要性可能被誇大了。」政治事件的發生和演進往往有自己的邏輯，即政治的邏輯。「不管哪種學術理論激發了某些革命者，法國革命是個政治事件，有其自身的動因。人們不需要啟蒙運動給他們灌輸對自由的渴望，才會反抗舊王朝往往是怵目驚心的不公。回顧那段歷史，隨著一系列事件加速發展，人們似乎愈來愈分化成勢不兩立的敵友陣營。」[20]

法國革命演化成雅各賓黨的恐怖統治後，思想界出現褒美國革命、抑法國革命的潮流。柏克（Edmund Burke）對法國革命中激進主義的聲討，和對美國革命中保守主義的褒揚流傳了兩個多世紀。休謨說自己「原則上是個美國人」，認同美國革命的理念。席勒（Friedrich Schiller）讚賞美國革命宣導的「生命、自由和追求幸福」的權利，甚至考慮移民美國。他認為，美國人在政治上比較成熟，能夠有秩序地實現革命理想，不像法國人，草草革命，以恐怖統治收場。[21]類似的觀點在當今學界內外仍然十分流行。

針對這種流傳已久的貶抑傾向，歷史學家會問：法國是否有可能接受溫和的啟蒙理念，走上英國的君主立憲道路或美國的民主共和道路？羅伯岑和伊茲瑞爾都曾問過同樣的問題。兩人的結論大體一致：法國革命不是一群擁有激進啟蒙理念的革命者把恐怖理念變成恐怖行動，雅各賓黨的恐怖統治是在君主立憲和民主共和失敗後才出現的結果。換言之，是當時法國的社會狀況和各方政治勢力的具體操作，而不是啟蒙觀念上的溫和或激進，導致了法國革命最終走上恐怖道路。羅伯岑尤其強調，單純從激進啟蒙理念的角度，無法令人信服地解釋法國革命的暴力和血腥，而是必須著眼於當時一系列社會問題和政治事件的細節。[22]對於史學家來說，魔鬼在歷史細節中，上帝也在歷史細節中。

無論是美國革命，還是法國革命，都是多種思想、政治、經濟和社會因素在歷史中機緣偶合的結果。啟蒙觀念只是引發革命的因素之一。不是有人想保守，就不爆發革命了；也不是有人想革命，革命就會爆發。在思想觀念和政治事件之間隔著學者尚未搞清楚的諸多環節和因素。柏克有把英國保守傳統極端化和把君主立憲的英國模式絕對化的傾向。但歷史發展表明，英國傳統和英國模式不符合大部分國家的現實。比如說，連英國在北美的殖民地臣民都不願維持英國的君主立憲模式，寧肯革命造反，也不要英國王室統治。美國獨立之後，也不再照搬英國的君主立憲模式。而法國革命爆發後，既嘗試過英國的君主立憲模式，也嘗試過美國的民主共和模式，均以失敗告終，沒有成功的政治—社會土壤。

四、保守與激進

二十世紀的幾場人類災難被很多學者歸罪於激進主義，學界內外很多人因此倒向保守主義。但保守主義往往維護傳統中優良的東西，也維護傳統中偽惡的東西。好壞良莠在歷史中競爭，在某個歷史時段哪一面占上風，取決於具體的傳統、具體的人群、當時的社會狀況、經濟狀況、時代精神等因素，而且，可能更重要的是，取決於這些因素同時發揮作用的歷史機緣。

在柏克發表對美國革命的看法時，美國剛剛獨立，很多理念和事件還沒有在歷史中展開。二百多年後，回顧柏克對美國革命的評價，不免讓人感到有草率和短視之嫌。美國革命並不是完成於一七七六年宣布獨立，甚至不是完成於一七八七年立憲。立憲時的妥協造成的後遺症在此後的歷史中逐漸積累、醞釀，衝突不斷激化。比如說奴隸制，立憲後的半個世紀，北方各州經過制度改良，以不流血的方式先後廢除了奴隸制，但這種溫和的改良在一八五〇年代走入死胡同。南方州不但拒絕以和平方式廢除奴隸制，而且要把奴隸制擴展到新納入美國版圖的州。在林肯一八六一年就職總統前，已經有七個蓄奴州宣布脫離聯邦。立憲時和立憲後半個多世紀的妥協終於導致聯邦面臨分裂的危險。林肯總統就職後，嘗試繼續透過妥協的方式避免南北分裂，但所有努力都失敗了。柏克崇尚的溫和、保守、妥協終於沒能避免大規模內戰，付出六十多萬平民和一位總統生命的代價，後遺症影響至今。

比之柏克，當代人能夠把美國革命放到更為縱深的歷史進程中審視。史學家方納（Eric Foner）把美國內戰和戰後重建稱為「第二次建國」。從政治訴求和戰後立法看，內戰顯然是美國革命的繼續。內戰結束後，憲法增加了第十三、十四和十五修正案，在法律上把「平等、自由、追求幸福」等啟蒙觀念擴展到所有公民。所以，如果把美國革命放到更廣闊的歷史背景上看，它並不比法國革命更溫和、更保守、更妥協，造成的暴力、流血和人命損失並不比法國革命小。況且，正如羅伯岑指出的那樣，美國建國者在奴隸制等問題上的妥協，首先並不是因為他們的保守理念和英國的溫和傳統，而是在當時殖民地的歷史條件下，不得已而為之。「沒有這種妥協，在立憲問題上就達不成共識。但那種**特色制度**對後來美國歷史造成的邪惡後果早已人盡皆知。」[23]

柏克去世於一七九七年。那一年，美國的第二任總統剛剛就職，還是一個沒有完全成形的國家，立憲時妥協的後遺症還沒有在歷史中充分展開。無疑，柏克對美國革命和法國革命有著深刻的洞見，在身後二百多年間啟發了無數思想者。但同時，他和他的思想是十八世紀英國歷史的一部分，打著那個特定歷史時空的烙印。潘恩曾在《人的權利》中批評柏克：「柏克先生把死人的權威置於活人的權利和自由之上。」[24]

在探討啟蒙與革命、保守與激進等問題時，我們受益於柏克的思想洞見，但也要聆聽他的同時代人對他的批評，還有他身後歷史發展對他的真知灼見和偏見從正反兩個方面的驗證。尊重歷史傳統和思想權威，但不做歷史的囚徒或盲從權威，這正是在美國革命和法國革命中都得到弘揚的啟蒙精神。

五、法律與公道

史學家傑佛瑞・科林斯（Jeffrey Collins）曾指出啟蒙運動被後世長久忽視的一面，即「敢於感知」。[25]用一個短語或一句話概括影響了人類歷史二百多年的那場運動並不容易。比起被廣泛誤解的「敢於運用理性」或同樣容易引起誤解的「敢於感知」，可能一個更恰當的表述是「敢於追求幸福」，這是啟蒙運動一以貫之的主題。不管我們贊成還是反對，喜歡還是不喜歡，啟蒙運動帶來了觀念和生活方式的巨變，人們不再讓神明或祖先主宰自己的命運，而是自己決定成為什麼樣的人，過什麼樣的生活。而這種生活方式的巨變充分體現在美國革命的理想中，尤其是對人人有「追求幸福」的權利的政治承諾中。

「啟蒙運動不是觀念的故事，而是觀念跟社會現實互動的故事。」[26]美國革命和建國後的二百多年歷史同樣如此。「追求幸福」的理想和觀念具體化在立法、政令和法院判決中，才具有現實可操作性；變成各階層的共識，才能成為國民生活方式。這是一個多管道、多層面的漫長演進過程。

筆者贊同法律史家勞倫斯．弗里德曼的說法，法律不是一個自成一統的領域，而是「社會的一面鏡子，儘管可能是一面扭曲的鏡子。」[27]抽象的法理和原則必須體現在具體立法中才有現實意義，法律條文和不成文的習慣法必須體現在法院判決中才有生命力。而且，法院對法律條文和習慣法的解釋並非一成不變，而是處在不斷變化之中。每個案件的事實都不可能跟此前的案件相同，即便事實雷同，當事人的境遇和社會環境可能發生了變化。這些因素都會影響法院對成文法和習慣法的解釋。弗里德曼稱他的《美國法律史》為「法律的社會史」，說「可能在某種意義上社會是法律的鏡子」，「形式跟著功能變，而不是功能跟著形式變」，所以，回顧歷史不是懷舊，也不是為了「尋找化石，而是研究在時間長河中展開的社會發展。」[28]

法律不僅依存於社會土壤，而且也依賴權力的其他分支而存在。經常被中文學界引用的羅爾斯（John Rawls）曾經說：「憲法不是最高法院說什麼就是什麼。毋寧說，憲法是人們透過其他權力分支依憲而行，最終允許最高法院說憲法是什麼。最高法院對憲法的具體理解必須隨修正案改變，或者隨廣泛而持久的政治多數派的理解而改變，像新政時期那樣。」[29]不過，歷史中經常出現國會和行政不作為的情況，對基本的法律不公視而不見，法院就成為受害者申訴的唯一體制管道。如果法院的大門也關上了，法官也對不公現象視而不見，或者把球踢給無意作為的立法和行政當局，實現社會正義的體制之路就暫時被阻斷了。

同時，法院作為政府權力的一個分支，有其行使權力的憲法邊界，尤其要警惕自己充當「柏拉圖式保護者」角色。[30]行使司法審核權和越權干涉其他權力分支之間並沒有一條明確的界線，在最高法院大法官中也經常引起激烈爭論。厄爾・華倫做首席大法官時，很多人批評他過於關注社會公正和公平問題，讓法院承擔了本應由國會承擔的立法功能。在一次討論案情的會議上，菲利克斯・法蘭克福特（Felix Frankfurter）大法官言辭激烈：「他媽的，你是個法官！你不能憑你的正義感或你的個人偏好判案。」華倫首席大法官回敬道：「感謝上帝，我還沒有喪失我的正義感。」[31]在開庭辯論時，他在聽取雙方律師的陳述和申辯後，經常說「好的。」但接著問：「這樣公平嗎？」[32]

尋求公平和公道是西方法律的悠久傳統，從亞里斯多德起就辨析兩種正義——法律的正義和公道的正義：按照法律條文和慣例判決的結果有時會不公平，違反公道原則。在亞里斯多德看來，出現這種情況時，需要用公道的正義矯正或補充法律的正義。[33]為了體現公道的正義，英國歷史上曾經設立衡平法院（Court of Chancery），主要功能之一是矯正普通法法院的缺陷。衡平法院的地位甚至曾一度高於普通法法院。美國建國前後均承襲英國的司法傳統和法院建制，雖然晚近各州紛紛把衡平法院納入了普通法法院系統，但衡平法院的程序和公道原則卻在司法實踐中保存下來。聯邦法院系統經歷了類似的歷程。有論者甚至把一九三八年訂立的《美國聯邦民事程序規則》稱為「衡平法戰勝普通法」的產物。[34]最高法院在一些判決中顯然也考慮公道因素。有些大法官把法院僅僅作為「法律的解釋場所」，而有些大法官則把法院當作「主持正義的場所」。對於後者而言，「一言以蔽之，必須用公道填補法律體制的空白。」[35]

無論在理論上還是在實踐中，法律的正義和公道的正義都是英美法的悠久傳統。兩種不同傳統體現在不同法官身上。法蘭克福特大法官堅持法律的正義傳統，也就是亞里斯多德講的「直尺」標準——嚴格按照法律條文和判例解釋法律，做出判決。華倫大法官認為，嚴格遵循形式的法律正義固然重要，但遠遠不夠，法官還要弘揚公道的正義傳統，看判決結果是不是公道，對當事人是不是公平，也就是亞里斯多德講的「曲尺」傳統——只用「直尺」建不成神廟。[36]公道的正義傳統在美國司法中受到很多保守人士的批評，被稱為「司法能動主義」。[37]比如說，法院推翻涉嫌違憲的國會立法，為當事人主持公道，常被指責越俎代庖，違反了權力制衡原則和憲法的權力分配，或者說濫用了司法審核權。法蘭克福特大法官強調司法自律，就是為了避免出現這種情況。

司法自律說假定，在權力制衡的制度設計中，三個權力分支各司其權，各盡其職。但在現實世界，國會受制於多數民意，經常不盡其職，對社會上弱勢群體和少數族裔遭受的不公道視而不見，沒有意願也沒有能力立法消除一些衝擊社會良知的不正義現象。歷史上，少數族裔爭取平權和婦女爭取選舉權都曾經歷過國會不作為、法院推託的狀況。在司法和立法相互踢球的遊戲中，無數民眾的憲法權利就落進了一條巨大的法律縫隙中。很多法官看到體制的這個缺陷，要補上這個漏洞，不但把法院作為解釋法律的場所，也讓法院成為伸張正義、主持公道的場所。他們不是要代替國會立法，而是讓被不正義的法律侵害的當事人獲得公道的結果。[38]

正是因為這一公道的正義傳統，弱勢群體和少數族裔發現，他們爭取平等權利的最好盟友往往不是國會的民意代表，而是法院。不管是法律的正義還是公道的正義，都要靠獨立的專業法院系統來實現，同時離不開普通人，尤其是被社會忽略，甚至遺忘的「小人物」的主動參與和堅守。在最高法院看來，普通人透過法院爭取權利與自由的過程即是一個有秩序地追求幸福的過程：「毫無疑問，〔自由〕不僅意味著免於人身束縛，而且意味著享有個人締結契約、求職謀生、獲取知識、結婚成家、養育子女、按自己良知的律令敬拜上帝等權益，普通法歷來承認，自由人要有秩序地追求幸福，這些權利必不可少。」[39]這意味著，把憲法保障的自由人的權利從法律（de jure）變成現實（de facto）是法院的職責，而在法律秩序中爭取追求幸福必不可少的平等權利是現代文明人的生活方式。

附錄

美國聯邦法院的司法審核權

如若立法權、行政權和司法權集於一身，不論是集於一個人、少數人或多數人，也不論是世襲、任命還是選舉產生，均可斷定暴政無疑。

——詹姆斯．麥迪遜

憲法或者是不能由一般法案更改的最高大法，或者是和一般立法法案一樣，可由立法者隨意更改的法律。如果前者為真，那麼違反憲法的立法便不是法；如果後者為真，那麼以人民的名義把憲法寫到紙上限制一種本質上無限的權力就成了一種荒謬的企圖。

——約翰．馬歇爾大法官，「馬伯里訴麥迪遜案」判決書

一、司法審核權

二〇二〇年九月，離大選不到兩個月，美國最高法院大法官露絲．金斯伯格（Ruth Ginsburg）去世，再度引發了總統對最高法院提名和任命的爭議，成為大選的輿論焦點之一。圍繞這個問題對選情的影響，出現了各種評論和推測。最高法院法官的提名和任命之所以受到社會各界關注，是因為最高法院有「司法審核權」（judicial review）。什麼是司法審核權呢？簡單講，就是聯邦法院有權解釋憲法並宣判總統、國會、各州政府和州議會的政策或立法是否違反憲法。

按照美國憲法，最高法院擁有司法權，是美國政府的三個權力分支之一。中文世界習慣於以「三權分立」概括美國的制度。此處的「權」是指政府統治國家的權力，而不只是政府部門的具體職能。孟德斯鳩是現代法學中「分權」學說的奠基人。他把國家權力一分為三，即立法、行政和司法。按他的論述，「三權分立」的目的是為了保證公民的自由：「如若司法與立法、行政不分立，則無自由可言。」[1]這句話成為現代憲政制度中有關三權分立的箴言。孟氏創立這個學說深受英國君主立憲制的啟發，但這一學說在理論上的完善和具體實踐，卻是在美國獨立之後的政治建構中完成的。

詹姆斯．麥迪遜（James Madison）和亞歷山大．漢彌爾頓（Alexander Hamilton）曾對美國憲法的制定和政治制度的建立起到過舉足輕重的作用。孟德斯鳩是他們最愛引用的作者之一。尤其那句闡述「三權分立」的話，更是被他們反覆引用。麥迪遜曾經發揮孟德斯鳩的學說，警告權力集中必然導致「暴政」：「如若立法權、行政權和司法權集於一身，不論是集於一個人、少數人或多數人，也不論是世襲、任命還是選舉產生，均可斷定暴政無疑。」[2]

不過，三權分立只是美國政體的一面，更重要的一面是行政、立法、法院的權力相互制衡。所以，分權加制衡才是美國政治制度的核心和靈魂。分權制衡既避免了全權政府對公民自由與權利的損害，也避免了政府權力過度分散而喪失對國家的治理能力。不過，「三權分立」並不意味著在政府的三個分支之間平均分配權力。因為，立法、行政和法院三個部門的權力是不平衡的。其中，立法與行政的權力遠遠大於法院的權力。漢彌爾頓曾經對這三種權力做出比較：立法機關掌握財權並且制定法律；行政部門任命官員並且掌握武力；而法院既無軍權也無財權，只有判決權，而且判決能否得到執行也完全依賴行政部門。因而，他總結說：法院在三種分立的權力中屬於最弱的一種，難以與立法、行政平起平坐。[3]

漢彌爾頓分析三種權力不均衡的主要目的在於，揭示立法、行政與司法三種權力之中哪一種最有可能危害人民的自由。立法機關與行政部門因為大權在握，最有可能濫用權力，而法院因自身權力弱小，難以單獨地對人民的自由構成威脅。所以，在三權分立的政體之下，對自由的威脅很難單獨來自法院。法院若要威脅人民的自由，必須與立法機關或行政部門相勾結。同樣，法院因為沒有實權，一旦與立法或行政相勾結，則必然將自己置於後者的權力庇蔭之下，從而成為立法與行政的走卒。一旦如此，便徒有分權之名，而無分權之實。因此，防止法院依附於立法或行政，便成為保證人民自由的當務之急。漢彌爾頓曾經為此提出幾種保證措施，比如：立法保障法官的收入不至減少、法官職務不受任期限制、法院對立法機關通過的法律以及行政命令具有司法審核權等。其中，法院的司法審核權使得既無軍權、又無財權的法院，有能力制衡大權在握的立法和行政部門。[4]

法院審核權是指法院對立法機構通過的法律以及對行政部門的政令，具有審核並宣判是否違反憲法的權力。美國是一個「憲法之下的國家」，憲法是立國的根本大法，所以任何法律或政令一旦違反憲法，即失去效力。法院審核權這項至關重要的權力並不見於憲法，而是見於漢彌爾頓的論述。漢彌爾頓在論證法院審核權時，十分強調憲法對立法權的限制，即立法機關不得通過剝奪人民自由的法律。換言之，任何一項剝奪人民自由的法律即屬違憲，因而無效。問題的關鍵在於：由誰來決定一項立法是否違憲。漢彌爾頓認為，法院應當擁有司法審核權，依照憲法審核某項立法是否違憲，並做出相應的判決。[5]

聯邦政府的所有權力均來源於憲法。憲法規定和限制政府中行政、國會和法院各自的權力和職能範圍。比如，憲法第一條規定國會的立法權限，第二條規定行政當局的權限，第三條規定法院的司法權限。其中，第三條第一款規定國家的司法權力屬於最高法院以及國會設立的下級聯邦法院，第二款規定最高法院及各級聯邦法院對於憲法問題擁有司法管轄權。但美國憲法並無條文明確賦予法院對立法機構通過的法律和行政當局的政令進行司法審核的權力。司法審核權是美國最高法院透過對憲法條文的解釋而確立的。具體講，是由約翰·馬歇爾大法官在「馬伯里訴麥迪遜」（Marbury v. Madison）一案中確立的。[6]可以講，法院的司法審核權源於漢彌爾頓的論述，基於憲法，確立於最高法院對憲法的解釋。

二、「午夜法官」

馬伯里訴麥迪遜案源起於兩屆總統與國會交接期間的政治鬥爭。一八〇一年二月，傑佛遜戰勝聯邦黨現任總統亞當斯，贏得大選。同時，共和黨在國會選舉中大勝，從聯邦黨手中奪取了國會的控制權。新舊國會正式交接前，在國會中仍然占多數的聯邦黨通過了新的「司法法案」；亞當斯總統在卸任前簽署了這項法案，使之成為法律。新司法法案對一七八九年訂立的《司法法》做出重要修正。其中包括擴充聯邦地區法院及上訴法院，並增加數十名各級法院的法官。根據美國憲法第二條第二款，聯邦法院法官由總統任命。亞當斯總統趕在卸任前任命了數十名聯邦黨人擔任聯邦法院各級法官，史稱「午夜法官」。

這些倉促任命的法官即包括聯邦黨人威廉．馬伯里（William Marbury）。按照憲法和《司法法》，總統提名法官人選，經參議院核准後，總統簽發委任狀，由國務卿交由被任命人，被任命人攜委任狀赴任。亞當斯總統卸任前，大部分「午夜法官」的委任狀已經遞送本人，但馬伯里和另外幾位的委任狀在兩屆政府交接前來不及遞送。遞送的任務就落到了新政府頭上。傑佛遜總統指令其新政府停止遞送上屆政府尚未送出的委任狀，讓收不到委任狀的被任命人無法赴任，以使亞當斯總統的任命落空。馬伯里及其他幾位沒收到委任狀的新任命法官要求傑佛遜總統的新政府履行其行政職責，及時遞送委任狀。在要求遭到拒絕後，馬伯里等人將傑佛遜總統新任命的國務卿麥迪遜告上法庭，要求法院強令新政府履行其行政職責，遞送亞當斯前總統在任時簽發的委任狀。

原告與被告雙方對案件涉及的主要事實沒有太多爭議，問題集中在法律方面，具體而言涉及三個主要法律問題：第一，原告是否有權獲得委任狀；第二，如果原告有權獲得委任狀，而且這一權利受到侵害，法律是否給予補救？第三、如果法律可以給予補救，是否應透過向法院申請強制令的方式予以補救？

關於第一個問題，法院認定馬伯里有權獲得委任狀。主要原因在於，任命馬伯里的程序完全合法：總統依照憲法提名法官，經過參議院投票通過任命，總統簽發委任狀正式任命。而且，委任狀作為任命的證據與任命本身是不可分割的；總統在簽署委任狀時任命已經正式生效，不因被任命人收不到委任狀而無效。換言之，委任狀一經總統簽發即屬於被任命人所有。國務卿向被任命人遞送委任狀是法律規定的一項行政職責。國務卿拒絕履行自己的行政職責，不及時向被任命人遞送委任狀，構成失職行為，侵害了馬伯里等人的合法權利。[7]

關於第二個問題，最高法院首先對美國的法治做出宏觀論述：「公民自由的實質在於人人均有在受到侵害時尋求法律保護的權利。政府的首要職責之一即提供這種保護……美國政府被公認為法治政府，而非人治政府。在公民固有的合法權利被侵害時，如果法律不能提供補救，美國政府將無疑不配享有法治政府的稱譽。」[8]

法院是否在任何情況下都有權審理行政當局的行為是否違反公民權利呢？最高法院的答案是否定的。這涉及到憲法中對政府權力的分配。憲法賦予總統某些政治權力，總統在行使這些權力時，直接對國家負責，只訴諸自己的良知，法院無權干預。比如說，任命國務卿是憲法賦予總統的權力，國務卿依法履行總統的政治職責，法院無權干預總統的任命，也無權干預國務卿履行總統賦予的政治職責。

不過，履行總統賦予的職責只是政府官員的行政職責之一，而非全部。除了總統賦予的政治職責外，法律還賦予了政府官員必須履行的行政職責。尤其是當公民的權利依賴於政府官員行使其法律賦予的行政職責時，政府官員就不再是總統意志的執行者，而是法律的執行者，必須受到法律的制約，不能按照自己的意志隨意選擇保護或侵害公民固有的權利。換言之，政府官員在履行職責時，應當讓政治的歸政治，法律的歸法律。在純粹的政治事務範圍內，法院無權干涉；在法律範圍內，法院有權審核政府官員的行為是否違法。

因而，當公民的合法權利受到行政當局侵害時，是否可以訴諸法律尋求補償，首先要看行政當局的做法是否屬於政治決策和政治行為。如果總統決定與某國斷絕外交關係，國務卿忠實地執行總統的意志，這屬於政治決策和政治行為。法院無權對總統的此類決策和國務卿的此類行為做司法審核。如果行政當局的政治決策和政治行為需要審查的話，它們需要的是政治審核，比如國會的制衡，而非法院的司法審核。這體現了分權制衡的政治制度下權力分立的一面。

分權有其限度，制衡也有其限度。這個限度就是立法、行政、司法三個政府分支各自的權力邊界，而憲法則是規範這個限度的最終尺規。如同行政當局和立法機構必須在各自的限度內行使行政權和立法權，法院也必須在自己的限度內行使司法權。馬歇爾大法官將法院對行政當局的行為行使司法權的標準界定如下：「如果法律賦予了行政一項具體的職責，而且個人的權利依賴於行政當局行使那項職責，當個人權力受到損害時，受害人有權訴諸國家的法律尋求補救。」所以，一方面，法院無權干涉行政當局的政治行為，另一方面，法院有權審核行政當局是否違法。在美國的法治中，這兩個方面同樣清楚。[9]

　　把這一原則適用於馬伯里訴麥迪遜一案，法院認定亞當斯總統在任期間向參議院提名馬伯里做法官，並在參議院核准後任命他為法官，是憲法賦予總統的政治權力，其行為屬於政治行為。而且，按照憲法，總統有任命法官的權力，而無解雇法官的權力。馬伯里一經亞當斯總統任命，傑佛遜總統無權終止這項任命或解除馬伯里的法官職位。所以，馬伯里對委任狀擁有的權利不因新總統的意願及其新政府的行為而終止，這項權利受到法律保護，屬於法院司法審核的權限。作為國務卿，麥迪遜拒絕行使法律賦予他遞送委任狀的行政職責，損害了馬伯里的合法權利，法律應對此予以補救。

　　問題是法律如何補救。或者說，馬伯里是否可以透過向最高法院申請「強制令」的方式獲得補救？這就是本案涉及的第三個問題，也是最為核心的問題——即使傑佛遜政府損害了馬伯里的權利，法院只能在法律規定的權限內提供補救。換言之，最高法院必須決定在本案中法律是否賦予了自己發出強制令的權力——強制麥迪遜國務卿履行其行政職責。如果最高法院有權發出強制令，馬伯里受到損害的權利就可以透過此案得到補救；如果最高法院在本案中無權發出強制令，馬伯里就仍然無法透過此案的判決得到補償。

三、「違反憲法的法律不是法」

按照英國普通法的傳統，強制令由國王法院發出，以強制王權之下的任何個人、組織或下級法院履行與其職能相符的具體職責。法院發出強制令往往意味著，被告的個人、組織或下級法院沒有履行其職責，有失職行為。普通法中的強制令是保證政府公平有效運作的重要法律機制。

在「馬伯里訴麥迪遜案」中，馬歇爾大法官引經據典，說明強制令的功能在於一方面維護個人權利，另一方面保障政府公平施政。如果法律賦予個人一項權利，政府有責任和義務履行職責，使個人權利得到保證。如果政府不作為或失職，個人權利受到損害，又沒有其他有效的管道得到補償，法院就要主持公道，強令政府及有關官員履行其職責。一個不盡職的政府，既無公平也無正義可言，公民的個人利益常常受到侵害，社會就無法長治久安。強制令是對政府失職的一種補救和補償，不過，最高法院認為，強制令不是唯一的補救或補償管道，而應當是最後的補救或補償管道。只有在其他補償管道業已窮盡之後，受害人方能訴諸法院的強制令。

馬伯里的案情完全符合強制令的條件。道理似乎全在馬伯里這一邊，但他是否能夠透過此案得到法律正義，卻不完全倚賴道理在他這一邊，而且還要看法院是否有權依照正當程序主持正義。按照常理，法院既然認定道理在原告這一邊，當然應該判原告勝訴。但是，法院不是國王，它的權力也有一個界線，這個界線就是法律。

法律與常理並不等同。在本案中，就馬伯里是否有權要求強制令而言，顯然法律和常理都在他這一邊。他的權利因政府不作為而受到損害，他有權訴諸法律的保護，請求法院簽發強制令，強制政府履行其依法必須履行的行政職責。不過，問題並未到此結束。在最高法院簽發強制令之前，還有一個司法管轄權問題，即最高法院對此案是否擁有管轄權？在這一問題上，常理走到了盡頭，法律與常理分道揚鑣。

法院審理一個案件的前提是，必須對此案擁有司法管轄權。在美國分權制衡的政體中，每一個政府分支的權力都在憲法及國會依據憲法通過的有關法律中設立了界線。立法、行政、法院概莫能外。美國憲法和司法法對聯邦法院的管轄權，包括最高法院的管轄權，設立了明確的規定和限制。聯邦法院的司法管轄權因而被稱為有限管轄權。法院的司法管轄權又分為初審管轄權與上訴管轄權。按照程序，原告必須首先在擁有初審管轄權的法院提起訴訟，初審法院審理後，若敗訴方不服，可向擁有上訴管轄權的法院提出上訴。

憲法賦予國會立法權，但是，國會在行使立法權的時候，必須符合憲法。憲法明確規定了最高法院只對有關大使、公使與領事以及州為當事方的案件有初審權，對其他案件沒有初審權，但國會在交接前通過的新司法法案卻把強制令案件的初審權授予最高法院。在本案中，最高法院認為，國會的這一立法違反了憲法。

如果法院已經認定國會通過的法律違反憲法，法院是否有權判決這些法律無效？馬歇爾大法官對此展開了一段經典論述：「一項違反憲法的法案是否可以成為國家的法律？這個問題，對合眾國意義深遠……美國的立國根基在於，人民固有為政府設立此類基本原則的權利，並以此實現自己的福祉。行使這項固有的權利需要付出極大的努力，人們不能也不應該周而復始地去做。職是之故，這類原則被視為基本原則，擁有最高權威和永恆不變效力。人民按照這一固有的最高意志組織政府，並分配給政府各分支相應的權力。人民的意志或止於此，或進一步為政府各分支的權力設置不可逾越的界線。合眾國的政治屬於後者。立法機構的權力有其界定和界線。這些界線寫在憲法中，不容搞錯，也不容被遺忘。如果這些界線被憲法意在限制的那些權力隨意逾越，所謂限制權力以及把限制權力寫進憲法的目的便成為空談。如果憲法設立的這些界線無法限制它要制約的權力，如果憲法禁止的行為和憲法允許的行為有同等效力，無限權力政府與有限權力政府之間的界線就不復存在了。憲法約束違反憲法的立法，同樣也約束透過一般法案改變憲法的立法，這一論斷顯而易見，不容置疑。在這一論斷和其他不同的結論之間，沒有第三種選擇。憲法或者是不能由一般法案更改的最高大法，或者是和一般立法法案一樣，可由立法者隨意更改的法律。如果前者為真，那麼違反憲法的立法便不是法；如果後者為真，那麼以人民的名義把憲法寫到紙上限制一種本質上無限的權力就成了一種荒謬的企圖。」[10]

顯然，立憲者的意圖在於把憲法作為國家的最高大法，其他所有法律均在憲法之下，禁受憲法的檢驗——那些違反憲法的法律無效。雖然美國憲法規定法院對所有關乎憲法問題的案件擁有司法管轄權，但立憲者並沒有將法院審核立法的條文寫入憲法。法院對立法做司法審核是一條由憲法引伸出來的司法原則，這一原則對實施憲法不可或缺，被馬歇爾大法官稱為美國社會的基本原則。那麼，在一個以分權制衡的有限權力政府中，哪一個權力分支有權決定一項法律符合或違反憲法呢？憲法對此沒有明文規定，法院只能訴諸法理。

在這個問題上，馬歇爾大法官深受漢彌爾頓分權理論的影響。立法者建立法律，行政當局執行法律，法院依照法律審理案件。法院在將法律運用於具體案件時，必須解釋法律。所以，解釋法律屬於司法分支的權力職責。在兩條法律相互衝突，無法調和時，法院必須透過解釋法律對案件做出判決：「如果兩條法律相互衝突，法院必須決定各自的有效性。假定一條法律違背憲法，而憲法和違背憲法的這條法律都適用於一個案件，這種情況下，法院或者要無視憲法，依照那條違背憲法的法律判案，或者依照憲法判案，無視那條違背憲法的法律。法院必須在兩條相互衝突的法律之間做出選擇。而這正是司法權力的實質。」[11]

由此，最高法院判決，新司法法案授予最高法院審理強制令案件的初審管轄權，違反憲法第三條第二款，並因違憲而無效。最高法院對馬伯里的強制令訴求沒有初審管轄權，他必須到擁有初審管轄權的下級法院提起訴訟。

四、法官、總統、黨派

司法審核權是權力制衡中的一個重要機制。如前所述，漢彌爾頓曾分析，在政府權力分支中最有可能威脅人民自由的是行政和立法兩個分支，因為這兩個分支擁有大量實權。

美國憲法設計的行政與立法間的制衡，能夠在一定程度上防止和糾正行政或立法分支濫用權力。比如，總統可以否決國會通過的法案，國會兩院必須有三分之二贊成票才能否決總統的否決。但是，憲法設計的這種行政與立法間制衡機制並非在所有時候都能杜絕行政或立法分支濫用權力，通過違背憲法的法律或推行損害公民權利的政令。在歷史上和現實政治中，當行政和立法均由同一黨派控制時，往往會發生濫用權力的現象。這時候，法院的司法審核權便有可能糾正行政和立法當局的違憲行為。

具體而言，對於國會和行政濫用權力，法院的司法審核權具有彌補和預防的雙重作用。一方面，法院的司法審核權使得損害人民自由的法令，即使在立法機關和行政部門通過之後，仍有可能被法院判為違憲而遭廢止，從而不至於造成長久的危害。這是法院司法審核權的彌補作用。另一方面，當立法與行政當局可以預見到某項法令因損害人民的自由而可能被法院宣判違憲時，他們在企圖濫用權力制定這項法令時，便會有所節制。這是法院司法審核權的預防作用。

一八六九年之前，美國最高法院法官的數量幾經變化。但從一八六九年至今，最高法院一直由九名法官組成，每個案件的判決都經由法官投票，簡單多數決定判決結果。按照憲法，聯邦法院法官，包括最高法院法官，由總統提名，參議院確認，總統任命。一旦被任命，最高法院法官為終身制，除非主動辭職或被國會彈劾。一八〇五年，最高法院法官薩繆爾·奇斯（Samuel Chase）被眾議院彈劾，但被參議院宣判無罪，彈劾失敗。那是美國歷史上唯一一起在眾議院通過的對最高法院法官的彈劾案。

美國最高法院法官辭職大都是因為個人原因，主要是退休。比如，最高法院的首位女法官桑德拉·奧康納，由雷根總統於一九八一年任命就職。二〇〇五年，她七十六歲時宣布退休。當時，共和黨是參議院多數，小布希總統提名並任命薩繆爾·阿利托（Samuel Alito）法官繼任。二〇一八年，安東尼·甘迺迪（Anthony Kennedy）法官宣布退休，川普總統任命布萊特·卡瓦諾（Brett Kavanaugh）法官繼任。將近一半的最高法院法官選擇不退休，終身工作。比如，雷根總統於一九八六年任命的安東寧·史卡利亞法官，二〇一六年二月在任上去世，終年八十歲。再比如，柯林頓總統於一九九三年任命的露絲·金斯伯格法官，二〇二〇年大選前夕去世，終年八十七歲。

由於司法審核權的重要性，又因為總統掌握著法官的提名和任命，所以在總統大選中，候選人會承諾任命符合某種政治傾向的最高法院法官，將其作為動員選民的策略之一。一般而言，民主黨總統候選人在競選時會承諾任命自由派傾向的法官，共和黨總統候選人在競選時會承諾任命保守派傾向的法官。為了獲得福音派選民的支持，整合保守派票倉，共和黨候選人常用的一個策略是暗示任命保守派法官，推翻允許墮胎和同性戀婚姻的判例。這種選民動員策略每次大選都上演一遍。近幾十年，這種競選策略相當有成效。很多福音派選民之所以把票投給違背他們道德信條的一些總統候選人，比如川普，就是出於對總統任命保守派法官禁止墮胎、禁止同性戀婚姻的盼望。

儘管法院有司法審核權，但它仍然是三權之中最弱的一權。法院判決對人們生活的影響不像行政當局的政令和國會立法那麼直接，作用和效果大都是間接的和長期的。在直接影響國家走向和民眾的日常生活方面，總統和國會的能量比法院大的多。而且，從歷史上看，最高法院在跟總統和國會的較量中處於下風。比如，小羅斯福總統上任後，參眾兩院都在民主黨手中，通過了很多推行「新政」的法律，屢屢被最高法院推翻。小羅斯福總統推出一個增加最高法院法官數量的「法院重組」（Court-Packing）提案：每有一位年屆七十歲的現任法官，總統就任命一位新法官。如此一來，最高法院可以增加六名法官。在最高法院的司法權威受到真正威脅的情況下，有保守派法官就變得不那麼保守了，轉而支持一些「新政」法律。

金斯伯格法官去世後，川普總統和共和黨控制的參議院表示，將在大選前提名、確認並任命繼任的最高法院法官。民主黨方面則有人提議，如果拜登贏得大選，而且民主黨奪回參議院的話，可以學習小羅斯福總統，推出「法院重組」計畫，增加最高法院法官的數量。不過，增加最高法院法官是把政治雙面刃。小羅斯福總統的「法院重組」計畫在選民中相當不得人心。當時，民主黨在參議院占絕對多數，但很多民主黨議員也反對這個計畫。總統跟國會有權做一件事跟做那件事是否明智是兩回事。小羅斯福總統最後沒有強推「法院重組」計畫，避免了一場政治攤牌；最高法院法官適時讓步，也避免了一場跟總統兩敗俱傷的正面對抗。

川普總統提名法官，共和黨參議院聽證、投票確認，都在各自的憲法權限內。參議院共和黨領袖米奇・麥康諾（Mitch McConnell）和多名共和黨參議員，二〇一六年反對歐巴馬總統在大選年提名和任命最高法院法官，二〇二〇年則支持川普總統這種做法。道理上自相矛盾，但這是美國黨派政治的常態：黨派利益和自己的政治前途往往高於自己說過的話和講過的道理。大選前一個月，川普總統提名艾米・巴雷特法官接任金斯伯格法官，選前一個星期，參議院確認了提名，巴雷特法官得到正式任命。

按照憲法，聯邦法官雖然由總統任命，且歷屆總統均任命符合自己政治理念的法官，但聯邦法院是美國政府中最缺少黨派色彩的一個權力分支。大多數聯邦法院法官職務是終身制，不受行政和立法當局換屆影響，不用去迎合民意，而直接對憲法負責。民意常變，政治風向常變，黨派的政治訴求常變，而憲法不變。

不過，憲法不是一個僵死的文本，它的生命力存在於法院的解釋和對案件的判決中。而法院不是在真空中運行，跟其他權力分支一樣，是時代的產物；法官也不是按照預置程序運轉的法律機器，在解釋憲法時，免不了受到當時社會良知覺醒程度的影響，往往會響應時代的呼聲，為陳舊的憲法文本注入新的生命。比如說，在歷史上，最高法院曾宣判種族隔離和禁止跨種族婚姻符合憲法，但到了二十世紀下半葉卻宣判這兩種傳統做法違反憲法。[12]同一部憲法，不同的解釋和判決，時移世易，最高法院對憲法條文的解釋也隨時代變化。

2. *The Federalist Papers*, No. 47.
3. *The Federalist Papers*, No. 78.
4. Ibid.
5. Ibid.
6. *Marbury v. Madison*, 5 U.S. 137 (1803).
7. 5 U.S. 137, 155- 162.
8. 5 U.S. 137, 163.
9. 5 U.S. 137, 166.
10. 5 U.S. 137, 176, 177.
11. 5 U.S. 137, 178.
12. *Plessy v. Ferguson*, 163 U.S. 537 (1896); *Brown v. Board of Education of Topeka*, 347 U.S. 483 (1854).

26. Jonathan I. Israel, *Democratic Enlightenment*, 4.
27. Lawrence M. Friedman, *A History of American Law* (New York: Simon & Schuster, 2005), 1.
28. Ibid, 1-3.
29. John Rawls, *Political Liberalism* (New York: Columbia University Press, 1993), 237-238.
30. *Griswold v. Connecticut*, 381 U.S. 479, 526-527 (1965). *Powell v. Texas*, 392 U.S. 514, 547 (1968). *Plyler v. Doe*, 457 U.S. 202, 242 (1982). *Holder v. Hall*, 512 U.S. 874, 913 (1994).
31. Ed Gray, *Chief Justice: A Biography of Earl Gray* (New York: Simon & Schuster, 1997), 356.
32. Ibid, 558.
33. Aristotle, *Nicomachean Ethics*, translated by J.E.C. Welldon (New York: Macmillan and Co., 1902), 171.
34. John H. Langbein, Renee L. Lerner, Bruce P. Smith, *History of the Common Law: The Development of Anglo-American Legal Institutions* (New York: Aspen Publishers, 2009), 269.
35. Michael A. Lawrence, "Justice-as-Fairness as Judicial Guiding Principle: Remembering John Rawls and the Warren Court", *Brooklyn Law Review*, Vol. 81, No. 2 (2016), 694.
36. Aristotle, *Nicomachean Ethics*, 172.
37. Keenan Kmiec, "The Origin and Current Meanings of 'Judicial Activism'", *California Law Review*, Vol. 92, No. 5 (October 2004), 1441-1477.
38. Bernard Schwartz, *A History of the Supreme Court* (Oxford: Oxford University Press, 1993), 275-285.
39. *Meyer v. State of Nebraska*, 262 U.S. 390, 400 (1923).

附錄

1. Charles de Secondat, Baron de Montesquieu, *The Spirit of Laws*, trans. by Thomas Nugent (New York: Colonial Press, 1899), 151.

8. Adam Smith, *An Inquiry into the Nature and Causes of the Wealth of Nations*, Volume I & II. First Edition (London: W. Strahan, 1776). Adam Smith, *The Theory of Moral Sentiments*, Volume I & II, Sixth Edition (London: A. Strahan, 1790).
9. David Hume, *A Treatise of Human Nature*, edited, with an Analytical Index, by L. A. Selby-Bigge (Oxford: Clarendon Press. 1985), 415.
10. Max Horkheimer und Theodor W. Adorno, *Dialektik der Aufklärung* (Amsterdam: Querido Verlag N.V., 1947).
11. Ritchie Robertson, *The Enlightenment: The Pursuit of Happiness, 1680-1790*, 775.
12. Max Horkheimer and Theodor Adorno, *Dialectic of Enlightenment*, Translated by John Cumming (New York: Continuum Pub. Co., 1972).
13. Ritchie Robertson, *The Enlightenment: The Pursuit of Happiness, 1680-1790*, 776.
14. Ibid, 776-777. Isaiah Berlin, Karl Marx: His Life and Environment (Oxford: Oxford University Press, 1939).
15. Ritchie Robertson, *The Enlightenment: The Pursuit of Happiness, 1680-1790*, 777. Isaiah Berlin, *The Age of Enlightenment: The Eighteenth Century Philosophers* (Oxford: Oxford University Press, 1956).
16. Ritchie Robertson, *The Enlightenment: The Pursuit of Happiness, 1680-1790*, 777-778.
17. Ibid, 779.
18. Ibid, 778. Friedrich Meinecke, *Historism: The Rise of a New Historical Outlook*, Translated by J. E. Anderson (London: Herder & Herder, 1972).
19. V. S. Naipaul, "Our Universal Civilization", *The New York Times*, November 5, 1990, https://archive.nytimes.com/www.nytimes.com/books/98/06/07/specials/naipaul-universal.html.
20. Ritchie Robertson, *The Enlightenment: The Pursuit of Happiness, 1680-1790*, 730-731.
21. Ibid, 717.
22. Ibid, 720-722.
23. Ibid, 717.
24. Ibid, 740.
25. Jeffrey Collins, "'The Enlightenment Review: Daring to Feel", *The Wall Street Journal*, March 12, 2021. https://www.wsj.com/articles/the-enlightenment-review-daring-to-feel-11615561782.

ff5156875.

45. Jennifer Calfas and Douglas Belkin, "Harvard's Legacy Admissions Challenged After Affirmative Action Ruling", *Wall Street Journal*, July 3, 2023, https://www.wsj.com/articles/harvards-legacy-admissions-challenged-after-affirmative-action-ruling-c5aff91b.
46. Katie Reilly, "I Wish You Bad Luck.' Read Supreme Court Justice John Roberts' Unconventional Speech to His Son's Graduating Class", *Time*, July 5, 2017, https://time.com/4845150/chief-justice-john-roberts-commencement-speech-transcript/.

結語

1. Jonathan I. Israel, *Democratic Enlightenment* (Oxford: Oxford University Press, 2011), 443-478.
2. Thomas Paine, *Age of Reason: An Investigation of True and Fabulous Theology* (New York: Liberal and Scientific Publishing House, 1877).
3. John G. Hibben, *The Philosophy of the Enlightenment* (New York: Charles Scribner's Sons, 1910).
4. Peter Gay, *The Enlightenment: An Interpretation, Volume I, The Rise of Modern Paganism* (New York: Alfred A. Knopf, 1966). Peter Gay, *The Enlightenment: An Interpretation, Volume II, The Science of Freedom* (New York: Alfred A. Knopf, 1969).
5. Jonathan Israel, *Radical Enlightenment: Philosophy and the Making of Modernity 1650-1750* (Oxford: Oxford University Press, 2001). Jonathan Israel, *Enlightenment Contested: Philosophy, Modernity, and the Emancipation of Man 1670-1752* (Oxford: Oxford University Press, 2006). Jonathan Israel, *Democratic Enlightenment: Philosophy, Revolution, and Human Rights 1750-1790* (Oxford: Oxford University Press, 2011). Dan Edelstein, *The Enlightenment: A Genealogy* (Chicago: The University of Chicago Press, 2010).
6. Ritchie Robertson, *The Enlightenment: The Pursuit of Happiness, 1680-1790* (New York: HarperCollins, 2021), 706.
7. Ibid, 769-780.

Celebrate End of Affirmative Action", *Crimson*, June 30, 2023, https://www.thecrimson.com/article/2023/6/30/sffa-decision-reaction/.

36. Peter Arcidiacono, Josh Kinsler and Tyler Ransom, *Legacy and Athlete Preferences at Harvard*, September 2019, https://www.nber.org/system/files/working_papers/w26316/w26316.pdf.
37. *Students for Fair Admissions v. President and Fellows of Harvard College*, Oral Argument, The Supreme Court of the United States, October 31, 2022, https://www.supremecourt.gov/oral_arguments/argument_transcripts/2022/20-1199_o7kq.pdf.
38. *Students for Fair Admissions v. President and Fellows of Harvard College*, Slip Opinion, The Supreme Court of the United States, June 29, 2023, https://www.supremecourt.gov/opinions/22pdf/20-1199_hgdj.pdf.
39. Sophia Ankel, "People are dunking on JFK's half-assed Harvard admission essay in the wake of the Supreme Court axing affirmative action", *Business Insider*, June 30, 2023, https://www.businessinsider.com/jfk-lazy-harvard-essay-resurfaces-after-scotus-admissions-ruling-2023-6.
40. Vianney Gomez, "As courts weigh affirmative action, grades and test scores seen as top factors in college admissions", Pew Research Center, April 26, 2022, https://www.pewresearch.org/short-reads/2022/04/26/u-s-public-continues-to-view-grades-test-scores-as-top-factors-in-college-admissions/.
41. Frederick Hess and Richard Kalenberg, "Why It's Time for Legacy College Admissions to Go", Time, May 8, 2023, https://time.com/6276372/legacy-college-admissions-democrat-republican/.
42. Christopher Rim, "Some Universities Are Retiring Legacy Admissions But The Ivy League Won't Join Them Without A Fight", *Forbes*, July 25, 2023, https://www.forbes.com/sites/christopherrim/2023/07/25/some-universities-are-retiring-legacy-admissions-but-the-ivy-league-wont-join-them-without-a-fight/?sh=53d3b78b5a26.
43. *Harvard University Financial Report Fiscal Year 2022*, p10, https://finance.harvard.edu/files/fad/files/fy22_harvard_financial_report.pdf.
44. Collin Binkley, "Activists spurred by affirmative action ruling challenge legacy admissions at Harvard", The Associated Press, July 3, 2023, https://apnews.com/article/legacy-admissions-affirmative-action-colleges-4a4e1191274e91e695e0631

supremecourt.gov/oral_arguments/argument_transcripts/2022/20-1199_o7kq.pdf.

25. *Students for Fair Admissions v. President and Fellows of Harvard College*, Slip Opinion, The Supreme Court of the United States, June 29, 2023, https://www.supremecourt.gov/opinions/22pdf/20-1199_hgdj.pdf.
26. Ibid.
27. *Heckler v. Matthews*, 465 U.S. 728, 740 (1984). *Comptroller of Treasury of Md. v. Wynne*, 135 S.Ct. 1787, 1806 (2015).
28. Richard Kahlenberg, "Affirmative action should be based on class, not race", *The Economist*, September 4, 2018, https://www.economist.com/open-future/2018/09/04/affirmative-action-should-be-based-on-class-not-race.
29. Richard Kahlenberg, "We Need Civil Rights for the Poor", *The New York Times*, December 13, 2013, https://www.nytimes.com/roomfordebate/2013/06/26/is-the-civil-rights-era-over/we-need-civil-rights-for-the-poor. Richard Kahlenberg, "The Affirmative Action That Colleges Really Need", *The Atlantic*, October 26, 2022.
30. Geoff Bennett, Ali Schmitz, Saher Khan, "Writer predicts more socioeconomically diverse colleges after end of affirmative action", PBS, June 29, 2023, https://www.pbs.org/newshour/show/writer-predicts-more-socioeconomically-diverse-colleges-after-end-of-affirmative-action.
31. Anemona Hartocollis, "With Supreme Court Decision, College Admissions Could Become More Subjective", July 7, 2023, https://www.nytimes.com/2023/06/29/us/affirmative-action-college-admissions-future.html.
32. Douglas Belkin, "Activist Behind Supreme Court Affirmative Action Cases Is Now Suing Law Firms", *The Wall Street Journal*, August 22, 2023, https://www.wsj.com/us-news/edward-blum-lawsuits-affirmativeaction-law-firms-b8871ab1.
33. Peter Arcidiacono, Josh Kinsler and Tyler Ransom, *Legacy and Athlete Preferences at Harvard*, September 2019, https://www.nber.org/system/files/working_papers/w26316/w26316.pdf.
34. "Students for Fair Admissions on Supreme Court Affirmative Action Decision", C-SPAN, June 29, 2023, https://www.c-span.org/video/?529062-1/students-fair-admissions-supreme-court-affirmative-action-decision.
35. Michelle N. Amponsah and Emma H. Haidar, "Students for Fair Admissions, Allies

12. Rick Kushman, "Bakke is trying to fit in but his presence is felt", *The Spectrum*, Page 2, October 9, 1978.
13. "Proposition 209, Prohibition Against Discrimination or Preferential Treatment by State and Other Public Entities", Legislative Analysist's Office, November 1996, https://lao.ca.gov/ballot/1996/prop209_11_1996.html.
14. *Grutter v. Bollinger*, 539 U.S. 306 (2003).
15. Giles Edwards, "Abigail Fisher: Affirmative action plaintiff 'proud" of academic record", BBC, July 29, 2016, https://www.bbc.com/news/world-us-canada-36928990.
16. Joan Biskupic, "A litigious activist's latest cause: ending affirmative action at Harvard", Reuters, June 8, 2015, https://www.reuters.com/investigates/special-report/usa-harvard-discrimination/.
17. Sandya Dirks, "Affirmative action divided Asian Americans and other people of color. Here's how", NPR, July 2, 2023, https://www.npr.org/2023/07/02/1183981097/affirmative-action-asian-americans-poc.
18. Hua Hsu, "The Rise and Fall of Affirmative Action: With a lawsuit against Harvard, Asian-American activists have formed an alliance with a white conservative to change higher education", *The New Yorker*, October 8, 2018, https://www.newyorker.com/magazine/2018/10/15/the-rise-and-fall-of-affirmative-action.
19. Sandhya Dirks, "Affirmative action divided Asian Americans and other people of color. Here is how", NPR, July 2, 2023, https://www.npr.org/2023/07/02/1183981097/affirmative-action-asian-americans-poc.
20. Rahem Hamid, Vivi Lu and Nia Orakwue, "Supreme Court Hears Oral Arguments in Harvard, UNC Affirmative Action Cases", *The Harvard Crimson*, October 31, 2022, https://www.thecrimson.com/article/2022/10/31/scotus-sffa-oral-arguments/.
21. *Students for Fair Admissions v. President and Fellows of Harvard College*, Oral Argument, The Supreme Court of the United States, October 31, 2022, https://www.supremecourt.gov/oral_arguments/argument_transcripts/2022/20-1199_o7kq.pdf.
22. Ibid.
23. *Grutter v. Bollinger*, 539 U.S. 306, 343 (2003).
24. *Students for Fair Admissions v. President and Fellows of Harvard College*, Oral Argument, The Supreme Court of the United States, October 31, 2022, https://www.

supreme-court/supreme-court-strikes-affirmative-action-programs-harvard-unc-rcna66770. Andrew Chung and John Kruzel, "US Supreme Court Rejects Affirmative Action in University Admissions", Reuters, June 29, 2023, https://www.reuters.com/legal/us-supreme-court-strikes-down-university-race-conscious-admissions-policies-2023-06-29/. Jeannie S. Gersen, "The Supreme Court Overturns Fifty Years of Precedent on Affirmative Action", *The New Yorker*, June 29, 2023, https://www.newyorker.com/news/daily-comment/the-supreme-court-overturns-fifty-years-of-precedent-on-affirmative-action.

3. "Remarks by President Biden on the Supreme Court's Decision on Affirmative Action", The White House, June 29, 2023, https://www.whitehouse.gov/briefing-room/speeches-remarks/2023/06/29/remarks-by-president-biden-on-the-supreme-courts-decision-on-affirmative-action/.
4. "A profile of ex-student who's challenging university's affirmative action policy", CNN, June 24, 2013, https://www.cnn.com/2012/10/10/us/affirmative-action-profile/index.html.
5. "Affirmative Action", *Encyclopaedia Britannica*, https://www.britannica.com/topic/affirmative-action. "Affirmative Action", *Stanford Encyclopedia of Philosophy*, https://plato.stanford.edu/entries/affirmative-action/.
6. Freddie Sayers, "Edward Blum: My battle against affirmative action", UnHerd, May 29, 2023, https://unherd.com/2023/05/edward-blum-my-battle-against-affirmative-action/. Nicole Hannah-Jones, "What Abigail Fisher's Affirmative Action Case Was Really About", ProPublica, June 23, 2016, https://www.propublica.org/article/a-colorblind-constitution-what-abigail-fishers-affirmative-action-case-is-r.
7. Michael Martin and Nikole Hannah-Jones, " SCOTUS And Affirmative Action: Who Is Abigail Fisher?", NPR, June 17, 2013, https://www.npr.org/templates/story/story.php?storyId=192703172.
8. *Abigail Fisher v. University of Texas at Austin*, 645 F.Supp.2d 587 (2009).
9. *Abigail Fisher v. University of Texas at Austin*, 136 S.Ct.2198 (2016).
10. *DeFunis v. Odegaard*, 416 U.S. 312, 350 (1974).
11. *Regents of The University of California v. Bakke*, 438 U.S. 265 (1978).

57. Ross Ramsey, "Analysis: After a Mass Shooting, a Texas Governor's Call to Arms", *The Texas Tribune*, May 30, 2018, https://www.texastribune.org/2018/05/30/analysis-after-santa-fe-school-shooting-texas-governors-call-arms/.
58. Heidi Perez-Moreno, "New Texas Law Allowing People to Carry Handguns without Permits Stirs Mix of Fear, Concern among Law Enforcement", *The Texas Tribune*, August 16, 2021, https://www.texastribune.org/2021/08/16/texas-permitless-carry-gun-law/.
59. Evan Kindley, "William Faulkner's Southern Guilt", *The New Republic*, August 18, 2020, https://newrepublic.com/article/158710/william-faulkner-civil-war-biography-review-southern-white-guilt.
60. William Blackstone, *Commentaries on the Laws of England* (Oxford: The Clarendon Press, 1766), 40-41.
61. *Green v. Biddle*, 21 U.S. 1, 63 (1823).
62. *Meyer v. Nebraska*, 262 U.S. 390, 399 (1923).
63. *Loving v. Virginia*, 388 U.S. 1, 12 (1967).
64. Emily Cochrane and Zolan Kanno-Youngs, "Biden Signs Gun Bill Into Law, Ending Years of Stalemate", *The New York Times*, June 25, 2022, https://www.nytimes.com/2022/06/25/us/politics/gun-control-bill-biden.html.
65. V. S. Naipaul, "Our Universal Civilization", *The New York Times*, November 5, 1990, https://archive.nytimes.com/www.nytimes.com/books/98/06/07/specials/naipaul-universal.html.
66. Carli N. Conklin, *The Pursuit of Happiness in the Founding Era: An Intellectual History* (Columbia: University of Missouri Press, 2020), 133.

第十二章

1. *Students for Fair Admissions v. President and Fellows of Harvard College, Inc.*, The U.S. Supreme Court, Decided June 29, 2023, https://www.supremecourt.gov/opinions/22pdf/20-1199_hgdj.pdf.
2. Lawrence Hurley, "Supreme Court Strikes Down College Affirmative Action Programs", NBC News, June 29, 2023, https://www.nbcnews.com/politics/

September 13, 2021, https://www.pewresearch.org/fact-tank/2021/09/13/key-facts-about-americans-and-guns/.

49. Melissa Chan, "Parents of School Shooters Rarely Are Held Responsible. This Case is Different", *Time*, December 8, 2021, https://time.com/6126647/crumbley-parents-charges/.
50. Theresa Waldrop, "Days after School Shooting, Rep. Thomas Massie Posts Family Photo with Guns, Asks Santa for Ammo for Christmas", CNN, December 5, 2021, https://www.cnn.com/2021/12/05/us/thomas-massie-kentucky-representative-guns-family-photo/index.html.
51. Paulina Villegas, "GOP Congressman's Gun-toting Family Christmas Photo Sparks Outrage Days after School Shooting", *The Washington Post*, December 5, 2021, https://www.washingtonpost.com/nation/2021/12/05/christmas-photo-guns/.
52. Michael Moore, "A Mother's Love for Son, Gun and Country", December 6, 2021, https://www.michaelmoore.com/p/a-mothers-love-for-son-gun-and-country?utm_source=url.
53. Eduardo Medina, "'No One Should Be Afraid to Go to School'. Michigan Governor Says", *The New York Times*, November 30, 2021, https://www.nytimes.com/2021/11/30/us/governor-whitmer-michigan-school-shooting.html.
54. Leonard Pitts, Jr., "If Sandy Hook Didn't Change Gun Laws, Nothing Will", *The Baltimore Sun*, September 3, 2015, https://www.baltimoresun.com/opinion/op-ed/bs-ed-pitts-20150903-story.html.
55. Timothy Bella, "Why Is It Rare for Parents of School Shooting Suspects to Face Charges? It's 'Really Hard', Experts Say", *The Washington Post*, December 4, 2021, https://www.washingtonpost.com/nation/2021/12/04/oxford-shooting-crumbley-parents-charges-explainer/.
56. Elizabeth Williamson, "Alex Jones Loses by Default in Remaining Sandy Hook Defamation Suits", *The New York Times*, November 15, 2021, https://www.nytimes.com/2021/11/15/us/politics/alex-jones-sandy-hook.html. Corky Siemaszko, "Professor Who Suggested Sandy Hook Massacre Was Hoax Sues Florida Atlantic University", NBC News, December 5, 2017, https://www.nbcnews.com/news/us-news/professor-who-suggested-sandy-hook-massacre-was-hoax-sues-florida-n826646.

Detroit Free Press, December 3, 2021, https://www.freep.com/story/news/local/michigan/oakland/2021/12/03/oxford-school-shooting-suspect-parents-james-jennifer-crumbley-charges/8849959002/.

38. Sophie Kasakove and Susan Eastman, "Dramatic Day Reveals Details about the Parents of a School Shooting Suspect", *The New York Times*, December 5, 2021, https://www.nytimes.com/2021/12/05/us/michigan-shooting-parents.html.
39. Katherine Fung, "Who Is Shannon Smith? Larry Nassar's Attorney Reps Alleged Oxford Shooter's Parents", *Newsweek*, December 3, 2021, https://www.newsweek.com/who-shannon-smith-larry-nassars-attorney-reps-alleged-oxford-shooters-parents-1655983.
40. Sophie Kasakove and Susan Eastman, "Dramatic Day Reveals Details about the Parents of a School Shooting Suspect", *The New York Times*, December 5, 2021, https://www.nytimes.com/2021/12/05/us/michigan-shooting-parents.html.
41. Ibid.
42. "James and Jennifer Crumbley Appear in Court Tuesday", NBC25 News, December 14, 2021, https://nbc25news.com/news/local/michigan-suspects-dad-mouths-i-love-you-to-wife-in-court-12-14-2021.
43. Phoebe W. Howard, "Grandmother of Oxford School Shooting Victim Madisyn Baldwin Pleads for Help on GoFundMe", Detroit Free Press, December 1, 2021, https://www.freep.com/story/news/local/michigan/detroit/2021/12/01/oxford-high-school-shooting-madisyn-baldwin-gofundme/8823125002/.
44. Harriet Sokmensuer, "A Football Player, Bowler, Freshman and an Artist: Remembering the Oxford School Shooting Victims One Year Later", *People*, November 30, 2022, https://people.com/crime/michigan-school-shooting-remembering-victims/.
45. Ibid.
46. Ibid.
47. Aaron Karp, "Estimating Global Civilian Held Firearms Numbers", Small Arms Survey, June 2018, https://www.smallarmssurvey.org/sites/default/files/resources/SAS-BP-Civilian-Firearms-Numbers.pdf.
48. Katherine Schaeffer, "Key Facts about Americans and Guns", Pew Research Center,

facts-about-americans-and-guns/.

25. Lawrence M. Friedman, *A History of American Law* (New York: Simon & Schuster, 2005), 1.
26. John Cox, Steven Rich, Allyson Chiu, John Muyskens and Monica Ulmanu, "More than 292,000 Students Have Experienced Gun Violence at School since Columbine", *The Washington Post*, January 24, 2022, https://www.washingtonpost.com/graphics/2018/local/school-shootings-database/.
27. Jack Healy, "Behind the Charges Faced by the Parents of the Michigan Shooting Suspect", *The New York Times*, December 3, 2021, https://www.nytimes.com/2021/12/03/us/crumbley-parents-charged-michigan-shooting.html.
28. "Key Moments Surrounding Michigan High School Shooting", The Associated Press, December 4, 2021, https://apnews.com/article/crime-shootings-education-michigan-school-shootings-a734bfa163d0e761b1eac3031ba0569a.
29. Jennifer Crumbley, "Letter to Mr. Trump", Blog at WordPress.com, November 11, 2016, https://archive.vn/rRL9y.
30. Ibid.
31. "Key Moments Surrounding Michigan High School Shooting", The Associated Press, December 4, 2021, https://apnews.com/article/crime-shootings-education-michigan-school-shootings-a734bfa163d0e761b1eac3031ba0569a.
32. Jennifer Chambers, "Teachers Alarmed by Oxford High Suspect's Drawings Ahead of Shooting, Warned School Leaders", *The Detroit News*, December 3, 2021, https://www.detroitnews.com/story/news/local/oakland-county/2021/12/03/oxford-school-shooting-ethan-crumbley-drawings-teacher-warning/8854446002/.
33. "Key Moments Surrounding Michigan High School Shooting", The Associated Press, December 4, 2021, https://apnews.com/article/crime-shootings-education-michigan-school-shootings-a734bfa163d0e761b1eac3031ba0569a.
34. Ibid.
35. Ibid.
36. Ibid.
37. Gina Kaufman, Elisha Anderson, Christine MacDonald and Emma Stein, "Parents of Oxford School Shooting Suspect Charged with Involuntary Manslaughter",

Law Review (Spring 1995), 461.

6. Adam Winkler, *Gunfight: The Battle Over the Right to Bear Arms in America* (New York: W. W. Norton & Company, 2011), 96.
7. Ibid, 105.
8. Don B. Kates Jr., Handgun Prohibition and the Original Meaning of the Second Amendment, *Michigan Law Review*, Vol. 82, Issue 2 (1983), 204-273.
9. Sanford Levinson, "The Embarrassing Second Amendment", *The Yale Law Journal*, vol. 99, No. 3 (1989), 637-659.
10. *District of Columbia v. Heller*, 128 S. Ct. 2783 (2008).
11. Ibid, 2788-2803.
12. Ibid, 2816.
13. Edward Coke, *Prohibitions del Roy* (1607) 12 Co, Rep. 63.
14. *District of Columbia v. Heller*, 2822-2870.
15. Adam Winkler, *Gunfight: The Battle Over the Right to Bear Arms in America* (New York: W. W. Norton & Company, 2011), 161.
16. James T. Adams, "Our Lawless Heritage", *The Atlantic*, December 1928, https://www.theatlantic.com/magazine/archive/1928/12/our-lawless-heritage/649227/.
17. Adam Winkler, *Gunfight: The Battle Over the Right to Bear Arms in America* (New York: W. W. Norton & Company, 2011), 162.
18. Ibid, 164.
19. Ibid, 117.
20. Adam Winkler, *Gunfight: The Battle Over the Right to Bear Arms in America* (New York: W. W. Norton & Company, 2011), 2.
21. Richard Posner, "In Defense of Looseness", *The New Republic*, August 26, 2008, https://newrepublic.com/article/62124/defense-looseness.
22. Ibid.
23. Jeffrey M. Jones, "Public Believes Americans Have Right to Own Guns", Gallup, March 27, 2008, https://news.gallup.com/poll/105721/public-believes-americans-right-own-guns.aspx.
24. Katherine Schaeffer, "Key Facts about Americans and Guns", Pew Research Center, September 21, 2021, https://www.pewresearch.org/short-reads/2021/09/13/key-

Charges", *The New York Times*, January 10, 2022, https://www.nytimes.com/2022/01/10/us/kyle-rittenhouse-dominick-black-gun.html.

52. Charles Creitz, "Kyle Rittenhouse Interviewed by Tucker Carlson, Recounts Kenosha Riots, Reacts to Media Portray of Trial", Fox News, November 22, 2021, https://www.foxnews.com/media/kyle-rittenhouse-tucker-carlson-exclusive-kenosha-riots-media-portrayal-trial.
53. Bruce Vielmetti, "Kyle Rittenhouse's former lawyer wants the $2 million raised for teen's bail", *Milwaukee Journal Sentinel*, September 22, 2021, https://www.jsonline.com/story/news/crime/2021/09/22/kyle-rittenhouses-former-lawyers-john-pierce-lin-wood-both-want-his-2-million-bail-money/5804000001/.
54. Jason Lemon, "Kyle Rittenhouse Lawyer Says 'Idiot' Lin Wood Tried to 'Whore This Kid Out for Money'", *Newsweek*, November 20, 2021, https://www.newsweek.com/kyle-rittenhouse-lawyer-says-idiot-lin-wood-tried-whore-this-kid-out-money-1651610.
55. Daniel Villarreal, "'I Am Not': Trump Lawyer Lin Wood Threatens to Sue Rittenhouse Lawyer for Calling Him 'Idiot'", *Newsweek*, November 20, 2021, https://www.newsweek.com/i-am-not-trump-lawyer-lin-wood-threatens-sue-rittenhouse-lawyer-calling-him-idiot-1651658.
56. "Mark Richards: Kyle Rittenhouse Wasn't A Militia Member", CNN, November 22, 2021, https://transcripts.cnn.com/show/CPT/date/2021-11-22/segment/01.

第十一章

1. Garance Franke-Ruta, "Justice Kagan and Justice Scalia Are Hunting Buddies—Really", *The Atlantic*, June 30, 2013, https://www.theatlantic.com/politics/archive/2013/06/justice-kagan-and-justice-scalia-are-hunting-buddies-really/277401/.
2. Adam Winkler, *Gunfight: The Battle Over the Right to Bear Arms in America* (New York: W. W. Norton & Company, 2011),2.
3. Ibid, 95-96.
4. Ibid, 95.
5. Glenn Harlan Reynolds, "A Critical Guide to the Second Amendment", *Tennessee*

Kenosha Suspect Idolized the Police", *The Washington Post*, August 27, 2020, https://www.washingtonpost.com/nation/2020/08/27/kyle-rittenhouse-kenosha-shooting-protests/.

43. Alexis de Tocqueville, *Democracy in America*, Vol. I, translated by Henry Reeves (Cambridge: Sever and Francis, 1835), 131.
44. Dan Hinkel, "Kyle Rittenhouse Freed from Kenosha Jail after Attorneys Post $2 Million Bail despite Pleas from Families of Men He Shot", *Chicago Tribune*, November 20, 2020, https://www.chicagotribune.com/news/breaking/ct-kyle-rittenhouse-posts-bail-kenosha-shootings-20201120-oa4air35bbdsvpkaixerhyidjm-story.html.
45. Bruce Vielmetti, "After Rittenhouse Posted $2 Million Bail, Some High-Profile Donors Have Shifted Attention and Funds to Other Issues", *Milwaukee Journal Sentinel*, December 1, 2020, https://www.jsonline.com/story/news/crime/2020/12/01/donors-rittenhouse-legal-defense-shifted-attention-funds-elsewhere/6468471002/.
46. Ewan Palmer, "Why Kyle Rittenhouse's Attorney Is Leaving Criminal Case as Arraignment Set For Kenosha Shooter", *Newsweek*, December 4, 2020, https://www.newsweek.com/kyle-rittenhouse-attorney-trial-murder-funding-1552338.
47. Bruce Vielmetti, "Kyle Rittenhouse Has Fired Controversial Civil Lawyer John Pierce", *Milwaukee Journal Sentinel*, February 5, 2021, https://www.jsonline.com/story/news/local/wisconsin/2021/02/05/kyle-rittenhouse-parts-ways-controversial-civil-lawyer/4397054001/.
48. Julie Bosman, "Jurors for Kyle Rittenhouse Trial Are Swiftly Selected", *The New York Times*, November 1, 2021, https://www.nytimes.com/2021/11/01/us/kyle-rittenhouse-trial-jury.html.
49. "Kyle Rittenhouse Breaks Down on the Stand while Testifying about Kenosha Shootings", Court TV, *USA Today*, November 10, 2021, https://www.usatoday.com/videos/news/nation/2021/11/10/kyle-rittenhouse-cries-while-testifying-kenosha-shooting/6370908001/.
50. Josiah Bates, "Kyle Rittenhouse Found Not Guilty of All Charges", *Time*, November 19, 2021, https://time.com/6117401/kyle-rittenhouse-verdict-not-guilty/.
51. Julie Bosman, "Friend Who Bought Kyle Rittenhouse's Gun Gets Reduced

A. Selby-Bigge (Oxford: Clarendon Press. 1985), 415.

35. Rachel Sandler, “What We Know About Kyle Rittenhouse, The 17-Year-Old Charged In The Kenosha Shootings”, *Forbes*, August 27, 2020, https://www.forbes.com/sites/rachelsandler/2020/08/26/what-we-know-about-kyle-rittenhouse-the-17-year-old-charged-in-the-kenosha-shootings/?sh=5f30c2c64ce2.
36. Adam Janos, Thomas MacMillan and Mark Morales, “Slain NYPD Officers Rafael Ramos and Wenjian Liu Remembered”, *The Wall Street Journal*, December 21, 2014, https://www.wsj.com/articles/slain-nypd-officers-wenjian-liu-and-rafael-ramos-were-partners-1419139850.
37. Peter Holley, “Two New York City police officers are shot and killed in a brazen ambush in Brooklyn”, *The Washington Post*, December 20, 2014, https://www.washingtonpost.com/national/two-new-york-city-police-officers-are-shot-and-killed-in-a-brazen-ambush-in-brooklyn/2014/12/20/2a73f7ae-8898-11e4-9534-f79a23c40e6c_story.html.
38. Edward Moreno, “Kenosha Shooting Suspect Attended Trump Rally in January: Report”, *The Hill*, August 26, 2020, https://thehill.com/homenews/news/513858-kenosha-shooting-suspect-attended-trump-rally-in-january-report.
39. David Li, “Kyle Rittenhouse Says He Used Coronavirus Stimulus Check to Buy AR-15 Used in Fatal Shooting”, NBC News, November 19, 2020, https://www.nbcnews.com/news/us-news/kyle-rittenhouse-says-he-used-coronavirus-stimulus-check-buy-ar-n1248290.
40. Ashley Luthern, “‘I’m Going to Jail for the Rest of My Life’: What Kyle Rittenhouse Told the Friend Who Supplied Rifle Used in the Kenosha Protest Shooting”, *Milwaukee Journal Sentinel*, November 20, 2020, https://www.jsonline.com/story/news/local/wisconsin/2020/11/20/kenosha-protest-shooting-what-dominick-black-told-police-kyle-rittenhouse/6354482002/.
41. Bruce Vielmetti, “Friend Who Bought Rifle Kyle Rittenhouse Used in Kenosha Shooting Charged”, *USA Today*, November 10, 2020, https://www.usatoday.com/story/news/nation/2020/11/10/kyle-rittenhouse-friend-charged-bought-him-gun-kenosha-shooting/6231407002/.
42. Teo Armus, Mark Berman and Griff Witte, “Before a Fatal Shooting, Teenage

25. Paulina Villegas, "Witness Who Confronted Chauvin Sobs While Watching Floyd Video: 'I Feel Helpless'", *The Washington Post*, March 31, 2021, https://www.washingtonpost.com/nation/2021/03/31/charles-mcmillian-chauvin-trial/.
26. "Store Clerk Who Testified at Derek Chauvin Trial Still Feels 'Guilt' at His Death", ABC News, March 31, https://abcnews.go.com/GMA/News/video/store-clerk-testified-derek-chauvin-trial-feels-guilt-76831575.
27. N'dea Yancey-Bragg, Tami Abdollah, Grace Hauck, Kevin McCoy, and Eric Ferkenhoff, "Dereck Chauvin Trial Closing Statements: Prosecutors Tell Jurors to 'Believe Their Eyes'; Defense Emphasizes 'Totality of the Circumstances;", *USA Today*, April 19, 2021, https://www.usatoday.com/story/news/nation/2021/04/19/derek-chauvin-trial-live-george-floyd-jury-closing-arguments/7123640002/. Also see WCCO-CBS Minnesota, "Prosecutor Jerry Blackwell delivers his rebuttal during closing arguments in the trial of Chauvin Monday morning and afternoon", April 19, 2021, https://www.youtube.com/watch?v=HKI_sa4NUbA.
28. Glenn Kirschner, "Chauvin Trial, Day 3: How the Police Victimized Not Only George Floyd but The Witness as Well", YouTube, March 31, 2021, https://www.youtube.com/watch?v=te6uCJDm6uE.
29. Sara Sidner, "Inside Cup Foods, Where It Seems George Floyd Never Left", CNN, April 10, 2021, https://www.cnn.com/2021/04/10/us/minneapolis-george-floyd-cup-foods-sidner/index.html.
30. Aaron Morrison, "Silence, Then Cheers: Relief Washes Over George Floyd Square", The Associated Press, April 21, 2021, https://apnews.com/article/minneapolis-george-floyd-trials-death-of-george-floyd-f16d2e5c3aa63b96021be08c8248dc31.
31. Ibid.
32. Gabrielle Canon, "'I Cried So Hard': the Teen Who Filmed Floyd's Killing, and Changed America", *The Guardian*, April 20, 2021, https://www.theguardian.com/us-news/2021/apr/20/darnella-frazier-george-floyd-derek-chauvin-trial-guilty-verdict.
33. "Derek Chauvin Is Sentenced to 22 ½ Years for George Floyd's Murder", National Public Radio, June 25, 2021, https://www.npr.org/sections/trial-over-killing-of-george-floyd/2021/06/25/1009524284/derek-chauvin-sentencing-george-floyd-murder.
34. David Hume, *A Treatise of Human Nature*, edited, with an Analytical Index, by L.

16. Ibid.
17. Jim Salter, "Explainer: Legion of Chauvin Prosecutors, Each with Own Role", The Associated Press, April 4, 2021, https://apnews.com/article/derek-chauvin-trial-steve-schleicher-e1a14774fe5d88666232187c1413d5b8.
18. "Full Video: Prosecution Presents Closing Arguments in Derek Chauvin Trial", WCCO-CBS Minnesota, April 19, 2021, https://minnesota.cbslocal.com/video/5503129-full-video-prosecution-presents-closing-arguments-in-derek-chauvin-trial/.
19. "Full Video: Prosecution Presents Rebuttal in Closing Arguments in Derek Chauvin Trial", WCCO-CBS Minnesota, April 19, 2021, https://minnesota.cbslocal.com/video/5504148-full-video-prosecution-presents-rebuttal-in-closing-arguments-in-derek-chauvin-trial/.
20. "Full Video: Defense Presents Closing Arguments in Derek Chauvin Trial (Part 1)", WCCO-CBS Minnesota, April 19, 2021, https://minnesota.cbslocal.com/video/5503824-full-video-defense-presents-closing-arguments-in-derek-chauvin-trial-part-1/. "Full Video: Defense Presents Closing Arguments in Derek Chauvin Trial (Part 2)", https://minnesota.cbslocal.com/video/5503998-full-video-defense-presents-closing-arguments-in-derek-chauvin-trial-part-2/.
21. Paul Walsh, Abby Simmons and Hannah Sayle, "Who Were the Witnesses in the Derek Chauvin Trial?", *The Star Tribune*, April 15, 2021, https://www.startribune.com/who-are-the-witnesses-in-the-derek-chauvin-trial-for-the-killing-of-george-floyd-in-minneapolis/600042794/.
22. "George Floyd: What Witnesses Have Said in the Chauvin Trial", BBC, April 18, 2021, https://www.bbc.com/news/world-us-canada-56581401.
23. Kim Bellware, "'It's Been Nights I Stayed Up Apologizing' to George Floyd, Says Teen Who Documented His Death for the World", *The Washington Post*, March 30, 2021, https://www.washingtonpost.com/nation/2021/03/30/darnella-frazier-george-floyd-chauvin-trial/.
24. Celine Castronuovo, "9-Year-Old Witness Says Medics Asked Chauvin to Get Off of Floyd", *The Hill*, March 30, 2021, https://thehill.com/homenews/state-watch/545601-9-year-old-witness-says-medics-asked-chauvin-to-get-off-of-floyd.

nytimes.com/article/george-floyd-who-is.html.
8. Minyvonne Burke, "Owner of Minneapolis Grocery Store Says He Told Employees 'Call the Police on the Police' as She Witnessed George Floyd Death", NBC News, May 28, 2021, https://www.nbcnews.com/news/us-news/owner-minneapolis-grocery-store-says-he-told-employee-call-police-n1216461.
9. Nicolas Bogel-Burroughs, "An Outspoken Off-duty Firefighter Testified: 'There Was a Man Being Killed'", *The New York Times*, March 30, 2021, https://www.nytimes.com/2021/03/30/us/genevieve-hansen-testimoy.html.
10. Nicolas Bogel-Burroughs, "Prosecutor Say Derek Chauvin Knelt on George Floyd for 9 Minutes 29 Seconds, Longer than Initially Reported", *The New York Times*, March 30, 2021, https://www.nytimes.com/2021/03/30/us/derek-chauvin-george-floyd-kneel-9-minutes-29-seconds.html.
11. Philip Bump, "How the First Statement from Minneapolis Police Made George Floyd's Murder Seem Like George Floyd's Fault", *The Washington Post*, April 20, 2021, https://www.washingtonpost.com/politics/2021/04/20/how-first-statement-minneapolis-police-made-george-floyds-murder-seem-like-george-floyds-fault/.
12. Larry Buchanan, Quoctrung Bui and Jugal Patel, "Black Lives Matter May Be the Largest Movement in U.S. History", *The New York Times*, July 3, 2020, https://www.nytimes.com/interactive/2020/07/03/us/george-floyd-protests-crowd-size.html.
13. Tim Arango, "Why William Barr Rejected a Plea Deal in the George Floyd Killing", *The New York Times*, February 10, 2021, https://www.nytimes.com/2021/02/10/us/george-floyd-death.html.
14. "What We Know About The Jurors In The Chauvin Trial", National Public Radio, April 20, 2021, https://www.npr.org/sections/trial-over-killing-of-george-floyd/2021/04/20/989149400/what-we-know-about-the-jurors-in-thc-chauvin-trial.
15. N'dea Yancey-Bragg, "The Judge in the Derek Chauvin Case is Orchestrating One of the Nation's Most Widely Watched Murder Trials", *USA Today*, April 20, 2021, https://www.usatoday.com/restricted/?return=https%3A%2F%2Fwww.usatoday.com%2Fin-depth%2Fnews%2Fnation%2F2021%2F04%2F12%2Fderek-chauvin-trial-judge-peter-cahill%2F6889410002%2F.

texasmonthly.com/articles/supreme-moment/.
58. *AKA Jane Roe*, directed by Nick Sweeney (Century City: FX Network, 2020).
59. Ryan Smith, "Respects Paid to Sarah Weddington, Roe v. Wade Lawyer: 'A Texas Giant'", *Newsweek*, December 27, 2021, https://www.newsweek.com/sarah-weddington-death-roe-v-wade-lawyer-texas-tributes-1663251.
60. Joshua Prager, "Exclusive: Roe v. Wade's Secret Heroine Tells Her Story", *Vanity Fair*, January 19, 2017, https://www.vanityfair.com/news/2017/01/roe-v-wades-secret-heroine-tells-her-story.
61. BeLynn Hollers, "Dallas Lawyer Linda Coffee Launched Landmark Roe v. Wade Talks About Filing the Case", *Dallas Morning News*, December 16, 2021, https://www.dallasnews.com/news/politics/2021/12/16/dallas-lawyer-linda-coffee-launched-landmark-roe-vs-wade-abortion-rights-case-with-a-15-filing-fee/.
62. *Dobbs v. Jackson Women's Health Organization*, 142 S. Ct. 2228 (2022).

第十章

1. Abraham Lincoln, "First Inaugural Address, March 4, 1961", Library of Congress, https://www.loc.gov/resource/mal.0773800/?sp=1&st=text.
2. Abraham Lincoln, "Second Inaugural Address, March 4, 1965", Library of Congress, https://tile.loc.gov/storage-services/service/mss/mal/436/4361300/4361300.pdf.
3. Gunnar Myrdal, *An American Dilemma: The Negro Problem and Modern Democracy*, 4.
4. N'dea Yancey-Bragg, "Darnella Frazier, the Teenager Who Recorded George Floyd's Death on Video, Says It Changed Her Life", *USA Today*, March 30, 2021, https://www.usatoday.com/story/news/nation/2021/03/30/darnella-frazier-video-teen-filmed-george-floyds-death-testifies/7057512002/.
5. Sara Sidner, "Inside Cup Foods, Where It Seems George Floyd Never Left", CNN, April 10, 2021, https://www.cnn.com/2021/04/10/us/minneapolis-george-floyd-cup-foods-sidner/index.html.
6. Ibid.
7. Manny Fernandez and Audra Burch, "George Floyd, From 'I Want to Touch the World' to 'I Can't Breathe'", *The New York Times*, April 20, 2021, https://www.

33. Ibid, 111-113.
34. Ibid, 122.
35. Joshua Prager, “Sarah Weddington’s Unexpected Path to Roe”, *The Atlantic*, January 7, 2022, https://www.theatlantic.com/ideas/archive/2022/01/sarah-weddington-obituary-roe-v-wade/621160/.
36. Joshua Prager, *The Family Roe: An American Story*, 91.
37. Ibid, 92.
38. Ibid, 99.
39. *Roe v. Wade*, 410 U.S. 113, 162-166 (1973).
40. Joshua Prager, *The Family Roe: An American Story*, 115.
41. Ibid, 118-119.
42. *Roe v. Wade*, directed by Gregory Hoblit (New York: NBC Productions, 1989).
43. Joshua Prager, *The Family Roe: An American Story*, 120, 126.
44. Ibid, 194-198.
45. Ibid, 219.
46. Ibid, 399.
47. “The ‘Roe Baby’ Reveals Identity as Half-Sister Speaks to CBS News About Their Mother’s Legacy”, CBS News, September 9, 2021, https://www.cbsnews.com/news/jane-roe-daughter-speaks-norma-mccorvey-legacy/.
48. Ibid.
49. *AKA Jane Roe*, Directed by Nick Sweeney (Century City: FX Network, 2020).
50. Ibid.
51. “Daughter of ‘Jane Roe’, the Woman Behind the Landmark Abortion Case, Comes to Terms with Her Identity”, ABC News, October 4, 2021, https://abcnews.go.com/US/daughter-jane-roe-woman-landmark-abortion-case-terms/story?id=80329351.
52. *AKA Jane Roe*, directed by Nick Sweeney (Century City: FX Network, 2020).
53. Ibid.
54. Ibid.
55. Ibid.
56. Ibid.
57. Pamela Colloff, “Supreme Moment”, *Texas Monthly*, February 2003, https://www.

8. Thomas J. McSweeney, "Magna Carta and The Right to Trial by Jury", *Magna Carta: Muse and Mentor*, edited by Randy J. Holland, forward by Chief Justice John G. Roberts (Thomson West, 2014), 146.
9. Susan B. Anthony, *An Account of the Proceedings on the Trial of Susan B. Anthony*, 82-83.
10. Ann D. Gordon, *The Trial of Susan B. Anthony*, 7.
11. *Minor v. Happersett*, 88 U.S. 162, 174 (1875)
12. "Ten Suffragists Arrested While Picketing at the White House", The Library of Congress, August 28, 1927, https://www.americaslibrary.gov/jb/jazz/jb_jazz_sufarrst_3.html.
13. *AKA Jane Roe*, Directed by Nick Sweeney (Century City: FX Network, 2020).
14. *Roe v. Wade*, 410 U.S. 113 (1973).
15. Joshua Prager, *The Family Roe: An American Story* (New York: W & W Norton, 2021), 67.
16. Ibid, 77-79.
17. Sarah Weddington, *A Question of Choice* (New York: The Feminist Press, 2013), 28.
18. Joshua Prager, *The Family Roe: An American Story*, 70.
19. Ibid, 71.
20. Ibid, 77.
21. Ibid, 79-80.
22. Ibid, 81.
23. Sarah Weddington, *A Question of Choice*, 18.
24. Joshua Prager, *The Family Roe: An American Story*, 85.
25. Sarah Weddington, *A Question of Choice*, 68.
26. Ibid, 72.
27. *Griswold v. Connecticut*, 381 U.S. 479 (1965).
28. Sarah Weddington, *A Question of Choice*, 75.
29. Joshua Prager, *The Family Roe: An American Story*, 120.
30. Ibid, 93.
31. Sarah Weddington, *A Question of Choice*, 166.
32. Ibid, 90.

1995070104-story.html.
24. Karen Tumulty, "A Thurmond of the Next Generation Seeks a New Legacy in South Carolina", *The Washington Post*, June 29, 2015, https://www.washingtonpost.com/politics/a-thurmond-of-the-next-generation-seeks-a-new-legacy-in-south-carolina/2015/06/29/febb70a4-1e62-11e5-aeb9-a411a84c9d55_story.html.
25. William Faulkner, "Letter to a Northern Editor", *Life*, March 5, 1956, 51.
26. Eric Foner, *The Second Founding: How the Civil War and Reconstruction Remade the Constitution* (New York: W. W. Norton & Company, 2019), xix-xxvii.
27. Joseph R. Biden, "Eulogy for James Strom Thurmond", delivered July 1, 2003, First Baptist Church of Columbia, Columbia, SC, https://www.americanrhetoric.com/speeches/joebidenstromthurmondeulogy.htm.

第九章

1. Ruth Igielnik, Scott Keeter, and Hannah Hartig,"Behind Biden's 2020 Victory: An Examination of the 2020 Electorate, Based on Validated Voters", Pew Research Center, June 30, 2021, https://www.pewresearch.org/politics/2021/06/30/behind-bidens-2020-victory/.
2. Ruth Igielnik, "Men and Women in the U.S. Continue to Differ in Voter Turnout Rate, Party Identification", Pew Research Center, August 18, 2020, https://www.pewresearch.org/fact-tank/2020/08/18/men-and-women-in-the-u-s-continue-to-differ-in-voter-turnout-rate-party-identification/.
3. George Dondero, "Why Lincoln Wore a Beard", *Journal of the Illinois State Historical Society* 24, no. 2 (July 1931): 323.
4. Alexis de Tocqueville, *Democracy in America*, Vol. II, translated by Henry Reeves (Cambridge: Sever and Francis, 1863), 245.
5. Ibid, 259.
6. Ann D. Gordon, *The Trial of Susan B. Anthony* (Federal Judicial Center, 2005), 26, https://www.fjc.gov/sites/default/files/trials/susanbanthony.pdf#page=13.
7. Susan B. Anthony, *An Account of the Proceedings on the Trial of Susan B. Anthony* (Rochester: Daily Democrat and Chronicle Book Print, 1874), 81-82.

Morris, 1854).

11. Essie Mae Washington-Williams and William Stadiem, *Dear Senator: A Memoir by the Daughter of Strom Thurmond*, 119.
12. Ibid, 120-121.
13. William Faulkner, "Letter to a Northern Editor", *Life*, March 5, 1956, pp51-52.
14. The Associate Press, "Thurmond Eulogized at Funeral", *The New York Times*, July 2, 2003, https://www.nytimes.com/2003/07/02/us/thurmond-eulogized-at-funeral.html.
15. Joseph R. Biden, "Eulogy for James Strom Thurmond", delivered July 1, 2003, First Baptist Church of Columbia, Columbia, SC, https://www.americanrhetoric.com/speeches/joebidenstromthurmondeulogy.htm.
16. Michael Lind, "Good Old Boys", *The Washington Post*, September 11, 2005, https://www.washingtonpost.com/archive/entertainment/books/2005/09/11/good-old-boys/33bfd6c1-da5f-4c0e-be6b-f17151c5e740/.
17. Essie Mae Washington-Williams and William Stadiem, *Dear Senator: A Memoir by the Daughter of Strom Thurmond*, 160.
18. Joseph R. Biden, "Eulogy for James Strom Thurmond", delivered July 1, 2003, First Baptist Church of Columbia, Columbia, SC, https://www.americanrhetoric.com/speeches/joebidenstromthurmondeulogy.htm.
19. Jinitzail Hernandez, "A Talk with Jaime Harrison: Lindsey Graham, Strom Thurmond and Round Heads", *Roll Call*, February, 19, 2020, https://rollcall.com/2020/02/19/a-talk-with-jaime-harrison-lindsey-graham-strom-thurmond-and-round-heads/.
20. "The Inaugural Address of Governor George C. Wallace", January 14, 1963, https://digital.archives.alabama.gov/digital/collection/voices/id/2952.
21. Ta-Nehisi Coates, "On Race-Hustling", *The Atlantic*, October 3, 2012, https://www.theatlantic.com/politics/archive/2012/10/on-race-hustling/263210/.
22. Colman McCarthy, "George Wallace – From the Heart", *The Washington Post*, March 17, 1995, https://www.washingtonpost.com/wp-srv/politics/daily/sept98/wallace031795.htm.
23. Rick Bragg, "30 Years Later, Wallace Apologizes to Marchers", *The Baltimore Sun*, March 10, 1995, https://www.baltimoresun.com/news/bs-xpm-1995-03-11-

Macmillan Company, 1923) 12.

32. James Adams, *America's Tragedy* (New York: Charles Scribner's Sons, 1934), 154.
33. Gunnar Myrdal, *An American Dilemma: The Negro Problem and Modern Democracy* (New York: Harper & Brothers Publishers, 1944), 1189.
34. *Meyer v. State of Nebraska*, 262 U.S. 390, 400 (1923).
35. Ibid.
36. Kevin McCarthy, Twitter, April 16, 2021, https://twitter.com/GOPLeader/status/1383158647266611203.
37. Gunnar Myrdal, *An American Dilemma: The Negro Problem and Modern Democracy*, 3-4.
38. Francis Fukuyama, "Samuel Huntington's Legacy", *Foreign* Policy, January 6, 2011, https://foreignpolicy.com/2011/01/06/samuel-huntingtons-legacy/.

第八章

1. Essie Mae Washington-Williams and William Stadiem, *Dear Senator: A Memoir by the Daughter of Strom Thurmond* (New York: Harper Collins, 2005).
2. Ibid, 31.
3. Ibid, 33.
4. Ibid, 38.
5. Ibid, 36.
6. "Opinions About Negro Infantry Platoons in White Companies of 7 Divisions", July 3, 1945, Harry S. Truman Library Museum, https://www.trumanlibrary.gov/library/research-files/opinions-about-negro-infantry-platoons-white-companies-7-divisions.
7. "Executive Order 9981", July 26, 1948, Harry S. Truman Library Museum, https://www.trumanlibrary.gov/library/executive-orders/9981/executive-order-9981.
8. Jeffrey Gettleman, "Thurmond Family Struggles with Difficult Truth", *The New York Times*, December 20, 2003.
9. Essie Mae Washington-Williams and William Stadiem, *Dear Senator: A Memoir by the Daughter of Strom Thurmond*, 121.
10. George Fitzhugh, *Sociology for the South: Failure of Free Society* (Richmond: A

17. Samuel Huntington, *Who Are We? The Challenges to America's National Identity* (New York: Simon & Schuster, 2004), xvii.
18. Robert Levine, "Assimilation, Past and Present", *The Public Interest* (Spring 2005), 93.
19. Francis Walker, "Restriction of Immigration", *The Atlantic*, June 1896, https://www.theatlantic.com/magazine/archive/1896/06/restriction-of-immigration/306011/.
20. "Amusing Anecdotes on Justice Brandeis and His Early Responses to Anti-Semitism", Louis D. Brandeis Law Society, September 1, 2016, https://www.brandeislawsociety.org/news-article/amusing-anecdotes-on-justice-brandeis-and-his-early-responses-to-anti-semitism/.
21. Adam Serwer, "'Anglo-Saxon' Is What You Say When 'Whites Only' Is Too Inclusive", *The Atlantic*, April 20, 2021, https://www.theatlantic.com/ideas/archive/2021/04/anglo-saxon-what-you-say-when-whites-only-too-inclusive/618646/.
22. Frederick G. Detweiler, "The Anglo-Saxon Myth in the United States", *American Sociological Review*, Vol. 3, No. 2 (April 1938), 183-189.
23. Ibid, 184.
24. Ibid.
25. Lora D. Burnett, "In the U.S, praise for Anglo-Saxon heritage has always been about white supremacy", *The Washington Post*, April 26, 2021, https://www.washingtonpost.com/outlook/2021/04/26/us-praise-anglo-saxon-heritage-has-always-been-about-white-supremacy/.
26. Frank Hankins, *The Racial Basis of Civilization: A Critique of the Nordic Doctrine* (New York: Alfred A. Knopf, Inc., 1926), 163-164.
27. Ibid, 164.
28. John Burgess, *Political Science and Comparative Constitutional Law* (Boston: Ginn & Company, 1893).
29. Frank Hankins, *The Racial Basis of Civilization: A Critique of the Nordic Doctrine* (New York: Alfred A. Knopf, Inc., 1926), 174.
30. Frederick G. Detweiler, "The Anglo-Saxon Myth in the United States", *American Sociological Review*, Vol. 3, No. 2 (April 1938), 188.
31. H. J. Eckenrode, *Jefferson Davis: President of the South* (New York: The

3. Gunnar Myrdal, *An American Dilemma: The Negro Problem and Modern Democracy* (New York: Harper & Brothers Publishers, 1944), 3.
4. Rogers Smith, “Beyond Tocqueville, Myrdal, and Hartz: The Multiple Traditions in America”, *American Political Science Review*, Vol. 87, No. 3 (September 1993), 549-566.
5. H. J. Eckenrode, *Jefferson Davis: President of the South* (New York: The Macmillan Company, 1923), 5.
6. “The Legacy of Sam Huntington”, Harvard Kennedy School’s Institute of Politics, November 30, 2010, https://www.youtube.com/watch?v=3M-vwHWCT1g.
7. Samuel Huntington, “The Clash of Civilization?”, *Foreign Affairs*, Vol. 72, No. 3 (Summer 1993), 22.
8. “The Legacy of Sam Huntington”, Harvard Kennedy School’s Institute of Politics, November 30, 2010, https://www.youtube.com/watch?v=3M-vwHWCT1g.
9. “Late Samuel P. Huntington”, In Conversation, March 26, 2015, https://www.youtube.com/watch?v=J-tgVEz5xMU.
10. Bernard Lewis, “The Roots of Muslim Rage,” *The Atlantic Monthly*, Vol. 266 (September 1990), 60, in Samuel Huntington, “The Clash of Civilization?”, *Foreign Affairs*, Vol. 72, No. 3 (Summer 1993), 32; also in Samuel Huntington, *The Clash of Civilizations and the Remaking of World Order* (New York: Simon & Schuster, 1996), 213.
11. Samuel Huntington, *Who Are We? The Challenges to America’s National Identity* (New York: Simon & Schuster, 2004), 256.
12. Samuel Huntington, “The Hispanic Challenge”, *Foreign Policy* (March and April, 2004), 32.
13. Ibid, 31-32.
14. Gunnar Myrdal, *An American Dilemma: The Negro Problem and Modern Democracy* (New York: Harper & Brothers Publishers, 1944), 8-17.
15. Samuel Huntington, “The Hispanic Challenge”, *Foreign Policy* (March and April, 2004), 32.
16. Robert Levine, “Assimilation, Past and Present”, *The Public Interest* (Spring 2005), 93.

https://cdn.americanprogress.org/wp-content/uploads/issues/2012/06/pdf/plyler.pdf.

86. *Doe v. Plyler*, 458 F. Supp. 569, 592 (1978).
87. Aristotle, *Nicomachean Ethics*, translated by J.E.C. Welldon (New York: Macmillan and Co., 1902), 171.
88. Eric G. Zahnd, "The Application of Universal Laws to Particular Cases: A Defense of Equity in Aristotelianism and Anglo-American Law", *Law and Contemporary Problems*, Vol. 59, No. 1 (Winter 1996), 269.
89. Anton-Hermann Chroust, "Aristotle's Conception of Equity (Epieikeia)", *Notre Dame Law Review*, Vol. 18, No. 2 (1942), 126.
90. John H. Langbein, Renee L. Lerner, Bruce P. Smith, *History of the Common Law: The Development of Anglo-American Legal Institutions* (New York: Aspen Publishers, 2009), 269.
91. William Blackstone, *Commentaries on the Laws of England* (Oxford: The Clarendon Press, 1766), 62.
92. "A Supreme Court Case 35 Years Ago Yields a Supply of Emboldened DACA Students Today", APM Report, August 21, 2017, https://www.apmreports.org/story/2017/08/21/plyler-doe-daca-students.
93. Mary Ann Zehr, "Case Touched Many Parts of Community", *Education Week*, June 4, 2007, https://www.edweek.org/leadership/case-touched-many-parts-of-community/2007/06.
94. "Federal Judge's Rulings Shaped Modern Texas", *Los Angeles Times*, October 16, 2021, https://www.latimes.com/archives/la-xpm-2009-oct-16-me-william-justice16-story.html.

第七章

1. Carlos Lozada, "Samuel Huntington, a prophet for the Trump era", *Washington Post*, July 18, 2017, https://www.washingtonpost.com/news/book-party/wp/2017/07/18/samuel-huntington-a-prophet-for-the-trump-era/.
2. John Maynard Keynes, *The General Theory of Employment, Interest and Money* (London: Macmillan & Co., 1936), 383.

62. *Plyler v. Doe*, 233.
63. Ibid, 235.
64. Ibid, 234.
65. Ibid, 236.
66. Ibid, 237-238.
67. Ibid, 238-239.
68. Ibid, 240.
69. Ibid, 242.
70. Ibid, 242-254.
71. Ibid, 244.
72. Ibid, 245.
73. Ibid. 411 U.S. 1. (1973). *San Antonio Independent School District v. Rodriguez*, 411 U.S. 1 (1973).
74. *Plyler v. Doe*, 246.
75. *San Antonio Independent School District v. Rodriguez*, 411 U.S. 1, 30 (1973).
76. Ibid, 247.
77. Ibid, 251.
78. Ibid, 252.
79. Ibid, 243.
80. Ibid, 252-253.
81. Ibid, 254.
82. Mark H. Lopez, Jefferey S. Passel, D'Vera Cohn, "Key Facts about the Changing U.S. Unauthorized Immigrant Population", Pew Research Center, April 13, 2021, https://www.pewresearch.org/fact-tank/2021/04/13/key-facts-about-the-changing-u-s-unauthorized-immigrant-population/.
83. *Doe v. Plyler*, 458 F. Supp. 569, 592 (1978).
84. Paul Feldman, "Texas Case Looms Over Prop. 187's Legal Future", *Los Angeles Times*, October 23, 1994, https://www.latimes.com/archives/la-xpm-1994-10-23-mn-53869-story.html.
85. Marshall Fitz, Philip Wolgin, and Ann Garcia, "Triumphs and Challenges on the 30th Anniversary of Plyler v. Doe", Center for American Progress, June 2012,

38. *Plyler vs Doe*, 457 U.S. 202, 214–215 (1982).

39. Ibid, 215.

40. *Bush v. Gore*, 531 U.S. 98 (2020).

41. William Cummings, Joey Garrison and Jim Sergent, "By the Numbers: President Donald Trump's Failed Efforts to Overturn the Election", *USA Today*, January 6, 2021, https://www.usatoday.com/in-depth/news/politics/elections/2021/01/06/trumps-failed-efforts-overturn-election-numbers/4130307001/.

42. *Plessy v. Ferguson*, 163 U.S. 537 (1896). *Brown v. Board of Education of Topeka*, 347 U.S. 483 (1954).

43. *Minor v. Happersett*, 88 U.S. 162 (1873).

44. *F. S. Royster Guano Co. v. Virginia*, 253 U.S. 412, 415 (1920).

45. *Tigner v. Texas*, 310 U.S. 141, 147 (1940).

46. *Lochner v. New York*, 198 U.S. 45, (1905). *U.S. v. Carolene Products Co*., 304 U.S. 144 (1938). *Korematsu v. U.S.*, 323 U.S. 214 (1944).

47. *Plyler vs Doe*, 219.

48. *San Antonio Independent School District v. Rodriguez*, 411 U.S. 1, 37-38 (1973).

49. *Plyler vs Doe, 223-224.*

50. Ibid. 220.

51. Ibid, 221. *Meyer vs. Nebraska*, 262 U.S. 390, 400 (1923).

52. Wisconsin vs Yoder, 406 U.S. 205, 221 (1972).

53. *Plyler vs Doe*, 221.

54. Ibid, 222.

55. Ibid, 227-229.

56. Ibid, 230-231.

57. Ibid, 231. *Shapiro v. Thompson*, 394 U.S. 618, 661 (1969).

58. Ibid, 231-232. *San Antonio Independent School District v. Rodriguez*, 411 U.S. 1, 61 (1973).

59. *San Antonio Independent School District v. Rodriguez*, 33-34.

60. Ibid, 33. *Plyler vs Doe*, 232.

61. *San Antonio Independent School District v. Rodriguez*, 35. *Plyler vs Doe*, 233. *Harper v. Virginia Board of Elections*, 383 U.S. 663, 665 (1966).

texasobserver.org/2548-a-lesson-in-equal-protection-the-texas-cases-that-opened-the-schoolhouse-door-to-undocumented-immigrant-children/.

20. Ibid.
21. Ibid.
22. Ibid.
23. *Weber v. Aetna*, 406 U.S. 164 (1972).
24. Ibid, 175-176.
25. "A Lesson in Equal Protection", *Texas Observer*, July 13, 2007, https://www.texasobserver.org/2548-a-lesson-in-equal-protection-the-texas-cases-that-opened-the-schoolhouse-door-to-undocumented-immigrant-children/.
26. "Teaching Alien Children Is a Duty", *The New York Times*, June 16, 1982, https://www.nytimes.com/1982/06/16/opinion/teaching-alien-children-is-a-duty.html.
27. *U.S. Constitution*, Amend. 14, Sec. 1.
28. *Plyler v. Doe*, 457 U.S. 202, 210 (1982).
29. Ibid. *Yick Wo v. Hopkins*, 118 U.S. 356 (1886). *Wong Wing v. United States*, 163 U.S. 228 (1896). *United States v. Wong Kim Ark*, 169 U.S. 649 (1898)
30. *Yick Wo v. Hopkins*, 118 U.S. 356, 369 (1886).
31. *Wong Wing v. United States*, 163 U.S. 228, 242 (1896).
32. *United States v. Wong Kim Ark*, 169 U.S. 649, 687 (1898)
33. *Plyler v. Doe*, 457 U.S. 202, 213 (1982).
34. Ibid, 214.
35. Victor Li, "The 14th: A Civil War-Era Amendment Has Become a Mini Constitution for Modern Times", *ABA Journal*, May 1, 2017, https://www.abajournal.com/magazine/article/14th_amendment_constitution_important_today. "John Bingham: One of America's Forgotten 'Second Founders'", *Constitution Daily*, July 9, 2018, https://constitutioncenter.org/blog/happy-birthday-john-bingham-one-of-americas-forgotten-second-founders.
36. Eric Foner, *The Second Founding, How the Civil War and Reconstruction Remade the Constitution* (New York: W.W. Norton & Company, 2019), 76.
37. *Plyler vs Doe*, 457 U.S. 202, 214 (1982). Eric Foner, *The Second Founding, How the Civil War and Reconstruction Remade the Constitution*, 76.

www.newyorker.com/magazine/2018/09/10/is-education-a-fundamental-right.

2. Catherine Winter, "A Supreme Court Case 35 Years Ago Yields a Supply of Emboldened DACA Students Today", APM Reports, August 21, 2017, https://www.apmreports.org/story/2017/08/21/plyler-doe-daca-students.
3. Ibid.
4. "Is Education a Fundamental Right?", *The New Yorker*, September 3, 2018, https://www.newyorker.com/magazine/2018/09/10/is-education-a-fundamental-right.
5. Ibid.
6. "A Lesson in Equal Protection", *Texas Observer*, July 13, 2007, https://www.texasobserver.org/2548-a-lesson-in-equal-protection-the-texas-cases-that-opened-the-schoolhouse-door-to-undocumented-immigrant-children/.
7. Catherine Winter, "A Supreme Court Case 35 Years Ago Yields a Supply of Emboldened DACA Students Today", *APM Reports*, August 21, 2017, https://www.apmreports.org/story/2017/08/21/plyler-doe-daca-students.
8. Ibid.
9. *Doe vs Plyler*, 458 F. Supp. 569, 577 (1978).
10. Ibid.
11. "Is Education a Fundamental Right?", *The New Yorker*, September 3, 2018, https://www.newyorker.com/magazine/2018/09/10/is-education-a-fundamental-right.
12. Ibid.
13. *Doe vs Plyler*, 458 F. Supp. 569, 582 (1978). *Weber v. Aetna*, 406 U.S. 164, 175 (1972).
14. Ibid. *St. Ann v. Palisi*, 495 F.2d 423 (1974).
15. *Doe v. Plyler*, 458 F. Supp. 569, 582 (1978).
16. Ibid, 589.
17. "A Lesson in Equal Protection", *Texas Observer*, July 13, 2007, https://www.texasobserver.org/2548-a-lesson-in-equal-protection-the-texas-cases-that-opened-the-schoolhouse-door-to-undocumented-immigrant-children/.
18. "Is Education a Fundamental Right?", *The New Yorker*, September 3, 2018, https://www.newyorker.com/magazine/2018/09/10/is-education-a-fundamental-right.
19. "A Lesson in Equal Protection", *Texas Observer*, July 13, 2007, https://www.

org/2020/10/16/924747746/bernard-cohen-lawyer-who-argued-loving-v-virginia-case-dies-at-86.

49. Duncan Campbell, "Alabama Votes on Removing its Ban on Mixed Marriage", *The Guardian*, November 2, 2000, https://www.theguardian.com/world/2000/nov/03/uselections2000.usa7.
50. Dave Singleton, "The Wrong Side of History: My Uncle's Supreme Court Stand Against Interracial Marriage", *Salon*, June 10, 2017, https://www.salon.com/2017/06/10/the-wrong-side-of-history-my-uncles-stand-against-interracial-marriage-was-a-skeleton-in-my-familys-closet/.
51. "Robert McIlwaine, Figure in Court Fights over Race, Dies at 90", *Richmond Times-Dispatch*, February 25, 2015, https://richmond.com/obituaries/featured/robert-mcilwaine-figure-in-court-fights-over-race-dies-at-90/article_2ddb9490-8ce4-5d0d-802a-f7ec3b53d6f6.html.
52. Ibid.
53. Dave Singleton, "The Wrong Side of History: My Uncle's Supreme Court Stand Against Interracial Marriage", *Salon*, June 10, 2017, https://www.salon.com/2017/06/10/the-wrong-side-of-history-my-uncles-stand-against-interracial-marriage-was-a-skeleton-in-my-familys-closet/.
54. Ibid.
55. *Obergefell v. Hodges*, 576 U.S. 644 (2015).
56. Dave Singleton, "The Wrong Side of History: My Uncle's Supreme Court Stand Against Interracial Marriage", *Salon*, June 10, 2017, https://www.salon.com/2017/06/10/the-wrong-side-of-history-my-uncles-stand-against-interracial-marriage-was-a-skeleton-in-my-familys-closet/.
57. Ibid.
58. Ibid.
59. Ibid.

第六章

1. "Is Education a Fundamental Right?", *The New Yorker*, September 3, 2018, https://

32. Sheryll Cashin, *Loving: Interracial Intimacy in America and the Threat to White Supremacy*, 115.
33. Phyl Newbeck, *Virginia Hasn't Always Been for Lovers: Interracial Marriage Bans and the Case of Richard and Mildred Loving*, 2306-2321.
34. Ibid, 2454-2455.
35. *Obergefell v. Hodges*, 576 U.S. 644 (2015).
36. Peter Wallenstein, *Race, Sex, and the Freedom to Marry: Loving v. Virginia*, 129.
37. Phyl Newbeck, *Virginia Hasn't Always Been for Lovers: Interracial Marriage Bans and the Case of Richard and Mildred Loving*, 2347-2437.
38. Ibid, 2367-2442.
39. *Marbury v. Madison*, 5 U.S. 137 (1803).
40. Albert I. Gordon, *Intermarriage: Interfaith, Interracial, Interethnic*, (Boston: Beacon Press, 1964).
41. Phyl Newbeck, *Virginia Hasn't Always Been for Lovers: Interracial Marriage Bans and the Case of Richard and Mildred Loving*, 2401.
42. "The Couple That Rocked Courts", *Ebony*, September 1967, 78-86.
43. *Loving v. Virginia*, 388 U.S. 1, 12 (1967).
44. "The Couple That Rocked Courts", *Ebony*, September 1967, 78.
45. DeNeen L. Brown, "He Helped Make Legal History in Loving v. Virginia. At 80, He's Still Fighting for Justice", *The Washington Post*, December 10, 2016, https://www.washingtonpost.com/local/he-helped-make-legal-history-in-loving-v-virginia-at-80-hes-still-practicing-law/2016/12/10/e796f8a4-b726-11e6-b8df-600bd9d38a02_story.html.
46. Jocelyn Y. Stewart, "She Won Battle to Legalize Interracial Marriage", *Los Angeles Times*, May 7, 2008, https://www.latimes.com/archives/la-xpm-2008-may-07-me-loving7-story.html.
47. Dionne Walker, "The AP Interviewed Mildred Loving, Who Never Wanted Fame", Associated Press, June 11, 2017, https://apnews.com/article/north-america-us-news-ap-top-news-courts-supreme-courts-a408f20638ef4f35bed71f5a73fadfbe.
48. Laurel Wamsley, "Bernard Cohen, Lawyer Who Argued Loving v. Virginia Case, Dies At 86", National Public Radio, October 16, 2020, https://www.npr.

9. Ibid, 754-757.
10. *Racial Integrity Act of 1924, An Act to Preserve Racial Integrity*, http://www2.vcdh.virginia.edu/lewisandclark/students/projects/monacans/Contemporary_Monacans/racial.html.
11. Phyl Newbeck, *Virginia Hasn't Always Been for Lovers: Interracial Marriage Bans and the Case of Richard and Mildred Loving*, 757-758.
12. Ibid, 758-763.
13. Ibid, 767.
14. Sheryll Cashin, *Loving: Interracial Intimacy in America and the Threat to White Supremacy*, 108.
15. Ibid, 109.
16. Phyl Newbeck, *Virginia Hasn't Always Been for Lovers: Interracial Marriage Bans and the Case of Richard and Mildred Loving*, 201.
17. Ibid, 239-242.
18. Peter Wallenstein, *Race, Sex, and the Freedom to Marry: Loving v. Virginia*, 62-67.
19. Ibid, 83.
20. Ibid, 84.
21. Phyl Newbeck, *Virginia Hasn't Always Been for Lovers: Interracial Marriage Bans and the Case of Richard and Mildred Loving*, 268.
22. Ibid, 1803.
23. Ibid, 1818-1819.
24. Ibid.
25. Phyl Newbeck, *Virginia Hasn't Always Been for Lovers: Interracial Marriage Bans and the Case of Richard and Mildred Loving*, 1830-1842.
26. Ibid, 1853-1879.
27. Ibid, 1151-1182.
28. Ibid, 1894-1895.
29. *Loving v. Virginia*, 388 U.S. 1, 3 (1967).
30. Phyl Newbeck, *Virginia Hasn't Always Been for Lovers: Interracial Marriage Bans and the Case of Richard and Mildred Loving*, 1924-1955.
31. Ibid, 2078-2281.

34. Ibid, 46-47.
35. Ibid, 51.
36. Ibid.
37. Ibid, 50.
38. Ibid, 53.
39. Hannah Arendt, "Reflections on Little Rock", Dissent, 46.
40. Hannah Arendt, "Reflections on Little Rock", Dissent, 49-50.
41. Herbert Sass, "Mixed School and Mixed Blood", Atlantic Monthly (November 1956), 49.

第五章

1. Philip Dray, *At the Hands of Persons Unknown: The Lynching of Black America* (New York: The Modern Library, 2003), 125. Diane Miller Sommerville, "The Rape Myth in the Old South Reconsidered", *The Journal of Southern History*, Vol. 61, No. 3 (August 1995), 481-518.
2. Leon F. Litwack, *Trouble in Mind: Black Southerners in the Age of Jim Crow* (New York: Vintage Books, 1999), 221.
3. Gilliam Brockell, "The Senate's First Woman Was Also Its Last Enslaver", *The Washington Post*, January 10, 2022, https://www.washingtonpost.com/history/2022/01/10/rebecca-felton-last-enslaver/. Also see "Felton, Rebecca Latimer 1835-1930", United States House of Representatives, https://history.house.gov/People/Listing/F/FELTON,-Rebecca-Latimer-(F000069)/.
4. *Pace v. State*, 69 Ala. 231, 232 (1881).
5. *Pace v. Alabama*, 106 U.S. 583, 585 (1883).
6. Sheryll Cashin, *Loving: Interracial Intimacy in America and the Threat to White Supremacy* (Boston: Beacon Press, 2017), 44, 93.
7. Peter Wallenstein, *Race, Sex, and the Freedom to Marry: Loving v. Virginia* (Lawrence: The University Press of Kansas, 2014), 77.
8. Phyl Newbeck, *Virginia Hasn't Always Been for Lovers: Interracial Marriage Bans and the Case of Richard and Mildred Loving*, Kindle Location 237.

17. Earl Warren, The Memoirs of Earl Warren (New York: Doubleday & Company, 1977), 287.
18. Ed Gray, Chief Justice: A Biography of Earl Warren (New York: Simon & Schuster, 1997), 283-284. James Patterson, Brown v. Board of Education: A Civil Rights Milestone and Its Troubled Legacy, 65.
19. Brown v. Board of Education, 347 U.S. 483, 292-293 (1954).
20. Ibid. 495.
21. James Patterson, Brown v. Board of Education: A Civil Rights Milestone and Its Troubled Legacy, 69.
22. The State of Florida ex rel. Hawkins v. Board of Control, 93 So. 2d 354, 361 (Fla. 1957).
23. Harvey Wilkinson, From Brown to Bakke: The Supreme Court and School Integration:1954-1978 (New York, 1979), 6.
24. Juan Williams, "One Man vs. Racial Injustice: U. S. Supreme Court Justice Thurgood Marshall has spent a lifetime fighting the white Establishment to secure equal rights for black people", Los Angeles Times, January 14, 1990, https://www.latimes.com/archives/la-xpm-1990-01-14-vw-402-story.html.
25. Charlie Savage, "Kagan's Link to Marshall Cuts 2 Ways, The New York Times, May 12, 2010, https://www.nytimes.com/2010/05/13/us/politics/13marshall.html.
26. Thurgood Marshall, "The Bicentennial Speech", May 6, 1987, http://thurgoodmarshall.com/the-bicentennial-speech/.
27. James Patterson, Brown v. Board of Education: A Civil Rights Milestone and Its Troubled Legacy, 81.
28. Earl Warren, The Memoirs of Earl Warren, 291.
29. Ibid, 292.
30. James Patterson, Brown v. Board of Education: A Civil Rights Milestone and Its Troubled Legacy, 81.
31. James Patterson, Brown v. Board of Education: A Civil Rights Milestone and Its Troubled Legacy, 82.
32. Ibid, 111.
33. Hannah Arendt, "Reflections on Little Rock", Dissent (Winter 1959), 45-56.

Troubled Legacy (New York: Oxford University Press, 2001), xvi.
2. Juan Williams, "One Man vs. Racial Injustice: U. S. Supreme Court Justice Thurgood Marshall has spent a lifetime fighting the white Establishment to secure equal rights for black people", Los Angeles Times, January 14, 1990, https://www.latimes.com/archives/la-xpm-1990-01-14-vw-402-story.html.
3. Molly Rath, "Desegregation Begins", Baltimore Magazine, Vol. 100, No. 7 (July 2007), 86.
4. Pearson, et al v. Murray, 169 Md. 478 (1936), http://law.howard.edu/brownat50/brownCases/PreBrownCases/PearsonvMurrayMd1936.htm.
5. Ibid.
6. McCABE v. Atchison, Topeka & Santa Fe Railway Company, 235 U.S. 151, 161 (1914).
7. Pearson, et al v. Murray, 169 Md. 478 (1936).
8. Juan Williams, "One Man vs. Racial Injustice: U. S. Supreme Court Justice Thurgood Marshall Has Spent a Lifetime Fighting the White Establishment to Secure Equal Rights for Black People", Los Angeles Times, January 14, 1990, https://www.latimes.com/archives/la-xpm-1990-01-14-vw-402-story.html.
9. Ibid.
10. James Patterson, Brown v. Board of Education: A Civil Rights Milestone and Its Troubled Legacy, 1.
11. "The Race Question", The United Nations Educational, Scientific and Cultural Organization (UNESCO), https://unesdoc.unesco.org/ark:/48223/pf0000128291.
12. Brown v. Board of Education of Topeka, 347 U.S. 483, 494 (1954).
13. Ruth Bader Ginsburg, "Brown v. Board of Education in International Context", Speech at Columbia University of Law, October 21, 2004, https://www.supremecourt.gov/publicinfo/speeches/viewspeech/sp_10-25-04.
14. Albert P. Blaustein and Roy M. Mersky, The First One Hundred Justices: Statistical Studies on the Supreme Court of the United States (Hamden: Archon Books), 1978.
15. James Patterson, Brown v. Board of Education: A Civil Rights Milestone and Its Troubled Legacy, 54-55.
16. Ibid, 55-56.

James H. Hammond (New York: John F. Throw & Co., 1866), 124

30. Michael Hiltzik, "They Tried to Call FDR and the New Deal 'Socialist' Too. Here's How He Responded", *Los Angeles Times*, February 13, 2019, https://www.latimes.com/business/hiltzik/la-fi-hiltzik-socialism-20190213-story.html.
31. Harry Truman, "Rear Platform and Other Informal Remarks in New York", October 10, 1952, Harry S. Truman Presidential Library & Museum, https://www.trumanlibrary.gov/library/public-papers/289/rear-platform-and-other-informal-remarks-new-york.
32. Heather Cox Richardson, *How the South Won the Civil War* (Oxford: Oxford University Press, 2020), Kindle Locations 89-90.
33. Ibid, 2713.
34. Ibid, 2827.
35. Ronald Reagan, "Inaugural Address", January 20, 1981, Ronald Reagan Presidential Foundation and Institute, https://www.reaganfoundation.org/media/128614/inaguration.pdf.
36. Harry Truman, "Rear Platform and Other Informal Remarks in New York", October 10, 1952, Harry S. Truman Presidential Library & Museum, https://www.trumanlibrary.gov/library/public-papers/289/rear-platform-and-other-informal-remarks-new-york.
37. James Patterson, *Brown v. Board of Education: A Civil Rights Milestone and Its Troubled Legacy*, 1.
38. *Hernandez v. Texas*, 347 U.S. 475, 480 (1954).
39. A Class Apart, American Experience, Program Transcript, https://www-tc.pbs.org/wgbh/americanexperience/media/pdf/transcript/A_class_Apart_transcript.pdf.
40. Raul A. Reyes, "Remembering Gus Garcia, Mexican-American Civil Rights Pioneer", NBC News, July 27, 2017, https://www.nbcnews.com/news/latino/remembering-gus-garcia-mexican-american-civil-rights-pioneer-n786391

第四章

1. James Patterson, Brown v. Board of Education: A Civil Rights Milestone and Its

14. Ibid, lix.
15. David W. Southern, "An American Dilemma after Fifty Years: Putting the Myrdal Study and Black-White Relations in Perspective", *The History Teacher*, Vol. 28, No. 2 (February 1995), 227-228.
16. Samuel P. Huntington, *Who Are We? The Challenges to America's National Identity* (New York: Simon & Schuster, 2005), 37, 46, 66-67, 86, 146, 339.
17. Gunnar Myrdal, *An American Dilemma: The Negro Problem and Modern Democracy*, 1023.
18. Ibid.
19. Ibid, 1024.
20. Ibid, 1021.
21. "Gunnar Myrdal, Analyst of Race Crisis, Dies", *The New York Times*, May 18, 1987, https://www.nytimes.com/1987/05/18/obituaries/gunnar-myrdal-analyst-of-race-crisis-dies.html.
22. Ibid.
23. Gunnar Myrdal, *An American Dilemma: The Negro Problem and Modern Democracy*, 4.
24. "Gunnar Myrdal, Analyst of Race Crisis, Dies", *The New York Times*, May 18, 1987, https://www.nytimes.com/1987/05/18/obituaries/gunnar-myrdal-analyst-of-race-crisis-dies.html.
25. *Brown v. Board of Education of Topeka*, 347 U.S. 483 (1954), 494-495.
26. John Hope Franklin, *The Color Line: Legacy for the Twenty-First Century* (Columbia: University of Missouri Press, 1993), 5. James Patterson, *Brown v. Board of Education: A Civil Rights Milestone and Its Troubled Legacy*, xxix.
27. Victor S. Navasky, "In Cold Print: American Dilemmas", *The New York Times*, May 18, 1975, https://www.nytimes.com/1975/05/18/archives/in-cold-print-american-dilemmas.html.
28. Michael Harrington, "Myrdal: A Man of Genius Who Understood America", *Los Angeles Times*, May 31, 1987, https://www.latimes.com/archives/la-xpm-1987-05-31-op-9523-story.html.
29. James Henry Hammond, *Selections from the Letters and Speeches of the Hon.*

139 Miss. 760, 785, 104 So. 105 (Miss. 1925).

37. *Rice v. Gong Lum*, 139 Miss. 760, 787 (Miss. 1925).
38. Ibid, 788.
39. Adrienne Berard, *Water Tossing Boulders: How a Family of Chinese Immigrants Led the First Fight to Desegregate Schools in The Jim Crow South*, 116.
40. Ibid, 117.
41. Ibid, 118-119.
42. Ibid, 119, 129.
43. Ibid, 119-122.
44. Ibid, 122.
45. Ibid, 127, 139.
46. *Brown vs Mississippi*, 297 U.S. 278 (1936).
47. Adrienne Berard, *Water Tossing Boulders: How a Family of Chinese Immigrants Led the First Fight to Desegregate Schools in The Jim Crow South*, 147-148.

第三章

1. Gunnar Myrdal, *An American Dilemma: The Negro Problem and Modern Democracy* (New York: Harpers & Brothers, 1944), vi.
2. Ibid, xviii.
3. Ibid, 45.
4. Ibid.
5. Ibid, 452-462.
6. Ibid, 452-458.
7. Ibid, 11.
8. Ibid, 458-462.
9. Ibid, 998.
10. Ibid, 462-473.
11. Ibid, xix, xlvii, 3-6.
12. Ibid, xix.
13. Ibid, 6.

12. Ibid, 72-73.
13. Alan M. Kraut, *Goldberger's War: The Life and Work of a Public Health Crusader* (New York: Hill and Wang, 2004), 124-136.
14. Ibid.
15. Adrienne Berard, *Water Tossing Boulders: How a Family of Chinese Immigrants Led the First Fight to Desegregate Schools in The Jim Crow South*, 81-83.
16. Ibid, 92.
17. Ibid, 93.
18. Ibid, 93-94.
19. Ibid, 94-95.
20. Ibid, 96.
21. Ibid, 97.
22. Ibid, 98.
23. Ibid, 99.
24. "Petition for Writ of Mandamus", *U.S. Supreme Court Transcript of Record with Supporting Pleadings, Gale MOML, The Making of Modern Law: U.S. Supreme Court Records and Briefs*, 1832-1978, Print Edition, 3-4.
25. "Defendant's Demurrer to Petition for Mandamus", Ibid, 6.
26. "Circuit Court's Order Overruling Demurrer and Allowing Appeal", Ibid, 7.
27. Adrienne Berard, *Water Tossing Boulders: How a Family of Chinese Immigrants Led the First Fight to Desegregate Schools in The Jim Crow South*, 99.
28. Ibid, 100.
29. Ibid.
30. *Moreau v. Grandich*, 114 Miss. 560 (1917)
31. *Moreau v. Grandich*, 114 Miss. 560, 574, 75 So. 434 (Miss. 1917)
32. Adrienne Berard, *Water Tossing Boulders: How a Family of Chinese Immigrants Led the First Fight to Desegregate Schools in The Jim Crow South*, 102.
33. Ibid, 104.
34. Ibid, 105.
35. Ibid.
36. *State v. Treadaway*, 126 La. 300, 322, 52 So. 500 (La. 1910); *Rice v. Gong Lum*,

from Slavery to Segregation, xvii.

37. Ibid, 499.
38. Ibid, 493.
39. Ibid, 505.
40. Ibid, 385-386.
41. William Faulkner, *Requiem for a Nun* (New York: Vintage Books, 1994), 73.

第二章

1. *Meyer v. Nebraska*, 262 U.S. 390, 399 (1923).
2. James C. Cobb, *The Most Southern Place on Earth: The Mississippi Delta and the Roots of Regional Identity* (New York: Oxford University Press, 1994), 153.
3. V. S. Naipaul, *A Turn in the South* (New York: Vintage Books, 1989), 170.
4. Ibid., 155.
5. James C. Cobb, *The Most Southern Place on Earth: The Mississippi Delta and the Roots of Regional Identity*, 3-6.
6. Jay C. Kang, "Why a 19th-Century Plan to Replace Black Labor with Chinese Labor Failed", *The New York Times*, August 26, 2021, https://www.nytimes.com/2021/08/26/opinion/Mississippi-chinese-labor.html. Charles R. Wilson, "Italians in Mississippi", Mississippi History Now, August 2004, https://www.mshistorynow.mdah.ms.gov/issue/italians-in-mississippi.
7. Adrienne Berard, *Water Tossing Boulders: How a Family of Chinese Immigrants Led the First Fight to Desegregate Schools in The Jim Crow South* (Boston: Beacon Press, 2016), 27-28, 48.
8. Ibid, 4.
9. *Mississippi Constitution of 1890*, Article 8, Section 207.
10. *The Immigration Act of 1924*, United States House of Representatives, April 12, 1924, https://history.house.gov/Historical-Highlights/1901-1950/The-Immigration-Act-of-1924/.
11. Adrienne Berard, *Water Tossing Boulders: How a Family of Chinese Immigrants Led the First Fight to Desegregate Schools in The Jim Crow South*, 63-69.

14. Russell Kirk, *The Conservative Mind: From Burke to Eliot* (Washington D.C.: Regnery Publishing, 2019), 168-180.
15. John Calhoun, *Speeches of Mr. Calhoun on the Bill for the Admission of Michigan* (Washington: Duff Green, 1837), 6.
16. Walter Johnson, *Soul by Soul: Life Inside the Antebellum Slave Market*, 111-112.
17. Ibid.
18. Ibid, 218.
19. Ibid, 113.
20. Eric Foner, *The Fiery Trial: Abraham Lincoln and American Slavery* (New York: W. W. Norton, 2010), 150-151.
21. Ariela Gross, *What Blood Won't Tell: A History of Race on Trial in America*, 1-2.
22. *Morrison v. White*, 16 La. Ann. 100, 102 (1861).
23. Ariela Gross, *What Blood Won't Tell: A History of Race on Trial in America*, 2.
24. Richard Wolf, "The 21 Most Famous Supreme Court Decisions", *USA Today*, May 7, 2019, https://www.usatoday.com/story/news/politics/2015/06/26/supreme-court-cases-history/29185891/.
25. Steve Luxenberg, Separate: *The Story of Plessy v. Ferguson, and American Journey from Slavery to Segregation* (W. W. Norton, 2019), xxii.
26. Ibid.
27. *Plessy v Ferguson*, 163 U.S. 537, 551 (1896).
28. Ibid, 551-552.
29. Steve Luxenberg, Separate: *The Story of Plessy v. Ferguson, and American Journey from Slavery to Segregation*, 30.
30. *Plessy v Ferguson*, 559.
31. Ibid, 557.
32. Melvin Urofsky, *Dissent and the Supreme Court: Its Role in the Court's History and the Nation's Constitutional Dialogue* (New York: Pantheon Books, 2015), 120.
33. *Brown v. Board of Education of Topeka*, 347 U.S. 483 (1954).
34. Ibid, 550.
35. *United States v. Wong Kim Ark*, 169 U.S. 649 (1898).
36. Steve Luxenberg, *Separate: The Story of Plessy v. Ferguson, and America's Journey*

注釋

第一章

1. Margaret Mitchell, *Gone with the Wind* (New York: Pocket Books, 2008), 1183.
2. Walter Johnson, *Soul by Soul: Life Inside the Antebellum Slave Market* (Cambridge: Harvard University Press, 1999).
3. Ibid, 12.
4. Ibid, 139.
5. Walter Johnson, "The Slave Trader, the White Slave, and the Politics of Racial Determination in the 1850s", *The Journal of American History*, Vol. 87, No. 1 (June 2000), 13.
6. *Dred Scott v. Sandford*, 60 U.S. 393 (1857).
7. Ibid.
8. John Niven, John C. Calhoun and the Price of Union: A Biography (Baton Rouge: Louisiana State University Press, 1988), 1.
9. Ariela Gross, *What Blood Won't Tell: A History of Race on Trial in America* (Cambridge: Harvard University Press, 2008), 1.
10. Solomon Northup, *Twelve Years a Slave: Narrative of Solomon Northup, a Citizen of New York* (Bedford: Applewood Books, 1859).
11. Ariela Gross, *What Blood Won't Tell: A History of Race on Trial in America*, 1-3.
12. Walter Johnson, *Soul by Soul: Life Inside the Antebellum Slave Market*, 12-13, 16-17.
13. Nicholas Reimann, "Arkansas Sen. Tom Cotton Says Slavery Was A 'Necessary Evil', Cites Founding Father", *Forbes*, July 26, 2020, https://www.forbes.com/sites/nicholasreimann/2020/07/26/arkansas-sen-tom-cotton-says-slavery-was-a-necessary-evil-cites-founding-fathers/?sh=678ce7456de7.

美國學 17

為幸福而生：在法律秩序中追求平等權利的歷程

作　　者　劉宗坤
編　　輯　邱建智
校　　對　魏秋綢
排　　版　張彩梅

企劃總監　蔡慧華
出　　版　八旗文化／左岸文化事業有限公司
發　　行　遠足文化事業股份有限公司（讀書共和國出版集團）
地　　址　新北市新店區民權路108-3號8樓
電　　話　02-22181417
傳　　真　02-22188057
客服專線　0800-221029
信　　箱　gusa0601@gmail.com
Facebook　facebook.com/gusapublishing
Blog　gusapublishing.blogspot.com
法律顧問　華洋法律事務所／蘇文生律師

封面設計　兒日
印　　刷　前進彩藝有限公司
定　　價　520元
初版一刷　2024年1月
ISBN　978-626-7234-78-5（紙本）、978-626-7234-76-1（PDF）、978-626-7234-77-8（EPUB）

國家圖書館出版品預行編目（CIP）資料

為幸福而生：在法律秩序中追求平等權利的歷程／劉宗坤著. -- 初版. -- 新北市：八旗文化, 左岸文化事業有限公司出版：遠足文化事業股份有限公司發行, 2024.01
面；　公分. --（美國學；17）
ISBN 978-626-7234-78-5（平裝）

1. CST：法律　2. CST：司法行政　3. CST：美國史

589.952　112019674